立人天地

简·奥斯汀的
休闲人生

JANE AUSTEN AND LEISURE

【英】大卫·赛尔温　著
David Selwyn

许可　译

黑龙江出版集团

黑龙江教育出版社

版权登记号：08-2017-037

图书在版编目（CIP）数据

简·奥斯汀的休闲人生 /（英）大卫·赛尔温著；
许可译 . -- 哈尔滨：黑龙江教育出版社，2017.5
ISBN 978-7-5316-9217-1

Ⅰ. ①简… Ⅱ. ①大… ②许… Ⅲ. ①奥斯汀
（Austen, Jane 1775-1817）—小说研究②奥斯汀（Austen,
Jane 1775-1817）—人物研究 Ⅳ. ① I561.074
② K835.615.6

中国版本图书馆 CIP 数据核字（2017）第 096657 号

简·奥斯汀的休闲人生
JIAN · AOSITING DE XIUXIAN RENSHENG

作　　者	〔英〕大卫·赛尔温　著	
译　　者	许可　译	
选题策划	杨佳君	
责任编辑	宋舒白　杨佳君	
营销推广	李珊慧	
装帧设计	Amber Design 琥珀视觉	
责任校对	孙丽	

出版发行	黑龙江教育出版社（哈尔滨市南岗区花园街 158 号）
印　　刷	北京鹏润伟业印刷有限公司
新浪微博	http://weibo.com/longjiaoshe
公众微信	heilongjiangjiaoyu
天 猫 店	https://hljjycbsts.tmall.com
E－mail	heilongjiangjiaoyu@126.com
电　　话	010—64187564

开　　本	700×1000　1/16
印　　张	28.75
字　　数	385 千
版　　次	2017年7月第1版　2017年7月第1次印刷
书　　号	ISBN 978-7-5316-9217-1
定　　价	68.00 元

目 录

序

　　提及简·奥斯汀书中刻画的角色和真实生活在她身边的人（这两类人并不完全重合），我们经常会用"休闲阶层"一词来概括；经过各种版本影视作品的强化，我们的印象逐渐固定下来：在优雅的画室里挥毫泼墨、在庄园的石子路上闲庭信步、吟诗作对，总之，除了聊天、偶尔的针线活和棋牌，别的什么都不做。体力活由仆从、工匠和其他无关紧要的人完成，而这些人极少出现在简·奥斯汀的小说里；虽然一些牧师、军官偶尔登场，但却从未出现在大教堂或练兵场中，除了参加舞会，他们几乎没有用武之地。

　　简·奥斯汀描绘的这个画面是有误导性的，原因有二。第一个原因，虽然这些人很少做有经济回报的体力活，但他们也绝非终日无所事事。即使是书中社会地位最高的人（有一点需要明确：简·奥斯汀周围的人仅是乡绅小贵，而非王公贵族），也有很多事情要做，比如经营房产、打理庭院、训导仆人、走访佃农、教育孩子、招待客人，还有邻里乡亲的人情走动。无论男女，都有不少事情要做，虽然小说并未用大量篇幅直接写这些事，但从不少地方都可找到这些事在时刻进行的蛛丝马迹。比如《爱玛》中的奈特利先生（Mr. Knightley），经常需要处理教区事务，并与威廉·拉金斯或罗伯特·马丁探讨房产方面的事；又如《傲慢与偏见》中的班纳特太太（Mrs. Bennet）需要安排一大家人的膳食；再如《曼斯菲尔德庄园》中的诺里斯太太（Mrs. Norris）在去索瑟顿时，兴致勃勃地向管家和园丁询问家务等大小事宜。诺里斯太太的爱管闲事、指手画脚不受待见，但是无所事事的懒惰之人更会受到谴责，只不过谴责的程度在不同角色的身上会有所不同。简·奥斯汀对《曼斯菲尔德庄园》中懒惰的贝特伦夫人（Lady Bertram）显得有些偏袒和溺爱，但对《劝导》中的沃尔特·艾略奥特爵士（Sir Walter Elliot）却毫不留情：他的懒惰是性格缺陷的外现，缘于虚荣自负的本性，最终落得失去地产的下场。

　　我们对简·奥斯汀的社会生活产生误解的第二个原因在于对"休闲"一词的定义。本书在阐释乔治王时期"休闲"一词内涵的基础上，着重探讨了当时人们推崇的室内和户外活动、组织形式、具体要求以及简·奥斯汀在小说中对这些活动的运用。简·奥斯汀是个惜字如金的作家，所以并未对这些活动进行详细的描写刻画：有的时候只是三言两语带过，提一下人们正在从事某种活动而已（特别是针线活，虽然小说中仅是浮光掠影的几笔，但这项活动却无时无刻不在进行着）；有一点我们应当清楚，笔墨虽少，但这些活动却时刻发生，而且人们通常要比看起来的状态忙很多。每个角色从事哪一项活动、开展该活动的方式和功用也是很有讲究的，这些还会对人物性格起到暗示作用。简·奥斯汀没有对这些当代读者很熟悉的活动做详尽描述，所以关于舞蹈、纸牌、刺绣等活动的细节在书中可谓凤毛麟角。但仔细观照这些细节对于我们深刻解读作品会有很大帮助，为什么某个时间点要选择某种特定活动、为什么选择此种舞蹈或纸牌而非其他，弄清楚这些问题能够让我们更好地理解作品。要作深入了解，还要有关于乔治王时期社会风俗、生活习惯的背景知识。本书从社会历史和文学批评两个角度着手，为读者提供上述信息；同时，由于每部作品在某种程度上都是作者的自我观照，所以书中还有一些关于简·奥斯汀生平的传记内容。

　　1767年，苏格兰启蒙运动领军思想家之一亚当·弗格森（Adam Ferguson）发表《文明社会史论》（*Essay on the History of Civil Society*）一书，阐释了人从原始蒙昧到文明开化的演进过程。弗格森认为，在文明社会中，个人有权利去追求自己的幸福，但当其与公众福祉相悖时，应当舍弃一己私利。在制造业和商业蓬勃发展的时代，社会、政治与经济密不可分。自由不仅仅是天赋的人权，更需要法治的保障；要维系社会的整体福祉，每个人都应当充分发挥各自的天赋与能力，去从事有益于社会进步的事业。

弗格森关于个人权益与社会福祉的观点在当时广为流行。既有时间又有资源的富裕阶层认识到，从事一些有益于社会秩序的公益活动对自身也大有裨益。因此，当时的政府建立在自愿、公益的基础之上，重要职位一般由富有的大地主出任（英王乔治一世至乔治四世期间的 25 位首相中，仅有 6 位出身非贵族家庭）。同时，若要成为国会议员，花在竞选上的金钱也是很可观的。当然，官位意味着社会地位和政治权力；但这些人中大多数都有一种十分清晰的使命感。

地方政府尤为如此。市镇、郡县的官员都是没有薪水的职位，但这些人无一例外地勤勉履职。当时英格兰大概分为 10 000 个教区，每个教区都有一定数量的岗位：治安官、教区执事、负责扶贫事务的监工、道路测量员等。由于这些岗位同样没有薪水，所以任职的也都是那些财务自由和时间充足的人。这些人要么由治安官任命，要么由纳税人选出。他们有的是收取租金的地主、吃利息的投资人，有的是牧师、有一定收入的军官，还有的是律师、工商业主，但他们的一个共同特点是有足够的时间和精力去承担岗位所带来的职责。

通过分析从事公共服务的人与享受休闲活动的人可以得出结论，在当时的社会，是否需要从事支付薪水的工作就是衡量一个人是否属于绅士阶层的标准。在所有类型的绅士中，拥有土地的地主尤为尊贵，因为贵族需要通过土地来传承家族的财富。有件事可以说明这一点：靠发明水力纺纱机而富甲一方的理查德·阿克莱特为了巩固新获得的社会地位，斥资在德比郡买下大量地产（他自己还是德比郡的郡长）。与此同时，投资各种基金以及运河修建、城市改造等耗资巨大的建筑项目也可以带来可观的收益；那些手握几份生计的牧师、拥有几个富裕客户的律师也都可以过得很滋润，而且有大把空闲时间。女人的财富主要来自继承或婚姻（很多情况下两者兼具），她们对社区的回馈主要表现在为穷人做一些慈善事业、处理家务、招待宾客等。但她们最重要的责任是保证社交活动足够活跃，让那些适龄男女有机会认识、接触对方，从而喜结连理。

因此，是否从事休闲活动就成了贵族阶层与社会下层的区别；至于像贝茨小姐（Miss Bates）那样家道中落的贵族，亲朋好友会伸出援手，保证他们能够在财力不足的窘况下也能够参与一定的休闲活动。随着经济的发展、社会的进步，富有的人能够找到很多种把钱花出去的方式。简·奥斯汀出生于 18 世纪下半叶，英国经济正经历着前所未有的大发展。制造业、贸易、投资业迅猛扩张，企业家精神和竞争文化日成风气，交通运输更加便捷，所有这一切使物质财富极大增长，也在很大程度上改变了人们（至少是富人们）的生活方式。随着商品供应不断充盈，越来越多的人能够接触到以往只有一小部分社会顶层贵族才能享受到的东西。乔治王时期的英格兰，整个社会沉浸在一种开拓、消费、享受的氛围中。绅士们参照最新的流行款式建造自己的房屋花园、购买顶级材质打造的家私、用装帧精美的成套书卷填充私家图书馆。他们在伦敦、巴斯或其他温泉胜地（后来流行去海边）租房度假；他们带妻女出入舞厅、集会等各类娱乐场所；他们在俱乐部玩牌或赌马时一掷千金；他们出席音乐会、观看歌舞剧，还培养女儿弹竖琴、弹钢琴；他们请劳伦斯、庚斯博罗、雷诺兹等一流画家为自己画像；他们的政治家则出现在罗兰森和吉尔雷的漫画中。

中产阶级能够享受到的此类社会顶层的奢华虽然有限，但也十分可观了。中等家庭的桌椅、床具虽然材质不似顶级富人的那般高贵，但设计款式是一样的。用不起金叶装饰床可以涂漆，挂不起天鹅绒可以用提花布。富裕家庭在墙上挂油画，普通人家可以去印刷厂买版画，也具有一定的艺术价值。音乐会和歌剧院的费用对于中产家庭来说也绝不是遥不可及的；如果自己没有太多藏书，流动图书馆的租书业务可以弥补不足，而且费用十分合理。

最能证明英国在 18 世纪最后 20 年内经济迅猛发展的现象就是休闲活动的商业化。这得益于工业革命，反过来在很大程度上又推动了工业革命的进程。[①] 消费市场不断扩大，对产品的需求远非个体工匠能够满足，这就催生了新的生产方式。不仅休闲活动如此，娱乐产业也是这样：书籍、报纸、期刊的印刷量大幅增长、版画生产量成倍增加都是很好的例子。事实上，每一种公共社会活动都受到了当时产业主义的影响。虽然"休闲产业"一词是后世才出现的，但却可以很好

---

①J.H. 普拉姆（J.H.Plumb），《18 世纪英格兰的休闲商业化》（ *The Commercialization of Leisure in Eighteenth-Century England* ），第 19 页，雷丁（Reading），1973 年。

地描绘当时商业化的休闲活动蓬勃发展的景象。

　　休闲活动的大规模拓展还催生了对规则的需求。休闲活动供应商一方面努力吸引更多受众，另一方面又想保证休闲活动所代表的社会地位不受影响，这其实是一个悖论。当然，可以通过提高价格来进行调节，比如好多集会的会费就相当不菲。控制市场的有效方式是直接对消费者进行限制。赛马、拳击、板球等一些非正式的消遣慢慢变成有组织的赛事，而且很大程度上是靠赌注支撑的；正式的规则逐渐成形，甚至还出现了适用于拳击的十分科学的原则；17 世纪末就已经十分严格的赛事规则到了这一阶段更加严谨，甚至明文规定只有有产阶层才能从事射击活动。与此同时，之前流行的一些血腥游戏受到了工商业雇员、地方官员和宗教改革人士等多方势力的批评，特别是斗狗、斗牛、斗鸡、猎鸭等。但是，捍卫这些活动的人也不在少数，他们的理由主要是这些活动可以起到社会黏合作用。英国作家、记者皮尔斯·伊根在《拳击》以及其他描写摄政时期社会风貌的书中不无虚伪地写道，拳击、斗鸡和赛马是对所有人开放的，包括王公显贵、也包括平民百姓[①]，18 世纪英国最流行的猎狐运动也是如此。因此，有两种不同的力量作用于当时流行的休闲活动，一方面是英格兰传统的个人享乐主义；另一方面是来自行业、宗教和法律对其进行约束、规范的力量。[②]

　　上述规范所带来的影响主要作用于下层社会，特别是下层社会的男人身上。简·奥斯汀当然没有参与过拳击、斗牛等活动，但这些活动却经常出现在她的世界中：她的兄弟们和小说中的很多男性都爱好狩猎。《曼斯菲尔德庄园》中的汤姆·贝特伦（Tom Bertram）欠下的债大部分都是在纽马克特的赛马场输的，为使游戏高端化，那里最小的赌注也有 50 英镑。虽然摄政时期的享乐主义并非简·奥斯汀笔下乡村社会的主流价值观，但却在其书中随处可见，经常能把意志薄弱的人引入歧途：威洛比（Willoughbys）、威克汉姆（Wickhams）、莉迪娅（Lydia）等人到了伦敦、巴斯、威茅斯、布莱顿这样灯红酒绿的大都市就轻易地

---

　　①休奇·坎宁安（Huge Cunningham），《工业革命中的休闲：1770—1880》（*Leisure in the Industrial Revolution, c.1780–c.1880*），第 47 页，伦敦，1980 年。

　　②同上。

迷失了。简·奥斯汀出身牧师家庭，成长在汉普郡（Hampshire）北部的安静乡村。她的父亲乔治·奥斯汀（George Austen）是汉普郡斯蒂文顿（Steventon）的神父，为人老实本分、尽职尽责，与好多拮据的神职人员一样，奥斯汀先生还招收一些学生，教授他们大学入学所需的经典课程。简·奥斯汀的母亲卡桑德拉·利（Cassandra Leigh）也成长于牧师家庭，父亲是牛津郡汉普斯顿的牧师，叔叔西奥菲勒斯·利（Theophilus Leigh）是牛津大学贝利奥尔学院的院长。利氏家族要比奥斯汀家族显赫一些，其中居住在沃里克郡的一支在内战时期受封为勋爵，另外居住在格洛斯特郡的一支不仅拥有大量土地，而且还与钱多斯公爵（Dukes of Chandos）有联系。奥斯汀太太聪明、务实，是丈夫的好帮手，不仅照顾自己的孩子，还帮忙照顾丈夫招募的学生，而且教育方法体现了她的风趣幽默、通情达理。她把家打理得井井有条，还热爱阅读小说、积极参与家庭的文娱活动。她很有天赋，经常即兴写一些诗歌，不仅用词讲究，而且幽默娴熟。

奥斯汀夫妇共有 8 个孩子，都活到了成年。长子詹姆斯（James）生于 1765 年，去读了父亲的母校——牛津大学圣约翰学院，之后追随父亲成了神职人员。次子乔治（George）比哥哥小 1 岁，出生时有残疾，后寄养在别人家里。三子爱德华（Edward）在 15 岁的时候被托马斯勋爵二世（Thomas Knight II）（他的父亲一直资助奥斯汀一家）收养。托马斯勋爵二世没有子嗣，把财产留给了爱德华，并安排他赴欧洲大陆游历两年，回国后，爱德华开始了乡村绅士的生活。1797 年，也就是托马斯勋爵二世死后的第三年，爱德华获得了在古德汉姆（Godmersham）、斯蒂文顿和乔顿（Chawton）的 3 处地产，1812 年，托马斯勋爵二世的遗孀去世，按照当时的习俗，爱德华继承了勋爵。爱德华共有 11 个孩子，其中的范妮（Fanny）与姑姑简·奥斯汀最为亲近。奥斯汀家的四子亨利·托马斯（Henry Thomas）也就读于圣约翰学院，毕业后获任牛津郡兵团的中尉，之后在伦敦做过中介和银行家；1815 年，银行业务破产，他也决定投身宗教。奥斯汀家的另外两个儿子弗朗西斯·威廉（Francis William）和查尔斯·约翰（Charles John）都在海军中做得很不错。弗朗西斯获封巴斯勋爵，并于 1837 年成为海军上将。查尔斯官至少将，因霍乱死于行伍之中，享年 73 岁。

　　简·奥斯汀出生于 1775 年 12 月 16 日。那天，她的父亲在写给亲戚的信中将她描述成"姐姐卡桑德拉（Cassandra）的礼物和玩伴"[1]。事实也正是如此，简·奥斯汀和卡桑德拉一直亲密无间。她的侄子詹姆斯·爱德华·奥斯汀-利在回忆录中写道：

　　　　与简·奥斯汀最亲近的人是比她大 3 岁的卡桑德拉。她们之间的姐妹情谊很少有人可以媲美。也许这种感情来自小孩子对比自己大的孩子固有的顺从和喜爱。而且这种感情到了成年也从未减退。即使在简·奥斯汀获了不小的成功后，她依然认为姐姐比自己聪明和明智。姐姐被送去学校读书，简·奥斯汀也跟着一起去，但她当时并不能听懂教授的内容，只是不想和姐姐分开。她们的母亲曾说："如果卡桑德拉要被送去砍头，简·奥斯汀肯定也要随她同去。"这种感情持续终生，二人一直吃住在一起，甚至住在一间卧室。[2]

　　奥斯汀家很有爱，而且很有文化氛围，这得益于父亲原则坚定、知书好学，母亲幽默风趣、善于写作。不仅简·奥斯汀获益颇多，詹姆斯和亨利在牛津读书时曾经一起做过期刊的编辑，在文学方面也颇有造诣。詹姆斯还经常在家里排演话剧时写一些很精彩的序言和结语，并创作了不少诗歌，大多是浪漫主义风格，虽然没有公开发表，但死后由他的儿子詹姆斯·爱德华收集成册。

　　简·奥斯汀 25 岁之前，一直生活在斯蒂文顿，作为牧师的女儿，她的圈子中也都是神职人员，主要包括艾什（Ashe）的勒弗罗伊家族（Lefroys）、金特伯里（Kintbury）的福尔家族（Fowles）、伊本索普（Ibthorpe）的劳埃德家族（Lloyds）。此外，她和当地的几个大户人家也很熟识，诸如斯蒂文顿庄园（Steventon Manor）的迪格威（Digweeds）、迪恩（Deane）的哈伍德家

---

[1] R.A. 奥斯汀-利（R.A.Austen-Leigh），《奥斯汀家族选集》（*Austen Papers*），第 32—33 页，伦敦，1942 年。

[2] 詹姆斯·爱德华·奥斯汀-利（James Edward Austen-Leigh），《简·奥斯汀回忆录》（*A Memoir of Jane Austen*），R.W. 查普曼（R.W. 查普曼）编，第 2 版，牛津，1926 年。

族（Harwoods）、艾什庄园（Ashe Park）的霍德尔家族（Holders）和马尼唐恩（Manydown）的比格-威瑟家族（Bigg-Withers）。简·奥斯汀去古德汉姆拜访哥哥爱德华、去拜访嫂子位于古奈斯通（Goodnestone）的娘家时，还接触到了更为上层的乡村社会，为《曼斯菲尔德庄园》的创作积累了素材。

与家里的其他人一样，简·奥斯汀非常喜欢阅读小说，而且对讽刺文学情有独钟，这些都是促使她进行创作的因素。后世集结成册的简·奥斯汀少女时期的作品中，最早的一些要追溯到 1787 年到 1793 年。以书信体创造的《苏珊夫人》（*Lady Susan*）成书于 1794 年。1795 年，也就是简·奥斯汀 19 岁的时候，她完成了《埃莉诺与玛丽安》（*Elinor and Marianne*），即《理智与情感》的初稿。后更名为《傲慢与偏见》的《第一印象》（*First Impressions*）成书于 1796 年 10 月到 1797 年 8 月，之后改名为《诺桑觉寺》的《苏珊》则完成于 1798 年 10 月到 1799 年 6 月。简·奥斯汀的父亲曾劝说一位叫作托马斯·卡迪尔的出版商出版《第一印象》，但无果而终。

1800 年 12 月，简·奥斯汀的父亲突然决定退休，辞掉斯蒂文顿的工作，举家迁往巴斯。这一决定给习惯宁静乡村、厌恶喧嚣城市的简·奥斯汀带来很大震憾。次年 5 月，他们租下了巴斯悉尼广场附近的一处房子，在海边短暂度假之后，搬到了巴斯。简·奥斯汀很不喜欢那里的生活，1805 年，父亲去世，她的日子更加难过。之前在斯蒂文顿时，她十分多产，但在巴斯，她几乎什么也没做，只是把《苏珊》修改成了《诺桑觉寺》，并写了《沃森家族》（*The Watsons*）的一些片段。但需要指出的是，她后期创作的一些构思是在这段时间完成的。[①]1807 年，她搬去南安普敦（Southampton），1809 年 7 月搬到乔顿农庄（Chawton Cottage），在那里，她又重新获得了创作所需的宁静、平和。

奥斯汀先生退休时，任命长子詹姆斯为助理牧师，他去世后，詹姆斯继任牧师一职，所以，简·奥斯汀从巴斯回到汉普郡后，与詹姆斯一家很亲密。她与母

---

① 罗杰·塞尔斯（Roger Sales），《简·奥斯汀与英国摄政代表》（*Jane Austen and Representations of Regency England*），第 299 页，伦敦，1994 年。

亲、姐姐以及好友同时也是哥哥詹姆斯小姨子的玛莎·劳埃德（Martha Lloyd）一起居住。詹姆斯和第二任妻子玛丽有两个孩子，儿子詹姆斯·爱德华就是《简·奥斯汀回忆录》的作者，女儿卡洛琳（Caroline）也曾写过一些关于姑姑简·奥斯汀的文字。詹姆斯跟第一任妻子的女儿安娜·勒弗罗伊（Anna Lefroy）与简·奥斯汀也很亲密，而她的丈夫本·勒弗罗伊（Ben Lefroy）的母亲安妮·勒弗罗伊（Anne Lefroy）则是简·奥斯汀的挚友兼导师，安妮·勒弗罗伊的丈夫是艾什地区的牧师。

回到宁静的乡村后，简·奥斯汀重拾写作。1810 年冬，《理智与情感》终于获得了出版的机会，并于次年 10 月问世。1813 年，《傲慢与偏见》问世，1814 年，《曼斯菲尔德庄园》问世，1815 年，《爱玛》问世。她最后完成的一部作品《劝导》在她去世后的 1817 年与《诺桑觉寺》一起出版。1817 年 7 月 18 日辞世时，她已经完成了《桑底顿》（Sanditon）一书的 12 个章节，这本书以一个海边小镇为创作背景。

虽然奥斯汀一家属于休闲阶层，但也绝非整天无所事事，而是过着很充实甚至繁忙的生活。奥斯汀先生要教学生，要处理教区事务；奥斯汀太太、卡桑德拉和简·奥斯汀要忙活日常家务；爱德华要打理地产，另外 5 个儿子也都有自己的事情要做。这可以被视为当时英格兰很多地位、财力相当的家庭的缩影。在简·奥斯汀的作品中，工作被赋予了道德意义，比如在《曼斯菲尔德庄园》中，无所事事的人都受到了严厉的批判。托马斯爵士（Sir Thomas）要去安提瓜办理公务，长子汤姆却不能担负起治家的重任，只是醉心于各种休闲活动；于是，诺里斯太太钻了空子，在已经取代了贝特伦夫人的情况下，进一步扩大自己的影响，以致产生了不幸的后果——玛丽亚（Maria）和拉什沃斯先生（Mr. Rushworth）订婚。而立志成为牧师的埃德蒙（Edmund），却因幼子的身份而不能行使治家的职权，只能眼看着哥哥挥霍；亨利·克劳福德（Henry Crawford）与妹妹玛丽以及贝特伦姐妹一样，都是醉心于休闲的享乐之徒，他本想在自己家里拓展娱乐空间，失败后又去怂恿拉什沃斯先生。范妮的父亲普莱斯先生（Mr. Price）因为健康问题而比较消沉，母亲也没有足够的精力打理家务。全书有 3 位备受作者青睐的角色：埃德蒙，尽职尽责的牧师（虽然一度迷恋玛丽·克劳福德，但醒悟后回归正途）；威廉，冉冉升起的年轻海军（他的事业在亨利·克劳福德的关照下变得更加顺利）；范妮，道德高尚、天性善良、个性独立的姑娘。《曼斯菲尔德庄园》中刻画了很多 19 世纪初人们钟爱的休闲活动：跳舞、散步、骑马、去乡村度假、晚宴、棋牌、针线活、音乐、表演等。有一些是热闹喧嚣的，可能会干扰正事；还有一些（特别是范妮喜欢的那些）则是安静有益的。根据情况需要，简·奥斯汀娴熟地运用这些休闲活动把人们聚在一起或者让大家分离，推进情节发展、突出主题，更重要的是突出人物性格特点、让人物更加鲜活丰满。

因此，休闲活动对于小说结构起着至关重要的作用：不仅描绘了真实的社会场景，还通过让人物齐聚一堂刻画了他们不同的性格。本书旨在分析不同活动在书中的效用，并通过分析简·奥斯汀本人及其家庭成员的休闲活动来分析其中的深层次原因。为此，本书会对各项休闲活动做出深入探究并探讨其文化、社会及历史背景。

第一章介绍了当时的社会情况：人们之间的拜访一般安排在何时、以何种方式进行；信息如何以信件的形式进行传播等。通信一事现在看来很平常，但在 18 世纪，私人通信得以普及主要得益于交通的改善和邮政系统的完善。也正是从简·奥斯汀本人所写的信件中，我们得以获悉她的日常生活是如何度过的。因此，本章还对通信做了探究，这对于本书的主题也是很有意义的。

第二章介绍了当时流行的公共休闲活动。在游乐场、温泉及海边的度假胜地，当时方兴未艾的商业化氛围可以找到最好的佐证。与同一时期的女作家范妮·伯尼（Fanny Burney）不同，简·奥斯汀并未把这些地点直接作为故事发生的场所，但她确实去过巴斯的悉尼花园、肯特等地的海边，还在《劝导》中体现了这些愉快的经历。但让她赏心悦目的是优美的自然风光，而非贪婪的商人所开发出来的娱乐设施。她在《桑底顿》一书中还对这种投机倒把的商业行为予以讽刺，其中包含了她对于休闲这一商业活动的深刻审视，因此，在本章中会频繁提及这部作品。

接下来的四个章节介绍了私人场合的一些休闲活动，比如主要由男性（包括简·奥斯汀的兄弟们）从事的户外活动，再如针线活、绘画、戏剧、唱歌、跳舞等被视为才艺的活动。其中，跳舞是一项十分重要的社交活动，可以在私人宅邸举行，也可以在公共场所举行，将家庭与社会很好地联系到一起，既需要大家的热情参与，也需要商人的积极投资。

接下来很长的一个章节介绍了简·奥斯汀的阅读书目。18世纪，出版业大幅扩张，各种文学作品和广告中的休闲活动起到了很大的助推作用，促使各类休闲活动在本时期迅速商业化。[①] 更为重要的一点是，要了解简·奥斯汀本人的文学背景：她的家人都很热爱读书，她自己更是如此；很多书还读了不下两三遍 [比如塞缪尔·理查逊的《查理·葛兰狄生爵士》(*Sir Charles Grandison*)]，对其中的每一部分内容都烂熟于心，这甚至成了她生活的一部分。因此，这些书对简·奥斯汀的作品来说是很重要的，一方面影响了她的行文创作，另一方面她安排作品中的人物也去阅读这些书籍。我们从一些线索中推导出她读过的部分书（当然，实际数量要比这多很多），然后对这些书籍进行探讨。

接下来的一章专门探讨了戏剧，包括简·奥斯汀在剧院观看过的和在她的家乡斯蒂文顿教区内上演的，还包括《曼斯菲尔德庄园》中的戏剧（虽然《诺桑觉寺》中也有一些相关场景，但只是略作提及）。当时，如果在私家宅邸排演戏剧，会被视为一件非常不合适、有伤风化的事，这一点在当代人看来是有些难以理解的，本章会对此类问题予以解释说明。

最后两章的主题分别是玩具与游戏（有时是大人安排的很有意思的活动）和诗歌与谜语（其实简·奥斯汀本人就很热衷于此类文字游戏），当然还有写小说本身也被视为一种休闲活动（其实对于简·奥斯汀来说，写小说就是可以带来乐趣和享受的一种休闲活动）。《爱玛》因其包含大量的文字游戏，所以在这一章中会被频繁提及。在某种程度上，《爱玛》完全可以代表本书的主题：在一个健

①J.H. 普拉姆，《18世纪英格兰的休闲商业化》，第1—10页。

康的社会中,工作与休闲必须处于相互平衡的状态,正如奈特利先生,从不将时间浪费在自娱自乐的活动上(虽然也读一些书),而是投身于有益于社区和谐的休闲活动之中。《爱玛》一书既指出过度的休闲会带来害处,也指出适度的休闲是人们生活的必要组成部分,对社会的正常运转也有裨益。

这种观点也是研究 18 世纪及 19 世纪初一切休闲活动都必须认可的一个前提,当然也是简·奥斯汀的观点。作者如何利用休闲活动推进情节、塑造人物、阐明主题,都是本书要着重探讨的问题。

第一章

社　会

或许在我们看来，乔治王时期的很多社会架构都太过于正式，但通过奈特利先生之口我们可以看出，这些既定的行为规范能够防止简单自然的生活秩序遭受各种破坏性因素的干扰。简·奥斯汀也持这种观点，但这并不代表她因循守旧或者缺乏艺术家的远见。

在简·奥斯汀离开家乡汉普郡、前往巴斯的 1801 年，英格兰的人口是 8 500 多万，其中伦敦就占了 90 万，曼彻斯特、利物浦、伯明翰、布里斯托、朴次茅斯、巴斯等较大城市的人口合起来在 50 万左右，剩下的人口分布在教堂小镇、集贸小镇和村庄。除了在巴斯和南安普敦郡度过的 8 年外，简·奥斯汀都生活在宁静的乡村，而且父亲的财力也不允许他们在伦敦买房置地以便在适宜的季节去度假。

奥斯汀先生的主要经济来源是牧师一职带来的收入，此外还通过种田、教书补贴家用。他去世后，妻女的生活变得很窘迫，需要仰仗几个儿子的资助。简·奥斯汀的几个兄弟都很慷慨，因此，她才能在乔顿农庄（该农庄为哥哥爱德华位于汉普郡的地产）生活得比较滋润。奥斯汀太太一直期待着哥哥詹姆斯·利·佩罗特能留给自己一份遗产，但期待却落空了，所以她很失望。因此，奥斯汀一家从来没有可供挥霍的余钱。简·奥斯汀对自己的各项开销都有明确的记录，去世前的几年里，部分小说的出版给她带来了些许收益，她也非常愿意去补贴家用。

牧师家庭捉襟见肘的窘况从《爱玛》中就可见一斑。贝茨夫人的丈夫曾是海伯里（Highbury）的牧师，丈夫去世后，贝茨夫人和女儿住在一所狭窄的房子里，靠微薄的收入度日，而且情况很有可能恶化。但她们依旧可以算作社会上流：奈特利先生时常送去食物的举动是出于友谊，而非做慈善。虽然大家都知道她们很穷（贝茨夫人自己也不否认），但依旧很尊重她们；她们依旧出现在海伯里的上流社会，伍德豪斯先生（Mr. Woodhouse）把她们视为特别的朋友。与此同时，贝茨一家也乐于与那些比自己地位低一些的人交往，比如科尔（Cole）一家。但因为科尔家的钱是靠做生意赚的，所以很被爱玛看不起。

海伯里是 19 世纪英格兰社会架构的缩影。位于社会顶层的有地主奈特利先生和女继承人爱玛，他们代表了旧富一族；接下来是有专业技能的一群人（包括简·奥斯汀自己），较有代表性的是贝茨一家、戈达德太太、埃尔顿先生、休斯医生等，虽然不是很富有，但仍属于上层社会；往下是教师、药剂师以及经商的家庭；再往下是福特太太一样的小店老板、斯托克太太一样的女房东以及罗伯特·马丁一样的佃农；最底层的是仆人（从书中可以获知，他们也是被礼貌对待的）和贫农，爱玛就曾经和哈莉埃特·史密斯（Harriet Smith）去造访过贫苦农户，但书中并未提及他们姓甚名谁。

这种社会架构似乎牢不可破。但在固化的表象之下，其实有很多变化的暗流在涌动，即使是爱玛自己的圈子也在发生着变化。韦斯顿先生（Mr. Weston）出身行伍，属于近一两代才积累起财富的新贵，他凭自身努力赚取了一定财富并购买了一处地产。通过第一次婚姻，与富有的丘吉尔家族联姻，妻子死后，儿子弗兰克·丘吉尔（Frank Churchill）被姥姥家收养为继承人（正如托马斯勋爵收养简·奥斯汀的哥哥爱德华一样）。如果弗兰克·丘吉尔能够与爱玛结婚，那么，韦斯顿先生的社会地位就得到了进一步的巩固。虽然韦斯顿先生希望两个孩子能够走到一起，但却不是因为对地位的渴求，而是因为对二人的真挚喜爱。韦斯顿先生的第二任妻子既没有财富，也没有地位，仅是通过做爱玛的家庭教师获得了一些尊重，而弗兰克最终迎娶的也是家境平平的女子,所以这本书对社会流动性的处理还是很有意思、值得我们把玩的。海伯里是个不断变化的小社会。科尔、佩里(Perry)家族都处于上升阶段,并通过各种外在的标识来证明自己的地位。牧师埃尔顿先生当然算得上绅士阶层,娶了布里斯托一位商人的女儿——她收入颇丰,但地位却不太乐观,因为文中特别提及,她家住在布里斯托的正中心。①

(当时的布里斯托已基本实现工业化,而位于郊区的克里夫顿却被分开提及、与布里斯托划清界限,奥斯汀一家1806年的时候就曾经在温泉水美的克里夫顿住过一小段时间。)她的姐姐"风风光光地"嫁给了一位绅士,有两驾马车,并在布里斯托城外有一处地产。但是,埃尔顿先生频繁提及的这处地产的名字——梅普尔·格鲁夫却显得既新鲜又自负,与海伯里那些经典又传统的地产名称形成强烈对比,诸如哈特菲尔德、兰德尔、唐威尔庄园。

简·奥斯汀在《爱玛》中记录了新型工商阶层向贵族阶层的流动,但这样的变化却从未被正面提及,要么是过去就已经完成了,要么只是发生在一些无关紧要的角色身上。围绕着小说中的主要人物,海伯里的社会结构和文艺基调还是以保守主义为主流。1802年11月的《淑女杂志》(Lady's Magazine)讲述了一位也叫"奈特利"的男人仅仅因为感情而娶了一位寄宿学校的孤女的故事,有了这个先例,奈特利先生娶哈莉埃特·史密斯也不是不可能的事。② 但是,让奈特利先生与爱玛终成眷属,体现了简·奥斯汀对精神交流的重视。虽然随着时间的推移,奈特利先生在哈莉埃特身上看到了很多不错的品质,但也绝不够使她成为一个理想的伴侣。这样一来,小说就有了皆大欢喜的结局,既强调了夫妻之间精神交流的重要意义,又满足了读者

---

① 《爱玛》,第183页,参见《简·奥斯汀小说集》(The Novels of Jane Austen),R.W.查普曼编,共5卷,第3版,牛津,1932—1934年。下同,不再赘述。

② 关于《爱玛》的有趣讨论,详见《简·奥斯汀剑桥手册》(The Cambridge Companion to Jane Austen)中的《金钱》(Money),爱德华·科普兰(Edward Copeland)与朱丽叶·麦克马斯特(Juliet McMaster)编,第142—143页,剑桥,1997年。

对文学作品情节推进的期待。与此同时，像在其他小说中一样，简·奥斯汀一贯地对现有的社会分层进行维护。虽然有些人的社会地位发生了些许的流动和变化，但绝大多数角色还是保持在原来的社会层级之中。虽然佩里得到了马车，科尔得到了钢琴，但哈莉埃特作为商人的私生女最终嫁给了一个农民，而简·费尔法克斯（Jane Fairfax）虽然家道中落但毕竟出身不错，最终免于屈尊去做家庭教师，由此可见，贵族和底层间的鸿沟还是难以逾越的。

休闲阶层最显著的特征就是不用因为生计而工作。像奈特利先生和托马斯·贝特伦爵士一类的地主只需要打理一下地产就可坐享收益；牧师通过履行神职就可以拿到补贴；像约翰·奈特利一样的伦敦律师可以从顾客处获得丰厚的收益，而且不会对其社会声望产生任何影响；戈达德太太经营着学校，被伍德豪斯先生视为非常值得尊重的老朋友。这些人虽然有上述的事情要做，但他们对自己的时间有支配、决定的权利。另外一些有固定职业的人虽然也比较独立，却需要自己另辟出路维持生计：陆军军官要依赖私人的资源，海军军官要依赖获得赏金和赞助。

而休闲阶层所从事的职业一般都是自己选的，且具有很大的公益性质。绅士可以代表自己所在的郡，在议会中履职，或者担任地方官、神职人员等。其实若要认真履行此类职务，也是十分耗费精力的。对于女主人来说，要想把家务操持得井井有条，也绝非易事。《曼斯菲尔德庄园》就给读者提供了女主人不能很好履职的反面例子，懒惰的贝特伦夫人、笨拙的普莱斯夫人，都让家里乱七八糟。除此之外，邻里社区间的来往走动对于主妇来说也是一件既耗钱又耗时的事情，还需要通过筹办晚宴、舞会、集会等为社区创造休闲、社交的机会。这一点对于有待嫁女儿的家庭来说尤为重要，因为要为女儿找个合适的人家绝非易事。《傲慢与偏见》开篇的那段话很幽默，但对于班纳特太太来说，把一众女儿成功地嫁出去可不轻松啊。《曼斯菲尔德庄园》中的托马斯爵士为了给侄女创造机会而专门举办舞会，这一问题的严肃程度更可见一斑。

　　虽然简·奥斯汀塑造的角色都属于休闲阶层，但那些积极的角色绝对不是每天无所事事或者生活挥霍无度的。她自己也一直过着十分充实的生活，无论是早年在斯蒂文顿还是晚年在乔顿，她都有很多事情要做，有时打理家务，有时招待客人，还要不停地阅读，最后这项活动不仅是她自己生命的重要组成部分，而且还是她家人的共同爱好。除了上述活动，还有一项最为重要的活动就是写作。简·奥斯汀是为了兴趣而写的，她不是专业的作家，连发表作品时都是以"一位女士"自居。但是，从她看到作品付梓的喜悦和关注家人对自己作品的评价中就可以看出，写作对于她人生的意义还是十分重要的。认可和声誉不断涌来，她受邀参观了摄政王的卡尔顿庄园，并把《爱玛》献给了摄政王，这两个事件标志着简·奥斯汀生前声名所达到的顶峰。但她没有因此骄傲自负，也从未大张旗鼓地向别人炫耀。简·奥斯汀每天坐在红木书桌前写作，她的侄子和侄女们甚至都不知道自己的姑姑正在创作，还以为她像那个时代其他的女人一样，在写一些家长里短的信件而已（她确实也写了一些此类的信）。

　　要了解18世纪末19世纪初的英国人如何支配日常时间，必须要明白一点，即当时的作息习惯与之后的维多利亚时期有很大不同。英王钦定版《圣经》中说，"有晚上，有白天，这是头一日"，这正是简·奥斯汀时代所使用的时间划分，至于后世所用的"上午"和"下午"在那个时代还没有流行。在当时，晚饭是一天中最重要的时间划分，晚饭前为"白天"，晚饭后为"晚上"。由于晚饭通常吃得比较讲究而且比较晚，所以，白天的时间就延长了，晚上的时间则相应缩短。

　　因此，白天就占了一天中的绝大部分，而且囊括了晚饭前的一切活动。晚饭后，男士们会去画室和女士们一起喝茶（而我们今天所说的"下午茶"，是直到1840年才出现的），这就标志着晚上的开始。爱玛、哈莉埃特和奈特利先生饭后出去散步，遇到韦斯顿先生、弗兰克·丘吉尔、贝茨小姐、简·费尔法克斯，很随意地就邀请他们到家里喝茶，这是一种情况；还有一种情况则更为正式，比如科尔一家，晚饭邀请了地位较为尊贵的考克斯先生一家，而贝茨小姐、简·费尔法克斯、哈莉埃特等身份卑微的女士则被安排去饭后喝茶。①

当时的流行风尚是晚饭越来越晚，因此也就没有必要大盘小盘地准备很多，特别是对于那些白天已经吃过正餐的人来说，晚饭更像是一个过场。于是，人们习惯用一些小巧的餐具端上一些轻巧的食物和饮料，就像在范妮头疼时，埃德蒙从餐盘上给她拿了一杯白葡萄酒一样。只有一些守旧的和不明世故的人才会继续坚持吃丰盛的晚餐，比如《傲慢与偏见》里的柯林斯夫人，承诺要给侄子侄女们一个欢快的午后和一顿丰盛的、热乎乎的晚餐。② 小说后面还有一个班纳特太太挽留宾利和达西吃晚饭的情节，简·奥斯汀担心读者觉得她前后矛盾，所以还特意半开玩笑地说明这"可能是班纳特太太遗留的梅里顿地区的生活习惯"。③ 在现实生活中，这种轻简的晚餐也是绝大多数人的习惯，即使是简·奥斯汀造访的肯特郡东部的一些大户人家也是如此，虽然吃得不多，但仍会象征性地围坐在一起吃些东西。在古德汉姆，晚饭在某种程度上打扰了简·奥斯汀朗读诗歌的习惯；在古奈斯通，晚饭还给了嫂子家的那些年轻亲戚向她献殷勤的机会。④ 1808 年冬天在南安普敦参加完一次累人的聚会后，简·奥斯汀写道，适量的、精致的小食能够给无聊的聚会增添一些活力：

---

① 《爱玛》，第 214 页。

② 《傲慢与偏见》，第 74 页，《简·奥斯汀小说集》，R.W. 查普曼编，共 5 卷，第 3 版，牛津，1932—1934 年。下同，不再赘述。

③ 《简·奥斯汀书信集》（Jane Austen's Letters），第 203 页，迪尔德丽·勒·费伊（DeirDr.e Le Faye）编，第 3 版，牛津，1995 年。下同，不再赘述。

④ 同上，第 131 页。

周四晚上的聚会很无趣，只有默登小姐的到来这么一个亮点。本来早上的时候她还是拒绝的，但晚上却陪我们从 7 ：00 一直坐到 11 ：30，不过，她坐姿慵懒随意，也不愿意和大家交谈。最后的一个小时里，大家围着火炉，基本在哈欠和颤抖中度过，十分无聊。直到美食出场，大家才一扫倦意、眼前一亮。当晚的鸭肉和腌姜十分美味。①

舞会期间的餐点是一定会有的项目，大家通常会在舞跳到一半的时候坐下来补充一些食物。如果在公共舞厅，茶是惯常的选择，就像《沃森家族》里写的那样；如果在家里，则会有较为正式的晚餐，比如在《爱玛》中，节俭的韦斯顿夫人在举办舞会时觉得自己的房子太小，没有适合用晚餐的地方，建议"简单地摆些三明治"。可是大家都认为，一个私人舞会，却不让人坐下来吃些晚餐，"实在是太敷衍了，甚至是对大家权利的侵犯"。② 最终，韦斯顿夫人还是排除万难，提供了一顿像样的晚饭，有汤有菜，还有很多吃食，感动得贝茨小姐惊呼道："简，这么多的菜，我们连一半的名字都记不住，回去怎么给你奶奶讲啊？"③

无论是出去吃饭还是在家宴客，每天都会结束得很晚。相应地，第二天的活动也会开始得很晚，差不多上午 10 ：00 才会吃早饭，通常早饭前还会先做点什么事，男人一般选择散步。在乔顿的家中，早饭一般 9 ：00 开始，简·奥斯汀会在饭前弹会儿钢琴。④ 如果羁旅在外，她会用这段时间写信。若是在伦敦，她还会上街购物。1813 年 9 月，简·奥斯汀与爱德华、范妮一起住

① 《简·奥斯汀书信集》，第 160 页。

② 《爱玛》，第 254 页。

③ 同上，第 330 页。

④ 卡洛琳·玛丽·克莱文·奥斯汀（Caroline Mary Craven Austen），《我的姑妈简·奥斯汀》（*My Aunt Jane Austen*），第 6—7 页，简·奥斯汀社会，1952 年。

在亨利位于伦敦市中心的考文特花园的家中，从信中可以看出她想充分利用每一分钟的急切心理："雷顿和希尔两家店都位于贝德福德百货内，我们打算早饭前去一趟。越来越觉得时间太短，想做的事太多。"[①] 其实，贝德福德离他们的住所并不远，要走的距离也不算长。第二天，他们走得更远，一直走到了最繁华的新邦德街去采购。从简·奥斯汀的一封信中可以看到，一个典型的伦敦早晨是如何度过的：

> 周二早晨7：30，起床、穿衣、下楼、写信、寄出。我和朋友[②] 约好在楼下见，然后9：00出发去逛街，之后吃早饭。爱德华陪我们一起溜达过去，这样的话11：00又可以去斯潘森先生[③] 那里，4：00前结束，之后还可以去拜访一位朋友。[④]

值得注意的是，信中并未提及午餐。因为当时很多情况下是不吃午餐的，即使吃，也是很随意地吃一点，从不在餐厅里大张旗鼓地吃。即使恰巧有客来访，也不会发出什么正式的午餐邀约，多半是象征性地一起吃几口，就像在《曼斯菲尔德庄园》中，埃德蒙去别人家做客，随便吃了点三明治一样。[⑤] 而且在当时，这顿饭并没有一个固定的、特定的名字，如果是在酒店吃的，人们也许会叫它"午宴"。在《傲慢与偏见》中，伊丽莎白和简在乔治酒店遇到了基蒂（Kitty）和莉迪娅，基蒂和莉迪娅用借来的钱请她们吃了"世界上最好的

---

① 参见《简·奥斯汀书信集》，第218页。

② 此处指的是莫美·比吉恩（Mme Bigeon），亨利·奥斯汀的女管家。

③ 斯潘森先生（Mr. Spence）可能是一位牙医，《简·奥斯汀书信集》的传记索引，第575页。

④ 亨利·奥斯汀伙伴的妻子，莫恩德·班克（Maunde Bank）和迪尔森·班克（Tilson Bank），《简·奥斯汀书信集》，第220页。

⑤《曼斯菲尔德庄园》，第65页；《简·奥斯汀小说集》，R.W.查普曼编，共5卷，第3版，牛津，1932—1934年。下同，不再赘述。

午宴"。① 这里之所以用"午宴"这个词是为了符合莉迪娅一贯的浮夸性格，其实人们平时并不怎么用。② 在《曼斯菲尔德庄园》中，舞会后的第二天，威廉和克劳福德准备离开，早饭（其实一点儿也不早了）吃了些鸡蛋和冷猪肉③，走前又吃了"第二顿早饭"，这里的"第二顿早饭"其实就是我们今天所说的"早午餐"。

如果大家恰巧在中午聚在一起，一般会吃一些点心，通常也是非正式的。在《爱玛》中，大家聚到多维尔摘草莓，埃尔顿夫人建议中午时"把桌子摆在树荫下，吃些简单自然的食物"。与一开始登山远足的提议相比，这个建议显得低调很多，而且更像一个户外的小舞会，但还是遭到了奈特利先生的极力反对：

> 我对简单自然的定义是在餐厅吃些东西，绅士们和淑女们围坐在一起，摆着日常的家具，仆人像往常一样服务，这才叫简单自然。在园子里吃草莓吃烦了，正好进屋吃些冷肉。④

乍一看，奈特利先生对户外用餐的厌烦很让人不解，原因可能有以下几点：首先，他希望伍德豪斯老先生能加入活动，但老先生是根本不可能去户外吃东西的；⑤ 其次，他预想到了盛夏时节在户外摘了半天草莓后，大家一定更喜欢凉爽的室内；最后，他希望用自己的方式款待大家，而不是让举止粗鲁的埃尔顿夫人做主。除此之外，奈特利先生对户外用餐的厌恶还有更深层

---

① 《傲慢与偏见》，第 222 页。
② 关于"午宴"的讨论以及其他相关膳食，参见玛吉·莱恩（Maggie Lane），《简·奥斯汀与食物》(*Jane Austen and Food*)，伦敦，1995 年。
③ 《曼斯菲尔德庄园》，第 280 页。
④ 《爱玛》，第 365 页。
⑤ 同上，第 356 页。

次的原因。

　　答案可以从另一次远足中找到。登山远足的提议摆在大家面前时，爱玛暗自决定，宁愿与韦斯顿一家外加三两好友一起去，这样才能够"安静、自然、优雅地进行，而不用忍受各种喧哗、忙碌以及埃尔顿一家准备的野外大餐"。[①] 但结果却是，她被迫参与，还被迫吃了埃尔顿夫人准备的鸽子馅饼和烤乳羊等食物。除了对埃尔顿夫人的厌恶，爱玛、奈特利二人对户外用餐的反对还来源于"野餐"这个词本身。"野餐"就意味着大家都要贡献食物，就会产生有意无意的浮夸竞争，而这些正好符合来自城市的埃尔顿夫人的趣味。爱玛和奈特利都是乡村贵族生活方式的坚定捍卫者，在他们看来，在室内餐厅吃饭才是得体的。一位评论家认为，从二人的坚持可以窥见一系列旧有的价值体系正在遭遇威胁：

　　　　这里的草莓代表着生活中更表象化的东西，可以为了社会的和谐而轻易妥协；而冷肉则代表着人们行为规范的一些基准，在奈特利先生看来，这些东西一旦遭遇侵蚀，定会引起严重的后果。[②]

　　这些基准不仅包括吃饭用餐的规范，还包括邻里之间的关系、日常的聚会、拜访、通信等，甚至还包括结婚产子、生老病死等人生大事，整个社会就是通过这些黏合到一起的。或许在我们看来，乔治王时期的很多社会架构都太过于正式，但通过奈特利先生之口我们可以看出，这些既定的行为规范能够防止简单自然的生活秩序遭受各种破坏性因素的干扰。简·奥斯汀也持这种观点，但这并不代表她因循守旧或者缺乏艺术家的远见。曾有人说"那些

<hr>

　　① 《爱玛》，第352页。
　　② 玛吉·莱恩，《简·奥斯汀与食物》，第161页。

与众不同的人抗拒的是大众流行的品位,而非普世接受的良序"。① 简·奥斯汀笔下的人物以及她自己所遵守的准则在她看来都是维系文明社会的公序良俗,违背这些准则不是标新立异的时尚,而是对原则的背离。社会交往一定要遵循这些公序良俗,特别是两性的交往,玛丽安·达什伍德(Marianne Dashwood)的遭遇就是因违背社会规范而饱尝苦果的例子。男女交往的礼节有时看起来太过苛刻,但却能够避免误解和尴尬。简·奥斯汀在 1801 年 2 月外出访友时的一封信中写道:

> 像往常一样,我们在此地的生活十分安宁。每天早上,我们都会花很长时间出门拜访朋友,昨天去了宝赫斯特。不如我想象中那么美,也许是来的季节不对。房子里四处都是小孩子留下的痕迹,乱糟糟的。男主人一如既往的一副狂野模样,女主人也是惯常的肥大之相。这就是昨天一晨的事。②

早上的拜访和晚上的舞会是朋友会面的主要场合。上文所描述的早上的拜访肯定是在下午 1:00 后进行的,很有可能还要晚一些。在南安普敦的乡村地区,人们去拜访的一般都是老朋友,所以就少了很多客套的形式,最多会预约个时间;但在很多情况下,预约时间都不需要,小说中频繁的、随性的聚会和拜访就可以说明这一点。在简·奥斯汀所熟悉和所描述的小城镇、小村庄中,朋友间的拜访更为随意、随性。拜访一般是女人的事,因为男人除了休闲还有其他的事情要做。(《爱玛》中的贝茨小姐就说过:"我知道,绅士们并不

---

① 奈杰尔·尼克尔森(Nigel Nicolson),《简·奥斯汀是势利小人吗?》(*Was Jane Austen a Snob?*),引自《简·奥斯汀 1997 年社会报告》(*Jane Austen Society Report for 1997*)。

② 《简·奥斯汀书信集》,第 80—81 页。

喜欢早上的拜访。") ①

　　女士不会主动去拜访男士，但男士如果愿意的话是可以去拜访女士的。
《理智与情感》中的约翰·米德尔顿爵士（Sir John Middleton）貌似除了社交
就没有其他事情可做，一天中的任何时候都可能去拜访别人，而且更喜欢亲
自安排各种社交活动。但奈特利先生却恰恰相反，因为有很多事情要做，所
以一般只有晚上才有时间去爱玛家的哈特菲尔德庄园拜访，而小说开头他在
早上去拜访的情节则是为了铺垫他对爱玛的感情。他对早上走亲访友这件事
的保留态度可以从下面这段对话中看出来。舞会的第二天早上，贝茨小姐从
阳台上向经过的奈特利打招呼：

　　　　奈特利：我要去金斯顿，有什么需要帮忙的吗？
　　　　贝茨：哦！金斯顿啊！科尔太太那天说想去那儿买点儿什么东西
来着。
　　　　奈特利：科尔太太可以让仆人去。您需要带什么吗？
　　　　贝茨：不用啦。进来坐一会儿吧。猜猜谁在呢？伍德豪斯小姐和史
密斯小姐在呢，她们来听新钢琴演奏。把马拴好，上来坐一会儿吧。
　　　　奈特利（拿着腔调）：好吧，就 5 分钟。
　　　　贝茨：韦斯顿先生和弗兰克·丘吉尔先生也在！这么多朋友，多
好啊！
　　　　奈特利：现在不行，现在两分钟都不行。我得赶紧去金斯顿了。②

　　听说爱玛在，奈特利很想进去，但是发现弗兰克·丘吉尔也在，奈特利就

---

① 《爱玛》，第 455—458 页。
② 同上，第 244 页。

不想进去了。除了情感的微妙变化外，我们还可以得知，奈特利把早上的时间用于处理事务，而不是社会交往。即使像班纳特先生这样看起来无所事事的人，也会把这段时间用于埋头在书房读书，而不会去参与妻女在餐厅、客厅的接待（其实他在晚上也喜欢喝完茶继续把自己关在书房里读书）。①

保证每天社交正常运行的重任主要是由女人来承担的。班纳特太太期待着大女儿简很快与宾利先生结婚，她对卢卡斯小姐说"能在有生之年把大女儿嫁出去，之后把妹妹们托付给她，我就再也不用给她们安排各种社交场合了"②，这番话让卢卡斯认为，社交对于班纳特太太来说是个沉重的负担。但是紧跟着，作者就用尖刻的语调指出："无论多大年纪，班纳特太太都是最不愿在家里待着的人，而那些本应以礼仪为重的社交场合在她看来，要乐趣多多才好。"相反，作者的母亲奥斯汀太太则要深居简出得多。1812 年，她 72 岁的时候在大儿子所在的斯蒂文顿牧区住了两周，之后就再也没在外面过过夜。她的孙女卡洛琳说："她决定以后不去其他地方了……所以最后一次去大儿子家住了几天，之后就没有去过其他地方，而且据我所知，祖母之后连乔顿都没离开过。"③

邻里之间还有很多固定的礼仪要遵守。如果有新人搬来，那么老住户一定要先去拜访。如果新来的是宾利先生这样的单身汉，附近的女士们一定要等到丈夫先去拜访过，自己才能够亲自登门。这也正是班纳特太太一定要让丈夫去拜访的原因，因为她正在打着把一位女儿嫁给宾利的小算盘。而班纳特先生虽然取笑了自己的太太，但还是把这件事当成一项重要的任务去完成了。如果有人嫁到了本地区，那大家就更要去拜访了，还需要送一些结婚礼

---

① 《傲慢与偏见》，第 344 页。
② 同上，第 99 页。
③ 卡洛琳·玛丽·克莱文·奥斯汀，《卡洛琳·奥斯汀回忆录》（*Reminiscences of Caroline Austen*），迪尔德丽·勒·费伊编，简·奥斯汀社会，1986 年，第 26 页。

物。其实很大程度上是出于一睹新娘真容的好奇心，还有一部分出于对外来
者评头论足的八卦心态。所以，这样的场合很容易变得十分微妙。1808 年，詹
姆斯·奥斯汀的前妻弟布朗罗·马修带着妻子来到了克兰韦尔。他的姐姐过
世多年，詹姆斯已经再婚。简·奥斯汀给卡桑德拉写信，讲述了她们的侄女
安娜（詹姆斯与第一任妻子的女儿）前去拜访的情况：

> 上周五安娜去了克兰韦尔，我当时暗自祈祷，希望她的舅母是个值
> 得一见的人。可能你之前都没听说，詹姆斯和玛丽（詹姆斯的第二任妻
> 子）几周之前就已经去拜访过他们了。玛丽是不可能对马修的妻子太感
> 兴趣的，但是居然对她还比较满意，不仅是因为她在礼节上做得不错，还
> 因为她比较通情达理。①

有个现象很有趣，在《爱玛》中，弗兰克·丘吉尔没有回家参加父亲的
婚礼，婚礼在 9 月举行，他直到次年 2 月才回家。奈特利对此一直持批判态
度，韦斯顿夫人也很失望。而现实中，马修已经结婚 1 年多，詹姆斯和玛丽才
去拜访，简·奥斯汀却没有太多批判。当然，现实中的亲缘关系不似小说中
的那么近。

简·奥斯汀在《爱玛》中设计了一个更为复杂和微妙的场景。埃尔顿先
生把自己的新婚妻子带到海伯里，爱玛带着哈莉埃特前去拜访。之前爱玛本
想撮合哈莉埃特和埃尔顿，不想落了空，所以这场会面注定会十分尴尬：

> 无论何时，收结婚礼物都是一件十分尴尬的事。男主人要想优雅地
> 过关着实不易，女主人还可以靠漂亮的衣服、娇羞腼腆的表情掩饰一下，

---

① 《简·奥斯汀书信集》，第 166 页。

而男主人就只能凭借判断力和应变力自求多福了。可怜的埃尔顿，此时
屋里面有他刚刚娶进门的妻子、有他之前爱慕的人，还有之前想嫁给他
的人，所以他看上去手足无措、神情慌张也就情有可原了。[①]

　　拜访过程中需要遵循的礼节也是十分微妙、烦琐的。通常来说，居住在
一定距离之内的家庭会定期进行互访，离家之后（比如在伦敦）要不要走动
则取决于之前是否相互拜访过。因此，简·奥斯汀的朋友勒弗罗伊太太在给
儿子爱德华的信中写道："如果贝克福德先生再次热心邀你，我希望你可以和
他一起吃顿饭。他一直住得比较远，所以我们没有去拜访过他，但这不应该
成为你不接受他邀约的理由。"[②] 即便是那些最寡廉鲜耻的人也会很谨慎地遵
守这些拜访的礼节。比如《理智与情感》中的詹宁斯夫人（Mrs. Jennings）
到了伦敦，威洛比为了避免遇见玛丽安所以小心翼翼地选择她们外出的时候
去拜访，所以她们归来后看到了威洛比留下的名片，很明显，他一直在不远处
观察着她们的进出动态。[③]

　　人们到了伦敦或者其他大城市，一般都会通过发放名片的方式将自己的
到来告知熟人。所以埃莉诺与玛丽安到伦敦的第一个早上"基本都在给詹宁
斯夫人的朋友发名片，告知他们詹宁斯夫人的到来"。[④] 发放名片之后，朋友们
要么会前来拜访，要么会回赠名片。如果某位女士并未用发放名片的方式告
知自己的到来，而是亲自去拜访了朋友并接受邀请上楼去朋友的会客厅坐了
一会儿，那么朋友则必须回访。

　　如果主人因故不方便邀请来客上楼小坐，那么则会让仆人告知女主人不

① 《爱玛》，第271页。
② 安妮·勒弗罗伊致 C.E. 勒弗罗伊的书信，第128页，勒弗罗伊档案馆。
③ 《理智与情感》，第169页；《简·奥斯汀小说集》，R.W. 查普曼编，共5卷，第3版，牛津，1932—1934年。下同，不再赘述。
④ 同上，第168页。

在家。这种说辞是大家都能接受的，而且不会引起来客的反感，至少在一般的熟人朋友间不会引起不快。可是在熟识的年轻朋友间这样做，则会引起误会。《诺桑觉寺》中就发生过这样的事。凯瑟琳初来乍到，对社交礼仪还做不到得心应手。本来与亨利、埃莉诺兄妹约好一起出门，却被索普兄妹所骗，相信埃莉诺、亨利已经走了，于是同索普兄妹坐上马车朝相反的方向离开。[①] 当她看到前去赴约的亨利、埃莉诺兄妹时，请求约翰·索普停下来让她下车，却遭到拒绝。此时凯瑟琳心烦意乱，明白自己爽约的行为犯了社交大忌。作者对社交礼节细微之处的描写十分到位：

> 凯瑟琳回来后，男仆告诉她，她刚走几分钟，一位先生和小姐就来找她；男仆告知她与索普先生先走了，那位小姐问，是否留下什么纸条或口信；男仆回答没有，并向小姐索要名片，小姐说没带，之后两人就离开了。[②]

男仆的间接引语、匿名的"一位先生和小姐"以及埃莉诺询问是否留下口信等细节都可以说明：友谊出现误解和裂痕的时候，一板一眼的礼节就会占据上风。凯瑟琳十分焦急，想把误会解释清楚，却不知道怎么做，于是去问艾伦夫人，得到的却是艾伦一贯风格的回答："去吧，去吧，亲爱的。但是要记得穿白色的衣服，因为蒂尔尼小姐一直喜欢白色。"[③] 凯瑟琳到了蒂尔尼家，却被生硬、冰冷地拒绝了：

---

① 《诺桑觉寺》，第 92 页；《简·奥斯汀小说集》，R.W. 查普曼编，共 5 卷，第 3 版，牛津，1932—1934 年。下同，不再赘述。

② 同上，第 89 页。

③ 《诺桑觉寺》，第 91 页。

男仆说蒂尔尼小姐应该在家，但不是十分肯定。凯瑟琳不确定如果把自己的名片递上去蒂尔尼会不会高兴。于是她这样做了。几分钟后，男仆下楼说他看错了，蒂尔尼小姐已经出去散步了。但是他的表情明显出卖了他的话。凯瑟琳感到一阵羞愧、委屈，脸不禁红了，离开了蒂尔尼家。她十分确信蒂尔尼小姐就在家中，只不过因为上次她爽约的事而不愿见她。离开的时候凯瑟琳不敢回头，担心看见蒂尔尼正站在客厅的某扇窗户前看她。但是到了街角，凯瑟琳没忍住回了头，发现蒂尔尼小姐并未站在客厅的窗前，而是站在了门口。[①]

之后凯瑟琳了解到，并不是蒂尔尼小姐让她吃了闭门羹后故意站在门口气她，而是她的父亲蒂尔尼将军急匆匆地要带她出门，所有的误会就被解释清楚了。但是索普又一次给她下了绊子。她本来与蒂尔尼兄妹约好一起散步，索普却对蒂尔尼兄妹说，凯瑟琳决定推迟与他们的约定、先同自己出行。同样的错误凯瑟琳绝不会允许自己再犯一次，她跑着去追赶蒂尔尼兄妹，而且不顾任何礼节，径直追到了他们家，也没等仆人通告，直接闯进了客厅：

她说自己一定要跟蒂尔尼小姐说几句话，于是径直上了楼，莽撞地打开了第一扇门，恰巧蒂尔尼将军、蒂尔尼兄妹都在里面。她气喘吁吁地开始解释："我匆匆忙忙地就赶来了。一切都是误会，我从没答应过索普要和他们出行，我一开始就说不同他们去。所以我一路跑过来，就是想解释一下。我不在乎你们怎么看我，我就径直上来了，因为我等不及仆人上来通告。"[②]

---

① 《诺桑觉寺》，第 91—92 页。
② 同上，第 102 页。

上气不接下气的这番话和紧张的情节强调了这样一个事实：某些时候，礼节要让位于坦诚。通过一系列的事件，凯瑟琳学会了如何处事。更重要的是，她明白了应该去做的事就是自己认为是对的事。

通常来说，每个女孩都会有一个年长的女伴来监护她，帮她避免犯一些错误。如果没有一个这样或者年长、或者已婚的女伴的陪伴，年轻的单身姑娘是不能参加社交活动的。即便是去私人舞会，也必须有人陪伴。因此，在《曼斯菲尔德庄园》中，在范妮的舞会上，诺里斯太太忙得不可开交，"要安排牌桌，要提醒托马斯爵士该做什么，还要安顿那些前来陪护的年长女伴们"。[①]一般来说，母亲会陪着女儿去参加各种舞会，但如果去伦敦或巴斯这样比较远的地方，母亲因为要照顾家庭不能同行，就需要再找一个人了。在《理智与情感》中，夏洛特 · 帕尔默极力说服埃莉诺和玛丽安姐妹一起进城，对二人说："如果你们的母亲不愿出席公共场合的话，我愿意一直做你们二人的陪护。"[②]简 · 奥斯汀和卡桑德拉也有好几个这样的女伴，当父母不在的时候陪她们参与社交。所以，无论是在古德汉姆还是在伦敦，她们都有很多机会去接触当时的城镇和乡村社会。

简 · 奥斯汀不惜笔墨，在小说中用很多例子说明一位可靠又理智的女伴有多重要。对于《傲慢与偏见》中莉迪娅 · 班纳特这样的女孩子，虽然只有具有超凡能力的女伴才能看管得住，但是福斯特夫人（Mrs. Forster）的失职也显得太过离谱了，而且导致了灾难性的后果，她基本可以算得上简 · 奥斯汀所有小说中最失败的女伴了。《诺桑觉寺》中的艾伦夫人，作为女伴来说也不算称职。她只醉心于服饰打扮，对巴斯社交生活的细微之处体察不

---

① 《曼斯菲尔德庄园》，第 277 页。
② 《理智与情感》，第 110 页。

够，而且又没有适当的人脉资源可以介绍给凯瑟琳，最可怕的是居然把凯瑟琳介绍给为人不淑的索普兄妹。《理智与情感》中的詹宁斯夫人作为女伴来说，十分热心、热情，也十分关心玛丽安的身心健康，这就使读者对于她话多的性格和一些粗鄙的举动更加宽容。但她总是凭空臆想、乱点鸳鸯谱，这就决定了她仅仅是个喜剧性的角色，而非称职的女伴。《爱玛》中的韦斯顿夫人几乎可以称得上是女伴的典范，但缺点是对爱玛太过放纵，使得她有些自以为是。《劝导》中的罗素夫人（Lady Russell）是除了温特沃斯上校（Captain Wentworth）外唯一看到安妮种种优秀品质的人，但却在给安妮提建议时犯了好几个致命的错误：不仅在开始时劝说安妮不要嫁给温特沃斯，还极力敦促安妮去当家庭教师。[①] 最不靠谱的女伴要数莉迪娅·班纳特了，她对于自己嫁给威克汉姆一事得意扬扬，因为这不仅让她抢在姐妹们之前结了婚，还使已婚的她能够"护送姐妹们出席社交场所，并为她们找丈夫"。[②] 伊丽莎白的回复说出了小说中那些较为明智的女孩的心声："谢谢你想得这么周到……但我真的不喜欢你找丈夫的方式。"

　　社会交往的主要方式当然是谈话聊天，而且有各种各样的形式。范妮发现，亨利·克劳福德总是滔滔不绝地想要获得所有人的注意，"他和妹妹玛丽谈巴斯，和埃德蒙聊狩猎，和格兰特牧师说政治，等到和格兰特夫人聊天的时候，后者就只有默默倾听的份儿了。"[③] 而在安妮·艾略奥特看来，交谈要睿智、有趣、平衡且信息量充足才好。[④] 至于简·奥斯汀本人，哥哥亨利评价她"言语流畅、用词精准，为优雅、理智的社会而生，对交谈与写作同样擅长"，[⑤] 而侄

---

① 《劝导》，参见《简·奥斯汀小说集》，R.W. 查普曼编，共5卷，第3版，牛津，1932—1934年。下同，不再赘述。

② 《傲慢与偏见》，第317页。

③ 《曼斯菲尔德庄园》，第223页。

④ 《劝导》，第150页。

⑤ 《诺桑觉寺》中的传记注释，第5页。

女卡洛琳评价她"诙谐幽默,说任何事情都能让孩子觉得有趣"。[1]

　　我们没有机会去听他们是如何交谈的,但他们留下的信件却是很好的线索,可以在很大程度上还原当时人们谈话的风格。1801 年,简·奥斯汀在给卡桑德拉的信中写道:"我终于发现了写信的真正艺术,就是写信要像口语表达一样,怎么说就怎么写。"她还在信中写道,这样一来,信会写得很快、很流畅,一封信就如说话般行云流水地完成了。[2]1813 年出版的一本写作指南也建议大家写作要和说话一样自然,并且对最好的写作方式做了如下描述(可以看出简·奥斯汀的写作与这种完美的风格已经十分接近了):

　　　　当我们坐下来写信的时候,要像谈话一样,就像读信的人就坐在你对面,你与他交谈一样。遵循这个原则,就再也不会无从下手了。这样一来,我们的信还会自然不做作,而且让读者觉得舒服……还要记得,行文时需体现关怀、真诚和善良。一封好的信不是要光说好听的,而是要优雅得体地表达,这样一来,就既能告知信息、提出建议,又能让人舒服愉悦。

　　　　我们写出来的信还要内容诚实、让人开心,就像一位我们尊重的人一样,见到他,总是会心生欣悦;而不是像一个自恋狂,只知道欣赏自己优美的羽毛。

　　　　简短平实的信让人印象深刻,冗长繁复的信不仅让人不知所云,而且也难以让人记住。除此之外,要写出一封好的信还有一个十分重要的要求,就是要时刻体现出良好的教养和悲悯、仁慈的胸怀,这会使整封信洋溢着人性之美。我并不是说信中要充斥着矫揉造作的恭维奉承,而是

---

① 卡洛琳·玛丽·克莱文·奥斯汀,《我的姑妈简·奥斯汀》,第 5 页。
② 《简·奥斯汀书信集》,第 68 页。

要随和、大方、热情，在遣词造句时也要记住这些要求。这样一来，写信人的良好品性就跃然纸上了。①

最典型的反面教材就是《傲慢与偏见》中柯林斯先生的信，充满了卑躬屈膝的奴性，又无处不在地流露出自狂自大，②几乎每一项上述的要求都未达到。

现存的简·奥斯汀的信主要来源于两个时期：大部分是她或者姐姐卡桑德拉中的其中一个住在古德汉姆时二人的通信；还有一小部分是简·奥斯汀住在伦敦亨利家时写的信。姐妹二人对于写信这件事十分热衷，信中囊括的信息也十分广泛：家里的消息、服装的款式、与朋友交往的细节，等等。她们在信中详细描述出门访友的经过、对他人的印象，还有从他人处得到的信息（主要是兄弟们来信中的信息）。年轻的时候，二人的信件中还有很多关于舞会、聚会的内容。二人对对方的生活都有很大的兴趣，因此还会在信中提出很多问题，有的答案自己已经心知肚明，提出后就自问自答了。由于卡桑德拉的信没有保存下来，我们只好去推断其中的内容，但其活泼有趣的水平应不亚于简·奥斯汀。简·奥斯汀曾在给她的信中写道："以后你寄出信前应该自己先读 5 遍以上，这样就能像我一样发现其中的幽默可爱之处了。上一封信中的好几处，逗得我开怀大笑。"③姐妹二人对写信的浓厚兴趣来源于母亲。奥斯汀太太的信十分清新幽默。1796 年，她给有可能成为自己儿媳妇的玛丽·劳埃德（Mary Lloyd）写信，不仅轻快地提了提自己女儿的婚事 [当时卡桑德拉已经与汤姆·福尔（Tom Fowle）订婚，婚后很有可能去什罗普郡

---

① 《年轻女性或节俭主妇手册》（*The Young Woman's Companion: or Frugal Housewife*），第388—389 页，曼彻斯特，1813 年。
② 《傲慢与偏见》，第 64 页。
③ 《简·奥斯汀书信集》，第 33 页。

生活],还对玛丽的妹妹玛莎开了善意的玩笑：

> 向你母亲转达我们的问候，希望她和玛莎像我们喜欢你一样喜欢我的儿子。卡桑德拉很快就要去什罗普郡生活了，总有一天简也要嫁人，不过天知道她要嫁去哪儿，所以等我年老的时候能有你在身边陪伴、做我的女儿，我特别欣慰、也特别期待。告诉玛莎，她要是也能成为我的女儿就好了，若是她的男朋友也能成为我的儿子，我就更开心了。哦！亲爱的玛莎，千万不要惊慌，对于你的爱情小秘密，我会守口如瓶的。也不要惊讶，虽然你从未告诉过我，我却凭着一双慧眼自己发现了。既然我们都是一家人了，所以我就把这个小秘密说出来啦。①

现存简·奥斯汀最早的信是 1796 年写的，当时她 20 岁。从行云流水的信中可以发现，在此之前她不仅已经写过很多信，而且还读过一些书信体小说，比如塞缪尔·理查逊的《克莱丽莎》(Clarissa) 和范妮·伯尼的《埃维莉娜》(Evelina)。她的早期作品也是这样的写作风格，比如《理智与情感》的初稿《埃莉诺与玛丽安》。在 1792 年的作品《凯瑟琳》中，简·奥斯汀借斯坦利夫人之口劝说固执的伯西瓦尔夫人的桥段，表述了年轻女士与笔友互相通信的重要性：

> 年轻女士们相互通信是一件十分有意义的事，情理通畅又优雅的信可以帮助她们形成良好的品位。拉里法克斯女士的想法与我一样。卡蜜拉与女儿们写信，我相信内容会十分充实有趣。这些观点对于伯西瓦尔夫人来说可能太过前卫，因为在她看来，女孩儿们互相写信百无益处，她

---

① R.A. 奥斯汀-利，《奥斯汀家族选集》，第 228 页，伦敦，1942 年。

们互相提一些有害的建议，最后只会导致轻率鲁莽犯错误。因此，伯西瓦尔夫人说她 50 年来从未有过笔友，却也一样受人尊重。斯坦利夫人并未作答，但是她无所畏惧的女儿随口问了一句："但是，如果您有笔友而且时常写信的话，也许您就是个不一样的人了呀……"①

卡桑德拉一封自己的信也没有保留，却保留了一些简·奥斯汀的信。她并没有想到这些信件有一天会公之于众，她这样做仅仅是为了给侄子侄女们留个念想（因为她知道简·奥斯汀与安娜、卡洛琳、范妮都保持着通信）。对于信中包含的日常生活的细节以及当代人眼中的当时的社会风貌，这些年青一代的侄辈们并没有太大的兴趣。詹姆斯·爱德华·奥斯汀在为姑姑的回忆录收集资料时，卡洛琳·奥斯汀曾做过如下评价：

　　我认为信中的内容都不会引起公众的兴趣。虽然表达很流畅，而且对于收信人来说很有趣，但却都是一些家长里短，甚至她（简·奥斯汀）都没有在信中表达任何观念性的东西。所以这些内容对于大众读者来说是没有太大意义的，读了之后既不能了解她的思想，也不能对她有任何更深入的认识。
　　在对这些信的内容选择上也很谨慎。卡桑德拉姑姑在去世前两三年把所有的信整理了一遍，烧掉了其中的大部分，把剩下的留给了我们，但是在我看到的一些信中，内容也有删减。简·奥斯汀姑姑在世时也给我写了很多信，对于一个孩子来说，那些信写得堪称完美。②

①《简·奥斯汀次要作品集》（ *The Works of Jane Austen, Minor Works* ），六卷本，R.W. 查普曼编，B.C. 索瑟姆（B.C.Southam），牛津，1969 年。后同，不再赘述。
②卡洛琳·玛丽·克莱文·奥斯汀，《我的姑妈简·奥斯汀》，第 9—10 页。

现代传记作家经常怀疑，卡洛琳之所以说大众读者不会对简·奥斯汀的信感兴趣，是因为奥斯汀家族为了保护简·奥斯汀，使她免受过度的审视和指责，而他们家族在那个时代就能有这样的远见，是让我们很惊讶的。市面上公开的那些私人信件要么是政治家的，要么是一些道德说教的，比如查斯特菲尔德勋爵写给孩子们的信。而简·奥斯汀的侄子之所以要写关于姑姑的回忆录，主要为了回应大众对于了解她生活的呼吁。

卡洛琳说姑姑写给孩子们的信是完美的，这一点无可厚非。1816 年 3 月，卡洛琳 10 岁，简·奥斯汀在一封写给她的信的结尾这样说：

> 最近几天，邮车来了 3 次，就停在家门口，我们都很开心。还有一些可爱的不速之客来访：你的亨利叔叔和蒂尔森先生、希斯科特夫人和比格小姐、亨利叔叔和西摩先生。小提示，两次来的是同一位亨利叔叔哦。①

这是孩子们小时候简·奥斯汀写信的风格，随着孩子们不断长大，她会调整风格以适应孩子们的年纪和思维，以便他们能够接受。下面这段是詹姆斯·爱德华 18 岁时，简·奥斯汀写给他的第一封信：

> 我现在给你写信的一个原因是，我很愿意指导你成为一个绅士。我帮你离开了温彻斯特，这让你很高兴。现在你可能会承认那里的生活多么痛苦。而你现在的所作所为的影响会在将来逐渐显现 —— 是否总是去伦敦的小酒馆买醉、是否总是把自己逼到绝望的境地、是否会恶意中伤他人等等。今天的行为会决定你明天的状态。②

---

① 《简·奥斯汀书信集》，第 311 页。
② 同上，第 322 页。

　　对于这些信件的价值,安娜·勒弗罗伊则持不同的看法。她在给詹姆斯·埃德蒙的信中写道,简·奥斯汀姑姑的信被保存下来,是因为家人看重这些信的价值,而且认同其中的想法。[1] 读信和传播信中的新闻是与写信同等重要的社会活动。当时的邮费十分昂贵,所以大家通常会长篇大论地写很多。如果写不满 4 页纸,简·奥斯汀还会觉得歉疚。她在 1809 年 1 月的一封信中写道:"亲爱的卡桑德拉,真抱歉我的上一封信不够充实,希望这封信不会再有同样的缺陷。我们自己最近确实没有太多的新鲜事可以写,所以主要依靠从朋友信件中获得的消息或者凭借我的智慧和创造力来与你通信。"[2] 有时候,简·奥斯汀也会对这种无休止的通信感到厌烦,通常刚刚寄出一封信就要开始写下一封,写一封要持续好几天以囊括生活中的点滴细节的信。为此,她曾经向卡桑德拉抱怨:"我与你一样,对于写长信是感到疲惫的。但是仍然有那么多人期待着收到长信,真是让人无奈呀!"[3]

　　在写信这件事上,女人比男人更勤奋:一方面,将家长里短娓娓道来一般都是女性的特质;另一方面,信中所涉及的大部分拜访、聊天也都是由女性完成的。在《曼斯菲尔德庄园》中,玛丽·克劳福德笑着告诉范妮,自己的哥哥亨利"写信从来没有超过一页",还给大家举了一个例子,"亲爱的玛丽,我已到达,巴斯人很多,一切如常。你的哥哥亨利。"之后玛丽评论道,这种信"真的是男性风格,真的是哥哥写的信"。[4] 范妮则幸福得多,她在海军服役的哥哥给她写信时更为投入,会给她讲很多军旅逸事。简·奥斯汀在海军服役的兄弟也是如此。外出执行任务时,

①W. 奥斯汀-利、R.A. 奥斯汀-利和迪尔德丽·勒·费伊,《简·奥斯汀: 家族档案》(*Jane Austen: A Family Record*),第 249 页,伦敦,1989 年。

②《简·奥斯汀书信集》,第 162 页。

③同上,第 137 页。

④《曼斯菲尔德庄园》,第 59 页。

弗朗西斯和查尔斯总会认真地给她写很多信，从留存至今的信中可以看出，在写信这件事上，他们虽然不及姐妹们勤勉，却比亨利·克劳福德严肃多了。1813 年 9 月，简·奥斯汀与侄子爱德华以及 3 个侄女一起居住在伦敦，她在给卡桑德拉的信中写道："我们 4 位女士围坐在内室的桌边写信，男士们则在旁边的屋子里聊天。"[①]毫无疑问，如果卡桑德拉在场，肯定也会和她们一起坐在桌边写信，描写当时的场景和生活中的见闻。

信件不仅是写给收信人的，还会拿去被亲朋传阅。奥斯汀太太写给玛丽·劳埃德的很私人的信件也被玛丽的姐妹和家人拿去阅读。当然，情人之间的书信则另当别论，通常会从早餐桌上迅速地送到收信人的卧室，绝对私密。（但当时有一条十分严格的规矩，就是订婚之前，男女之间是不应通信的。玛丽安·达什伍德与威洛比通信时就冒着犯了这条禁忌的危险，从而吓了埃莉诺一大跳。）

但并不是所有人都对别人的信件感兴趣，特别是家庭之外的人。简·费尔法克斯的每一封信都会很快在海伯里传开，通常由她的姑姑贝茨小姐骄傲地向来客朗读，而且还会在读信前加一段自己的总结概括。简通常会很尽职尽责地给家里写信，密密麻麻地写满好几页纸。[②]爱玛对这些信不感兴趣，总是想逃避被读信的场合，但贝茨小姐总是有办法强迫她就范：

> 贝茨小姐说："科尔太太特别耐心地和我们坐下来聊天，说到简的时候，她问：'最近简没有给家里写信吧？这个时候她应该比较忙。'我回答：'我们今天早上刚收到她的一封信。'科尔太太看起来惊讶极了，说

---

① 《简·奥斯汀书信集》，第 222 页。
② 《爱玛》，第 153 页。

道：'真的吗？挺意外的。赶紧告诉我简都写了些什么。'"

话至此，爱玛只能客气礼貌地问："真的呀？简给家里写信了？真高兴听到这个消息。她一切都好吧？"①

这封信对于故事情节的发展十分关键，因为简很出人意料地告诉大家，她很快就要来海伯里。简写这封信的时候很匆忙，贝茨小姐还抱歉说信只有两页长。贝茨小姐的转述和概括包含了关于迪克逊（Dixon）一家的很多信息，让爱玛不禁怀疑简和迪克逊之间是否已经暗生情愫。但是作者的巧妙之处是并未给贝茨小姐直接读信的机会，就让这一章结束了：

贝茨小姐："刚刚给你们讲了简的来信的大概内容，现在给大家读一读她的信吧。当然了，她的信可比我讲的精彩很多"

爱玛看了一眼哈莉埃特，说："恐怕我们得告辞了，父亲在家等着我们呢。其实我连待5分钟的时间都没有，但是从门前经过时，却忍不住想上来探望一下贝茨夫人。刚才我们聊得真开心。但是我们得告辞了，祝你们一切都好"

之后爱玛开心地跑掉了。虽然没能逃过听贝茨小姐转述信件的厄运，但终归不用再听她从头到尾读信了。②

爱玛的这种做法有失委婉，太过直接。故事发展下去，读者却发现简·费尔法克斯与弗兰克·丘吉尔一直私下通信。这与玛丽安·达什伍德的情况不同，因为她已经私下与弗兰克订了婚，所以这么做并不会危及自己的

---

① 《爱玛》，第156—157页。
② 同上，第162页。

名声。但二人之间的信件却属于私密范畴，不能在海伯里流传，而且对于这种不乏欺骗的行为，她也觉得不好意思。[①] 因此，与情人之间的种种是不会出现在写给其他人的信件中的。

---

① 《爱玛》，第 459 页。

第二章

休闲胜地

从简·奥斯汀的小说中我们可以总结出休闲胜地的兴衰变化：《诺桑觉寺》描述了鼎盛时期的温泉胜地巴斯，《桑底顿》中的烂尾楼和废弃建筑则展示了19世纪正在走下坡路的海边度假村，而《劝导》属于承上启下的一部作品，温泉和海边胜地都有关照。

18 世纪（特别是 1740 年后）的英格兰经济经历了空前的大发展，社会的很多方面都受到了市场和商业化的影响，休闲活动也不例外。道路交通大为发展，使人们的流动性大大提高；企业家开疆拓土、大力创业，使社会流动性也有提高。更多的人开始外出休闲，把积累的财富花出去。这就促生了两个相互依存的产业——休闲和保健。18 世纪初，温泉方兴未艾；到 18 世纪末，海边度假则成了主流。二者都能使贵族和中产阶级在休闲娱乐的同时享受到保健的益处。人们纷纷离开家，去温泉或海边度假，享受水这一万物之源带来的健康功效，同时还催生了很多娱乐需求。因此，温泉和海边度假地开始建设舞厅、游乐场、流动图书馆等配套设施，让来客能够享受到与伦敦及其他大城市一样的种种乐趣。

　　从简·奥斯汀的小说中我们可以总结出休闲胜地的兴衰变化：《诺桑觉寺》描述了鼎盛时期的温泉胜地巴斯，《桑底顿》中的烂尾楼和废弃建筑则展示了 19 世纪正在走下坡路的海边度假村，而《劝导》属于承上启下的一部作品，温泉和海边胜地都有关照。《劝导》中的故事发生在战争刚刚结束之际，沃尔特·艾略奥特爵士十分鄙视海军军官，而且小说倡导的价值观是不提倡对时尚与休闲享乐的追求的。艾略奥特一家气量狭小、自以为是，使他们在巴斯没有朋友，连舞会都不愿意邀请他们（值得一提的是，他们已经处理掉老家的房产，在巴斯不是旅居，而是常住）；秋天的莱姆没有前来度假找乐子的游客，有的只是大自然的静谧之美，所以住在这里的是诸如哈维尔上校（Captain Harville）一家这样值得尊敬的、和蔼可亲的人。简·奥斯汀各部小说的寓意都是很清晰的：像凯瑟琳·莫兰（Catherine Morland）这样初出茅庐、刚刚步入社会的年轻姑娘，也许会在温泉胜地喧闹的舞会中找到乐趣（甚至是丈夫）；而像安妮·艾略奥特和夏洛特·海伍德这样成熟一些的姑娘，则能够看到浮华表象背后的真实，甚至《桑底顿》中即将破碎的泡沫。

乔治王时期的游乐园是娱乐商业化最典型的代表。18世纪，伦敦及其周边地区的200多个露天游乐场所如雨后春笋般出现，其中规模最大、最为著名的是马里波恩、沃克斯豪尔和拉尼拉格。还有一些游乐场建在天然温泉附近，提供药浴，诸如萨德勒温泉、伊斯灵顿疗养等。这些游乐场为伦敦人提供了优美的风景和环境，还有很多其他乐子，比如音乐演奏、烟火表演、化装舞会、观赏水族、人造瀑布、西洋镜，等等。位于皮姆里克的詹妮乐园有两样东西最为出名，一是底部装有弹簧的小丑，趁人不备时弹出来吓人一跳，二是漂浮在湖面上的美人鱼模型；位于克伦威尔路南端的佛罗里达公园可以让来客采摘樱桃、草莓和奇异的花朵，还有热气球表演；位于克勒肯维尔的温泉浴场的主要卖点则是一个叫作"小万神殿"的圆形建筑，据说耗费了60 000英镑。这些游乐场兴盛一时又归于沉寂，有的兴起于17世纪、一直坚持到19世纪，有的却仅仅撑了几年。其中一个名为马布里花园的游乐场所更是昙花一现。它开放于1742年，拥有一个巨大的水池、很多蜿蜒的步行道、保龄球馆，还有一个号称由清一色的英国音乐人组成的乐队，他们的宣传切入点是"比起女声女气的意大利音乐，大不列颠民族雄壮的音乐才更适合本国民众的耳朵和心性"。① 虽然这种赤裸裸的沙文主义迎合了一部分人的取向，虽然这个马布里花园曾在 1744 年上演了号称"英国历史上最壮观的烟火表演"，虽然进园并不收取任何费用，但是马布里花园仅仅维持了 10 年而已，到 1752 年就已经销声匿迹了。

　　无论这些小规模的游乐场有多么炫目的卖点，大家首选的还是马里波恩、沃克斯豪尔和拉尼拉格这三大翘楚。马里波恩以马里波恩庄园为基础，1650 年开业，1738 年至 1739 年进行扩建，增加了舞厅舞池，并开始收取入园费。马里波恩的食物和音乐的品质都很高，18 世纪 70 年代的烟火表演曾绚烂一时。女作家范妮·伯尼在《埃维莉娜》中表达了去看烟火表演时的兴奋：

　　　　昨天我们决定去马里波恩看表演，著名的外国烟火布景师莫雷尔·托尔先生会为大家设计演出。

　　　　听到广播后，我们赶快走向表演场地，以抢占视野好的位置。但人实在太多了，我们很快就被拥挤的人群挤得狼狈不堪。史密斯先生提议女士们在一起站成队形就会方便很多。我们照做了，之后男士们自顾自地走了，说是表演结束后再来同我们会合。

　　　　烟火表演真的很漂亮，还配以俄尔甫斯与欧律狄克的故事。在表演结尾，也就是二人永别的那一刹那，"砰"的一声，似发生了爆炸，火花四溅。我们都吓了一跳，四散开去，唯恐被不慎溅落的火花烧伤了。②

　　一个有趣的现象是，作者把烟火表演描述得精彩非凡，对于马里波恩游乐场本身却印象平平，说它"既不宏伟也不美丽"。《埃维莉娜》一书出版于

---

① 《伦敦百科全书》(*The London Encyclopaedia*)，本·魏因雷布 (Ben Weinreb) 和克里斯托弗·希伯特 (Christopher Hibbert) 编，第 530 页，伦敦，1983 年。

② 范妮·伯尼，《埃维莉娜》，第 2 卷，第 21 封信。

1778 年，也就是马里波恩歇业关门的那一年，也许它的风头已经被沃克斯豪尔和拉尼拉格盖过去了吧。

在伦敦最著名的 3 个游乐场中，拉尼拉格是最年轻的，1742 年由一个商业财团在拉尼拉格庄园上建造，坐落在切尔西医院的东边。园内的地标是一座洛可可风格的圆形建筑，直径达 150 英尺。乐团经常在此演奏，1764 年莫扎特来访时还用这里的风琴弹奏过。圆形建筑内有 52 个包间，供人们吃点心、喝饮料；建筑外也有一些包间，供人们吸烟。此外，园中有一眼人工湖和一座中国风的亭子。建造伊始，拉尼拉格就引领了时尚潮流。入园费定为 2 先令 6 便士，是沃克斯豪尔的 2 倍、马里波恩的 5 倍，遇有烟火表演，收费会增至 5 先令。这样一来就避免了沃克斯豪尔和马里波恩那种人满为患、鱼龙混杂的情况。作家霍勒斯·沃波尔说："在这里，你碰到的不是王子就是公爵。"[1] 范妮·伯尼在《埃维莉娜》中则给予了比马里波恩更高的评价："拉尼拉格是个迷人的地方，这里的灯光十分绚烂，进门的那一刻，我仿佛置身于一座魔法城堡或者童话宫殿中，一切都像是梦境。"[2] 菲利普·利比·波伊斯太太虽然对游乐园的营业时间颇有微词，但总体还是很着迷[3]，她在日记中描述了 1789 年西班牙驻英国大使来访时游乐园里的情景：

> 圆形建筑外摆了四排形状各异的明亮的灯、花篮、玫瑰花冠。小包间清一色地装饰成土耳其风格的帐篷，里面的贵宾用餐时，流苏花彩的窗帘就会垂下。每个包间都是华灯绚丽，每个包间都有一位穿着西班牙服装的服务员和一位穿着统一制服的侍者。[4]

---

[1]《伦敦百科全书》，本·魏因雷布和克里斯托弗·希伯特编，第 637 页。

[2] 范妮·伯尼，《埃维莉娜》，第 1 卷，第 12 封信。

[3] 菲利普·利比·波伊斯太太（Mrs. Philip Lybbe Powys），《菲利普·利比·波伊斯太太日记选段》（*Passages from the Diaries of Mrs. Philip Lybbe Powys*），第 225 页，艾米丽·J. 克里门森（Emily J.Climenson）编，伦敦，1899 年。

[4] 同上，第 242 页。

拉尼拉格的盛大开业与马里波恩的扩建都受启发于沃克斯豪尔,它是当时伦敦最为流行的游乐园,而且为乔治王时期的游乐园设定了流行的风向。沃克斯豪尔在富克肖尔庄园的基础上建设而成,初建时人们称为新温泉花园,但是它的历史可以追溯到维多利亚时期,那时候的温泉花园选址在查令十字街。虽然在 19 世纪,沃克斯豪尔也遭遇了很多经营方面的困难,但它一直坚持到 1859 年,是伦敦所有游乐园中寿命最长的一个。开园之初,只有几条羊肠小径和几座可以吃饭的小凉亭,但还是风靡一时,吸引了包括塞缪尔·佩皮斯在内的很多人。在 1750 年威斯敏斯特大桥竣工前,人们需要花 6 便士的船费才能到达泰晤士河彼岸的沃克斯豪尔,但大家还是乐此不疲。真正把沃克斯豪尔推上巅峰的人是乔纳森·泰尔斯,他于 1728 年接手游乐园的管理,之后花了几年的时间将其打造成一座占地 12 英亩、洛可可风格的大园林。他斥资采购顶级照明设备,建造中式亭台、浪漫的雕塑、瀑布,用弗朗西斯·海曼、威廉·贺嘉斯等名家的画作装饰包间,花了 300 基尼金币请年轻的雕刻家弗朗索瓦·卢比利埃可在入口处雕刻了音乐大家汉德尔的雕像。此外,还有一个哥特式的演奏台,可同时容纳园内的 50 名音乐家进行表演,当时英国很多著名的音乐家都曾在这里演奏过。1732 年,威尔士王子弗雷德里克来此参加了小型扩建项目的开幕式;1749 年,12 000 多名观众前来参加汉德尔作品演奏会,当时的杂志上说,这一活动吸引了太多的人,"以至于造成拥堵,伦敦大桥整整 3 个小时过不去马车"。[①]

虽然泰尔斯对于沃克斯豪尔的改造在某种程度上洗清了贴在游乐园上的一些耻辱标签,但是在园子的一些偏远位置,比如黑暗小径、德鲁伊路、情人道等地方,还是会发生一些青年男子调戏女士的性骚扰事件。这个问题引起

---

① 《绅士杂志》(Gentleman's Magazine),第 19 期,第 185 页,伦敦,1749 年。

了很大的关注，1763 年，当地政府下令将这些危险地区用栅栏围起来。即便如此，1780 年，也有一位高官的太太游览归来后评价道："沃克斯豪尔让人感到极度不愉快。"① 但也有人持不同看法。1785 年，菲利普·利比·波伊斯太太就曾放心大胆地让自己 13 岁的女儿前去参加舞会。母女二人对园内的治安表示很放心，但女儿（长大后嫁给了简·奥斯汀的侄子爱德华·库珀）却觉得沃克斯豪尔并不如拉尼拉格有趣。②

沃克斯豪尔和马里波恩的很多小径都是女士们散步的地方。范妮·伯尼笔下的埃维莉娜就曾在这些地方受到骚扰。除了拉尼拉格，范妮·伯尼将伦敦其他的游乐园都描述成危险之地，年轻女士的贞操很容易在这些地方受到威胁。从下面《埃维莉娜》的节选中，就可以看到赤裸裸的性骚扰。年轻的埃维莉娜被愚蠢的表姐妹带到了沃克斯豪尔园内昏暗的小径上，遇到了一群鲁莽无礼的年轻人，于是有了下面的情节：

我很不情愿，但却被裹挟着来到一条长长的、十分昏暗的小径上。

快走到小路尽头的时候，一大群男人突然从树后面冲了出来，他们举止粗鲁、一个靠着另一个，唱着歌，狂笑着围成一个圈，把我们包围在里面。布兰顿小姐惊恐地呼救，我也吓得直叫，但他们却发出更放荡的笑声。就这样僵持了好几分钟，突然，其中一个人抓住了我，说我长得真漂亮。

我感觉自己快被吓死了，拼死挣开他的魔爪，拼命往有光亮的地方跑去。没想到却撞上了另一群恶魔，其中一个伸开手臂抱住我，说："亲

① 约翰·布鲁尔（John Brewer），《想象的乐趣：18 世纪的英国文化》（*The Pleasures of the Imagination: English Culture in the Eighteenth Century*），第 65 页，伦敦，1997 年。
② 《菲利普·利比·波伊斯太太日记选段》，第 232 页。

爱的,跑这么快要去哪儿呢?"①

埃维莉娜脱险之后,布兰顿先生严厉地说:"那些长长的小径! 去那里做什么! 谢天谢地你们没事儿。年轻女士去那些地方就是羊入虎口、自投罗网!"

范妮·伯尼描述的危险场景,在简·奥斯汀的小说中从未出现过。简·奥斯汀笔下人物的道德品性都是在更为私密、隐蔽的环境中经受考验的,任何逾矩之举都会受到公序良俗的谴责。《曼斯菲尔德庄园》中的戏剧为克劳福德勾引玛丽亚提供了机会,但随着托马斯爵士的归来,戏剧弃演,终成幻境。而且和戏剧有关的各种蛛丝马迹都被清除殆尽,一切恢复到简单家庭生活的面貌。也正是在这种安静祥和的背景下,克劳福德与玛丽亚的私奔才显得更为刺眼。同样,《傲慢与偏见》中灯红酒绿的布莱顿在莉迪娅与威克汉姆做出伤风败俗之事的过程中一定起了催化作用。但是,小说并未对这些场景着任何笔墨,主要是因为这些行为侵犯了普世价值观所倡导的家庭生活规范。所以,简·奥斯汀从未带读者去过游乐园(而且据我们所知,她自己也从未踏足过伦敦的任何一个游乐园),仅仅在她早期的作品集中有两处轻描淡写地提及:《凯瑟琳》中少不更事的卡蜜拉·斯坦利回忆自己在拉尼拉格遇见过一位朋友,戴着一顶"吓人的帽子";②《莱斯利城堡》(Lesley Castle)中唯一的兴趣爱好就是做饭的夏洛特·勒特雷尔说过这样一段话:

我一直想去沃克斯豪尔看看,听说那里的冷牛肉切得十分薄。通过多年的学习和努力,我自认为自己的刀工首屈一指,所以有些怀疑有人

---

① 范妮·伯尼,《埃维莉娜》,第 2 卷,第 15 封信。
② 《简·奥斯汀次要作品集》,第 204 页。

能把肉切得比我精致，想去一看真假。①

沃克斯豪尔的食物出奇的贵，而且量非常小。一盘凉切火腿要 1 先令，而且每一片都特别薄，据说用一个大火腿切出的薄片就可以将整个游乐园覆盖。上面的这一段并非简・奥斯汀的亲身体会，而是在回应《埃维莉娜》里面的一段记述：

> 我们点的每一样东西都差强人意，而且量非常少，吃得一点不剩。况且价格实在是太高了，我们一直在猜测这得带来多少暴利啊。②

简・奥斯汀虽然没有去过伦敦的各家游乐园，但对巴斯的游乐园却很熟悉。1801 年至 1804 年，她的住所就在悉尼花园对面。悉尼花园是 18 世纪巴斯游乐园中比较新的一个，1795 年（也就是简・奥斯汀第一次去巴斯的前两年）才开业。哈里森小路的历史相对久远一些，1709 年开业，园内有很多条酸橙树成荫的小路和一座砖构的凉亭，这些设施很好地填补了洛厄舞厅与埃文河之间的空间。到 1737 年，另一家叫作沃克斯豪尔温泉花园的游乐园在巴斯开业，从名字就可以看出，伦敦的沃克斯豪尔是它的债权人。与伦敦的沃克斯豪尔一样，这座园子也建在河的对面，也需要乘船渡河才能到达。过了一段时间，园内开始供应早餐，晚上还有阵容豪华的娱乐项目，包括乐队演奏、舞蹈、烟火表演等。在随后的 18 世纪下半叶，巴斯又有多家游乐园问世，比如林康比、巴斯维克庄园、格罗夫纳花园等。其中，格罗夫纳花园是规模最大的一个，曾风靡一时，但由于位置较为偏僻，受到了 1795 年开业的悉尼花

---

① 《简・奥斯汀次要作品集》，第 128 页。
② 范妮・伯尼，《埃维莉娜》，第 2 卷，第 15 封信。

园的很大冲击。当奥斯汀一家到巴斯居住时，悉尼花园作为户外休闲首选的地位已经不可动摇了，吸引了成群结队的本地居民和外来游客。

1801 年的《历史和本地的新巴斯指南》对悉尼花园有如下描述：

> 无论从风景的美丽程度，还是从景观的多样程度来说，整个王国任何一家同等规模的园林都不能与之媲美。总面积达 16 英亩，优美的树林、草坪之中有很多蜿蜒的小径，每个转弯处都有供人休憩的凉亭，有的凉亭上绿树成荫，有的则有人工建造的遮阳装置。此外，园内还有一些瀑布、石头或稻草搭建的亭子等。肯尼特-埃文运河穿园而过，河上有两座中式风格的铸铁桥；一座仿建的城堡还装饰有一些大炮；很多秋千在荡漾，还有一些迷宫供人娱乐，其中的一个迷宫最为精美，弯弯曲曲后通向一架风格独特的秋千、一个古色古香的洞穴和四座草棚，可以供人躲避风雨。所有这些都让人对悉尼花园心驰神往、赞不绝口。园子外围是一条宽阔的大道，将园子严严实实地包围起来。若是登上园内的亭台、铸铁桥等制高点，起伏的山丘、舒缓的溪谷、美轮美奂的建筑就会尽收眼底，宛如人间天堂。①

1799 年 5 月，简·奥斯汀与母亲、哥哥爱德华、嫂子伊丽莎白一起抵达巴斯。她认真地读了读《巴斯日报》(Bath Chronicle)，在写给姐姐卡桑德拉的信中说："我读了昨天的报纸，最近来巴斯的人还真是不少呢，所以就不用担心会孤独、无聊了。悉尼花园每天早上都供应早餐，所以也不用担心饿肚子。"② 报纸上的这些来访者的名字为她给小说人物起名提供了很多

---

① 《历史和本地的新巴斯指南》(The Historic and Local New Bath Guide)，第 97—98 页，巴斯，1801 年。
② 《简·奥斯汀书信集》，第 41 页。

灵感，^①但她却不至于每天早上走过一整条普尔特尼街去悉尼花园吃早饭，而是选择在晚上去看节目。

悉尼花园会在每个季度举办4个到5个狂欢之夜，用《1801年巴斯指南》中的话说，这让巴斯这座城市更有趣：

> 狂欢之夜的创意、品位都首屈一指。五千盏灯同时点亮，烟花表演绚丽无比，三四千人慕名而来，场面十分盛大。^②

当年5月30日的《巴斯日报》更是用充满激情的措辞描述了当时的盛况：

> 整个王国最宏伟、最美丽的悉尼花园将在6月4日星期二举行狂欢之夜，为国王祝寿，预计规模之大前所未有。晚上的活动包括乐队演奏、尼姆罗伊德的模仿秀、绚烂的烟花表演。值得一提的是，园内的灯光也会十分别致，让人耳目一新。
>
> 供应晚餐，有包房可供预订，服务人员全部训练有素。各种美食价格合理。5点开始进场，演奏会7点开始。门票2先令。^③

简·奥斯汀给卡桑德拉进行了转述：

> 悉尼花园会在周二晚上举行狂欢之夜，有音乐会、灯光展和烟花表

---

① 《1801年巴斯指南》（*Bath Guide for 1801*），第300页。

② 同上，第97页。

③ 玛吉·莱恩，《一处迷人之所：简·奥斯汀生活与小说中的巴斯》（*A Charming Place: Bath in the Life and Novels of Jane Austen*），第87—88页，巴斯，1988年。

演。我特别期待,而且我觉得音乐会肯定会比往常精彩,因为那么大的园子,肯定会让音响效果更棒。①

但天公不作美,当天晚上下起了雨,活动受到了影响,不得不在两周之后又补办了一次。不知奥斯汀一家有没有在第一天的活动中坚持很久(答案很可能是否定的,因为他们去巴斯主要是为了让爱德华进行疗养,所以不太会淋雨参加狂欢会),反正两周之后的第二次活动他们只待了一小会儿:

> 昨晚我们又去了悉尼花园,4 日晚上的节目又重演了一遍。我们到的时候已经 9 点了,正好赶上了烟花表演开场。效果还是很棒的,超出了我的想象。灯光也可圈可点。昨天的天气还不错,不像两周前那么令人讨厌。②

巴斯与巴克斯顿是英格兰最早开发的温泉胜地。位于德比郡的巴克斯顿在罗马时代以后就废弃不用了,但是巴斯却一直兴盛,中世纪时受到英国国教教会的推崇,一跃成为驰名欧洲的疗养胜地。亨利八世时期受到过一段时间的压制,主要是因为当时盛传这些所谓的圣水会助长异教徒的迷信。但是很快到 16 世纪中叶,巴斯又复兴了,而且备受皇家贵族的推崇。1574 年,伊丽莎白女王到访巴斯,虽然没有亲自下水,却为其做了背书。之后,詹姆斯一世的妻子、来自丹麦的安妮女王是第一位公开在巴斯下水的皇室成员,而且去了好几次。查尔斯一世和他的王后亨利埃塔·玛丽亚于 1644 年 4 月赴法国的途中在巴斯短暂停留。内战时期,巴斯成了驻兵之地,但部分温泉休闲

---

① 《简·奥斯汀书信集》,第 43 页。
② 同上,第 47 页。

疗养的业务并未中断，先是被议会派控制，之后落入保皇派手中。克伦威尔掌权时期，很多受伤的士兵被送来休养，1656 年，克伦威尔本人亲自到访，之后他的儿子、也就是第二任护国公理查德·克伦威尔也来过巴斯。1660 年 5 月 2 日，英王查尔斯二世到访，两年后又带着王后——来自布拉甘萨的凯瑟琳和弟弟约克公爵（也就是后来的詹姆斯二世）故地重游。复辟时期，虽然巴斯仍然是最受皇室欢迎的温泉胜地，但是其他诸如藤布里奇（斯图亚特王朝初期就因为临近伦敦的优越位置被开发了）、埃普索姆（地理位置也十分有优势）、哈罗盖特等地也越来越受中产阶级的欢迎，大家不仅养成了泡温泉的习惯，还开始相信喝温泉水也有疗效。

　　18 世纪是温泉大发展的时期，巴斯依旧是翘楚。皇室成员的光顾一如既往地为其吸引了大量游客。安妮女王先后到过巴斯 4 次，是 20 世纪之前最后一位到访巴斯的在位君主。汉诺威王室的频繁光顾以及投资开发，使巴斯保持了英国温泉之首的地位。此外，巴斯良好的地形地貌也是一个很大的加分项：周围的山丘起了很好的屏障作用，本地气候温和、冬天也可泡温泉（但像藤布里奇这样的竞争对手到了冬天就不得不歇业了）。虽然 18 世纪初英国经历金融危机，但巴斯却没受太大影响，从伦敦和布里斯托吸收了大量投资，18 世纪第一个 10 年就开始大兴土木。

　　威廉·奥利弗医生对饮用温泉水的疗效十分确信，而且广为推介；1704 年，博·纳什抵达巴斯，担任社会活动副司仪（司仪韦伯斯特上尉去世后，博·纳什接任司仪）。与此同时，巴斯集团开始将精力用于大规模向游客提供各种娱乐项目。《1801 年巴斯指南》在一项社情调查中指出，过去，公众喜欢粗野的娱乐项目，比如杂技、杂耍、斗牛、斗鸡、赛猪等：

　　　　而现在的国民爱好则向更为文雅的方向发展，比如球类、戏剧、棋牌……在这样的背景下，1708 年，巴斯的第一个集会礼堂落成了。

投机起家的哈里森先生在博·纳什的启发下，发现建造此类建筑物十分有利可图，于是为公司建造了一个宽敞明亮的接待大厅。这个项目获得了巨大成功，于是在 1728 年，塞耶先生也完成了一个类似的项目……这就催生了很多公众社交和娱乐项目：公共早餐、上午的音乐会、中午的棋牌会、晚上的散步等，它们都以优雅、文明的方式向前演进着。①

十字巴斯（巴斯一家著名的温泉浴池）的公共饮水厅建成后，巴斯就有了 3 个大型的公众集会场所。到 1720 年，巴斯也正好有 3 家剧院。

钱多斯公爵发现当时巴斯可供游客选择的高品质居所十分短缺，于 1727 年与年轻的设计师约翰·伍德签署协议，在十字巴斯附近建造 5 所供出租的公寓，自此，巴斯新城大规模的房产潮拉开序幕。虽然钱多斯公爵 [他的妹妹玛丽·布里奇斯（Mary Brydges）是简·奥斯汀的祖母] 没有再投资其他项目，但是约翰·伍德在赚取了不菲的薪金后开始单干。他的目标是设计打造一个既有皇室风范又符合时新潮流的巴斯新城，设计的建筑都是优雅、经济的帕拉迪奥式的，有很大的露台和供散步的宽敞空间。通过与实力雄厚的企业家拉尔夫·艾伦合作，约翰·伍德设计建造了多条布满露台的街道和标志性的王后广场，使巴斯成为 18 世纪温泉胜地地产开发的典范。拉尔夫·艾伦用约克郡的工匠艺人取代巴斯当地的独立石匠，还从自己位于库姆的采石场引进了大量廉价的、切割精美的石材。② 经历了 18 世纪 40 年代的短暂低谷之后，约翰·伍德的儿子——小约翰·伍德完成了父亲的遗愿，按照倒置的古

---

① 《1801 年巴斯指南》，第 83—84 页。
② 关于约翰·伍德（John Wood）与拉尔夫·艾伦（Ralph Allen）之间的伙伴关系的细节，详见蒂莫西·莫尔（Timothy Mowl）和布莱恩·伊恩肖（Brian Earnshaw），《约翰·伍德：迷恋的缔造者》（*John Wood: Architect of Obsession*），第 41—53 页，巴斯，1998 年。

罗马竞技场的模型打造了大型建筑国王圆环，之后又在父亲创意的基础上建造了皇家新月楼。但需要注意的是，这些浩大的工事都不是一蹴而就的，而是经历了相当长的时间。1754 年约翰·伍德去世时，国王圆环刚刚破土动工，5 年后，利比·波伊斯太太来访，发现几乎没有什么进展：

> 国王圆环如果能建完，将会给巴斯带来很大的改观，国王圆环建筑群之内，房与房之间的风景也会很棒。但不知道为什么，进展却是如此缓慢。这么长时间过去了，仅仅建好了 9 座房子，而设计的数目是这 3 倍多。[1]

国王圆环终于在 1766 年落成了。1775 年，也就是简·奥斯汀出生的那一年，皇家新月楼也建成了。清一色的白色方石为城市营造了一种视觉上的连贯性，但安妮·艾略奥特所批评的"放眼望去全是白"也是让很多人诟病的一点。

到 18 世纪 60 年代，巴斯社会的中心已经从老城向北移动。新的中心点是小约翰·伍德于 1771 年在国王圆环北边建造的新大礼堂，包含了 105 英尺长的舞厅、40 根柯林斯式的柱子、一间茶室和一个八边形的棋牌室。《1801 年巴斯指南》对其有如下描述：

> 这是整个大英王国最宽敞、最优雅的公寓建筑，设计简约大方，设施完善，内部装饰奢华、品位高雅而不浮夸。各种吊灯、烛台更是美不胜收。[2]

---

[1]《菲利普·利比·波伊斯太太日记选段》，第 50 页。
[2]《1801 年巴斯指南》，第 90 页。

新大礼堂开门迎客，标志着巴斯的优雅达到了顶峰。当然，这是庚斯博罗的资助人、多产作家菲利普·西克尼斯的观点。西克尼斯曾将17世纪中期的巴斯与1780年的巴斯做过比较，得出结论："前者是英格兰最肮脏、最让人生厌的小镇，而后者可以与欧洲任何一座美丽的城市媲美。"[1] 西克尼斯在《体弱多病之人的巴斯指南：或健康长寿的方式》一书中描写了17世纪中期的巴斯："泉中泡着狗、猫、猪等动物的尸体、人的尸体以及各种你能想象到的污秽之物。"[2] 曾有人写过一篇关于博·纳什的文章，其真实性待考，但是对男女混浴的问题表示立场坚定地支持，不仅对于当时的价值观来说是一个赤裸裸的挑战，更重要的是捍卫了博·纳什"人在温泉中就不应受衣服束缚"的观点：

> 男女赤裸共浴在之前就已经是流行的风尚，到了博·纳什的时代，年轻貌美的女子更是喜欢精心装扮面容后在水中展示优美的身姿。一位陪妻子到十字巴斯洗浴的丈夫与旁边的其他男人以及博·纳什一起欣赏水中的女性，他告诉自己的妻子，她看起来就像一位天使。当时的博·纳什正值壮年、又胆大无比，一把抓起这个男子的衣服领子和腰带，把他扔过栅栏，抛到了自己爱人的身边……前来泡温泉治病的人都穿得很少，会有一些比较私密的浴池，但现在也有男女混浴，经常会有女人蹑手蹑脚地在公共饮水厅的窗户下爬来爬去。[3]

---

① 菲利普·西克尼斯（Philip Thicknesse），《体弱多病之人的巴斯指南：或健康长寿的方式》（*The Valetudinarians Bath Guide: or The Means of Obtaining Long Life and Health*），第14页，伦敦，1780年。

② 同上。

③ 同上，第55—56页。

　　其实，在博·纳什所处的年代，在公共饮水厅这些地方，调戏、抛媚眼等行为都是家常便饭，但简·奥斯汀的小说中却从未出现过这种行为。到了她的年代，泡澡已经不像之前那么重要了，绝大多数人相信，饮用温泉水的疗愈效果更佳。为此，公共饮水厅的东家巴斯集团（其他的集会场所都是私有的，只有这家公共饮水厅属于巴斯集团），投入大笔资金改善饮水设施。1797 年，公共饮水厅进行大规模豪华升级后重新开业，并更名为"饮水大厅"。对于四方游客来说，饮水大厅象征着巴斯的中心，大家来这里听音乐、散步、会面、聊天、分享新闻、读墙上的公示，有的还去仔细翻看《信息简报》，看看有没有熟人最近恰好也来巴斯（就像《诺桑觉寺》中的伊莎贝拉·索普假装避开两位年轻男子的目光、实则想引起他们注意所做的那样）。① 刚到巴斯那几天，凯瑟琳和莫兰夫人每天早上都要去饮水大厅散步，"打量了很多人，却没同任何人讲话"。② 当他们认识索普兄妹后，凯瑟琳开始和伊莎贝拉在那里散步，"尽管整个季节里的每个周日都是人满为患，而且没有什么友善和蔼的面孔，但人们还是乐此不疲地这样做"。③ 之后，伊莎贝拉在两道门之间的一把视野开阔的椅子上坐下，还解释说："这是我最喜欢的座位，因为这里比较隐蔽。"④ 也正是在饮水大厅，凯瑟琳期待可以见到刚来巴斯的埃莉诺·蒂尔尼并和她好好聊一聊，因为"改造之后有些地方还是比较私密的，适合聊些悄悄话"。⑤ 艾伦先生把女士们带到饮水大厅后就开始单独行动了，他自己去喝水，然后和一些绅士谈时下的政治、交换对新闻事件的看法。⑥（当然，来这里喝水不仅仅是男人们的事，《劝导》中的罗素夫人来巴斯就是为了喝水的。）

---

① 《诺桑觉寺》，第 43 页。
② 同上，第 25 页。
③ 同上，第 35 页。
④ 同上，第 143 页。
⑤ 同上，第 60 页。
⑥ 同上，第 71 页。

　　饮水大厅位于老城的中心,而约翰·伍德建造的新城则在北部,与老城是完全分开的(直到 1810 年小熊客栈被拆除,开通了联合大街后,新城和老城之间才有了马车道)。17 世纪最后的 20 多年,在城市东边又临河建了一座新城,这片地区叫作巴斯维克,归普尔特尼家族所有,1782 年被亨利埃塔·劳拉·普尔特尼继承。罗伯特·亚当设计了一座建有商店的大桥,把老城和东岸新城的劳拉宫以及普尔特尼大街连接了起来。整个东城设计建造的初衷就是吸引高端住户,比如经常团体购买或者租赁房产的从殖民地来的家族。[①] 1801 年,奥斯汀一家就来到了这里,他们转租了一栋租期尚有 3 年的房产,位于普尔特尼大街 4 号的悉尼庭院。这一片区的设计师叫托马斯·鲍德温,也就是饮水大厅的设计师。悉尼庭院落成于 1794 年,是鲍德温设计的围绕一个新游乐园的 6 座建筑中的一座。但该项目受到英法战争的影响,6 座只建成了两座,鲍德温本人也遭到了毁灭性打击。

　　奥斯汀一家于 1801 年搬进的这座房子位于新城的最东边,有一个宽敞明亮的客厅,占了整整一层,而且打开窗户正好可以看到悉尼花园。[②] 由于简·奥斯汀在悉尼庭院居住期间写的信都没有存留,所以我们不知道她对这座房子作何评价。但是从之前找房子的信件中可以看出,简和卡桑德拉都很中意东边的新城。简·奥斯汀愉快地写道:“住在悉尼花园附近多开心啊,可以每天都去迷宫了。”[③]

　　奥斯汀一家抵达的时候,巴斯的王宫贵族气已经不再那么强烈,开始飞入寻常百姓家。路况大为改进后,游客量猛增(1805 年就有 16 000 位游客来此),此外,常住人口达到 23 000 人。为了满足这些人的生活需求,服务业极

　　① 此建议由菲利斯·汉姆布里(Phyllis Hembry)在《英国人的温泉,1560—1815:社会化历史》(*The English Spa,1560—1815: A Social history*)中提出,第 135 页,伦敦,1990 年。

　　② 对于房子的描述,参见迈克尔·戴维斯(Michael Davis),《简·奥斯汀在巴斯:一处悉尼之所》(*Jane Austen in Bath: A Sydney Place*),引自《简·奥斯汀 1997 年社会报告》。

　　③《简·奥斯汀书信集》,第 76 页。

大发展。夏季是巴斯的淡季，因为大家都喜欢去乡下避暑而不是来泡温泉；但春（2月到6月）秋（9月到圣诞节）两季的巴斯热闹非凡。[1] 除了伦敦之外，只有巴斯能够提供种类如此繁多的娱乐项目，很多活动组织十分有序，会有十分正式的日程和规划，还需要缴纳费用才能参与。18世纪的巴斯社会达到了空前的规范程度。凯瑟琳·莫兰早上要做的"功课"听起来可能有些让人费解：逛商店、看一些新开发的城市景观、去饮水大厅社交。但日复一日，这些每天都要做的功课就成了义务。[2] 1793年的《巴斯、布里斯托尔温泉酒店、埃文河畔、毗邻国家图册指南》对这些功课做了更详尽的描述。这部指南的新教色彩很浓厚，在其作者看来，任何休闲都是不良的，但既然邪恶的休闲娱乐遍地皆是，而且巴斯的泡澡、饮水等活动如果能够处理得当的话，会有一定的益处，所以应辩证对待。作者甚至认为，无事可做是一种"美德"，虽然对于那些习惯于勤勉劳作的人来说，这种美德有些痛苦。[3] 而那些沉溺于各种娱乐当中的人：

> 则时时刻刻生活在快乐中。早上在饮水大厅见面，中午在附近休息、休闲，之后再回到饮水大厅看看有没有新来的人。然后乘车到户外散步，回来后开始换衣服、打扮、出席晚宴，餐后要么看表演，要么参加舞会或者私人聚会。[4]

作者还说："舞会在晚上11点准时结束，哪怕是一首曲子跳了一半，也会

---

① 在简·奥斯汀时代，比较时尚的人似乎都在冬季后期离开了：汤姆·贝特伦告诉亨利·克劳福德，10月份"对于巴斯来说还早。——你会发现那里根本没有人"。(参见《曼斯菲尔德庄园》，第193页。)

② 《诺桑觉寺》，第25页。

③ 尤利乌·恺撒·艾比森（Julius Caesar Ibbetson），《巴斯、布里斯托尔温泉酒店、埃文河畔、毗邻国家图册指南》(A Picturesque Guide to Bath, Bristol Hot-Wells, the River Avon, and the Adjacent Country)，第100页，伦敦，1793年。

④ 同上，第101页。

准时结束。"为了避免读者被这一连串的娱乐冲昏了头脑,作者还严肃地说:
"11 点结束这项规则是巴斯这些温泉和海边度假胜地必须遵守的,因为如果
没有这些规则的话,人们就会太过放纵,不仅达不到疗养的效果,可能还会感
染疾病。"虽然博·纳什在 1735 年把这项规则也引入了藤布里奇,但是却没
有得到贯彻执行。1787 年夏天,简·奥斯汀的一位亲戚正好在藤布里奇,跳
舞跳到了凌晨两点。①《1801 年巴斯指南》对各种娱乐活动进行了更热情(甚
至有些盲目)的介绍:

> 能够一年四季都如此精彩的地方,整个英格兰中只有巴斯一个。无
> 论是年轻人还是长者,无论是不苟言笑的人还是活泼开朗的人,无论是
> 体弱多病的人还是健壮如牛的人,都能在这里找到开心快乐。各种繁文
> 缛节被抛到九霄云外,人们在饮水大厅平等、愉悦地交谈、交流。各种娱
> 乐活动无休无止而又井然有序地进行。年轻人的活力更是让各种活动更
> 加有趣、生机盎然。②

年轻人在巴斯可以自由自在地交往,这样就增加了找到配偶的机会。伊
莎贝拉和约翰·索普来巴斯的目的就是锁定结婚对象。蒂尔尼将军见到凯瑟
琳的时候想,如果她身价不菲的话,就可以作为儿媳妇娶进门。亨利·蒂尔
尼也是抱着求偶的心态而来。这些都无可厚非,因为舞会和集会的目的就是
让年轻人在女伴、朋友和司仪的监督下正当交往。而巴斯的客流量如此之大,
更是给来往的宾客提供了绝佳的机会。埃尔顿先生被爱玛拒绝后就去了舞
会,自己说"是因为朋友的督促和恳求"③,仅仅 4 周之后就订婚了。(但威克汉

---

① R.A. 奥斯汀-利,《奥斯汀家族选集》,第 124 页。
②《1801 年巴斯指南》,第 94 页。
③《爱玛》,第 140 页。

姆在与莉迪娅结婚后还以"放松"的名义去独自参加舞会，这就不合适了。）[①]

　　英国女作家、诗人克里斯托弗·安斯蒂在 1766 年的诗作《新巴斯指南》中，对巴斯夜夜笙歌的景象进行了讽刺。她以詹妮·瓦尔德尔的口吻向朋友伊丽莎白·莫得莱斯描述了这个城市里的种种欢愉：

> 每个清晨，每个夜晚，
>
> 歌舞升平都在上演。
>
> 当清晨的曙光洒向大地，
>
> 人们从美梦中醒来，
>
> 循着乐曲声向温泉走去，
>
> 去追寻健康和欢乐；
>
> 健康女神洒下圣水，
>
> 让我走向她的神坛，
>
> 就在公共大厅旁边，
>
> 手捧花束献给她。
>
> 我听到上尉在问候：
>
> "今天过得好吗，亲爱的？"
>
> 看！欢快的人群熙熙攘攘，
>
> 饮水大厅里摩肩接踵。
>
> 早餐大厅里亦是人满为患。
>
> 刚刚授勋的爵士，
>
> 脸上挂满了喜悦。
>
> 我的罗密欧也踌躇而至，

---

① 《傲慢与偏见》，第 387 页。

他带我走进房间，

对我柔声细语，

给我讲述甜美的故事……

看！舞会更是精彩无比！

还有些人去了石子小路散步，

另一些人去了树林果园。

亦有人去了小教堂[①]，

之后又去观看演出。

另有些人去了商店，

一掷千金……[②]

是否看见风度翩翩的男爵，

正在追逐心仪的女神。

舞会的音乐声响起，

他对女神柔声细语，

让人无从抗拒

……[③]

　　30 年后巴斯的欢愉景象可以从《诺桑觉寺》种亨利·蒂尔尼与凯瑟琳的对话中推导出一二：

----

　　① 据悉，从 1745 年到 1771 年，小教堂属于辛普森一家（Simpson's）。

　　② 也就是询问价格。

　　③ 克里斯托弗·安斯蒂（Christopher Anstey），《新巴斯指南》（*The New Bath Guide*），第 9 封信，加文·特纳（Gavin Turner）编，布里斯托尔，1994 年。

"女士，您来巴斯多久了？"

"大约一周。"凯瑟琳忍着笑回答道。

"真的呀！"亨利的语气带着假装出来的惊讶。

"您为什么这么惊讶呢，先生？"

"为什么呢？"亨利恢复了正常的语气，"因为对您的回答，我应该做出一些有感情的回应，而惊讶正好是我比较信手拈来而且符合情境的一个。我们继续聊吧，您之前来过巴斯吗？"

"没有。"

"哦。去过阿普舞厅了吗？"

"去过啦。上周一去的。"

"去过剧院了吗？"

"也去过了。周二去看了演出。"

"音乐会呢？"

"周三去的。"

"整体对巴斯还满意吗？"

"嗯，我挺喜欢这里的。"

"哦，那我现在应该先做出一个假笑的表情，然后继续与您交谈。"①

上面的对话发生在周五，在洛厄舞厅。亨利对巴斯一周的活动及其顺序了如指掌。②周一在阿普舞厅、周五在洛厄舞厅有正装舞会，所以既然凯瑟琳已经来了一周，那她就应该参加了两场。周二在洛厄、周三在阿普有化装舞会，所以既然她在这几天去看了演出③，那么就只能等到下周才会有时间参加

---

① 《诺桑觉寺》，第 26 页。

② 正如玛吉·莱恩所指出的，《一处迷人之所：简·奥斯汀生活与小说中的巴斯》，第 78 页。

③ 《诺桑觉寺》，第 163 页。

化装舞会了。

简·奥斯汀把每周的活动日程排好后，根据情节需要让人物去选择参加。《诺桑觉寺》的前半部分详细地呈现了一个花花世界，凯瑟琳的活动场景不停地变换，从不同的舞厅到剧院再到繁忙的街道。其实这部小说完全可以采用范妮·伯尼给《埃维莉娜》起的另一个名字：一位年轻女士的社交初体验。

凯瑟琳刚到巴斯时激动不已、双眼应接不暇、心情特别愉悦。① 她欢呼道："哦！难道会有人对巴斯感到厌倦吗？"② 而见过世面、更加理性的亨利·蒂尔尼则坚信，在巴斯待上 6 周，你就会发现这是世界上最无聊的地方，其实这也反映了简·奥斯汀的观点。18 世纪 90 年代，奥斯汀一家到巴斯作了短暂停留，这次她整体还是满意的。但若是常住，体验就会差了。她借用伊莎贝拉之口说出了自己的看法："你知道我有多讨厌巴斯吗……仅住几周的话还差强人意，但时间一长就是灾难了。"③ 但是，1801 年，简·奥斯汀却不得不随家人来这里常住。她和姐姐卡桑德拉都不喜欢。一些年后，她得知一位朋友要从巴斯搬到克里夫顿，她写信说："玛莎·劳埃德和我一样为你高兴，她现在终于可以从伯克郡去克里夫顿看望你们了，而且不用担心巴斯的酷热。"（就像安妮·艾略奥特担心四处都是白色建筑的巴斯会让酷暑更加严重一样。）④ 简·奥斯汀仍然清晰地记得他们 1801 年 5 月抵达巴斯那一天的情景，与凯瑟琳·莫兰的激动兴奋完全不同，而是这样：

终于看到了晴天的巴斯，但却让我失望了。我甚至觉得雨天看得更清晰，从高处向下看，一片雾霭氤氲、一片混沌迷蒙。⑤

---

① 《诺桑觉寺》，第 19 页。
② 同上，第 79 页。
③ 同上，第 70—71 页。
④ 《简·奥斯汀书信集》，第 265 页；《劝导》，第 33 页。
⑤ 《简·奥斯汀书信集》，第 82 页。

安妮·艾略奥特抵达巴斯时的印象，也不太好：

　　罗素夫人到达巴斯时已经是下午了，天下着雨，马车在长长的街道中穿行，其他车辆的冲撞声、车轮的隆隆声、小商小贩的叫卖声不绝于耳。但罗素夫人一句抱怨都没有，反而提高了兴致，她觉得这些就是休闲胜地应有的景象，在乡下住久了，十分需要这样的喧嚣。

　　可是安妮的感受却恰恰相反。她虽未言语，却对巴斯有一种坚定的不喜欢。雨幕下的楼宇都是灰蒙蒙的，还有烟气，看着没有生机。而且马车在街道中穿行的速度太快，让人不适……①

这些感受与安妮来巴斯的目的也是吻合的，因为她并不是来寻欢作乐的。巴斯在《诺桑觉寺》和《劝导》中所发挥的作用也是不同的。前者，凯瑟琳为了寻找快乐、扩展人脉而来；后者，安妮作为一个逐渐没落家族中最被忽视的一员，是为了寻找自己应有的地位而来。在巴斯，17 岁的凯瑟琳可以找到心仪的丈夫；而 27 岁的安妮却没有这样的期待，因为她的心还钟情于 7 年前被摧毁的感情。还有一点值得注意，安妮与温特沃斯破镜重圆的场景选择也别有意味，不是在金光闪闪的舞会上，而是在通往她父亲居所的、幽静安宁的石子小路上。

《劝导》中的巴斯并不是一个潮流汇集的温泉胜地，而是那些落魄之人的避难所。沃尔特爵士因为挥霍无度不得不租出乡下的居所，在巴斯的卡姆丹大厦（后改名为卡姆丹新月）栖身。他选的这处寓所，小说中说"高大、地

---

① 《劝导》，第 135 页。

势好，一看就是名门望族的官邸"。① 虽然小说中没有说明，但简·奥斯汀以及任何熟悉巴斯的人都知道，卡姆丹大厦最能够代表沃尔特爵士的虚荣、浮夸、势利。卡姆丹虽然宏大，但却是个烂尾工程，从未修完。由于山体滑坡，气势恢宏的三角形顶饰却不在建筑物的正中间，看上去可笑得不得了。② 其实沃尔特爵士的虚荣也是建立在岌岌可危的基础上，他喜欢与巴斯社会的一些无名小卒交往、享受他们的吹嘘奉承，自己也一脸谄媚地去讨好无聊又无趣的达林普尔夫人（Lady Dalrymle）。安妮十分清楚父亲、姐妹们每况愈下的社会地位和声望，并对他们的自欺欺人进行了反思：

很多人都想来拜访父亲和姐姐。他们已经拒绝了不少人，但还是不断有人送来名片，而他们却对这些人一无所知。

难道这就是快乐的源泉吗？安妮不知道父亲和姐姐为什么会以此为乐。她叹息，因为父亲对自己的堕落没有丝毫感觉，对自己失去的地产没有丝毫悔恨，而且还是一如既往地如井底之蛙般自负；她叹息，因为姐姐伊丽莎白的狭隘、自恋，她打开折叠门，从一个会客厅走到另一个会客厅，对自家宽敞明亮的房子骄傲得不可一世，而事实上，两面墙之间的距离不过 30 英尺而已。③

对于安妮来说，巴斯意味着时髦的人沉浸在愚蠢的舞会中。④ 而巴斯的社交圈子，虽然父亲活跃其中，但对她却是关闭的，只有偶尔的例外，比如不得

---

① 《劝导》，第 137 页。
② 玛吉·莱恩曾经暗示，沃尔特爵士的房子是在山形墙之下的，因为它 "无疑是克雷森特地区最好的房子"。（《一处迷人之所：简·奥斯汀生活与小说中的巴斯》，第 38—40 页。）
③ 《劝导》，第 137—138 页。
④ 同上，第 180 页。

不去参加的达林普尔夫人赞助的音乐会。① 音乐会上的嘈杂简直可与她刚到巴斯那天街道上的噪声相比。当她发现温特沃斯并未爱上路易莎·玛斯格罗夫（Louisa Musgrove）时，内心的兴奋无与伦比，但传入耳朵的尽是"无休止的开关门的声音和人们来回走动的声音"。② 有趣的是，此时安妮的内心汹涌澎湃，作者并未对主人公的所见着太多笔墨，而是详细地描写了她的所见。伊丽莎白与卡特里特小姐手挽着手走过来，伊丽莎白却紧紧盯着达林普尔子爵夫人的背影，但是安妮，"对一切炫目景象视若不见，也没有任何想法，脑子一片空白，连思考的能力都丧失了"。人们介绍威严的子爵夫人时张扬万分，不断高声重复："达林普尔夫人！达林普尔夫人！"而安妮当然听不到这些东西，她脑子里还回荡着刚才温特沃斯说了一半的话。欣喜之余，她开始听演奏，觉得"这是自己听过的最好的音乐会"。虽然像简·奥斯汀小说一贯的处理方式一样，文中并未指出乐曲的名称，但读者却可以通过安妮对旁边艾略奥特先生的描述中得出，演奏的是一支意大利咏叹调。而心怀鬼胎的艾略奥特先生则回应道："对我而言，你的名字安妮·艾略奥特一直有特殊的意义，听起来十分悦耳……我有一个美好的愿望，就是这个名字永远不要改变。"突然，安妮意识到温特沃斯正在注视着自己，看到了艾略奥特与自己交谈：

> 安妮只是听到艾略奥特在说话，但却不知道他在说什么，她的思绪已经被带走了，眼下的一切都不再重要。父亲和达林普尔夫人在她身后谈话，突然引起了安妮的注意。

二人谈的正是温特沃斯，安妮随着他们的声音将目光投向了温特沃斯，

---

① 《劝导》，第 180 页。
② 同上，第 181—191 页。

温特沃斯却"赶紧避开了她的目光"。二人离得太远没法说话，而且音乐在经过短暂的停顿之后又开始了，所以安妮只能收回思绪继续听演奏、收回眼光目视前方。这一章节结束的时候，温特沃斯终于走到安妮身边，对她说音乐会质量一般，艾略奥特先生却不识趣地让安妮继续为他解读音乐会，温特沃斯决定离开：

> 安妮问："难道没有什么让你留恋的吗？"
> 温特沃斯回答："没有任何值得我留恋的。"说完就离开了。

巴斯在《诺桑觉寺》中发挥的作用与其他小说不同。但是对巴斯最能洞若观火的人既不在绚丽的舞厅里，也不在豪华的别墅内，而是在"温泉旁一间破旧狭窄的小屋里"。这里住着一贫如洗的史密斯夫人，她虽然从无机会出入各种社交娱乐场所，却通过护士鲁克的描述对巴斯的大事小情了如指掌、对一切潮流风向十分精通。[①]她既没有钱，也没有社会地位，仅有的乐趣就是针线活和八卦。针线活可以给她带来满足感，因为"可以拿去送给一两家比自己还穷的邻居"，而八卦可以给她带来成就感，因为"从八卦中可以提炼出对于人性的一些认知"。[②]她熟知巴斯的所有重要人物和无名小卒，她对音乐会的描述甚至比亲临现场的安妮还要精彩：

> 安妮关于音乐会的讲述，史密斯夫人全部知道，因为她已经从洗衣女工和服务员那里得知了，而且她们讲得要比安妮绘声绘色得多。史密斯夫人想从安妮口中得知的，是关于出席人员的八卦，可是安妮却完全

---

① 《劝导》，第 155 页。
② 同上。

不能满足她的好奇心。

史密斯："杜兰德家的几个孩子都去了，就像等着喂食的小麻雀，张大了嘴巴。他们可是每场音乐会必到的啊。"

安妮："嗯，我没有看到他们。但是听艾略奥特先生说，他们确实去了。"

史密斯："伊博森一家去了吗？两个漂亮女儿，是不是还带了那个大高个儿的爱尔兰军官？"

安妮："我不知道啊，我觉得他们好像没去。"

史密斯："玛丽·麦克莱恩女士呢？我都不用问，她可是什么活动都不会错过的。你见到她了吗？既然你是和达林普尔夫人同去的，那就一定坐在贵宾席，所以一定能见到她。"

安妮："没见到。我就怕坐在贵宾席，那样会特别不舒服。好在达林普尔夫人也喜欢坐在远一些的地方，这样音效就会好。所以我们听的效果很棒，但却没看到什么。"

史密斯："哼！你可真是听音乐去了。"①

在史密斯夫人促狭的房间内，巴斯社会被高度凝练：年轻未婚的和年老的、严肃的和虚荣的、以娱乐为目的的和不小心成为八卦对象的。安妮就不小心成了八卦的对象，因为她发现护士鲁克告诉史密斯夫人，自己要与艾略奥特先生结婚了。

在《劝导》中，简·奥斯汀笔下的巴斯并不美好。对于《诺桑觉寺》中刚刚走出乡村的凯瑟琳来说，巴斯就像一场让人惊喜的探险，②还让她找到了

---

① 《劝导》，第192—193页。
② 《诺桑觉寺》，第17页。

丈夫。但是对《劝导》中的安妮来说，巴斯却是她不愿意去而且总想逃离的地方。这与作者本人的经历也有关系。简·奥斯汀写《诺桑觉寺》时，她仅仅在巴斯住过一小段的时间；而创作《劝导》时，她已经结束了在巴斯长达5年的居住生活，关于巴斯的美好幻想都已经破灭了。1806 年夏天离开巴斯时，她在信中写道："终于要逃离了，好开心！"[1]

像简·奥斯汀一样不喜欢巴斯的人还有很多。虽然巴斯的游客数量一度很多，但奥斯汀一家在巴斯的时候，很多项目都已经开始面临财务困难了。洛厄舞厅在新的司仪查尔斯·勒巴任内日子十分难过；1806 年春，奥斯汀夫人去的时候发现，那里的舞会"可怜得很"，[2] 到了夏季，干脆就关门歇业了。虽然也做了很多努力改善经营，但还是没能够续写往日的辉煌。1817 年，威廉·贝克福德去了一次重新开业的洛厄舞厅，却发现那里"肮脏混乱，都是饥渴的老女人和声名狼藉的老男人"。[3] 那个时候，虽然巴斯常住居民的数量还在增长，但季节性游客的数目却在下降，因为方兴未艾的利明顿、切尔滕纳姆等更宽阔、空气更好的地方吸引了不少游客。1816 年年初，简·奥斯汀病了，她在卡桑德拉的陪伴下选择去切尔滕纳姆休养了两周、饮用了一些温泉水。同年夏天，玛莎·劳埃德也病了，卡桑德拉也带她去了那里。虽然住宿价格很高，但卡桑德拉觉得"还是非常满意的"。[4]

对于巴斯和其他温泉胜地来说，一个更重要的竞争对手也正在崛起。19世纪初，信用经济的发展使得对海边度假村的开发有了保障，投资人看好此

---

① 《简·奥斯汀书信集》，第 138 页。
② 蒂莫西·莫尔，《威廉·贝克福德：为莫扎特作曲》（*William Beckford: Composing for Mozart*），第 165—166 页，伦敦，1998 年。
③ 同上，第 288 页。
④ 《简·奥斯汀书信集》，第 319 页。

类项目的高收益,频频出手,建成后又采取各种措施广为推介、吸引消费者。[①]
这一变化在简·奥斯汀的书中也可以捕捉到。海边的莱姆就是一个不错的去
处,安妮·艾略奥特有多讨厌巴斯,就有多喜欢莱姆。《劝导》对莱姆进行了
描述和评价,这是简·奥斯汀第一次在书中专注于海边度假地。而她最后一
部未完成的《桑底顿》则对金融投机和商业社会进行了讽刺。

在《劝导》中,安妮与玛斯格罗夫姐妹以及温特沃斯上校一起去莱姆时
正值 11 月,几乎所有的公共娱乐活动都已停止。但莱姆美丽的自然风光没有
让大家失望,这与依靠人造娱乐设施的巴斯等地是不同的。莱姆是每年年底
的最佳度假地,因为那里的气候十分温和(对病人来说尤有裨益)。简·奥斯
汀在对莱姆进行描述时十分谨慎,既避免浪漫主义的宏大叙事、又避免白描
方法的枯燥,而是充满抒情诗的色彩:

> 门都紧闭着,游客们都离开了,留下的只有本地人。建筑物没有太
> 出奇的,但还是有一些东西抓住了游客的眼球:整个小镇的氛围、一直
> 延伸入海的街道、通向科布港的小路、被更衣车点缀得颇有生气的海湾、
> 旧貌换新颜的科布港、弧线优美的悬崖峭壁……旁边的小村庄查茅斯的
> 风景也很美丽,这里海拔升高,海湾却很舒缓,黑色的峭壁中散布着一些
> 低矮的巨石,很适合在上面打坐、冥想;小村庄上莱姆也别有风情,这里
> 的树木更加茂盛;彼尼更有特色,浪漫的石头中间有很多绿色的裂谷,
> 里面长满了欣欣向荣的果树和林木,可以看出是好几代人劳作的结果。
> 如此让人欣喜的景色,甚至丝毫不逊色于盛名之下的怀特岛。莱姆真的

---

① 若要分析简·奥斯汀作品中所反映的信用经济与海边胜地的发展之间的联系,请参见爱德华·科普兰,《〈桑底顿〉与我的姑妈:简·奥斯汀与国际债务》(*Sanditon and My Aunt: Jane Austen and the National Debt*),第 117—129 页,北美简·奥斯汀协会(Jane Austen Society of North America),1997 年。

需要一来再来，才能体会、了解这里的魅力。①

　　上面对优美、低调的莱姆的描述是安妮的印象，更是简·奥斯汀的观点。从简单精确的用词和对现在时态的选择中我们可以看出，作者对莱姆的印象十分深刻。但事实上，11 月的莱姆虽然气候温和，但也绝不是上面描述的如夏天一般"欣欣向荣"的景象。作者很清楚，11 月的莱姆是有些肃杀冷清的，因为她于 1803 年的 11 月正好到过。② 在此之前，她还在夏天的时候去过，不仅跳了舞，还在海边栈道上散了步，甚至还下海洗澡以至于"累得精疲力竭"。③ 作者之所以对莱姆做如上的描述，是从各个季节的莱姆中抽象出了一幅绿树成荫、硕果累累的景象，让读者自己去品味，去为其加上时间的框架。

　　简·奥斯汀的父亲原本计划每年夏天从巴斯去其他的一些地方度假，这是促使她同意从斯蒂文顿搬到巴斯的一个重要原因。她在信中写道："以后的夏天，就可以去海边小住，还可以去威尔士，真的太棒了。"④ 但是前 3 年，他们一直都没有离开过巴斯。直到 1805 年父亲去世之后，他们才开始去西边的乡村度假。去过莱姆、道利什、克里顿（奥斯汀老先生的一位学生理查德·布勒在这里任牧师），还有可能去过廷茅斯、西德茅斯和查茅斯。⑤

　　奥斯汀一家应该去过莱姆，因为它位于从巴斯到德文郡南部景点的必经之路上。就像《劝导》中的安妮从西德茅斯去克鲁肯时，途经莱姆住了一夜，

---

① 《劝导》，第 95—96 页。

② W. 奥斯汀-利、R.A. 奥斯汀-利和迪尔德丽·勒·费伊，《简·奥斯汀：家族档案》，第 124 页，伦敦，1989 年。

③ 《简·奥斯汀书信集》，第 95 页。

④ 同上，第 68 页。

⑤ 关于"遗失的浪漫"的细节，可能发生在某个海边假日中。R.W. 查普曼，《简·奥斯汀：事实与问题》（*Jane Austen: Facts and Problems*），第 63—69 页，牛津，1953 年；又见 W. 奥斯汀-利、R.A. 奥斯汀-利和迪尔德丽·勒·费伊，《简·奥斯汀：家族档案》，第 126—127 页。

所以奥斯汀一家 1801 年去西德茅斯的途中很有可能也去了莱姆，这从一些信件中也可以推导出。[1] 简·奥斯汀对附近的路十分熟悉，在给同样创作小说的侄女安娜写信时，她提出了很多地理方面的专业建议：

> 选择莱姆肯定不行，因为莱姆到道利什有 40 英里远，所以书中不能写莱姆。我觉得可以选择斯塔克罗斯。如果你要是想选埃克塞特的话，也得小心处理……从道利什到巴斯将近 100 英里远，至少要走两天。[2]

在信的附注中，简·奥斯汀补充道：

> 你又把德文郡改成多塞特郡了，我之前给你修改过的。格里芬先生一定得住在德文郡，因为道利什正好在去乡村的途中。这样才符合真实的地理情况。

廷茅斯之前只是一个小渔村，旁边的道利什更小。为了接待夏季游客，这些地方都开始兴土木、建旅馆。廷茅斯有一座剧院和一个公共大厅，到了旺季，每隔一两周公共大厅里会有一场舞会。道利什有一座图书馆，但是简·奥斯汀觉得它"藏书极少又杂乱，谁的书也找不到"。[3] 但对于像罗伯特·费勒斯这样目光狭窄的人来说，这也就足够了，在他的认知范围内，道利什就是德文郡的中心，整个德文郡的人都居住在道利什附近。[4] 相比之下，西德茅斯的航海图书馆就气派得多，胡伯特·考尼什的画作《长卷》就是以宏

---

[1]《简·奥斯汀书信集》，第 71 页。
[2] 同上，第 268—269 页。
[3] 同上，第 267 页。
[4]《理智与情感》，第 251 页。

伟的航海图书馆为中心展开的，这幅作品现藏于道利什博物馆。西德茅斯和莱姆相对要大一些，而且都有集会大厅。[①]莱姆的集会大厅于1777年开业，每周二、周三晚上都有活动，旺季时每周二都有舞会，简·奥斯汀也在这里跳过舞。[②]总体来说，与其他类似的地方相比，莱姆要更受欢迎一些，"病人在这里可以得到休养，络绎不绝的来客也会给他们带来陪伴，在这里，可以美美地享受一下生活。"[③]

海边度假村最初兴盛，主要是因为满足了人们来养病的需求。18世纪中叶，贵族及社会上层开始将泡海澡视为泡温泉的补充。到18世纪30年代，布莱顿、马尔盖特、斯卡布罗已经有了泡澡季。与温泉胜地类似，这些海边小镇兴盛的一个重要原因是皇家的关注。企业家拉尔夫·艾伦在威茅斯建造了一栋寓所，并把这座小镇推荐给了格洛斯特公爵，后者也在那里建造了寓所。（简·奥斯汀向卡桑德拉打趣道："威茅斯是个让人惊讶的地方，好像最爱来这里的都是格洛斯特的人。"）[④]1789年，格洛斯特公爵的兄弟乔治王三世第一次摆驾威茅斯，在之后的15年中又去了很多次。皇室成员还去过沃辛、索森德，而布莱顿之所以成了最负盛名的海边度假地，主要得益于摄政王乔治四世的青睐，他还在这里主持修建了著名的英皇阁。

威尔士王子1783年第一次到访布莱顿，随行的还有他的叔叔、名声不太好的坎伯兰公爵。时年21岁的王子正是爱玩的年纪，对这里的各种娱乐（赌博、赛马、戏剧等）非常喜爱，决定要自己在这里建造一栋寓所。于是他在斯坦因这一区域租下了一处农舍，于1787年请亨利·霍兰德将其改造成今天的海阁。海阁由一个圆形的中心建筑构成，两侧各有一翼配楼，表面全部镶的

---

① G. 罗伯茨（G.Roberts），《莱姆-莱基斯的历史》（*The History of Lyme-Regis*），第133页，舍伯恩和伦敦，1823年。

② 同上，第139页。

③ 同上，第132页。

④ 《简·奥斯汀书信集》，第92页。

是乳白色的汉普郡瓷砖。虽然现有资料并未显示简·奥斯汀去过布莱顿，但如果她去过，那就一定到过这座海阁。1803 年至 1809 年，他又在这里增建了一栋印度风格的建筑，之后博·纳什对其进行改造，到 1823 年，一座东方异域风情的建筑群终于完工落成。

如果说摄政王是为了娱乐才去布莱顿的，那么他的父亲和叔伯们则是为了健康而来。18 世纪初，娱乐只是海边度假地兴起的第二位因素。最重要的因素是要有强有力的波浪、优质的沙滩、清新的空气，还要有能够阻挡陆风的峭壁。适合散步、骑马的空地，怡人的风景等也都很重要。南部的德文郡、多塞特郡、苏塞克斯郡等是最受欢迎的地方，但肯特郡南部的马尔盖特由于临近伦敦，也积累了不少人气，从伦敦到马尔盖特，有装备简单的平底船可以通航。（1801 年，利比·波伊斯太太看到了一艘平底船入港的情景，写道："十分拥挤，我甚至担心有的乘客会掉下来，船会翻过去。有时候，一艘平底船可以挤下两百位乘客。"）[1] 很多在 18 世纪初还是默默无闻的小渔村，仅有几间粗糙的农舍建在海边，到了世纪末就发展成了颇具规模的市镇，有各种优雅的住房和齐备的休闲娱乐设施，吸引着不断增长的游客。1760 年，布莱顿接待了400 名游客；1794 年增长到 4 000 多名游客；到 1818 年，这个数字变成了7 000。

在当时，泡澡是一件很严肃的事情，而且有的时候会让人生畏。并不是只有夏天才泡澡：范妮·伯尼就曾在 11 月的午夜泡过澡；简·奥斯汀的表姐伊丽莎（Eliza）曾在 2 月带着生病的儿子去了马尔盖特，因为医生告诉她："这个时候泡上 1 个月要比其他时候泡 6 个月的效果都好。"[2] 人们认为，泡澡的最佳时间为早上，因为那个时候毛孔还未张开。所以即便是夏天，还

---

① 《菲利普·利比·波伊斯太太日记选段》，第 347 页。
② R.A. 奥斯汀-利，《奥斯汀家族选集》，第 139 页。

不等水温回升，人们早就入海泡澡了。泡澡也不是扑腾一下戏戏水那么简单。首先要先到海边的更衣车（通常都是用马拉过沙滩，再拉到海边的）里脱了衣服，然后从开向大海的门跳入海中，之后还会有一个身强体壮的妇女把你往水里按。这个职业叫"洗澡工"，布莱顿有一位著名的洗澡工玛莎·甘（Martha Gunn），在海边干了 70 年，叱咤风云，来此泡澡的人都听说过。综上所述，泡海澡有时可以是一件让人胆战心惊的事。范妮·伯尼就记录过自己 1773 年去廷茅斯泡澡的经历：

> 今天是我第一次泡海澡。因为前几天感冒很严重，所以里什顿先生建议我去泡泡海澡。那里的女人都很穷，这个地方之前一直默默无闻，近些年才发展起来。因为这里没有马，所以更衣车都是女人们拉到海边的。洗澡工把我一下下地往水里按，我快被吓死了，还没等喘几口气就又被按下去了，真是吓死了。但是回到更衣车，我却觉得十分舒服、十分轻松，甚至体会到了世界上最美妙的一种感觉。以后我还会经常泡海澡的。①

海边度假村的休闲模式仿照温泉胜地进行，特别是巴斯。人们早上去泡澡，之后散步、骑马，除此之外，人们也期待着有与温泉胜地类似的夜生活，所以就有了集会大厅，可以跳舞、打牌，还有流动图书馆、游乐场，有的地方甚至还有赛马场。布莱顿更是亦步亦趋地模仿着巴斯，连社会生活都仿照了巴斯程式化的模式。布莱顿有两个舞厅，一个在城堡酒店，一个在老船酒店。布莱顿的司仪韦德上校也正是巴斯的司仪。斯卡布罗的模式更进一步，把海

---

① 范妮·伯尼，《范妮·伯尼早期日志与信件》（*The Early Journals and Letters of Fanny Burney*），第 1 卷，第 302 页，拉丝·E. 特劳伊德（Lars E.Troide）编，牛津，1988 年。

与温泉结合到一起，获得了巨大的成功。海边度假村的兴起不可避免地导致了温泉胜地的衰落。1782 年，诗人威廉·库伯捕捉到了这一变化，写下《退役》一诗：

> 祖母们年轻的时候，
>
> 喜欢去布里斯托、巴斯、藤布里奇，
>
> 既可以疗养治病，
>
> 又能够散步休闲。
>
> 但现在的时尚女子们，无论长幼，
>
> 厌烦了千篇一律的生活，
>
> 乘着马车、篷车、平底船，
>
> 全都聚到了海边。
>
> 日日欢唱、夜夜笙歌。
>
> 正因为厌烦了干枯的陆地，
>
> 所以人们涌向了浩瀚的海洋。[①]

在众多海边度假村中，奥斯汀一家选择莱姆可能是出于经济上的考虑。1803 年（也就是他们第一次到莱姆的那一年）的一本指南上，就阐述了与其他地点相比，莱姆在性价比方面的优势：

> 总体来说，与其他目的地相比，莱姆是一个最优的选择，最能满足游客的各种目的。与更加知名、更加豪华的地方相比，低调安静的莱姆物价更低，更适合稍显紧张的预算。莱姆在满足游客颐养身心目的的同时，

---

① 威廉·库伯（William Cowper），《退役》（*Retirement*），第 515—524 行。

还不会榨干游客的口袋,因此是个很棒的选择。①

相比温泉胜地,海边度假村的一个极大优势是优美的自然风光。随着英国的湖区、高地和威尔士山区的不断开发、开放,人们越来越为自然风光所吸引。所以景区也花了很大精力修建、维护各种栈道,站在这些栈道上,可以欣赏到大海和乡村的美丽风光。莱姆地区就有很多这样的栈道,莱姆的地方志称它们"从每一个方向看,都十分美丽。从不同的角度可以看到不同的景色,层出不穷"。②特别是大海的风光,更是变化无穷。而悬崖峭壁,则会在不同的天气里呈现出不同的色彩。莱姆还有一条最负盛名的栈道,从公共大厅直接通向科布港,《劝导》里的人物沿着这条栈道走过很多次,而且书中最富戏剧性的一幕也发生在这里 —— 路易莎·玛斯格罗夫从栈道上跳下,差点丧命。

供散步用的码头的设计始于 19 世纪(第一个于 1815 年在马尔盖特建好),在此之前,人们喜欢在老港口的防波堤上散步,莱姆的科布港就是这样,那条宽阔迂回的防波堤建于 14 世纪、莱姆还是一个重要港口的时候,主要是木结构,中间填充了泥土和碎石。③防波堤顶部是一个陡峭的弧形,只有几阶小台阶可以走上去。路易莎·玛斯格罗夫的事故就发生在这里。她一次次地走上去、跳下来让温特沃斯接住,性急又倔强的她不听劝阻,不顾耽误大家的行程,坚持再玩儿一次。但这一次,还没等温特沃斯反应过来,她就跳了下来,酿成惨剧:

路易莎玩儿得兴头正浓,又一次爬上了台阶。温特沃斯劝说她不要再往下跳,但他怎么说都是徒劳。路易莎笑着说:"我决定了,所以就一

---

①《沐浴场所大全》(*A Guide to All the Watering and Sea-bathing Places*),第 233 页,伦敦,1803 年,新版,1810 年。
②G. 罗伯茨,《莱姆-莱基斯的历史》,第 142 页。
③《劝导》,第 109 页。

定要跳。"温特沃斯张开双手，但路易莎太着急了，还没等他准备好就跳了下来，只用了半秒钟就重重地摔到了地上。人们抱起她的时候，她已经奄奄一息。[1]

《劝导》中的莱姆之行，反映了海边度假村功能的一个变化。大家去莱姆并不是为了疗养，而是为了娱乐；而且作出这个决定，也有很大的随意性，并且非常匆忙。年轻人都很想去，路易莎更是急不可耐，不顾父母推迟到夏天去的计划，一意孤行地前往。[2] 作者并未交代安妮对此决定的看法。但与其他人为娱乐而去不同，温特沃斯的目的是：旧友哈维尔上校两年前受了重伤，之后身体一直不好，所以很急切地想要探望他一下。[3] 因此，温特沃斯去莱姆的理由是很充分的，而且他对莱姆美景的描述和想要见到旧友的急迫在某种程度上促使大家做出了这个决定。这次仓促的旅行不仅没有起到改善健康的作用，反而产生了几乎致命的后果。此外，莱姆科布港的事件也是小说情节的重要转折点，一方面让温特沃斯看清路易莎并不是自己的理想伴侣（特别是她不愿意听从温特沃斯的引导和劝说），另一方面又让他重新关注到了安妮身上的闪光点。再次，路易莎在恢复期爱上了本威克上校（Captain Benwick），使得温特沃斯有了自由、能够重拾对安妮的爱。因此，莱姆虽然差点催生了悲剧，却成全了安妮。而且，谦虚内敛的哈维尔把家安在这里，与安妮浮夸、虚荣的父亲和姐姐选择巴斯形成了强烈的对比。

简·奥斯汀小说中其他的海边度假村多少都有些道德上的瑕疵。威克汉姆与莉迪亚就是从布莱顿私奔的，在此之前，他还在拉姆斯盖特引诱乔治安娜·达西（Georgiana Darcy）与他私奔。布莱顿被威尔士王子修建得如此时

---

[1]《劝导》，第 109 页。
[2] 同上，第 94 页。
[3] 同上。

尚，又有大批荷尔蒙分泌旺盛的年轻军官在此，所以很容易发生一些有伤风化的事。也正是在布莱顿，玛丽亚·贝特伦在度蜜月寻求刺激时带上了妹妹朱丽亚，这样就可以摆脱丈夫的时刻管束了。[①] 但作者对拉姆斯盖特的选择很有意思。她本人与这里是有渊源的。1803 年，简·奥斯汀的兄弟弗朗西斯在此驻扎、组织了一支海防部队，还娶了一个当地的姑娘，叫玛丽·吉布森（Mary Gibson）。同年，简·奥斯汀到拉姆斯盖特拜访他们，[②] 但她对这里的印象似乎不佳，听说哥哥爱德华的一个朋友要搬去那里时，她讽刺地写道：

> 赫西打算搬去拉姆斯盖特，品位好差！他是比较喜欢海的，可是海边的地方那么多，他最终却选了拉姆斯盖特，判断力还是有问题的。[③]

拉姆斯盖特在建造楼台管所方面做了很大的努力，人们喜欢拿它和马尔盖特作比较，而后者离伦敦更近、交通更为便捷。拉姆斯盖特的海滨浴场和空气不错，但休闲娱乐设施相形见绌。可另一方面，人们普遍觉得，拉姆斯盖特的"游客素质和层次很高"，这是 1803 年的旅游指南中说的一句话。[④] 但是《曼斯菲尔德庄园》中的汤姆·贝特伦与友人斯尼德在拉姆斯盖特住了 1 周，却有如下的遭遇：

> 埃德蒙，你一定听我说起过斯尼德，他的父母和姐妹们都在那儿，我第一次见他的家人。他们出门去了，于是我和斯尼德一路追到码头。我

---

① 《曼斯菲尔德庄园》，第 203—204 页。

② 埃杰顿·布瑞奇斯（Egerton Brydges），《埃杰顿·布瑞奇斯先生的自传、时光、观点与同时代的人》（The Autobiography, Times, Opinions and Contemporaries of Sir Egerton Brydges），第 2 卷，第 39—41 页，伦敦，1834 年，引于 W. 奥斯汀-利、R.A. 奥斯汀-利和迪尔德丽·勒·费伊，《简·奥斯汀：家族档案》，第 124 页。

③ 《简·奥斯汀书信集》，第 239 页。

④ 《沐浴场所大全》，第 281 页。

依次向斯尼德夫人和两位小姐行礼。斯尼德夫人被一群男人围绕着,我就陪着其中一位斯尼德小姐并肩散步,一路走到了家,一点都没觉得拘束,因为斯尼德小姐举手投足都透着开朗,让人容易接触,而且善于交谈。两位斯尼德小姐长得很像,与其他女孩儿一样穿着讲究的裙子,戴着纱巾、打着伞。我觉得自己没做错任何事。但之后我才明白,我的所有注意力都放在了小女儿身上,忽略了大女儿,因此让后者很恼怒。[①]

从上面这段内容中,我们除了可以读出海边社会的闲散,还能读出一些不太符合礼法之处。汤姆的失礼并不完全是他的错,斯尼德家小女儿的轻佻举止是与自己的身份不符的,而这也是其姐姐生气的原因之一(类似的情况在玛丽亚、朱丽亚和克劳福德之间也发生过)。"斯尼德夫人被一群男人围绕着",虽然只是轻描淡写的一句,但在简·奥斯汀的小说中可是从未出现过第二次的,其中的不合礼法昭然若揭。也许拉姆斯盖特游客的素质和层次并不是那么高。

1806 年到 1809 年,奥斯汀太太带着女儿们住在南安普敦,与儿子弗朗西斯及儿媳一起生活。简·奥斯汀对这里的生活还是很满意的。虽然不是海边度假地,但这里的海风和空气都是很不错的,1803 年的当地指南说:"整体很棒……建筑风格优雅、设施便利、娱乐休闲项目品质高且时尚,既适合长期居住,也适合短期旅游。"[②] 旅游景点的各种现代化设施这里一样不少 —— 浴场、铁盐温泉、公共大厅、台球桌、保龄球场、墙手球场、两座图书馆和一座剧院(后两项是奥斯汀一家最感兴趣的)。这里还曾举办过水上派对,奥斯汀一家很喜欢。卡桑德拉曾经去过怀特岛,从《劝导》中的一些景物描写可以

---

① 《曼斯菲尔德庄园》,第 416 页。
② 《沐浴场所大全》,第 300 页。

推断出，简·奥斯汀也去过。奥斯汀一家还进行过一次特别愉快的探险，就是去奈特利修道院，那里是一处风景如画的废墟，离南安普敦有 4 英里水路。1807 年夏天，爱德华·奥斯汀夫妇带着 3 个孩子来到汉普郡，也加入了这次活动，范妮在日记中有记载：

> 9 月 16 日，周三。除了祖母之外的其他人全都参加了这次活动，我们坐船到了奈特利修道院，这处遗迹特别美。我们把带去的饼干都吃了，回去的时候心情很棒。简姑姑和我又在路上散步到很晚。①

在给之前的老师查普曼小姐的信中，范妮对这次活动进行了更详细的描述：

> 爸爸、妈妈、卡桑德拉姑姑、简姑姑、亨利叔叔、威廉叔叔和我乘船去了河对岸，参观优美的奈特利修道院。之前从没见过这么动人、古朴、壮观的遗迹。它的美让我们找不到合适的词语来描述，我再努力也写不出其美之一二，因此只希望您有一天能够亲自来看看。在此之前，我就尽力给您做一个简单的描述：修道院建在颇高的地势上，雄伟又浪漫，爬满了常青藤，旁边还有一片郁郁葱葱的树林，一直延伸到水边，遮得修道院若隐若现。还有一些未被损毁的部分，但很少很少；大部分都是废墟，站在废墟上，视野非常好，远眺南安普敦很美。我们都被深深地打动了，在那里待了很久很久。之后我们去了奈特利堡，也是一处废墟，规模稍小，但也很美丽，当初被作为修道院的防御工事建在水边。之后我们

---

① 这里以及致查普曼小姐（Miss Chapman）的信引于迪尔德丽·勒·费伊，《旅行、游玩和戏水派对》（*Journey, Waterparties & Plays*），第 24—30 页，引自《简·奥斯汀 1986 年社会报告》（*Jane Austen Society Report for 1986*）。

回到了南安普敦，十分开心……

我们相信，简·奥斯汀也一定同样开心。

虽然简·奥斯汀喜欢莱姆，也很享受在南安普敦的生活，但她对海边度假村的态度却模棱两可。她笔下的人物对海边度假的态度也不统一。玛丽·克劳福德认为："邪恶的海风既损坏健康，又破坏容颜。"当然，她这样说一方面为了劝范妮离开朴次茅斯[①]，另一方面也符合她物质、虚荣的性格特点。伍德豪斯先生对海边度假也持否定态度，他对大女儿伊莎贝拉说："亲爱的，你居然想去南部沿海过秋天？这想法可太糟糕了。我从来都不喜欢海边的空气。"

"温菲尔德先生强烈推荐，要不我们也不会去。他说海边对孩子们比较好，特别是吹吹海风、泡泡海澡会对贝拉的嗓子大有裨益。"伊莎贝拉说。

"但是亲爱的，佩里却一直觉得去海边对健康没什么好处，我也这么认为，海边度假对身体一点好处也没有。而且有一次还差点要了我的命。"

爱玛觉得这个话题不安全，忍不住说道："别说了，别说了，别再谈论海边了，我好忌妒啊。我从来都没见过海。爸爸更不让我去南部。"[②]

这个话题确实不安全。伍德豪斯先生再次把自己的观点借助药剂师佩里之口说出来，引起了女婿的不满："如果一定要去海边，也不要去南部，那里特别不健康。听说你们要去那里，佩里特别吃惊。"伍德豪斯先生继续说。

"我知道很多人都持这种观点，但这是错误的。我们去过那边，身体棒棒地回来了，从没觉得在那边有什么不适。温菲尔德先生说，认为海边不健康的观点根本就是无稽之谈。他对空气成分很有研究，而且还多次带自己的家

---

① 《曼斯菲尔德庄园》，第 416 页。
② 《爱玛》，第 101 页。

人去海边。"女婿说。

"你一定去过克罗莫吧，要是非得去的话，就选择克罗莫吧。佩里曾在那儿住过一周，觉得克罗莫是泡海澡最好的地方，那里有开放的浴场和清新的空气。而且我觉得，那里的住房应该离海有一定的距离，差不多半英里，这样还是比较方便的。你可以去咨询一下佩里先生……去南边的确不是明智之举。"伍德豪斯先生补充说。

爱玛想阻止父亲，但却没能拦住。当父亲讲完上面这段话的时候，爱玛甚至都可以想象出姐夫的气愤。

"佩里先生还是保留自己的观点吧，又没人去问他。为什么他这么爱管闲事呢？为什么对我要做什么这么关心呢？我带我的家人去海边度假，他为什么要插手呢？我有我自己的判断，不需要他的这些观点……去南部只有40英里远，若是去克罗莫，足足有130英里，如果他能告诉我去克罗莫更方便、更便捷的话，那我就去好了。"说到这里，姐夫语气中的不快已经十分明显。[①]

在这个情节中，重要的不是哪个度假地的优势更明显，而是各个角色对待伍德豪斯先生的善意偏见的态度（最后还是奈特利先生转移了话题，缓解了紧张的气氛）。但奇怪的是，反对海边度假的，不仅伍德豪斯先生一人。奈特利反感弗兰克·丘吉尔，提到后者在度假村挥金如土时满是嘲讽，"他把钱花在很多无所事事的地方。只要有他的消息，就一定是从各个海边度假村或者温泉小镇传来的。不久前他还在威茅斯。"[②]奈特利对弗兰克的鄙视情有可原，后者拿自己病重的姨妈做幌子拒绝回家看父亲，却去海边度假村游玩。但是奈特利对威茅斯的偏见就有些不公平了。与受威尔士王子青睐的布莱顿不同，威

---

① 《爱玛》，第105—106页。
② 同上，第146页。

茅斯多次获得乔治王三世及其兄弟的到访，因此具有很浓厚的汉诺威风情。

事实上，简·奥斯汀本人对威茅斯也抱有一些偏见。《爱玛》中的一切神秘和欺骗都来源于威茅斯，弗兰克与简·费尔法克斯就是在那里相遇并私订终身的。与莱姆一样，这里也发生过意外事故，不同的是，威茅斯的事故是事后经过人们的讲述才为人所知的。爱玛试图让弗兰克相信，简的钢琴是迪克逊送的，而且二人已经相爱，于是她把从贝茨小姐那里听来的故事讲给弗兰克听：

> 爱玛："之后，迪克逊救了简的命。你听过这件事儿吗？在一个水上派对中，简不小心差点掉下船，被迪克逊救了。"
>
> 弗兰克："是的。当时我也在场。"
>
> 爱玛："你也在场？但你一定什么也没看到，因为刚才你看起来还挺惊讶的。要是我在场的话，一定能有一些发现。"
>
> 弗兰克："嗯，你一定会有发现的。我看到了事情的经过。费尔法克斯小姐差点被人撞下船，迪克逊先生一把抓住了她。就是一瞬间的事儿。虽然大家都吓了一跳，但半个小时后一切都恢复正常了。其实也没什么大不了的。恕我冒昧，如果你在场的话，可能也发现不了什么新的情况。"①

一方面，爱玛从来没有见过海；另一方面，被一个过度保护她的父亲看守在身旁，这个事件在她看来确实挺可怕的。人们到了威茅斯都很喜欢乘船出行，去波特兰、去象鼻山、去鲁沃斯峡湾；有时候还会沿着河流向内陆航

---

① 《爱玛》，第217—218页。

行，到达里的波尔进行补给。但是向内陆航行只有春天水满的时候才可以，而弗兰克在威茅斯的时候是 9 月，所以只能乘船出海了。贝茨小姐对这次事故的描述远不及弗兰克精练，因为弗兰克为了迎合爱玛对自己的表述进行了调整。而贝茨小姐的描述则充满个人感情：

> 简在威茅斯的水上派对中不小心被冲撞了，差点儿掉下海，迪克逊先生救了她的命。（现在我想起来还不寒而栗，很是后怕。）若不是迪克逊先生时时有心、刻刻留意，他也不会瞬间就能反应过来。自从我知道这件事后，对迪克逊先生的印象就特别好！①

弗兰克的遁词有着几方面的内涵：通过回忆那次让人胆战心惊的事故，他既想欺骗爱玛，又想嘲笑爱玛；事故现场的那种"极度的忧惧"虽然不为人知，他说成是迪克逊的心情，其实是他自己的。爱玛在这段对话中表现出了盲目和不得体，弗兰克对简的感情都要浮出水面了，她还不愿察觉，还说如果自己在场的话会有更多发现，这也会让弗兰克觉得不舒服。

这次事故为《爱玛》中很多真实情感关系的昭示提供了线索。与巴斯、艾斯康姆、爱尔兰一样，威茅斯是我们视线之外的遥远地点，也是生活在海伯里的人们几乎碰触不到的地方。即使在《劝导》中，发生在莱姆的情节也远不如发生在巴斯的情节戏份重。而简·奥斯汀去世时还未完成的《桑底顿》就不一样了，在这部小说中，海边度假村位于核心的位置。像《劝导》一样，这里也发生了一场事故，并且是在故事一开始：在去往桑底顿的路上，马车突然翻了，帕克先生扭伤了脚，但他却很乐观，对妻子说："呼吸呼吸海边的空气，我的脚伤很快就能好了。亲爱的，相信我吧。吹吹海风、再泡泡海澡，

---

①《爱玛》，第 160—161 页。

很快就好了。我的直觉已经告诉我了。"[1]

帕克先生的乐观没有太多道理但也不全无道理：再健康的海风对扭伤也没有太大作用，但呼吸一下海边的新鲜空气总体来说是对健康有益的。下文中还提到，克拉拉·布里尔顿"正是得益于桑底顿的海风，才十分惹人喜爱"。[2] 小说开篇的这场事故对帕克先生的影响持续时间很短，但这件小事就像《爱玛》中埃尔顿先生的哑谜一样[3]，是作者设计好的一个伏笔，预示着即将有大的灾祸发生——桑底顿金融泡沫破碎，帕克先生遭遇毁灭性的打击。

桑底顿到底在哪里呢？从地理上讲，它位于苏塞克斯郡沿海地区，在黑斯廷和伊斯特本之间。[4] 当时在这一区域，还没有开发类似的度假地。虽然桑底顿这个地名是虚构的，但是简·奥斯汀对这一地区的地形地貌了如指掌，十分清晰且符合逻辑地为帕克先生设计了从藤布里奇回家的路线（他们去藤布里奇很有可能是去饮用温泉水或者为开发桑底顿寻找灵感）。小说开头的事故发生在威林顿，是藤布里奇周边的一个村庄，距离伊斯特本两英里，但是作者把它移到了黑尔什姆北部。有意思的是，这场事故的发生是因为帕克先生偏离了车道，把马车驾到了一条陡峭的小路上，他这样做是为了寻找广告上的一位医生，并把他聘请到桑底顿，而搭救他的海伍德先生（Mr. Heywood）却说他把"威林顿"和"大威林登"——也叫"威林登·阿伯特"弄混了，后者离这里足足有 7 英里远，而且在林区。[5] 他还补充道："而我们不在林区。""确实不在林区。你们这里是山区，爬上这座山足足花了我们半个小时呢。"帕克先生回答。

事实上，威林顿地区确实有一座山。1803 年的地理指南这样描述威林顿：

---

① 《简·奥斯汀次要作品集》，第 363 页。

② 《爱玛》，第 379 页。

③ 同上，第 287—288 页。

④ 同上，第 363 页。

⑤ 同上，第 366 页。

"一个非常可爱的村庄……村里住着一位绅士叫托马斯，他的房子很漂亮，还有花园、池塘、娱乐的区域和其他各种乡村的生活设施。"[1] 而小说中所交代的海伍德先生的房子（也正是女主角的家）是这个村子中唯一一处像样的绅士居住的寓所。虽然没有指南中描述的那么气派，但我大胆猜测，作者一定读过指南而且进行了参考。

帕克先生说，从黑尔什姆到桑底顿需要驾车两个小时，那么可以推断，他们到的地方在伯克斯尔附近。在那个时代，伯克斯尔位于一座小山上，俯瞰佩文西湾，人口大约 1 700 人，用当时报纸上广告的话说"是苏塞克斯郡地理位置最优越的海边小镇"，而且"为了泡海澡进行了改建"，因此会有一些游客来到这里。[2] 伯克斯尔的主要建筑有一座教堂、一座庄园、铃铛旅店、一个兵营，但伯克斯尔在当时还仅仅是个小村落，很多年后才发展起来。所以，伯克斯尔虽然从位置上来说与桑底顿是重合的，但却并非桑底顿。有一个小细节暗示了伯克斯尔与桑底顿之间的联系。帕克先生在桑底顿的房子建在山顶，帕克夫人说："冬天遇到风暴，屋子里地动山摇。"帕克先生接话："是的。由于周围没有什么可以遮挡大风的地方，我们只能首当其冲，等着风肆虐后经过，但没有什么太大的危险。"[3] 1729 年，一场风暴肆虐伯克斯尔（和苏塞克斯的其他一些地方），造成了不小的损害，事后还有人出版了一本关于这场风暴的小册子。作者理查德·巴德根，他将小册子献给了汉斯·斯隆爵士以及英国皇家学会的同仁，小册子的名字叫作《1729 年 5 月 20 日晚 9 点至 10 点从苏塞克斯伯克斯尔到纽英顿风暴纪实》。这是一项十分严肃的科学调查，用巴德根自己的话说："不是为了满足某些人的好奇心，而是为了在收集、分析

---

① 《沐浴场所大全》，第 67 页。
② 引于 L.J. 巴特利（L.J.Bartley），《拜克斯希尔的故事》（*The Story of Bexhill*），第 28 页，拜克斯希尔，1971 年。
③ 《简·奥斯汀次要作品集》，第 381 页。

事实的基础上,进行理性地分析探讨,找出事故原因。"① 简·奥斯汀很可能知道有这样一本小书,也很有可能在哥哥家的图书馆里读过。如果是这样的话,那么作者安排帕克先生说上面那一段漫不经心的话,也是为下文埋下伏笔。

根据以上分析,我大胆做出推测:桑底顿是一个作者想象、虚构出来的地点。苏塞克斯郡沿海地区除了布莱顿还开发出了其他旅游地,如伊斯特本、沃辛、黑斯廷、小汉普顿等,甚至像西福德这样的小地方也要在市场上与实力更雄厚的邻居们分一杯羹,1803 年的指南中写道:"西福德虽然只是一个小渔村,但是也顺应市场大形势的发展,成了一个海滨浴场。"② 1810 年至 1820 年,苏塞克斯的旅游目的地和全英的其他旅游景点经历了大发展,其中一个重要的原因是战后和平带来的退伍军人及家属。在这种背景之下,桑底顿的建筑投机有很多模式,作者取的这个名字"桑底顿"也充满了讽刺的味道。简·奥斯汀其他作品中的一些虚构的名字,大多是从真名演绎出来的,而且可以说明一定的地域特征,比如隆博恩、阿普克劳斯等。有趣的是,桑底顿这个虚构出来的名字,与后世哈代笔下的著名的桑迪伯恩(Sandbourne)很像。③ 海伍德先生说,或许苏塞克斯沿海的度假地太多、太拥挤了,而坚持看好桑底顿前景的帕克先生对此做了如下回应:

> 度假地太多……我们不能苟同。或许度假地已经不少了,但是每个人的口味和经济状况都是不同的,所以还会有投机倒把的人继续赶来进行开发,但他们很快就会发现自己受了骗。可是像桑底顿这样的地方是

---

① 理查德·巴德根(Richard Budgen),《1729 年 5 月 20 日晚 9 点至 10 点从苏塞克斯伯克斯尔到纽英顿风暴纪实》(*The Passage of the Hurricane from the Sea-Side at Bexhill in Sussex, to Newingden-Level, the Twentieth Day of May 1729, between Nine and Ten in the Evening*),第 11 页,伦敦,1730 年。

② 《沐浴场所大全》,第 69 页。

③ 哈代(Hardy)在伯恩茅斯(Bournemouth)的虚幻名字,在《黛丝姑娘》(*Tess of the d'Urbervilles*)中有所描述。

稀缺的、是我们需要的。桑底顿卓越的自然条件让它鹤立鸡群、与众不同，清纯的海风、优秀的浴场、离岸 10 英尺的无泥、无杂草的深水，正是体弱多病的人所需要的。而且离伦敦的距离正合适，一旦建成，比伊斯特本近了不少。[①]

帕克先生满腔热情地阐述，丝毫没有察觉自己语言中的讽刺，更没有意识到自己的话都像是从旅游指南中剽窃的。其实 1803 年的旅游指南关注的就是健康的海风、优质的浴场、良好的自然禀赋以及与大都市的适宜距离，与帕克先生的话如出一辙。所以我们可以大胆推测，作者简·奥斯汀一定读过当时的旅游指南。[②]

小说还为桑底顿设定了一个虚拟的竞争对手，名字叫作"布莱恩肖"。为了突出桑底顿，帕克先生对其进行了如下贬低：

> 至于布莱恩肖，不过是去年几个投机商人弄的一个噱头。那是一片荒芜的沼泽地，静止无风，空气中飘着恶臭的味道，到处都是杂草。最后等待这几个投机商人的只有失望。有一点常识的人都不会去那里度假。道路条件也很差，3 英里之内找不到一杯像样的茶，土壤更是差劲，几乎连洋白菜都种不出来。[③]

这种商业语言在简·奥斯汀的小说中从未有过先例。帕克先生之所以这

---

① 《简·奥斯汀次要作品集》，第 369 页。

② 布莱恩·索瑟姆（Brian Southam）曾经在托马斯·斯金纳·斯科尔（Thomas Skinner Skurr）的小说《神奇的财富》（ The Magic of Wealth ）中指出了《桑底顿》的一种可能根源，"一个新兴的淋浴场所，是一位富有的银行家通过他的财富和力量所创造的，充满魔力"。B.C. 索瑟姆，《桑底顿的一个根源？》（ A Source for Sanditon? ），引自《简·奥斯汀1970 年社会报告》（ Jane Austen Society Report for 1970 ），第 122—123 页。

③ 《简·奥斯汀次要作品集》，第 369 页。

么说,一个重要的原因就是要强调桑底顿的海风是附近一带最好的。他敢这样说,自己已经在心里预设了前提:要么人们对布莱恩肖评价不高,要么根本就没什么人听说过它。帕克继续说:"相信我说的,这是对布莱恩肖实情的真实描述,一点都没有夸张。如果你听到过其他人对其有不同的描述……"

"没有过,我从来没听人说过布莱恩肖,我之前都不知道世界上有这么一个地方。"海伍德先生说。

听到这里,帕克兴奋地看了看妻子说:"荒芜之地,当然没听说过了。亲爱的,这回你明白了吧。这位先生根本就没听说过有布莱恩肖这么个地方。"①

其实,海伍德先生也从来没有听说过桑底顿,只不过厚道的他没有说出来而已。

在小说的场景还未转换到桑底顿之前,桑底顿的金融泡沫以及帕克先生的盲目投资都已经展现在读者面前了,而且"连海伍德先生这样的农夫"都可以体会得出来。虽然小说没有正面提及,但最洞若观火的人是与帕克先生同去桑底顿的夏洛特。到了桑底顿,她对这个地方做了十分客观、精准的评估,这种能力是《诺桑觉寺》中在巴斯游玩的凯瑟琳所不具备的,但在作者的谋划中,正是夏洛特的这种能力和观察帮助帕克先生挽救了财产。帕克先生对金融投资的盲目乐观在于缺乏清晰的自我认知,他善良、轻信,是一个和蔼的中年男子,只不过没有意识到自己的盲目乐观是无本之木。

> 帕克先生是个坦诚的快嘴人,知道些什么一定不会隐瞒,无论是关于自己的,还是关于他人的。即便不知道,他说的话也还会透露出信息。这点海伍德一家都能观察得出来。因此,大家觉得他是个狂热的人,特别是在桑底顿开发这件事上,他生活的目的就是将桑底顿打造成一个时

---

① 《简·奥斯汀次要作品集》,第369—370页。

尚的、受欢迎的海边小镇。几年前，桑底顿还是个安静、朴素的小村庄，不错的地理位置和其他的一些优势使得帕克先生和其他的几个地权人觉得有利可图。于是他们开始规划、建设、吹捧、投机。到现在为止，帕克先生除了这个，脑子里已经没有了其他的事。[1]

简·奥斯汀以旁观者的身份做出了如上的考量，并以夏洛特的口吻表达了出来。夏洛特发现帕克先生的一大制约因素是做事极端，"是个狂热的人""除了这个，脑子里已经没有了其他的事"。当另一个主要的地权人、多疑且心胸狭隘的丹哈姆女士挑起问题，帕克先生这一性格上的弱点就让他吃了大亏。

"狂热"这个词有一些宗教的味道，而且这种味道是简·奥斯汀不认同的。[2] 很快，在桑底顿这个地方，人们越来越把关注点投在现世，而开始忽视来生的救赎。有一次，帕克先生在鞋店的陈列窗看到一双蓝色的鞋子，惊呼道："啊！今天吾有所成。"[3] 这句话好似《旧约》里的先知所说。有一点值得注意，桑底顿的教堂位于山脚下，现在却被新的建筑遮盖住了。

新的建筑开始向教堂和老村子蚕食逼近。教堂位于山脚下，山朝向村庄的一面都是绿树和森林，但很快，新的建筑就会拔地而起，让包括教堂在内的老村子黯然失色。原来的小村子只有一些农舍，但人们赶上了开发的热潮，纷纷开始行动，很多家庭都挂出了"有房出租"的牌子，一些农舍的院子里也开始可以看到游人的身影，鞋店附近的二楼上还传来竖琴的声音。这一派生机勃勃的景象和动听的声音让帕克先生十分开

---

[1]《简·奥斯汀次要作品集》，第371页。
[2] 同上，第186页。
[3] 同上，第383页。

心，不仅仅是因为自己倾注了很多努力和心血，更因为桑底顿的整体时尚水平越来越高。①

桑底顿的老村子以教堂为中心，随着新的建筑拔地而起，老村子被挤到了边缘位置，在投机商人们看来，这真是让人欢欣鼓舞的景象。这也是当时公众的普遍观点。1810 年，沃辛（1805 年秋，简·奥斯汀在这里住过一段时间）的旅游指南里说：

> 沃辛的巨大成功，其他地方无一能及，这也正是公众喜爱支持的结果。在短短一段时间内，原来那几个凄凉的茅草屋和走私犯才住的窝棚就变成了宽敞、优雅的寓所，接待皇室都够格……半英里外的布罗德沃特在沃辛的光芒下显得黯然失色。②

《桑底顿》的语气与上文的指南有天壤之别。在简·奥斯汀看来，"凄凉的茅草屋和走私犯才住的窝棚"才是人们繁衍生息、经营持家的地方。之前的农舍和农庄也都开始把屋子出租给游客，是受了"开发热潮"的盲目鼓动。简·奥斯汀对这种"开发热潮"立场坚定地反对，她也不认为农舍换成新的建筑是可取的。与公众的观点不同，她认为凄凉的、暗淡无光的不是老村子、老部落，而是泡沫催生出的新建筑。

从《桑底顿》已经完成的章节来看，对金融投机的讽刺是一个主基调，所以我们可以推测，若作者能够完成小说，泡沫崩溃的后果一定会是下半部的主要关注点。桑底顿是个根据旅游指南设计出来的度假地，设施齐备但十

---

① 《简·奥斯汀次要作品集》，第 380—381 页。
② 玛吉·莱恩，《简·奥斯汀的英国》（Jane Austen's England），第 202 页，伦敦，1986 年。

分乏味。有更衣车、散步的小路、酒店、台球厅、图书馆,本是一个"安静朴素的小村庄",却很有可能成为一个现代的旅游胜地。[1]虽然规模很小,但却雄心勃勃,大有要与比较成规模的伊斯特本、黑斯廷竞争之势。新建筑的名字也都是其他旅游景点司空见惯的名字——望海楼、美景园,还有帕克先生自己住的特拉法加庄园(他本来想叫滑铁卢庄园,但是滑铁卢的寓意不太好,所以就放弃了)。[2]

配套设施建了这么多,可就是没有游客来。夏洛特第一次走进桑底顿,冷静而好奇地看着一切,而帕克先生满眼期待,看到的却都是"空空的房子""贴满广告却无人问津的商户""几驾可怜的马车"和"三三两两的行人"。[3]帕克先生的当务之急是吸引更多的家庭,特别是贵族阶层的人来桑底顿。当美好的愿望落空后,他解释道:"现在是7月,到了八九月,人就会多起来。"[4]一股强烈的自欺欺人的味道,也预示着小说接下来的发展方向。

而另一个主要合伙人丹哈姆女士则没有这样的幻想。她一开始就没抱有太大希望,对桑底顿的现实也有清醒客观的认识,她之所以加入开发、推广桑底顿的活动,是因为正在打着自己的如意算盘:

> 我们要是能请来一位年轻的女继承人就好了!但是女继承人太少了!我们这个地方一个都没有。桑底顿已经可以算得上小有名气了,很多家庭慕名而来,但据我所知,一百个人里也没有一个是有实力的。有一些可能有固定收入,但却没有雄厚的财产。来过一些城里的牧师、律师、军官和寡妇,但这些人对桑底顿又能有多大益处呢?不过是租几间空

---

① 《简·奥斯汀次要作品集》,第384页。
② 同上,第380页。
③ 同上,第384页。
④ 同上,第389页。

房子而已，我觉得他们不在自己家里待着跑到这里来真是吃饱撑的。要是能吸引一位年轻的女继承人来疗养身体就好了，她有什么要求我都会尽力满足，等她痊愈之后，还会爱上爱德华爵士呢！①

丹哈姆女士参与开发桑底顿的一个主要目的就是找借口把已故丈夫的侄子爱德华和侄女艾斯特赶出自己的家：

> 他们兄妹要是想住在海边的话，可以呀，那么多的房子去租一间就可以了。我家附近就有3座空房子，对面至少也有3栋；3、4、8号房子给兄妹二人住也许大了些，但条件非常不错。下次艾斯特再抱怨我这里多潮湿、泡海澡多舒服，我一定会建议他们去海边住。这样安排不错吧，也算是对他们仁至义尽了。慈善始于家庭嘛。②

21岁的夏洛特是简·奥斯汀笔下最聪明、最具洞察力的女主角，她不仅看穿了丹哈姆女士的狭隘心胸，还看出了她的卑劣对周围其他人的不良影响。夏洛特的机智与帕克先生的愚钝形成了鲜明的对比，在对丹哈姆的评价上，帕克认为"她虽然有时把钱看得太重，但总体来说是个善良的女性，而且开发桑底顿的精神可嘉"。③而夏洛特意识到：

> 帕克先生的判断能力绝对不可以信任。他的善良天性有时会误导了他，让他看不清事实真相。我必须做出独立的判断。④

---

① 《简·奥斯汀次要作品集》，第401页。
② 同上，第401—402页。
③ 同上，第376页。
④ 同上，第402页。

与帕克先生不同，夏洛特并未被虚假繁荣的休闲产业和休闲经济所蒙蔽。就像《劝导》中的安妮站在莱姆的沙滩上、看着潮起潮落一样，[1]夏洛特站在特拉法加庄园一扇华美的威尼斯风格的窗子前，看着各色的设施、烂尾的建筑和远方的大海，感慨油然而生。[2]虽然夏洛特胸怀远方澄澈的大海，但却不得不与桑底顿的模糊混沌、妥协让步打交道。在简·奥斯汀完成的最后一章中，夏洛特与帕克夫妇沿着马路散步，视线被雾迷住了，远方过来一辆马车，"她一会儿觉得是两轮的、一会儿又觉得像四轮的；一会儿看见一匹马，一会儿又看成了四匹"。[3]乘车而来的是帕克夫妇的儿子西德尼·帕克，也许会成为小说的男主角，但我们知道的仅是他"相貌英俊、穿着时尚、举止淡定、活泼健谈"。几分钟后，他们走进院子，夏洛特又有发现，她恍惚看到篱笆尽头有两个人在亲密地交谈，原来是克拉拉·布里尔顿和爱德华·丹哈姆。[4]这场雾不仅带来了夏洛特与可能爱人的第一次会面，还让她意识到周围的人际关系也是迷雾重重的，不断考验她的判断能力和良知良心。

与之前所有的作品不同，《桑底顿》将道德讨论融入了情节设置和叙事过程当中。虽然《曼斯菲尔德庄园》对房产事务等的管理模式提出了不同意见，但前提是肯定整套秩序。[5]而《桑底顿》则审视了在战后和平的背景下人们将精力投入追逐娱乐休闲这样的一个社会变化。人们将钱投到房产开发中，但开发出的房子却无人问津，而爱德华爵士在废弃地带经营的小农庄却

---

① 《劝导》，第 102 页。

② 《简·奥斯汀次要作品集》，第 384 页。

③ 同上，第 425 页。

④ 同上，第 426 页。

⑤ 关于评论家们所提出的反对意见，参见埃利斯戴尔·M.达克沃斯（Alistair M.Duckworth），《财产的提升》（The Improvement of the Estate），巴尔的摩，1971 年。

有声有色，[①] 这是两种价值观在现实中和道德上的双重对比。从温泉胜地到游乐园，整个国家都要变成一个大的游乐场了，而古朴的村庄却成了没有实际用途的展览品，对休闲娱乐的追求成了普世的商业准则。乔治王时期的温泉胜地正在逐渐被维多利亚时代的海边度假村取代，在这样的背景下，简·奥斯汀选择了桑底顿这样一个海边小镇作为小说的背景，来预测维多利亚时期的社会、文学的新变化。

---

① 《简·奥斯汀次要作品集》，第 377 页。

第三章

刺绣与艺术

日常的简单缝补一般在上午进行，而更为精细的刺绣则在晚上或者周日进行，若有女友陪伴，也可进行刺绣。虽然简和卡桑德拉习惯与家人坐在一起为兄弟们做衬衣，但二人却认为，有客人在的时候不应该做那些家长里短的缝补。

詹姆斯·爱德华·奥斯汀在《简·奥斯汀回忆录》中说自己的姑姑心灵手巧，"各种动手的活儿都很擅长"。① 她的刺绣技艺尤为高超，作品十分精美，詹姆斯·爱德华还写道：

　　　　姑姑的刺绣作品无论是有实际用途的还是装饰用的都十分精美，足以让缝纫机相形见绌。她最擅长的是缎面绣。姑姑在刺绣上花了很多时间。她经常和女伴们一起做衣服，有时给自己做，有时拿去接济穷人。姑姑最生动有趣的话就是在这些时候说的。②

　　一群女人围坐在一起，一边做针线活一边愉快聊天的场面在女权主义作家玛丽·沃斯通克拉夫特看来是不可取的。她认为刺绣这项活动将女人的思想囚禁在身体上，从而限制了女性才能的发展——男人们从不需要自己做衣服、也不需要思考这个问题，但是女人却需要自己做衣服。她们的想法只能

---

①J.E. 奥斯汀-利，《简·奥斯汀回忆录》，R.W. 查普曼编，第2版，牛津，1926年，第5章。下同，不再赘述。
②同上。

追随手的活动。其实缝制一些必需品倒也无伤大雅，但制作那些华而不实的
衣裙就不好了。法国女人喜欢坐在椅子上制作垂饰、缎带，她们聊天的内容
往往流于肤浅，而那些做帽子、缝衣服的英国女人的谈话，比法国女人还要无
趣得多。①

　　简·奥斯汀的信件（据此可以推测她日常聊天的内容）大多关注的是买
衣服、做衣服、改衣服：新买了颜色喜人的手套、软帽应该加什么样的边饰、
一件旧大衣如何改成一件晚礼服……若让玛丽·沃斯通克拉夫特来评价，她
一定会说简·奥斯汀的思想真堕落啊。

　　詹姆斯·爱德华的妹妹卡洛琳回忆姑姑时，说她"经常开心地做针
线活"：

　　　　午饭前她基本都是在客厅里，一边接待来访的客人，一边做针线活。
　　她很享受，尤其擅长缝边线和缎面绣。刺绣是她每天生活中的一大乐趣。
　　她的作品既轻便又整洁。②

　　简·奥斯汀喜爱刺绣，有一些作品保存至今，从这些作品上也可以看出
作者对这项活动的热爱。朋友凯瑟琳·比格结婚时，她为其缝制了亚麻手绢，
上面还有自己写的小诗：

　　　　手绢送去我最美好的祝福，
　　　　缝制手绢时我满怀欣喜。
　　　　愿它像我们的友谊，永远不会腐朽，

---

① 玛丽·沃斯通克拉夫特（Mary Wollstonecroft），《女性权利的辩护》（*A Vindication of the Rights of Woman*），第
4 章。

② 卡洛琳·玛丽·克莱文·奥斯汀，《我的姑妈简·奥斯汀》，第 7 页。

　　愿你没有忧伤、一直快乐！①

　　简·奥斯汀还做过一个针线包，一直留存到现在，② 是她在 1792 年做给玛丽·劳埃德的，后者从斯蒂文顿附近的迪恩搬去 16 英里外的伊本索普居住，后来嫁给了简·奥斯汀的哥哥詹姆斯·奥斯汀，生下了儿子詹姆斯·爱德华·奥斯汀，也就是《简·奥斯汀回忆录》的作者。詹姆斯·爱德华在书中描述这个针线包时说，"它特别美好，就像是仁慈的仙女送给一个勤劳小姑娘的礼物"。③ 针线包由白色的棉布打底，上面绣着金色和黑色的花纹，还配有一个专门用来装它的小包。针脚十分细密，肉眼几乎看不到。针线包里有一些小口袋，用来放线团。此外，还有一个红色法兰绒的小包，里面塞了一张纸，纸上写了一首小诗：

　　　　希望小小的针线包
　　　　能带去我对你的情意
　　　　在你需要它的时候
　　　　给你帮助

　　　　我们即将分别
　　　　它还会有另外的功能
　　　　每当你看到它

---

　　①《简·奥斯汀及其家族诗歌与散文集》（*Jane Austen Collected Poems and Verse of the Austen Family*），大卫·赛尔温（David Selwyn）编，曼彻斯特，1996 年。以下简称《简·奥斯汀诗歌集》。

　　② 完整描述参见琼·奥斯汀-利（Joan Austen-Leigh），《乡村生活》（*Country Life*）杂志中的《简·奥斯汀的主妇》（*Jane Austen's Housewife*）一文，1982 年 10 月 28 日，第 172 期，第 1323 页。

　　③ J.E. 奥斯汀-利，《简·奥斯汀回忆录》，第 5 章。

就会想起老朋友 ①

　　女士们经常互相赠送类似的针线包，但能配上如此清新小诗的不多。简·奥斯汀给侄女路易莎做了个针线板，还在上面画了一片叶子作为装饰，现珍藏在乔顿。在《理智与情感》中，作者让针线板这个小礼物发挥了不小的作用：自私小气的范妮·达什伍德听了露西·斯蒂尔（Lucy Steele）的奉承后很受用，送给露西和她妹妹每人一个针线板，称是"外来移民做的"（很有可能是因法国大革命流亡到英国的难民）。② 之后，范妮得知露西与自己的弟弟爱德华·费勒斯（Edward Ferrars）偷偷订了婚，勃然大怒。露西·斯蒂尔对埃莉诺说了下面这段关于这个针线板的话，足以看出她的心胸多么狭隘：

　　　　你哥哥和嫂子对我不是很友好！但是我也不应该背后和你说他们的不好，毕竟他们还派自己的马车把我们送回了家，这挺出乎我的意料的。当时我还很担心你嫂子会把送给我们的针线板要回去，所以我把针线板藏了起来以免她看到，之后她也没有再提。③

　　女士之间互赠这类小礼物，体现了惺惺相惜的认同。但是范妮·达什伍德却破坏了规矩，她嫌自己亲手做太麻烦，于是就买了些廉价的礼物送人。小说中还有一个细节，露西·斯蒂尔为了讨好米德尔顿夫人，给她女儿做了一个装饰用的小筐子——给一个被宠坏的孩子做了一个华而不实的小玩意

---

① 《简·奥斯汀诗歌集》，第 4 页。
② 《理智与情感》，第 144 页。
③ 同上，第 275 页。

儿，她还特别扬扬得意。① 其实，如果安娜玛丽亚能够给别人做个类似的小礼物，倒是可圈可点的，因为明智的父母会鼓励孩子这么去做，一来可以锻炼手艺，二来可以培养大方慷慨的气度。奥斯汀家就有这样的习惯。简·奥斯汀的侄女范妮·奈特（Fanny Knight）经常在日记中记录自己为家人刺绣的事。简·奥斯汀在 1815 年写给另一个侄女 —— 16 岁的卡西（Cassy）—— 的信中说，希望她不要忘了答应过给凯利夫人做针垫的事情，人家提过好几次了。② 但针垫到底做没做成，做成了像不像样，我们就不得而知了。几个月后，简·奥斯汀给另一个侄女卡洛琳的信中装了一个小针垫，解释说："你的表妹卡西给你做了这个东西，我猜她可能想让你在给蜡娃娃做被子的时候用，或者你能给它找个别的用途。总之，卡西做这个的时候很开心。"③

从简·奥斯汀下面的一封信中，我们可以看出女性的刺绣作品以及做女红的工具都是有很重要的意义的。哥哥爱德华的资助人、住在坎特伯雷的奈特夫人要把自己的纺车（那种小型的、放在桌子上的纺车）送给简·奥斯汀，简听说这个消息后，十分动容，给当时正在古德汉姆的卡桑德拉写了封信：

> 你虽然一笔带过，但我还是明白了你的意思，给奈特夫人写了封信，很真诚，恳请她不要把这么重要的东西送给我。一想到她要把自己的纺车送给我，我就诚惶诚恐，而且我也对她说了，如果真的给了我，我用起来也不会心安的。若是她一定要给，那我除了用它纺一根绳子出来就不会再用它做其他的，而这根绳子，是我自己上吊用的。但我又很担心这样说，她会觉得我不严肃。④

---

① 《理智与情感》，第 76、144 页。
② 《简·奥斯汀书信集》，第 301 页。
③ 同上，第 314 页。
④ 同上，第 190 页。

卡桑德拉的看法和简·奥斯汀是一样的。姐妹俩关于这件事的反应，足以证明这些女红作品和工具在当时的重要意义。

因此，玛丽·沃斯通克拉夫特对女红这件事的非难让人很难苟同。这项活动不仅实用，而且可以让那些没有艺术和审美天赋的人创造出美的作品，还是女人间表达情意的有效方式。但女人和男人对刺绣这件事的看法是有很大不同的。简·奥斯汀很敏锐地捕捉到了这一点，用很轻松的口吻在小说中表达了出来。在《曼斯菲尔德庄园》中范妮·普莱斯的避风港——东屋——里，桌子上摆满了各种工具盒，都是大家给的，其中很大一部分是汤姆给的。范妮违背大表哥汤姆的意愿，拒绝参演话剧，内心很是挣扎。[1]看着这些汤姆送的礼物，她觉得自己有些不知感恩。小说还顺便暗示读者，在肤浅的汤姆看来，女孩子的兴趣爱好就只有刺绣一项，[2]而相比之下，二表哥埃德蒙则贴心得多，他送给范妮一些书，并指导她阅读。

虽然简·奥斯汀认为刺绣是女性一项必要的、有趣的活动，但她却觉得要充分锻炼和开发女性的才智，仅仅刺绣还是不够的，这个观点在《傲慢与偏见》中宾利、卡洛琳、达西之间的一段对话中可以看出：

> 宾利：让我特别惊奇的是，每一位年轻的女性都有如此的耐心、练就了如此纯熟的技艺、具备这么高的素质。
>
> 达西：每一位的技艺都如此纯熟？我不太明白你的意思。
>
> 宾利：对呀，每一位。她们会装饰桌子、编织钱包等等。我认识的女孩儿差不多都会做这些，而且似乎也没听说过谁不会做这些、没有这么

---

① 《曼斯菲尔德庄园》，第 153 页。
② 同上，第 18 页。

高的素质。

　　达西：你对高素质的定义太低了，所以很多女人都能达到你的标准，只需要会做一些手工和女红就可以了。但我不敢苟同，因为在我认识的女性之中，能够达到我对高素质的定义的，不过十几个而已。[①]

　　就像在其他很多方面一样，达西与伊丽莎白在这件事上的立场也很吻合。伊丽莎白并不是很喜欢针线活，觉得这项活动并不能很好地发挥自己的智力。小说结尾的一个细节很有意思：达西来访，伊丽莎白大吃一惊，为了掩饰自己的不知所措，她赶紧坐下来，慌忙地收拾起针线活。[②]《诺桑觉寺》中也有类似的情节，蒂尔尼将军提出带凯瑟琳·莫兰在诺桑觉寺里转一转，凯瑟琳"赶紧合上刚刚打开的编织盒子"。[③] 所以，一旦有了更让人兴奋的事，针线活是随时要让位的。

　　编织钱包是一项重要的女红，使用梭子将丝绸和其他线结网用来做裙子、睡衣等也很流行。这类编织活动会有一个与一般女红不一样的工具箱，叫作编织盒子。有趣的是，编织这项活动并不仅仅局限于女人。虽然总体说来，男人对手工不感兴趣，但也还会有一些例外。比如亨利·蒂尔尼与艾伦夫人谈论棉布的用途，凯瑟琳听了就觉得很奇怪。[④] 但男人做手工与女人有很大不同，他们不喜欢在室内的客厅，而是喜欢到更宽广的花园或其他的地方。所以哈维尔上校织渔网这件事就不足为奇了。他不太喜欢读书，脚伤又使得他不能剧烈运动，所以就开发了其他一系列的有趣活动：画画、粉刷、木工、给孩子做玩具，特别是对织网很上心，甚至自己做了针和其他工具。[⑤] 弗朗西斯·奥

---

① 《傲慢与偏见》，第 39 页。
② 同上，第 335 页。
③ 《诺桑觉寺》，第 176 页。
④ 同上，第 28—29 页。
⑤ 《劝导》，第 99 页。

斯汀晚年经常说,姐姐笔下的哈维尔就是以自己为原型塑造的,他确实很喜欢做手工,而且品位颇佳。简·奥斯汀曾描述过他做黄油搅拌器①和窗帘垂穗的事②。1807 年,弗朗西斯的第一个孩子即将出生,他和妻子、母亲、姐姐们一起住在南安普敦的房子里,紧张地准备着。简写道:"婴儿的睡袋到了,不太美观,于是弗朗西斯亲自动手进行一番加工,完成后大家都拍手叫好。"③

侄子爱德华、乔治都继承了叔叔弗朗西斯的这一点。简·奥斯汀写道:"晚上的时候他俩织了很久的网,十分开心,每人织了一个捉兔子的网,就那样安静地坐着干活,像极了他们的弗朗西斯叔叔。"④简·奥斯汀的另一个侄子,爱德华的孩子威廉,在养病期间做了一些手工。对此,她给在古德汉姆的姐姐卡桑德拉写信说:

> 威廉居然做了一个脚凳,让我特别惊喜,我相信,他的祖母见了也一定很欣慰,这样一个小礼物足以证明这个孩子的爱心和勤劳。但是我们怎么舍得用它呢?怎么会舍得把脚放在这个凳子上呢?我得给这个凳子做一个棉布罩,以免落尘土,什么颜色比较搭呢?绿色和紫色应该不错。⑤

一个 10 岁的小男孩,做了个笨拙但心意满满的礼物,给简·奥斯汀留下了很深刻的印象,所以《曼斯菲尔德庄园》中也有类似的情节:朱丽亚做了一个脚凳,可是做工太粗糙,摆在客厅不合适,于是就被打发到了范妮住的东屋。⑥

---

① 《简·奥斯汀书信集》,第 7 页。
② 同上,第 123 页。
③ 同上,第 115 页。
④ 同上,第 234 页。
⑤ 同上,第 165 页。
⑥ 《曼斯菲尔德庄园》,第 151 页。

　　像其他小女孩一样，简·奥斯汀小的时候在家里，妈妈和姐姐教了她不少针线活，学校也有相关的课程。简和卡桑德拉都有一些刺绣作品，但她应该很赞同一位当代历史学家的观点："这些东西与其说是针线活，还不如说是当时历史条件下儿童教育的一部分。"①亨利·蒂尔尼在对凯瑟琳讲下面这段话时的轻微嘲讽是可以体察的："我要去牛津开始学业了，小姑娘你就好好在家学习刺绣吧！"②1785 年 7 月至 1786 年 12 月，简与卡桑德拉一起去学校学习阅读，课程中就有刺绣这一门。③《爱玛》中女教师的客厅里挂了很多刺绣作品④，这些东西应该是学生做的。《理智与情感》中詹宁斯夫人把女儿夏洛特的风景刺绣挂在她屋子里的壁炉上方，"用以证明她学习 7 年的部分成果"。⑤这句话还暗含着一层意思，即刺绣是女孩子教育的一部分。

　　在那个年代，这些刺绣不仅能够出现在课堂上，其实风景刺绣还是 18 世纪和 19 世纪初一种十分流行的艺术形式，参与其中的不仅仅是年轻女性，更有职业艺术家。刺绣工在丝和毛上绣出的宗教画面与当代的印刷品很像；玛丽·诺里斯、玛丽·林伍德等人则尝试了一些更为宽广的题材，取得了不小的声望。1798 年，汉诺威广场演奏厅举办了一场玛丽·林伍德作品展，一共有 40 多幅作品，这些刺绣作品差不多都是模仿著名画家的画作，比如雷诺兹、庚斯博罗等人。玛丽·林伍德用长短针刺出了各种类型的作品——宗教、小巷、民俗、风景、静物、动物，等等。展览获得了很大的成功。对此，利比·波伊斯太太的评价是："展览满足了我的所有期待，给它多少赞誉都不为过。很

　　① 希尔·休斯（Therle Hughes），《英国家庭缝纫》（*English Domestic Needlework*），第 26 页，伦敦，1961 年。

　　②《诺桑觉寺》，第 107 页。

　　③ 对于学校的描述，参见 T.A.B. 科利（T.A.B. Corley）的《简·奥斯汀在学校的日子》（*Jane Austen's Schooldays*），引自《简·奥斯汀 1996 年社会报告》（*Jane Austen Society Report for 1996*）。

　　④《爱玛》，第 22 页。

　　⑤《理智与情感》，第 160 页。

多人看了展览一定备受鼓舞,拿起针线去刺绣。"①

最终,玛丽·林伍德在伦敦有了永久展览,一开始设在牛津街,后来移到了莱斯特广场。

上述内容为公共生活层面上的刺绣,除此之外,刺绣更是一项日常的居家活动。除了做衣服、修补衣服这些必要的内容外,人们还会在白布或者彩布上做一些更精细的活儿。布料一般用手拿着,有时候也会放在绷圈上,就像格兰特夫人那样。②各类女性杂志上都刊登刺绣的图案,人们参照这些图案刺绣到衣服上。有的时候也会将其他衣物上的花样取下来作为参照,简·奥斯汀的嫂子玛丽就这样做过,简在信中写道:

> 玛丽收到迪克逊夫人的来信,夫人对钱包非常满意,还希望玛丽不要给自己做裙子,但玛丽正想着为她做一条裙子呢。于是玛丽决定把做帽子的事尽量往后推,等收到迪克逊夫人寄来的礼物,就可以参照上面的图案进行刺绣了。③

日常的简单缝补一般在上午进行,而更为精细的刺绣则在晚上或者周日进行,若有女友陪伴,也可进行刺绣。虽然简和卡桑德拉习惯与家人坐在一起为兄弟们做衬衣,但二人却认为,有客人在的时候不应该做那些家长里短的缝补。而她们实际、实在的母亲,则不会因为在人前缝补衣物而感到难为情。简·奥斯汀在去莱姆拜访朋友阿姆斯特朗小姐一家时,发现朋友父母的举止并不十分文雅,在给卡桑德拉的信中,她写道:"阿姆斯特朗夫人一直坐在那儿补袜子,补了那么久。但是我可不敢回家和母亲说,因为她会觉得这

---

① 《菲利普·利比·波伊斯太太日记选段》,第 300 页。
② 《曼斯菲尔德庄园》,第 65 页。
③ 《简·奥斯汀书信集》,第 115 页。

非但不是个提醒,而是个榜样。"① 其实奥斯汀太太并不是太喜欢这些事儿不能自拔,而是她觉得这是一项需要完成的工作,而且自己并不以此为耻。虽然是一项繁重的事务,但她却乐此不疲。②

事实上,奥斯汀一家确实很喜欢做针线活,特别是当女人们聚在一起的时候。1811 年春天,简、卡桑德拉、母亲以及玛丽·劳埃德共同完成了一项声势浩大的针线工程。其间,卡桑德拉去了古德汉姆一段时间,简给她写信说,家里的工程被搁置了,因为小块布料都用完了,她还问姐姐是否记得收集布料。③ 最终,当年晚些时候,这项工程终于竣工,成品是一床巨大的被子,中心是一朵花的图案,被各色钻石形状的、拼接在一起的、五颜六色的布料围绕。时至今日,这床被子仍然被保存在乔顿农庄,也就是当年她们做被子的地方。

除了给自己和家人做衣服、做一些装饰性的物件,她们还会给穷人做一些衣服,但通常是闲极无聊的时候才这样做。《曼斯菲尔德庄园》中有一个情节可以说明这一点。范妮因为头疼就退到了房间尽头的沙发上,一个人安静地休息,却被诺里斯太太劈头盖脸地骂了一顿:

> 范妮,你这个小把戏耍得可真不怎么样,一整个晚上就这样无所事事地躺在沙发上!你为什么不能过来和我们一起,做些有意义的事呢?如果没有什么可做的,就给穷人做些衣服。上周新买的印花粗布,我裁剪好了,腰都要累断了,现在就放在那儿,碰都没碰。你得学着为他人着想。不要把我的话当成耳旁风,年轻人就这么无所事事地躺在沙发上,一点好处也没有。④

---

① 《简·奥斯汀书信集》,第 94 页。
② 同上, 第 279 页。
③ 同上, 第 191 页。
④ 《曼斯菲尔德庄园》,第 71 页。

　　把负担转移到他人身上，自己获得乐于助人的巨大满足，这是典型的诺里斯太太的做法。简·奥斯汀经常在作品中将针线活当作一个有力的道具来表达感情和情绪。比如在《爱玛》中，当韦斯顿夫人听到丘吉尔太太去世的消息后，"手里握着针线活，一个劲儿地叹气，流露出深深的同情"；[①] 再比如韦斯顿夫人在告诉爱玛弗兰克与简订婚的消息时，她还是没有放下手里的针线，"似乎铁了心，头都不要抬一下"；[②] 在《傲慢与偏见》中，当凯瑟琳夫人去汉斯福德见伊丽莎白和夏洛特时，把针线活当成了攻击的武器，"她检视了一下二人的作品，然后发表了很多意见，提出了很多批评"。[③]

　　在简·奥斯汀的所有女主角中，范妮·普莱斯是做针线活最积极主动的一个。因为她不像表姐们和玛丽·克劳福德那样会弹奏竖琴、钢琴，她只有刺绣这唯一的才艺，而且造诣颇深。玛丽·克劳福德十分羡慕她，希望自己的刺绣手艺和范妮一样好。简·奥斯汀在《曼斯菲尔德庄园》中对针线活的运用也多于其他各部小说，部分原因是故事就发生在一座乡村庄园里，针线活是这种生活场景中必不可少的一部分。其实范妮并不像诺里斯太太说的那样自私自利，她不仅做自己的针线活，还把姨妈的部分承担起来。贝特伦夫人"每天穿得漂漂亮亮地坐在沙发上，做一些既不实用又没有美感的刺绣"，[④] 如果没有范妮的帮助，她自己根本就不能完成。所以当有人提议让范妮离开曼斯菲尔德庄园去和诺里斯太太一起住时，贝特伦夫人对范妮说："你一定要时常回来帮我把刺绣上的花样图案做好。"[⑤] 最终，范妮嫁给了埃德蒙，范妮的妹妹苏珊要来曼斯菲尔德庄园继续扮演范妮的角色，"成功地填补了姐姐的

---

① 《爱玛》，第388页。

② 同上，第395页。

③ 《傲慢与偏见》，第169页。

④ 《曼斯菲尔德庄园》，第19页。

⑤ 同上，第25页。

空缺,成了姨妈的好帮手"。① 简·奥斯汀并不想费太多笔墨告诉读者贝特伦夫人究竟做了什么东西,托马斯爵士从安提瓜回来的时候,她回忆起丈夫不在的这段时间,"自己过得很充实",做了不少针线活,给地毯做了好几码的边穗。② 其实针线活可以作为贝特伦夫人情绪的"晴雨表"。丈夫突然回来,她"先是惊讶了几分钟,之后开心地收起针线,把宠物往旁边挪了挪,给丈夫腾出了好大一块沙发,然后专心地听他说话"。③ 可是当威廉来访时,她却有不同的反应。威廉向大家讲述海上冒险的情形:

> 诺里斯太太坐立不安,在屋里走来走去,问每一个人有没有看到她的两卷线和一个纽扣……而贝特伦夫人听到这么惊悚的事,不能表现得无动于衷,只好时不时地从埋头苦干的针线活中抬起眼,说道:"天哪,太吓人了。以后大家还是不要去海上冒险了。"④

舞会结束后的第二天,埃德蒙、威廉和克劳福德都走了,家里只剩下贝特伦夫人和范妮,于是贝特伦夫人就把针线活抛到了九霄云外,和范妮打牌直到睡觉。

做地毯——在帆布上使用丝线和羊毛刺绣——一般来说都是年长一些的女性干的活。贝特伦夫人就"编了不少地毯"。有人问爱玛,如果她年岁大了还不结婚的话要做些什么,爱玛回答:"如果画画少一些,就多读些书;如果不再弹琴的话,我就做地毯。"⑤ 其实做地毯是那些年长的而且生活舒适、衣食无忧的女人喜欢做的事情,比如詹宁斯夫人就坐在桌子旁边,在埃莉诺和

---

① 《曼斯菲尔德庄园》,第 472 页。
② 同上,第 179 页。
③ 同上。
④ 同上,第 236 页。
⑤ 《爱玛》,第 85 页。

玛丽安的帮助下"测量毛线的长度，为编地毯做准备"。[①] 从简·奥斯汀给卡桑德拉的一封信中可以看出，奥斯汀一家的毯子织得也是风生水起：

> 玛莎的毯子做完了，虽然比我预期的差了一些，但看上去很不错。我觉得边缝处理得很好，只是中间部分差了点。母亲说她会给你也织一条，就等你回来选颜色和图案了。[②]

与稍晚的时代相比，当时人们做的编织要少一些，但相同点是都由年长的女性来做。[③] 简·奥斯汀在 1813 年 1 月写道："母亲最近特别喜欢编手套，编完一双马上就编下一双，而且都不想做其他事儿了。"[④] 这里可以听出一丝丝的戏谑，但是到了《爱玛》中，就成了嘲讽。贝茨小姐总是不停地炫耀简·费尔法克斯的来信，对此很反感的爱玛说："如果简给姑妈寄来一件三角胸衣，或者给奶奶做一对吊袜带，估计贝茨小姐得大说特说上至少一个月。"[⑤] 贴心的简知道奶奶喜欢编织的物件，也喜欢自己做一些编织。虽然奶奶视力不太好，但戴上眼镜"还是可以看得很清楚"，贝茨小姐说：

> 真的是老天给的福报。我母亲的视力仍然很不错。简在家的时候经常说，奶奶，我觉得您的视力真的太好了，而且刺绣又做得那么好。我要是在像您这么大岁数的时候，也有这么棒的视力就好了。[⑥]

---

① 《理智与情感》，第 181 页。

② 《简·奥斯汀书信集》，第 118—119 页。

③ 佩内洛普·拜德（Penelope Byrde），《无聊的差别：简·奥斯汀作品中的时尚与缝纫》（*A Frivolous Distinction: Fashion and Needlework in the Works of Jane Austen*），第 32 页，巴斯，1979 年。

④ 《简·奥斯汀书信集》，第 198 页。

⑤ 《爱玛》，第 87 页。

⑥ 同上，第 158 页。

贝茨老夫人眼镜上的铆钉脱落后，老太太就不能做手工了，于是就昏昏沉沉地打瞌睡，这样一来，弗兰克和简才有了偷偷拥抱的机会。① 二人欺骗了大家好久，不仅是弗兰克的主意，简也难辞其咎，二人一起进行了精心的谋划。简整整两年没有来看奶奶和姑姑，突然来了一封很短的信说自己要来。"通常她的信都是写满好几页，连空白处都要写上，可这次仅仅只有两页。"② 贝茨小姐想读给爱玛听，一开始找不到，后来在工具箱下面找到了：

　　哦！找到了，在这儿呢。我就知道不会放太远的。我自己都不知道什么时候把工具箱压在了上面，但我知道一定在桌子上。因为我刚给科尔太太读过，之后又给母亲读了一遍，她听孙女的来信总是听不够啊。所以我确定一定就在手边，你看，找到了，就在工具箱下面。③

喋喋不休的贝茨小姐提到两次"工具箱"貌似是很正常的事，但在逻辑严丝合缝的《爱玛》中，一定是有目的的。贝茨小姐家的工具箱原本很棒，但简来的时候给姑姑和奶奶带了"新的帽子和工具箱"。简知道姑姑和奶奶除了针线活之外没有其他的事情可以做，所以工具箱是非常合适的礼物，而且很有可能还是她亲手做的（虽然贝茨小姐没有提及这一点）。但这件礼物是不是有一点刻意和做作呢？简是不是故意在让奶奶和姑姑夸赞自己？当然她们绝不会这么看，贝茨小姐不停地拿出来向大家炫耀。但是投入的读者如果跟随着爱玛的观察，还是可以发现一些奇怪之处，"简穿着一件宽大的斗

---

① 《爱玛》，第 240、291—293 页。
② 同上，第 157 页。
③ 同上。

篷，言谈十分客气，却有点让人讨厌、让人怀疑"，[①] 读者也许不一定像爱玛一样确信简与迪克逊先生秘密订婚了，但是却一定相信简一定在隐藏什么秘密。所以简送给祖母和姑妈的小礼物也就不像简·奥斯汀送给玛丽·劳埃德的礼物那般纯粹、纯洁了。

　　虽然针线活是简·奥斯汀时代的女性都要做的，但并不是她们休闲时间的唯一活动。由于针线活一般要在有人陪伴的时候做，所以就成了作者笔下常用的场景，也就给我们造成了一种针线活十分普遍的假象，其实有些偏颇。除此之外，居家的活动还有很多：涂漆、制作蜡模、贝壳美工、沙雕、羽毛美工、金银线镀边（露西·斯蒂尔送给安娜·玛丽亚的小篮子就使用了这种工艺），等等。设计家具在年轻女性中也颇为流行。宾利小姐讨好地让达西在信中告诉他妹妹，她特别喜欢达西妹妹设计的桌子，认为她的作品比格兰特利小姐设计得好看多了。[②] 剪纸是让孩子们忙碌起来的一个有效手段，但如果是玛丽亚和朱丽亚·贝特伦这样不听话的孩子，对剪纸是不会感冒的，她们把最不喜欢的玩具丢给范妮，自己跑去玩儿时下最流行的东西，制作假花或者把金箔纸乱裁一通。[③]

　　屏风装饰也是一项流行活动，可以用刺绣，也可以用手工绘色的印花绘制图案，然后涂亮光漆，后一种叫作剪贴工艺，起源于 18 世纪，当时的工匠艺人受到从中国、日本进口漆器的影响，使用这种工艺来装饰家居。印刷制品也被应用到装饰花形玻璃上，在简·奥斯汀看来，如果一个人没有什么绘画天赋，倒是可以做这项累人的活动。1800 年 10 月，简去奥克利·霍尔庄园（Oakley Hall）拜访朋友归来后，冷淡地说"在那里做了不少事儿，吃了些涂

---

　　①《爱玛》，第 169 页。
　　②《傲慢与偏见》，第 48 页。
　　③《曼斯菲尔德庄园》，第 14 页。在一封 1813 年 9 月 25 日的信中，简·奥斯汀提到了每年一次的家族聚会。（《简·奥斯汀书信集》，第 230 页。）

满芥末的三明治，赞赏了布莱姆斯顿先生的门童，还欣赏了布莱姆斯顿太太做的印花玻璃"。① 制作印花玻璃有几种不同的方法，但都需要把印有花形的铜板放在玻璃的下面，之后在上面描出花形，有时候使用铅笔，有时候使用蘸了棕色油漆和亮光漆的钢笔。

　　制作印花玻璃需要细心、沉稳的双手、一定的颜色搭配素养，除此之外不需要任何天赋。所以那些有一定艺术天赋的年轻女性会把绘画当作一项才艺进行培养。因此就催生了一些绘画教师和教科书，教授笔法、构图、角度等内容。人们把这门课程很当回事，而且认为它要比仅仅实用、最多起到装饰作用的刺绣有教育意义得多。画家理查德·塞缪尔断言："在学习绘画的过程中，我们学习感知世界。由于知识都是通过感官习得的，所以任何能够促进某一种感官的活动，都有益于大脑。"② 《鲍尔写给女性的绘画书》(*Bowles' Drawing Book for Ladies*)（以下简称《女性绘画书》）收录了很多关于花朵的绘画，用来临摹或当作刺绣的花形，本书前言的匿名作者更进一步地说："绘画代表了我们内心美好的一面和我们看不到的一面。"另外，女性在绘画时也有很多需要注意的事项，《摄政礼仪：优雅之镜》中说，优雅淑女的行为举止应该很得体，需要有良好的品位和判断能力、要优雅有风度、要谦虚，还要简洁、朴素，除此之外，书中还说：

　　　　出于健康和美观的考虑，女士们不应以弯腰或者坐的姿势画太长时间的画。胸部、大脑若长时间弯曲，会对肺部产生压迫，引发驼背、脸红、头疼等症状。③

---

① 《简·奥斯汀书信集》，第 49—50 页。

② 理查德·塞缪尔（Richard Samuel），《关于绘画作用的评论》(*Remarks on the Utility of Drawing and Painting*)，第 15 页，伦敦，1786 年。

③ 《摄政礼仪：优雅之镜》(*Regency Etiquette: The Mirror of Graces*)，第 197—198 页，加利福尼亚，门多西诺，1997 年。

　　卡桑德拉画过一幅美丽的水彩画，主角是她和简·奥斯汀的侄女范妮，向我们展现了一位年轻女性坐着画画时的优美身姿和神态。这幅画刻画了范妮画画时的场景，完全符合人们对古德汉姆庄园大公主的期待，这幅画同时还有家庭绘画的那种亲切与随意。遗憾的是，卡桑德拉从来没有给妹妹简·奥斯汀画过类似的画（或许画过，但没能保留下来）。国家肖像画廊里那幅著名的简·奥斯汀的画像，是我们对她形象认知的来源，但用安娜·勒弗罗伊的话来说"一点都不像"，她反而觉得那幅小一些的户外图画更像简本人，那幅画描述了简在某个炎热的天气中把帽子解开的背影。① 卡桑德拉的绘画天赋从她为妹妹的《英格兰历史》所画的彩色插图就能看出，她并未画国王、女王们的头像，而是创作了一些穿着当代服装的漫画人物，有一些人物明显很猥琐。虔诚的亨利六世像一位头发细长的牧师，亨利七世像个衣衫褴褛的苦工，伊丽莎白王后像个时装模特，戴着精致的头饰和胸饰，只有苏格兰的玛丽王后幸免于揶揄，卡桑德拉顺从了妹妹在书中对其表现出来的尊重，把她画成一个穿着白裙、戴着面纱的女人，这是手稿中唯——幅严肃的画像。②

　　孩提时代的卡桑德拉和简都上过绘画课，很有可能师从水彩画家约翰·克劳德·纳特斯（John Claude Nattes）。③ 虽然简·奥斯汀的所有绘画作品都没能够流传到今天，但可以推测她小时候和姐姐一样，画了一些风景画。④ 哥哥亨利回忆说，"简不仅绘画的品位很高，而且小的时候对画笔的把控能

---

　　① W. 奥斯汀-利、R.A. 奥斯汀-利和迪尔德丽·勒·费伊，《简·奥斯汀：家族档案》，第 47 页。

　　② 玛丽·米勒德（Mary Millard）曾经指出，卡桑德拉是从 W.H. 班博丽（W.H.Bunbury）的讽刺性雕刻品《新兵》（Recruits）中产生她的亨利五世和爱德华四世的人物灵感的。参见《英格兰历史》（The History of England）中的致谢，伊恩·佛古斯（Ian Fergus）编，埃德蒙顿，1995 年。

　　③ W. 奥斯汀-利、R.A. 奥斯汀-利和迪尔德丽·勒·费伊，《简·奥斯汀：家族档案》，第 47 页。

　　④ 卡桑德拉的作品在大卫·吉尔森（David Gilson）的《卡桑德拉·奥斯汀的图画》（Cassandra Austen's Pictures）一文中被当作案例很好地引用。参见《简·奥斯汀 1993 年社会报告》（Jane Austen Society Report for 1993），第 299—301 页。

力很强"。① 长大后她继续画画的可能性就不大了。侄女卡洛琳和侄子詹姆斯·爱德华都没有回忆过她画画的事，而且简在给卡桑德拉写信时提到自己借画纸给一个朋友，还特别提到借的是姐姐的画纸。② 但是她很喜欢欣赏画作，在伦敦的时候定期去看画展，不过，她承认自己"喜欢看人物，所以很多时候都是盯着画里的人物看，而忽略了风景"。③ 她去过很多水彩画展，去过大英美术馆，去过英国科学院。1814 年，她看到本杰明·韦斯特（Benjamin West）的画作《被拒绝的耶稣》（*Christ Rejected by the Elders*），被其深深地打动，在给玛莎·劳埃德的信中说："我看了韦斯特著名的画作，它比我看过的任何同类型的画都要好。我不知道这幅画是否比作者的《神殿的治愈》（*Healing in the Temple*）所获评价更高，但它给我的震撼更大，而且是第一幅让我如此满意的关于救世主的画……我想让你和卡桑德拉也看一看。"④

其实，简·奥斯汀去画展最喜欢做的事是为书中的角色寻找形象。1813 年 5 月，简和亨利在去温泉花园看了油画与水彩画画家协会的画展后，给卡桑德拉写信说：

> 虽然画展一般，但我特别高兴，（一定记得告诉范妮）我找到了一幅小画像，完全就是宾利夫人的样子啊！我本来的想法是看看她的姐姐在不在，但却没有发现达西夫人的影子。也许下一次画展就能遇到了。目前还有一个乔舒亚·雷诺兹的画展，我们准备去看看，但我觉得在那里找到达西夫人的可能性不大。
>
> 今天发现的宾利夫人太符合我的想象了，身材、面容、五官等等，不

---

① 《诺桑觉寺》，第 5 页。
② 《简·奥斯汀书信集》，第 28、35 页。
③ 同上，第 179 页。
④ 同上，第 273 页。

能再像了。她穿着白色长袍，戴着绿色的配饰，完全符合我的想象，因为绿色是她的最爱。而且我敢断言，达西夫人最爱的颜色是黄色。①

虽然简在看这场画展时很开心，但却没有找到女主角伊丽莎白的原型，所以还在心中幽默地表达了自己的失望：

　　我觉得达西先生一定是把伊丽莎白的所有画像都视若珍宝、隐蔽地藏了起来，以免被别人看去。他的感情一定有些复杂——爱、骄傲、敏感。②

有趣的是，简并没有在雷诺兹笔下端庄优雅的美女中找到活泼开朗的伊丽莎白。布莱克曾经严厉地批判雷诺兹"是被雇来摧残艺术的"，③虽然简可能不赞同这句话，但她很清楚地发现，雷诺兹的一些画作太过伤感、情感泛滥。她还开玩笑说，在她的想象中，如果雷诺兹给她画像的话，应该是"穿着红色和白色的衣服，头倾向一侧"。④

《女性绘画书》一书的作者写道："有一句名言是这样的：懒惰从来创造不出佳作。画画是需要时间和积累的，想要善于此道，就必须每天练习。"⑤简·奥斯汀把画画视为一个衡量角色耐心、决心和毅力的尺度，爱玛·伍德豪斯和埃莉诺·达什伍德就是两个极端。

---

　　①《简·奥斯汀书信集》，第212页。根据《英语笔记》（*English Language Notes*）中的玛萨·M. 瑞恩伯特（Martha M.Rainbolt），迪尔德丽·勒·费伊用 J.F.M. 休特–维勒斯（J.F.M.Huet–Villiers）的《一个女人的肖像》（*Portrait of a Lady*）来定义"宾利夫人"，不过，她也提议用查尔斯·约翰·罗伯逊（Charles John Robertson）的三幅微缩画作为备选。（《简·奥斯汀书信集》，第416~417页。）

　　②《简·奥斯汀书信集》，第213页。

　　③布莱克对于乔舒亚·雷诺兹（Joshua Reynlod）的《作品集》（*Works*）的注释。

　　④《简·奥斯汀书信集》，第250页。

　　⑤《女性绘画书》的序言。

在给哈莉埃特画肖像之前，爱玛从来没有完成过任何一幅肖像，画夹里都是半成品。微型画、半身像、全身像、铅笔画、蜡笔画、水彩画，全都挨个试过，但总是缺乏恒心。[1]虽然每幅半成品都有可圈可点之处，而且都很有生气和生机，但就像对待音乐和读书一样，她总是不下苦功、不专心，因此很难达到期待中的水平。对于画得不像的问题，爱玛还总能找到各种借口：

> 这张是我父亲，这张也是他，但是一想到要坐着画像，他就特别紧张，所以我只好趁他不注意时偷偷画，就导致这两张都不像他本人……这是我姐姐，要是她能坐的时间长一点，我就能画得更像了，但她总是着急让我先给她的4个孩子画像，一会儿都安静不下来……这几幅是孩子们，亨利、约翰和贝拉，可是孩子们一会儿都不安生，想要让三四岁的孩子安静地站一会儿真是太难了，所以除了神色外，要想画得像他们可太难了。这张是最小的孩子，还是个小宝宝，他当时正在沙发上睡觉，如果你仔细看的话，连他帽子上的徽章都很清晰。他舒服地蜷在那里，美美地睡着。这张画很像乔治，也是我很自豪的一幅，而且他睡觉的那个沙发角落也很好。[2]

家庭教师韦斯顿夫人和父亲从来都不要求爱玛更加投入、刻苦地学画、练画，而哈莉埃特和埃尔顿两个人对她的所谓的评价都有很大的讨好成分。但是爱玛偶尔听到这些批评时的反应恰恰证明了她需要的是更多的、真诚的批评：

---

[1]《爱玛》，第44页。
[2] 同上，第45页。

这是我最后一幅、也是最好的一幅画，画的是我的哥哥约翰·奈特利。没有画完是因为我当时一气之下就把它收了起来，还发誓以后再也不画人物肖像了。有时候想想还很生气。费了九牛二虎之力画了这幅画，我觉得已经很像了（韦斯顿夫人和我都同意这一点），只不过画得比本人帅了些，但这是优点啊。可是伊莎贝拉居然冷冷地评价说："是的，确实有些相像，但我觉得没他本人好看。"画画的时候费了很大周折才说服约翰坐下来，还欠了他好大个人情似的，让我很接受不了。听了这种评价，我决定不画了，而且发誓以后再也不画画了。[1]

类似的情况也发生在现实生活中。乔顿农庄摆着一幅画像，据卡洛琳回忆，是 1811 年一位流动画家为母亲玛丽·劳埃德画的，母亲并不想要这幅画。奥斯汀太太给玛丽写信说，这幅画让人看了后不高兴："虽然脸的上半部分和嘴巴很像，但鼻子根本不像你，而你的鼻子是我最喜欢的一点，不仅不像，还破坏了整体的美感，让人看了后觉得你是个脾气暴戾的人。"[2]

当爱玛再一次重拾画笔为哈莉埃特画像时，并不是出于对艺术的热情，而是为了促成姻缘。她突发奇想，让哈莉埃特静坐下来，自己为其画像，以此提升埃尔顿先生对哈莉埃特的好感。[3]通过画画促成二人姻缘的想法，是通过一些微妙的话隐晦地体现出来的，埃尔顿先生夸赞爱玛的画技，爱玛却总把谈话往自己预期的方向上引：

"你赋予了史密斯小姐她所需要的一切……你把她画得那么优雅、自然。当她走到你的画卷上，她就变得很美丽。但是在我看来，她自身的

---

① 《爱玛》，第 45—46 页。
② 卡洛琳·玛丽·克莱文·奥斯汀，《卡洛琳·奥斯汀回忆录》，第 76 页。
③ 《爱玛》，第 43 页。

美丽远不如你对她的修饰。"

"很高兴你觉得我让她增色了。但她的美是天然的,我只需要一点点润色就可以。她自带柔美、温婉,并不用我下太大的功夫。"

"我又不好反驳女士的观点,但你太谦虚了。"埃尔顿先生殷勤地说。

"也许我让她更加果敢了一点吧,也让她敢于去梦想一些原本她觉得不现实的事。"

"正是如此,这正是打动我的地方,果敢!真是神来之笔。"①

虽然爱玛对这幅画的评价仅仅是差强人意,但是这幅画却暗含了不少内容。作为艺术家的爱玛在开始动笔之前就已经在脑海里对哈莉埃特进行了再创作。埃尔顿对画作的恭维正是爱玛愿意听到的②,与韦斯顿夫人的表扬前后呼应,下文中韦斯顿夫人说"爱玛为哈莉埃特增添的美犹如画龙点睛"。但是韦斯顿夫人接下来的评价却有着另外的意义:"对眼睛的刻画很棒,但是哈莉埃特并没有那样的眉毛和睫毛啊,这也正是她面相的不足之处。"在韦斯顿夫人和埃尔顿先生看来,爱玛对哈莉埃特做出了改变,不仅仅是画作上的面容,更危险的是现实生活中对她的影响。这一章节中的美学词汇都有多重内涵。比如"自然"一词,哈莉埃特拥有"自然"美,她是个私生女,对出身没有任何选择,这是"自然"的,但是爱玛却一个劲儿地鼓励、促使她去自己"自然"的圈子之外寻找丈夫。奈特利先生,也就是爱玛最终的伴侣,看到画像时做出了很客观的评价:"爱玛,你把她画得太高了。"爱玛知道事实就是这样的,但却不愿意承认。其实这个时候,爱玛还是有很多不成熟的地方,不能够清醒地认识自己、认识自己的内心。

---

① 《爱玛》,第 42—43 页。
② 同上,第 47 页。

埃尔顿对这幅画无原则的赞誉与奈特利的客观评价形成了鲜明对比。埃尔顿觉得这幅画一点瑕疵都没有，而且爱玛根本没有把哈莉埃特画得太高，为证明自己的观点，他还扯出不少美学术语，与奈特利的简洁评价又形成了对比。埃尔顿说：

> 不高，一点都不高！我们要考虑到，画像中的人物是坐着的，跟站着肯定不一样，所以要考虑到比例的变化。比例、透视收缩，这些都要考虑到。所以这幅画对哈莉埃特的身高把握得恰到好处，真的是恰到好处！①

爱玛的父亲伍德豪斯先生，觉得女儿"画得很可爱"，但也提出了一点与艺术关系不大的意见：

> 我不喜欢的唯一一点是，画像中的人物是坐在户外的，可是却只披了一条披肩，这样是很容易感冒的。②

爱玛告诉父亲，这是夏天中温暖的一天，"而且你看树的样子就知道了"。可是父亲却不买账，他说："亲爱的，在屋外那样坐着，终究是不安全的。"这一段本来到此就可以结束了，但是埃尔顿先生又扛起了捍卫画家的大旗：

> 您的担忧很有道理……但我必须说把画作的场景放在户外，是最棒的创意，而且那些树都被画得活灵活现。换作其他任何一个场景，都不会有如此效果的。而且哈莉埃特小姐天真质朴的性情也都被表现了出

---

① 《爱玛》，第48页。
② 同上。

来。这幅画真的让人欲罢不能，我从来都没有见过这样的画作。[①]

其实埃尔顿的这番话也流露出了他的真实意图，爱玛应该认识到，埃尔顿对哈莉埃特"天真质朴"的评价已经说明，他感兴趣的不是画作和模特，而是画画的人。但是整件事却坚定了爱玛的误解，让她觉得埃尔顿就是对哈莉埃特有意，正如之后她对简·费尔法克斯收到钢琴一事的误解。其实爱玛对音乐也与对绘画一样，仅仅是一知半解，并无过深造诣。[②]她不仅对这两项技艺没有上心，还因为这两件事产生过对他人情感的错误判断。

在《理智与情感》中，两位女主角对绘画和音乐的造诣都要比爱玛深得多。她们搬家之后，先安置了玛丽安的钢琴，随后又把埃莉诺的画挂在了客厅里。[③]画画是埃莉诺"最喜欢的事"，她对绘画的造诣不仅展现了她的心灵手巧，还暗含着她对世事的判断能力，而这种能力，用《女性绘画书》中的话来说，是一个成功的艺术家所必需的：

> 要画出美的画，先要学会辨识什么是美的绘画，有了这种辨别能力，大脑通过比较不同的作品，会进一步提高自身的审美能力……有了这种鉴别能力，年轻的画家才能够取得更加快速的进步。[④]

因此，埃莉诺热爱绘画的作用之一是反映她平衡、理智的思想。与玛丽安更具戏剧性的钢琴相比，埃莉诺的绘画是一项更加安静、内敛的活动。但同时，这项活动也象征了她与爱德华感情的不确定性。小说第四章的开头非

---

① 《爱玛》，第48页。
② 同上，第44页。
③ 《理智与情感》，第30页。
④ 《女性绘画书》的序言。

常突然，玛丽安惊讶地喊道："埃莉诺！真是意想不到，爱德华竟然对绘画一点品位都没有。"虽然这是玛丽安一贯的唐突、直率，但还是让埃莉诺心里有些不舒服，她回答道：

> 对绘画没有品位……你为什么会这么认为呢？虽然他自己不画画，但却很喜欢欣赏别人的作品。我可以保证，他虽然没有怎么培养过，但他的品位绝对不差。如果他专门学过的话，一定会画得很棒。他对自己的品鉴能力没有什么信心，所以也不喜欢对别人的作品作评价，但其实他有一种天生的得体而又简洁的审美，所以他的品位总体来说还是很好的。①

埃莉诺为爱德华的这段辩护充分展示了她的理智、克制和善解人意，但也暴露了本书中埃莉诺幸福的最大障碍——爱德华对自己的不确定。其实埃莉诺对配偶的艺术品位不做过高要求是明智的，更容易获得幸福，但是玛丽安则认为"如果另一半的品位不能和我相匹敌、相吻合的话，我是不会开心的"。②玛丽安认为，爱德华看到埃莉诺的绘画作品时的评价"仅仅出于一个情人之口，而不是鉴赏家"，她还说，要让自己高兴的话，"既要有情人的欣赏爱慕，又要有鉴赏家的高雅品位"。③埃莉诺从来不期待人们对自己的画有多么热烈的反响，反而是妹妹玛丽安总期待大家对姐姐画作的好评。④在埃莉诺看来，画画仅仅需要一些复制的技巧，并不需要过多的创造能力。⑤可是在

---

① 《理智与情感》，第 19 页。
② 同上，第 17 页。
③ 同上，第 19 页。
④ 同上，第 17 页。
⑤ 关于英国 18 世纪后期绘画态度的讨论，参见理查德·C. 莎（Richard C.Sha），《英国浪漫主义略图》（*The Visual and the Sketch in British Romanticism*），第 2 章和第 3 章，费城，1998 年。

玛丽安看来,绘画、钢琴等女性的才艺都应得到男人的足够关注,是一件很重要的事。不知道作者简·奥斯汀对于写作是不是也持相同的看法。我们从这一章节中还应读出的一点是:虽然爱德华的软弱、不自信、游移不定很讨厌,但威洛比对玛丽安的曲意逢迎、虚伪奉承更具危害性。

　　埃莉诺的绘画其实代表了她井然有序、中规中矩的生活状态,同时还是在逆境中保护她的护身符:玛丽安和玛格丽特不顾乌云压顶还是出去散步,最终淋了雨,而埃莉诺却觉得画画更有意思,没和她们去散步。玛丽安与威洛比分手后,每天百无聊赖,[①] 而爱德华离开的时候,埃莉诺虽然伤心、焦虑,但却一直安静地坐在桌边画画,足足画了一整天。[②] 她将画好的作品挂在墙上,其实是她谦逊、耐心的品格的写照,与轻浮的夏洛特形成了鲜明的对比:

　　　　夏洛特看到埃莉诺的画惊讶地说:"天哪!太美了!真好看啊!妈妈快看,多美啊!真的是太好看了,我可以盯着它们欣赏,永远都看不够。"但是下一分钟,她就坐了下来,把这件事抛到了九霄云外。[③]

　　埃莉诺性格中的隐忍和坚强在范妮·达什伍德的舞会这一喜剧情节中得到了充分的展现,在这个场合中,她第一次见到令人生畏的费勒斯夫人。在这次戏剧性的会面中,埃莉诺的画作让原本紧张的关系更加剑拔弩张,也加速了喜剧高潮的到来,同时又揭露出费勒斯夫人的狭隘和尖酸刻薄。这一情节是这样的:

　　　　从诺兰庄园搬走前,埃莉诺给嫂子范妮画了一个屏风,现在已经被

---

① 《理智与情感》,第41页。
② 同上,第104页。
③ 同上,第108页。

装裱好摆在屋子里做装饰。约翰·达什伍德一进屋就发现了这个屏风，殷勤地拿起来递给布兰顿上校，约翰说："这是我大妹妹画的，我大胆地说，像您这样品位好的人也一定会喜欢的。不知道您之前看没看过埃莉诺的画，反正大家都认为她画得很不错。"

虽然布兰顿上校从来不假装自己是个鉴赏家，但还是很热情地给出了表扬，于是大家的好奇心都被激发了起来，屏风被大家传来传去，分别欣赏。费勒斯夫人这个时候并不知道是埃莉诺画的，还特意拿来看了看。米德尔顿夫人也给出了肯定的评价，之后范妮又把屏风拿给了母亲费勒斯夫人并告诉她这是埃莉诺画的。

"嗯，不错。"费勒斯夫人挤出这么一句话，可是连看都没看。

范妮觉得母亲太无礼，接着找补了一句："真的很不错啊，是吧，妈妈？"说完之后她又觉得自己太客气、太殷勤了，赶紧又添了一句："您不觉得风格和莫顿小姐的画有些相似吗？莫顿小姐的画可真是美啊，特别是最后的那几幅风景画！"

"确实非常美！她画的画都很棒。"费勒斯夫人说道。

玛丽安再也听不下去了，她本来就对费勒斯夫人很不满意，这会儿又搬出个不相干的人来和姐姐作比较，她实在是忍无可忍了，于是说道：

"这番评价可是很与众不同啊！莫顿小姐和我们有什么关系？谁知道她是谁，谁又关心她是谁？我们现在讨论的是埃莉诺。"

一边说着这番话，她一边从嫂子手里拿回屏风，怜惜地欣赏了起来。

费勒斯夫人脸都气绿了，僵硬地从椅子上站了起来，用讥讽的语气说："莫顿小姐是莫顿先生的女儿。"[1]

---

[1]《理智与情感》，第234—236页。

　　简·奥斯汀通过这么一件小事,用精练的语言展现了每个人物的性格特点:约翰·达什伍德对阿谀奉承乐此不疲、布兰顿上校热情慷慨、米德尔顿夫人的屈尊纡贵与自命不凡、范妮对母亲的无奈妥协与辩护,还有玛丽安对姐姐义无反顾的捍卫。

　　其实最重要的细节是,自始至终埃莉诺一句话都没有说,虽然她知道范妮提到的莫顿小姐正是爱德华一家希望他娶进门的人,她还是一句话都没有说。听着人们不断地提起自己,或是直接或是间接,埃莉诺像屏风一样坐在那里,一动不动、一言不发,展现出的自制力、控制力和她画作的风格如出一辙。

第四章

户外活动

除了散步、打猎，那个年代的第三项户外运动是钓鱼，这一点从简·奥斯汀的小说中也可以看出来。除了有一张大渔网的哈维尔上校之外，小说中另一个与这项活动相关的人是加德纳先生。

简·奥斯汀的生活大部分在室内进行。比她稍早的英国作家菲尔丁则主要关注的是男人的世界，活动场景大多在 18 世纪的乡村户外，有时甚至是危机四伏之地（这就为探险提供了可能）。与之相较，简·奥斯汀笔下的生活都发生在室内，最多在庄园里、公园里或附近的灌木丛旁散散步。若想超出这个范围，要么得找人陪伴，要么就得携仆从前往。若是在城里，出行的方式可以是简便的马车；若是在乡村，女士可以骑小马驹或是其他驯化的动物（就像范妮那样），当然也可以乘驴车出行，简·奥斯汀在去世前那段时间，由于身体每况愈下，都是乘驴车出行的。只要涉及出行，就需要做很多规划设计。简·奥斯汀曾在信中提及，要去古德汉姆或伦敦的话，不仅需要提前做出各种安排，还得让兄弟与她同去，而且还得根据兄弟的安排来调整自己的日程。

　　一个女人单独外出是不同寻常的事。简·费尔法克斯一大清早在海伯里穿街过市去邮局，表面上是不想麻烦祖母的仆人与自己同去，但却引起了读者、包括文中埃尔顿夫人的怀疑。由于没有马车可以用，而且也不喜欢骑马[①]，伊丽莎白·班纳特一路从家里走到内瑟菲尔德探望生病的姐姐，也是一

————————

① 《傲慢与偏见》，第 32 页。

件不同寻常的事。她步履匆匆地穿过一片又一片的田野，跳过一个又一个的泥潭，抵达内瑟菲尔德早餐餐厅的时候，"脚已经酸疼，袜子脏兮兮的，脸上泛着运动后的红光"。她的这副形象让大家很是惊讶。赫斯特太太和宾利先生甚至不敢相信，她会在阴雨泥泞的清晨走上 3 公里来这里，而且还是一个人。伊丽莎白相信，他们一定很鄙视自己。[①] 年轻女士在乡村户外独行面临着扭伤脚踝和被吉卜赛人偷袭的双重风险。若能被偶然经过的骑士搭救，就还算幸运，但骑士的形象在某种程度上已被玷污了。

因此，户外进行的无论是正式的还是娱乐的活动，都是专属于男性的，大多被简·奥斯汀一笔带过。如果某个男人外出不在，作者会解释说他外出打猎了，或者是恰好描述他带着枪和鞭返回的场景。作者也有可能让男人们探讨猎犬或者坐骑，但如果有女士在场，这种对话一般是不合适的（当然，像詹宁斯夫人一样热心肠的女士不会觉得被冒犯，而会觉得他们仅仅为了打猎就丢掉了家里一天的乐趣，太不值得了）。[②] 总体来说，在简·奥斯汀的小说中，男人的户外活动对剧情发展并无太大作用，但却在时刻进行着。因此，作者对这些活动做了较为恰当、不显唐突的处理。

在 18 世纪，绅士中间最为流行的户外运动是打猎，而且有严格的法律对打猎的主体进行规范：只有年收入在 100 英镑以上的地产主才有资格打猎，这样就使得收入平平的小地产所有者被拒之门外，确保了这项活动由地产大亨独享。那些无权狩猎却私下进行的人，一旦被抓现行，将会面临严重的惩罚，但同时法律也允许地产所有者指定猎场看守人或将狩猎权授予他人。爱德华·奥斯汀就将这项权利授予了斯蒂文顿的佃户哈利·迪格威，1798 年 10 月，简在写给卡桑德拉的信中说，她会带着迪格威从古德汉姆同行。《劝

---

① 《傲慢与偏见》，第 32—33 页。
② 《理智与情感》，第 167 页。

导》中有一个情节，克罗夫特上将在为凯林奇地区物色合适的佃户时，他说"如果能将狩猎的权限一并授予佃户，我会很开心，但也不会太把这个当回事儿"。① 从1784年开始，那些有狩猎资格的人需要每年花3基尼金币申请一个许可证才能获准打猎。除此之外，还有各种各样的限制：即使在允许狩猎的季节，晚上、周日、圣诞节也是不能狩猎的。而且不允许使用陷阱、绳索等方式捕捉兔子。奥斯汀家的儿子们都有狩猎许可证，但是老奥斯汀先生却没有，不过，根据所知信息推测，他在年轻的时候肯定也狩过猎。② 爱德华·奥斯汀作为肯特和汉普郡地产的主人，非常有资格进行狩猎，但他却更喜欢骑马，而他的兄弟们却很喜欢狩猎。在古德汉姆时，有一次，家里举办了一场舞会，简·奥斯汀给卡桑德拉写信说："我刚刚做了一件好事，把查尔斯从楼上的妻子和孩子身边解救出来，让他赶紧去打猎，不让摩尔先生再多等了。"③

简·奥斯汀小说中那些规模稍大的庄园都能进行狩猎，而且年轻的男士们也都很热衷这项运动。曼斯菲尔德庄园的树林里就有很多猎物，托马斯爵士和两个儿子也经常扛着枪去打猎。托马斯爵士突然从安提瓜归来，汤姆担心挨骂，一个劲儿地把话题从正在排练的戏剧往狩猎这个更为安全的话题上引：

> 我和埃德蒙分头去林子里狩猎，都带了一些工具，见到了很多野鸡，本可以猎很多野鸡回来，但是我们很尊重您的看法，只是点到为止。所以我敢向您保证，您去林子的时候并不会发现野鸡的数目明显地减少。我有生之年都没有见过野鸡这么多的林子。您如果有时间，亲自去看一

---

① 《简·奥斯汀书信集》，第15页；《劝导》，第22页。
② 罗宾·维克（Robin Vick），《斯蒂文顿牧师公馆的销售》（*The Sale at Steventon Parsonage*），参见《简·奥斯汀1993年社会报告》，第295—298页。
③ 《简·奥斯汀书信集》，第243页。

看吧。①

　　虽然在某些圈子里，狩猎开始成为一项竞技运动，但在曼斯菲尔德庄园，大家还是喜欢一个人去狩猎：汤姆和埃德蒙虽然同一天去，但却选择了不同的路线；托马斯爵士去狩猎的时候也不喜欢有人在旁。最佳的状态是树林里有数量充足的鸟禽，这不仅仅能给狩猎带来很大乐趣，而且还能持续不断地为餐桌提供佳肴。

　　《傲慢与偏见》中的宾利先生在打猎时则喜欢呼朋引伴，在去内瑟菲尔德狩猎时带了包括达西在内的好几个人。宾利是个运动爱好者，在班纳特太太的殷勤催促下，不仅在内瑟菲尔德狩猎，还在隆博恩开展了这项活动，当然，母亲的殷勤让伊丽莎白很难堪。狩猎之后，班纳特先生发现，宾利先生是个很不错的年轻人。②达西在内瑟菲尔德和罗新斯庄园也都狩过猎，虽然小说中没有明确提及，但可以推测他在潘博丽庄园也是进行过这项活动的。但达西并不是一个十分喜爱运动的人，像对待其他作品中的男主角一样，作者也并未利用狩猎这项活动对他的性格做太多刻画。

　　事实上，在简·奥斯汀的小说中，对打猎的喜爱日益成为人物性格粗浅的象征。玛丽亚·贝特伦在和拉什沃斯独处时，发现其十分无聊，喋喋不休地都是他每天狩猎的细节、对自己猎狗的吹嘘、对邻居的忌妒、对他们是否有狩猎资格的怀疑以及对偷猎者的兴趣。简·奥斯汀辛辣地讽刺道："女人对这些话题是不会感兴趣的，除非说话人有些才华而且女人又恰巧喜欢这个人。"③而"文质彬彬"的查尔斯·玛斯格罗夫，"对于除了运动之外的任何事都

---

① 《曼斯菲尔德庄园》，第 181 页。
② 《傲慢与偏见》，第 345—356 页。
③ 《曼斯菲尔德庄园》，第 115 页。

没有太大激情", ① 对狩猎十分钟情、执着。对于未来的姐夫查尔斯·海特即将搬去新家这件事,他持批判态度,做了如下评价:

> 新家确实是个不错的地方,周围环境也很好,处于全王国最好的保护区的腹地,而且周围有 3 位地主,个个都是妒忌猜疑的能手,而且他们中的至少两个都很喜欢打猎,会给查尔斯提些在哪里打猎的好建议。但我估计查尔斯肯定不会采纳,因为他对运动的态度很冷淡,这是他最大的缺点。②

这里的嘲讽和幽默来自对打猎的迷恋而非打猎这项运动本身,毕竟我们的男主角温特沃斯上校也很乐于与查尔斯·玛斯格罗夫一起去打猎。但是对打猎的执迷就招致了作者的批判,也许是因为这项活动专属于男性。在安妮·艾略奥特去阿普克劳斯的那段中,有一个场景充分展现了两性世界在这一问题上的天壤之别:

> 玛斯格罗夫家的男人们有自己的事情、自己的活动、自己的犬马和报纸,而女人们则生活在另一个由邻居、时装、舞蹈和音乐编织的世界里。③

但我们得为查尔斯·玛斯格罗夫说句话,在巴斯的时候,他是愿意放弃去店里赏鉴猎枪的时间来护送安妮回家的。④ 而简·奥斯汀早期滑稽剧里的

---

① 《劝导》,第 43 页。
② 同上,第 217 页。
③ 同上,第 43 页。
④ 同上,第 239 页。

一位名叫威廉·蒙塔古的先生对于打猎一天都不想耽误，甚至耽误了婚礼，气跑了新娘。[①]查尔斯请求温特沃斯上校替自己将安妮送回家，给男女主角提供了独处的机会，这一情节是查尔斯对打猎的喜爱达到高潮的表现：

> 查尔斯突然萌生了一个想法，说："温特沃斯上校，您往哪边走呢？是仅仅到盖伊大街还是继续往城里走一些？"
>
> "我也不知道。"温特沃斯有些吃惊地回答道。
>
> "您是不是会一直到贝尔蒙呢？是不是可以到卡姆丹大厦附近？您要是去的话，恳请您替我把安妮送回她父亲那里。她今天上午已经很累了。所以无论如何也不能让她自己回去。但我又和那家枪店的老板约好了，他得了一把新枪，卖出去之前先让我看一眼。我要是不赶紧过去，恐怕就来不及了。听他的描述，和我的那把枪差不多，就是上次狩猎时您借用的那一把。"
>
> 温特沃斯当然不会反对了，表面上会出于礼貌答应他，内心早已一阵狂喜。[②]

简·奥斯汀笔下的所有男主角中最有智慧、最懂平衡的要数奈特利先生，但她却没有描述过他打猎或者从事其他运动的场景。在《爱玛》这部作品中，大家经常相互赠送食物，但除了韦斯顿先生的鸽子派，其他食材都是通过养殖而非打猎获取的，包括马丁送给戈达德太太的鹅、哈特菲尔德庄园送给贝茨家的猪肉以及奈特利家厨房里的冷餐。还有值得注意的一点是，唐威尔庄园是一处正常运转、人们忙碌工作的地产，而米尔农场（Mill Farm）是这

---

① 《简·奥斯汀次要作品集》，第 41 页。
② 《劝导》，第 240 页。

一经济实体的核心，奈特利并非是个醉心休闲的地主，而是个繁忙充实的实业家。[①]

简·奥斯汀考虑十分周全，在《爱玛》中为我们勾画了海伯里经济的运作模式。如果说《曼斯菲尔德庄园》中的经济主要依靠海外殖民地来支撑，那么，《爱玛》中简单、统一的经济模式主要由 3 个紧密联系、相互依赖的家族来支撑。大家都竭尽全力搞好邻里关系，而且也都十分关注海伯里经济状况的好坏。伍德豪斯先生、韦斯顿先生和奈特利先生分别代表了当时社会上 3 种不同的士绅。"热情、礼貌的"伍德豪斯先生广结善缘，对女士十分恭敬，[②]经常无病呻吟，具有一些喜剧特征。韦斯顿先生热衷于举办各种聚会、舞会，给大家提供休闲的机会。（他的儿子弗兰克在这一点上很像他，也经常举办舞会，但韦斯顿的目的是利他的，而且他的舞会很有包容性，但弗兰克的目的就很自私了，而且只是某个小圈子的玩乐而已。）

对这一社区的最大责任就落在了奈特利先生的肩上，而他一直严肃认真地履行这份责任。相较于跳舞，他更喜欢与朋友安静地坐着聊天，但是他也会随和地去参加各种聚会，而且从来没有像弗兰克·丘吉尔那样追逐一些让人消沉的爱好。他每次出场，要么是在处理地产的相关事宜，要么是在与人讨论教区的相关事务，他勤勤勉勉，确保贝茨小姐及其母亲这样的弱势群体也能得到照顾。他甚至苛求自己去满足所有人的期待。他邀请大家去自己的唐威尔庄园摘草莓，一半是出于玩笑，一半是为了安慰不招人待见的埃尔顿夫人——她因为马车坏掉而不得不推迟出游的计划，很是懊恼。奈特利并不喜欢埃尔顿夫人，也没有理由去讨好她，但就是出于一种善意和责任感，他还是邀请大家去自己家里游玩。在《爱玛》中，男人们通常不会因为追求自己

---

① 对于《爱玛》中食物的讨论，参见玛吉·莱恩，《简·奥斯汀与食物》，第 8 章。
②《爱玛》，第 294—295 页。

的休闲活动而把女人丢在一边,相反,他们会与女人一起进行各种适合的活动,所以狩猎出现的频率就非常小了。奈特利先生的庄园不仅给大家提供了食物、活动、乐趣,而且还提供了将一切风景尽收眼底的完美的观景位置。

《理智与情感》中的巴顿庄园就与此大不相同了。虽然约翰·米德尔顿爵士善良、慷慨,有的时候甚至热情得过分,但却远远不如奈特利。即使他花心思打理自己的产业(事实上他肯定也是这样做的),但我们也从未见他真的投入地对待这件事,因为他总是忙于"在身边聚集年轻人,甚至房子都装不下,人越多越好,声音越大越好"。[1] 作者并未打算让他展现出太多的理智(这种品质在埃莉诺·达什伍德和布兰顿上校身上已经有了足够的体现),而是想让他的热情慷慨衬托费勒斯夫人、约翰和范妮的吝啬小气。作者没必要把他刻画成高大全的形象,所以就让约翰·米德尔顿爵士显得有些滑稽了,"他和妻子有一点很相似,就是缺少才华与品位,这样一来使得他们与周围的社交圈子看起来有些不搭调,约翰爵士很喜欢运动,而妻子米德尔顿夫人则是个典型的母亲"。[2] 小说通篇都在取笑约翰爵士的运动精神以及他对狩猎的喜爱,甚至把他塑造成典型的英国乡村绅士的卡通形象。除此之外,他的形象还有更多的内涵。虽然约翰·米德尔顿爵士的性格和教育都有一些不足之处,但他仍然是个很好的人,特别是给左邻右舍的年轻人带来了很多帮助。[3] 即便如此,他还是未能逃脱道德相对主义的桎梏。在给达什伍德夫人及其女儿提供居所时,除了出于"对境况差的不幸之人的同情",也还是有一些其他考虑的:

> 帮助自己的表亲时,他的善良之心能够获得很大的满足;帮助这家

---

[1] 《理智与情感》,第32页。
[2] 同上。
[3] 同上。

无处可去的女人时，他的运动家精神得到了很大的满足。[1]

虽然这个想法有些可笑，但为之后他更有意思的心理活动埋下了伏笔。当大家都知道威洛比背叛玛丽安的事后，约翰·米德尔顿爵士的愤怒更具喜剧色彩：

> 约翰十分吃惊，因为在他看来，威洛比是那么有理智的、性格纯良的人，而且是整个英格兰最勇敢的骑士！他居然做出这样的事，真让人感到不可思议。他在心底诅咒威洛比，并决定再也不跟他讲一句话。这个卑鄙、虚伪的家伙！上次见面时，他俩还在探讨送他一只小猎犬的事，到此为止，这就是他们交情的终止，他再也不会与他有任何交集了！[2]

约翰爵士头脑简单，这决定了他只能以这种单向思维来想问题。一段时间之后，威洛比向埃莉诺讲了自己在剧院遇到约翰爵士的事，后者态度的软化与转变又可见一斑：

> 约翰爵士讲话十分直白……他告诉我玛丽安在克利夫兰发烧了，很严重，我特别震惊、特别难受。看着我难受的样子，约翰爵士对我的态度也软了些，也没有那么多的恶意了。我们分手的时候，他甚至还跟我提到了之前我说的要送给他的小猎犬的事。[3]

这种态度的缓和其实也含有一种道德判断的弱化，这也是埃莉诺的一个

---

① 《理智与情感》，第 33 页。
② 同上，第 214—215 页。
③ 同上，第 330 页。

特征，她也很容易就原谅了威洛比，虽然她的原谅不似约翰爵士那么容易被察觉。

　　威洛比第一次出场就是一副运动的形象，这也是日后很多人对他的定义，特别是约翰爵士。玛丽安一个人去山坡上散步，遭遇风雨，摔倒后得到威洛比搭救。[①] 这场致命的邂逅之所以能发生，作者会给出一个合理的解释，那就是威洛比打猎途中恰巧路过此处。但是这幅画面总有一些让人心里不安的地方，或者是威洛比表现得太镇定、太勇敢，好像排练好了一般。读者也许会认为，这块土地恰巧属于威洛比，但之后才得知，原来是他的一位表亲的，而他自己的地产是"位于索美赛特夏郡的一处可爱的小居所"，可供打猎的条件也很棒。而约翰爵士对威洛比的评价总是逃不出自己的兴趣和利益的限制：

　　"威洛比！他来这里做什么呢？不过这是好消息。我明天会去拜访，然后邀请他星期四来吃晚饭。"约翰爵士说。

　　"这么说来，您认识他？"达什伍德夫人说。

　　"当然啦！他每年都要来这里。"

　　"这个年轻人怎么样呢？"

　　"我敢向您保证，绝对是最优秀的年轻人。他十分擅长打猎，而且在整个英格兰，没有人比他骑马骑得好。"

　　"这就是您了解的全部信息了吗？他的性格举止、爱好天分怎么样呢？"玛丽安追问道，语气中透露出她有些生气。

　　约翰爵士一脸茫然。

　　"实话实说，那些方面我真的不了解。但他确实是个品性很好的年轻人，而且他有一条特别棒的小黑猎犬，今天他带了吗？"

---

① 《理智与情感》，第 42 页。

玛丽安和他谈了谈猎犬毛色的问题，就再也不想多说了。[①]

　　约翰爵士之所以对威洛比的评价如此之高，有两个原因。第一个原因是上面说的对运动，特别是打猎的喜爱，第二个原因就是他活跃的社交习性也很合约翰爵士的胃口。

　　"他人真的很好。我记得去年圣诞节的时候，在一个舞会上，他从晚8点一直跳到第二天凌晨4点，中间都没坐下过。"约翰爵士说。

　　"真的吗？"玛丽安睁大了眼睛，"那他一直都很优雅、很精力十足吗？"

　　"当然了，而且第二天早上8点又去骑马了。"

　　"这是我很喜欢的特质，是个年轻男人应该有的样子。只要他喜欢一件事，他就会奋力地去追求，不知疲倦。"[②]

　　这种不知疲倦的精神立即得到了玛丽安的认可，约翰爵士又看不清这些表象之下的自私嘴脸，这些就导致了灾难性的后果。其实威洛比确实很擅长跳舞和打猎，而且后来玛丽安发现他也十分擅长一些诸如阅读、音乐这样更为安静的事情，但从本质上说，威洛比是一个喜爱捕猎的肉食男性，对女人的杀伤力与对动物同等巨大。他去巴顿庄园的时候，那种捕猎的本性如影随形，他在玛丽安身边落座，自己最心爱的猎犬就在玛丽安脚下徘徊。[③]当然，年轻人喜欢打猎并非错事，达西、宾利、埃德蒙以及简·奥斯汀自己的兄弟们也都喜欢。威洛比投放在打猎上的时间和精力在当时当地也都是很正常的。此

① 《理智与情感》，第43—44页。
② 同上，第44—45页。
③ 同上，第72页。

外,威洛比在其他很多领域的造诣也要比其他男青年深,这也是其能够吸引玛丽安的重要原因。但这里有不同寻常的一点是,在为以女性为主的读者群体创作这本小说的时候,简·奥斯汀选择了这样一种方式来让威洛比出场,而且让其形象高大到足以迷惑读者很长一段时间。

1804年的《狩猎指南》中说:"若是狩猎人不辞辛苦,亲自驯养猎犬的话,他会发现所有的辛苦都是值得的,而且会比同一竞技场上的其他猎人都有优势。"[①] 威洛比一定是赞成这种观点的,约翰爵士如果真的送给他小猎犬的话,他也一定是自己训练。当时市面上有很多书籍教授人们相关的知识和技巧,比如怎么选择狗的品种、如何训练猎犬、对猎犬讲话时应当使用的语言以及如果训练不当猎犬会形成的坏毛病,等等。除此之外,还有一些关于选择猎枪、不同种类的鸟、狩猎的法律以及修正案等的书籍、材料。在当时打猎日益流行、各种相关书籍材料层出不穷的背景下,一些老手给刚刚入门的新人留下些纸质的指导,实在不足为奇。

詹姆斯·克里斯蒂是英格兰的一位猎场管理员和业余诗人,他在自己诗集的前言中说道,自己书中涉及的有关狩猎的建议都是写给年轻人看的。作为一位技艺高深的前辈,他对年轻人充满耐心,从枪支的使用到猎物的搜寻,就像站在你跟前一样娓娓道来:

> 在冲着模板、小鸟等练习一段时间之后,就可以带着猎犬去野外进行实地射击了。先要安静地瞄准目标,但是永远不要等目标飞起来再开枪,那是肯定来不及的,当然,如果膛内装了多发子弹也是可以考虑的。在此过程中切忌鲁莽,也切忌胆怯。如果结伴同行去打猎,还要注意安

---

① R.B. 索恩希尔(R.B.Thornhill),《狩猎指南》(*The Shooting Directory*),第53页,伦敦,1804年。

全,千万不要一时大意把枪口朝向同伴,以免擦枪走火。[1]

克里斯蒂是一座皇家猎场的管理员,在他看来,年轻男人出去打猎时,一定会有随从同行照看猎犬。在古德汉姆庄园时,爱德华的儿子开始学习打猎,女儿范妮在日记中写道:"两个大男孩今年9月才开始打猎,但作为初学者,他们进步非常快,打了不少野兔,而之前只是练习打了几天松鸡而已。"[2]猎场管理员非常受雇主家庭成员的欢迎。威廉·特里格斯是乔顿庄园的猎场管理员,长相英俊,举止也很得体,经常穿一件绿色的大衣。简·奥斯汀曾在写给范妮的信中说:"告诉威廉,昨天我们很开心与他一起吃晚饭,他像以往一样帅气、优雅。"[3]

在选择猎犬时,西班牙犬以速度取胜,英国犬以持久力取胜,还有些人喜欢杂交犬,而赛特犬的优势在于嗅觉灵敏。最受欢迎的毛色是红褐色和白色。训练猎犬与实战时都有一套固定的语言,训练有素的猎犬都能听懂。一条优秀的猎犬用脚跟走路,执行命令的速度很快,并且没有年轻猎犬的很多坏毛病。

很多鸟类都是狩猎的对象,包括野鸡、松鸡、丘鹬、鹌鹑、大鸨等。有些人也会带着水猎犬去打野鸭,但这种活动比较受人鄙视,用托马斯·约翰逊的话说:

> 这项活动一点都不绅士,而且会诱发疾病甚至导致死亡,主要是因为在泥沼等潮湿的地方打鸭子,一定会感冒的。

---

① 詹姆斯·克里斯蒂(James Christie),《打猎、断点与寻找户外游戏指导手册》(*Instructions for Hunting, Breaking Pointers and Finding Out Game*),第9—10页,班芙,1817年。

② 范妮·奈特在1809年写的日记,引自苏珊·沃特金斯(Susan Watkins),《简·奥斯汀的城镇与农村风格》(*Jane Austen's Town and Country Style*),第37页,伦敦,1900年。

③ 《简·奥斯汀书信集》,第336页。

"但是，"作者又进行了一下平衡，"如果非常想打鸭子的话，那就先准备一双结实的靴子，之后涂上油层，做好防水。"①

18 世纪的英国，狩猎运动受到很多人的批评，人们出版了很多书籍和小册子对其大加挞伐，而这也引发了不少反抗的声音。1808 年，曾经拒绝《第一印象》（也就是《傲慢与偏见》的初稿）的出版公司卡迪尔与戴维斯集团（Cadell and Davies）出版了约翰·文森特的一首诗，立场坚定地反驳了那些批判狩猎运动的人，"他们喋喋不休，但有失公正，卑鄙可耻"。在自己的文章中，他对自己的观点进行了论证，认为造物主赋予了人类进行狩猎的权利。

随后，他也主张不要给鸟类带来不必要的折磨和痛苦：

> 狩猎的人，一定要充满慈悲，
>
> 不要让猎物在痛苦中挣扎，
>
> 直到最后一丝呼吸耗尽。②

除了文森特，狩猎场上还有许许多多的诗人。整个 18 世纪（以及之后的 19 世纪）有很多歌颂狩猎及其他运动的乐趣的诗歌。③当时关于这一主题最著名的诗人是威廉·萨默维尔，他于 1735 年出版的《追逐》在整整 1 个世纪后仍然十分流行。其他的作家都很尊崇他，经常在自己的作品中大篇幅地引用他的诗作。当然也有一些人对他作品的局限性进行了批评，但他的作品中还是有不少经典的篇章，比如下面这段描写狐狸的：

---

① 托马斯·B. 约翰逊（Thomas B. Johnson），《猎手指南》（*The Shooter's Guide*），第 154—155 页，伦敦，1809 年。

② 约翰·文森特（John Vincent），《捕鸟集》（*Fowling: A Poem*），第 91—93 行，伦敦，1808 年。

③ 塞缪尔·约翰逊（Samuel Johnson），《英国诗人的生活》（*The Lives of the English Poets*），第 2 卷。

瞧！他蹑手蹑脚，

趁牧羊人不注意，吃得肚子圆滚滚。

他的大尾巴翘得老高，尾尖还是一抹明亮的白。

太阳渐渐西沉，

大地一片暗色。[①]

对于何种猎物应当选择什么样的猎犬，他也给出了不少建议，特别是对于狩猎兔子，他给出了很多额外的建议。

作家彼得·贝克福德更是浓墨重彩地强调了针对不同狩猎目标选择恰当猎犬的重要性。他的畅销书《狩猎谈》最早于 1781 年出版，到 1802 年已有 4 版问世，直到 1951 年还在重印。他在书中写道："对于鹿、狐、水獭等，每位猎人都知道什么样的猎犬最合适，但是到了兔子的时候，却难以达成共识。"[②]

16 世纪的英国，森林面积急剧下降，鹿的数量随之减少，而猎狐虽然日趋流行，但直到维多利亚时代才超过猎兔，所以在简·奥斯汀的时代，兔是人们最主要的狩猎对象。人们猎兔的时候通常骑马而非步行，除了要依靠猎兔犬之外，还要有足够的技巧和智谋。彼得·贝克富德写道："每只兔子都有自己的阴谋诡计，它们还能根据具体情况调整和改变策略，会考虑到风向、天气、大气状况、地面状况以及猎人的迫切程度等。"[③]

到 17 世纪，狩猎活动越来越流行，规模也越来越大。不仅地产丰厚的地主，就连一些乡绅、佃农都开始有自己的猎犬队伍，当然其规模要与个人的经

---

① 威廉·萨默维尔（William Somerville），《追逐》（The Chase），第 3 卷，第 55—63 行，爱德华·汤普肖（Edward Topsham）编。

② 彼得·贝克福德（Peter Beckford），《狩猎谈》（Thoughts on Hunting），第 29 页，南安普敦，1781 年。

③ 同上，第 41—42 页。

济实力相匹配。对于猎兔犬来说，20 对是上限，若是超过这个数目，在外面放风就会比较有难度。在奥斯汀家的邻居中，特里先生和哈伍德先生都有数目可观的猎兔犬。虽然二人的地产相距不足 5 英里，但迪格威一家在这片间距内还养了一小队小型猎兔犬。除了这些归属个人的猎犬外，一些村镇还有公有的猎犬队伍，平时分别豢养在各处的犬舍里，一旦遇到集体活动，街道上响起号角声，这些猎犬就会从四面八方赶到一起。

猎狐由猎兔发展而来，刚开始的时候没有专门的猎狐犬，都是由猎兔犬来完成。当时很多人出去打兔子的时候，如果能遇到狐狸，就会顺手打一只。用猎兔犬打狐狸持续了很长时间，但由于猎狐需要跑更远的距离，猎兔犬经常被弄得筋疲力尽，所以后来人们会在自己的猎犬队伍里增加体积更大、更为敏捷的猎狐犬。但其实对人们选择何种猎犬去追逐何种猎物并没有十分明确、死板的规定，操作起来还是有一定的灵活度的。威尔士王子，也就是后来的乔治四世，曾在 1788 年至 1795 年租借坎普绍特庄园，最初他主要以鹿为狩猎目标，但到后来他开始使用猎鹿犬去猎狐。詹姆斯·奥斯汀非常喜欢狩猎，也有自己的猎兔犬，他曾经给儿子詹姆斯·爱德华讲过一个自己打猎的故事：

　　我们先是用袋子装了些狐狸去，之后到了猎场把狐狸放了出来。这时，当地的一个很自以为是的男人开始给夏普（威尔士王子的猎犬管理员）上课，教他怎么着手，他说："夏普，现在你的任务已经开始了，不要想着过程，你的目的就是让你的猎犬见到血。如果我是你，我会在 5 分钟之内完成这个目标。"夏普简短的回答更像是斥责："你管好自己，闭上嘴巴，我会在 1 分钟之内完成见血的目标。"[1]

<hr>

①J.E. 奥斯汀-利，《维恩·汉特早年生活回忆录》(*Recollections of the Early Days of the Vine Hunt*)，第 22 页，伦敦，1865 年。

　　詹姆斯很喜欢打猎，儿子詹姆斯·爱德华也继承了他的喜好，而且儿子晚些年还出版了一本关于当时在北汉普郡地区打猎的历史书。[①]

　　著名的瓦因猎场（Vine Hunt）的创始人威廉·舒特（William Chute）是英国国会下议院议员，也是奥斯汀家的亲戚。他原本有为数可观的猎兔犬，但自从1791年继承家产之后，他把猎犬全部换成猎狐犬，3年之后彻底放弃了打兔子。在那个年代，狩猎场的规模、尺寸以及各方面的特征都受到主人风格特征的极大影响。詹姆斯·爱德华写道："只要有机会，人们就会带上猎犬去打猎，那些乡村士绅更是会为了打猎而寻求获取更多的地产。"[②]威廉·舒特开始猎狐的时候，就购得了新的地产。当威尔士王子到当地居住并征用这片地方的时候，他很不开心。舒特打猎的频率大概在每两周5次，由于猎场里有很多老狐狸，所以他很少空手而归。他很少为自己的狩猎活动造声势，而且每次最多只进行一场狩猎比赛，但一般都是即兴的，很晚的时候才决定。与所有的狩猎人一样，他将猎犬视为私有财产，根据自己的喜好对其作出任意安排。有的时候他正在处理国会公务，一旦有时间可以出去，他就会立即安排打猎，让家里的仆从把猎犬带到半路上等他，再装一袋子狐狸，这样他就可以一路打猎回家了。詹姆斯·爱德华写道："舒特对于打猎这件事十分痴迷，没有任何顾虑，时刻都可能带上猎犬出门打猎，不会提前通知任何人。"爱德华还在书中提到了关于这位和蔼可亲的猎人的一件逸事：

　　　　新来了一位年轻的猎犬管理员。有一天，他估计舒特先生会出去打猎，所以没有喂猎犬。不知是他估计错误还是舒特先生改变了主意，反

---

①J.E. 奥斯汀-利，《维恩·汉特早年生活回忆录》，第40页。
②同上，第7—8页。

正那天没有出去打猎。但是当舒特先生发现猎犬还在饿肚子的时候，他索性把它们带出去打猎找狐狸吃。[1]

总体来说，威廉·舒特是个非常平易近人的人，与很多仆从非常亲密，特别是他的猎犬管理员乔治·希克森。乔治原本是助理猎犬管理员，即便升任猎犬管理员后，用詹姆斯·爱德华的话说"也没能够获得个类似于'某某'先生的尊称，大家还是亲切地喊他'乔治'"。[2]乔治的听觉十分敏锐，能够区分每一种猎犬的声音，但是他骑马的技术一般，经常在遇到一些小坎儿时，就得下马走过去，若是前面的马跑得快些，他就很难跟上。有一次，附近庄园的好几位主人都一起来打猎，还发生了一件有意思的事：

　　在很短的时间内，很多条猎犬从各个方向跑了出来，疯狂追击猎物，这种状况没有几个猎犬管理员可以应对。但即使情况如此混乱，乔治神奇的耳朵还是能分辨出不同的猎犬，据此作出判断，对猎犬发号施令。旁边的主人不停地问他："乔治，方向对吗？那条是我们要用的猎犬吗？你确定吗？"乔治不耐烦地说："我正在认真地听，怎么回答你的问题？你不停地问，我怎么能听清楚？安静一分钟，让我好好听听，你今天话太多了，真吵。"[3]

有一次，舒特先生听了旁人的话，把乔治换掉了，但是新任的猎犬管理员凯恩并不能胜任这项工作，于是舒特很快又把乔治请了回来。[4]

---

[1] J.E. 奥斯汀-利，《维恩·汉特早年生活回忆录》，第5页。

[2] 同上，第54页。

[3] 同上，第58—59页。

[4] 同上，第57页。

舒特先生还很注重与周围邻居搞好关系,因为他知道这对于他的猎场和狩猎活动都是很重要的。所以,在 1800 年 10 月的一场舞会上,舒特告诉简·奥斯汀,如果自己知道她的侄子詹姆斯·爱德华前不久正好在斯蒂文顿,他肯定会去拜访爱德华并感谢他的。[1] 爱德华在斯蒂文顿有一些地产,并允许舒特在自己的土地上打猎。

多年之后,詹姆斯·爱德华还写道:"我很希望自己能去看看他,或者让别人替我去看望他一下也好。"

> 他会一路骑着马到猎场,就那么随意地坐在马背上,穿着也很随意——深红色的大衣敞开着,领口被磨得有些发白,肩上的徽章和手腕上的金表比较显眼。他慢慢地骑过来,还会蹦出几句幽默的调侃,兴高采烈地问候朋友们,礼貌地向农民们点头致意,还不忘对骑小马的孩子们笑笑。[2]

除了詹姆斯·爱德华,当地还有不少喜欢打猎的人,包括威廉·波特尔、威瑟先生、查尔斯·哈伍德、查尔斯·莱福德等。据詹姆斯·爱德华回忆,查尔斯·莱福德十分精通猎道,比他做外科医生的父亲厉害很多,还叙述了他父亲的一则逸事:

> 他在半路上偶然遇到舒特先生打猎的队伍,十分兴奋,加入了他们的行列,开始挥舞着帽子,大声喊"哟呵、哟呵"。他这样喊并不是因为自己看到了狐狸,而是他以为猎人们见面都是以这种方式打招呼。[3]

---

① 《简·奥斯汀书信集》,第 53 页。
② J.E. 奥斯汀-利,《维恩·汉特早年生活回忆录》,第 70 页。
③ 同上,第 66 页。

简 · 奥斯汀偶尔在小说中会提到打猎。在她的笔下，汤姆 · 玛斯格罗夫、约翰 · 米德尔顿爵士、埃德蒙、克劳福德等人都打猎。[①] 但是打猎仅仅出现在男人们的对话中，女人是被排除于这些对话的，所以她并未正面描写过任何打猎的场景。

但是，她一定很了解斯蒂文顿及其周边地区的狩猎情况，因为她的兄弟们都很喜欢这项运动。弗朗西斯 7 岁的时候就有了自己的小马，取名 "松鼠"，这是他花了差不多 100 英镑买的，而两年之后卖掉的时候还赚了一笔。他经常骑着这匹小马出去，身穿母亲出嫁时穿的红色羊毛骑马装。[②] 詹姆斯以及儿子爱德华也都很喜欢骑马，并且是汉普郡猎场俱乐部的成员。詹姆斯 · 爱德华回忆自己的叔叔爱德华 · 奈特，"骑马的时候十分安静、迅捷，是个运动家，也是个绅士，而且骑行的时候一般都带着猎犬"。[③] 汉普顿猎场位于斯蒂文顿地区和艾什地区，住在艾什牧区的勒弗罗伊太太就抱怨说，附近猎犬太多、很烦人，每次自己骑马出去都能遇见猎犬。[④] 威廉 · 舒特曾给弟弟汤姆写了封信，详细叙述了 1798 年到 1799 年狩猎季中一天的活动，从中可以看出，他们的狩猎活动已经遍及当地的森林和田地。[⑤] 信上的日期是 1798 年 11 月 20 日，星期二，就在同一天，简 · 奥斯汀从斯蒂文顿走路到迪恩牧区去看望嫂子玛丽，3 天前她刚刚生下詹姆斯 · 爱德华。简 · 奥斯汀很可能在去或回的路上遇到了舒特先生以及他的大队猎犬。[⑥] 但是她肯定不会专门出去看男人打猎，这在小说中曾经出现过，被视为很不妥当、不合礼法的行为：奥

---

① 《曼斯菲尔德庄园》，第 223 页。

② W. 奥斯汀-利、R.A. 奥斯汀-利和迪尔德丽 · 勒 · 费伊，《简 · 奥斯汀：家族档案》，第 44—45 页。

③ J.E. 奥斯汀-利，《维恩 · 汉特早年生活回忆录》，第 51 页。

④ 写给 C.E. 勒弗罗伊的信，1802 年 11 月 16 日，勒弗罗伊档案馆。

⑤ J.E. 奥斯汀-利，《维恩 · 汉特早年生活回忆录》，第 42—43 页。

⑥ 《简 · 奥斯汀书信集》，第 21 页。

斯本伯爵邀请爱玛·沃森和她的姐姐去看狩猎，就显得十分奇怪、十分不妥。

> 我下周会去打猎，大概周三一早9点从桑顿森林出发，希望你们可以去看看。如果你们早上恰好有时间的话，就赏脸去看看吧。
>
> 姐妹俩听了这话，十分惊讶地互相看了看。①

有一点值得注意，奥斯本伯爵早上9点才带着猎犬出发，这在18世纪末期是比较正常的，但是在这之前，打猎开始的时间要早很多，通常天还未亮猎犬就已经出发了。詹姆斯·爱德华曾经回忆过一位老人，他曾经为克雷文家爷孙三代伯爵当过猎犬管理员，看到年轻的爵爷很晚才出发打猎，他十分气愤，说如果老爵爷看到自己的孙子这么晚才出发，一定会气得从坟墓里走出来：

> 这些不争气的子孙居然这个点儿才出发！我们那个时候，天还未亮就出发了，下午1点钟之前就能赶回来吃饭，所以下午还有时间喝酒。②

虽然简·奥斯汀没有一手的打猎经历，但是她一定从亲朋、邻居那里听过不少关于打猎的事。她在1800年11月的信中对卡桑德拉说，自己的朋友伊丽莎白的丈夫希斯科特先生在打猎的时候发生了一个小事故，"马在跨过某个障碍的时候把他摔了下来，不知道有没有骨折"。③

詹姆斯·奥斯汀很小的时候就开始打猎了，他还给儿子讲过很多自己打

---

①《简·奥斯汀次要作品集》，第347页。

②J.E. 奥斯汀-利，《维恩·汉特早年生活回忆录》，第12页。

③《简·奥斯汀书信集》，第56—57页。

猎的有趣故事。比如，他记得小的时候汉普郡的森林里有很多马丁猫，这些猫发出的气味经常会误导猎犬。

这经常会让猎人很失望。那些敬业的猎狐犬会跟着这种气味一直追，本以为能抓到狐狸，通常追到一棵大树下，马丁猫就跑了上去。有一次我父亲用力地摇树，把猫给摇了下来，但是它很狡猾，要么迅速地溜走，要么躲在猎犬的肚子底下，让人捉不到。[①]

詹姆斯到中年的时候就不打猎了，但是儿子长大后慢慢对打猎有了兴趣，他会在每个猎季陪儿子打一两次。那个时候，男孩子在很小的时候就开始打猎（《沃森家族》中的小查尔斯·布莱克 10 岁的时候就开始了），[②] 但是詹姆斯·爱德华开始得稍晚些，15 岁开始，可是热情非常高涨。有一天，已经到了猎季的末尾，也就意味着接下来的半年都不能打猎，可是詹姆斯家意外地收到了一次去汉普郡猎场进行收官打猎的邀请，詹姆斯·爱德华十分激动，也特别期待父亲老詹姆斯能够接受邀请：

那是 1814 年 5 月 6 日，常规的狩猎已经结束了，但是舒特先生和另外一位伯爵又额外安排了一场活动，并给父亲发出了邀请。当时他正在帮我准备去温彻斯特学校读书的事，所以拒绝了邀请，这让我十分失望。但是为了安慰我，他写了几首小诗，虽然缺少诗意，但还是很有道理的。[③]

若干年后，詹姆斯·爱德华在将父亲的作品结集出版时，把这几首诗囊

①J.E. 奥斯汀-利，《维恩·汉特早年生活回忆录》，第 15 页。
②《简·奥斯汀次要作品集》，第 331 页。
③J.E. 奥斯汀-利，《维恩·汉特早年生活回忆录》，第 27 页。

括了进去。

1

"今日为何要读书？"
我看着他的神情，
我的爱德华似乎在说：
"为什么要把马拴在厩里，
为什么不去打猎、不去欢腾？"

2

让我告诉你理由，
正如一位古代的王子所说：
"万事万物皆有时序。"
这句话是智慧、是经验，
也是颠扑不破的真理。

3

当庄稼入仓、田地光光，
秋天的痕迹就四处可见，
我最喜爱看那些猎犬，
悠闲地游荡，
不时发出欢快的声响。

4

此时的农民没有任何顾虑，

他同伙伴一起策马扬鞭，

越过田地；

即使地下已经播种小麦，

马蹄踏过也无大碍。

5

若是麦苗破土而出，

豆类也已长出萌芽，

农民将篱笆高架，

万不可让马蹄去践踏，

既不公平也不道德。

6

当播种过的土地开始萌芽，

当道路变得干硬，

狩猎开始变得不合时宜；

何况各种盛开的鲜花，

散发出的味道也会迷惑猎犬，

让其无从辨识味道。

7

若是一年到头总是打猎，

看起来也会很尴尬；

而且会让邻居觉得，

既傲慢又无知。

8

在河岸旁、在篱笆边、在沟渠侧，

就让大家休息吧，

让猎犬也一起休息，

会面时互相问候。

9

此时，我的孩子，

让我们也在家里安静地学习吧；

静静地学习新知，

为今后做好准备。

10

等圣诞将近，

男孩们从学校归来，

可以尽情地骑马、吃肉饼。

希望天公作美不要结冰，

好让他们快乐地进行。

11

不盼望你是第一名，

但也希望你能勇往直前，

带着猎犬有所斩获；

欢快地越过障碍，

归来时有所斩获。

12

如果我们半路相遇，

也不必为我下马停留；

继续前行，

心无旁骛。

13

虽然路途坎坷、充满泥泞，

即使回到家时精疲力竭，

但我们有所学、有所得，

还是会心满意足的。

查尔斯·玛斯格罗夫说："他是个特别勇敢的人，上周一我们一起在谷仓里猎鼠，我对他的了解加深了很多，他的狩猎技能很高超，我很喜欢他。"[1] 除了老鼠，查尔斯·玛斯格罗夫肯定还会打其他的猎物，但从这段话中我们可以窥到，老鼠也是当时狩猎的对象之一。

除了散步、打猎，那个年代的第三项户外运动是钓鱼，这一点从简·奥斯汀的小说中也可以看出来。除了有一张大渔网的哈维尔上校之外，小说中另一个与这项活动相关的人是加德纳先生（Mr. Gardiner）。伊丽莎白与舅舅、舅妈在河滨散步时：

———————

① 《劝导》，第219页。

　　见到加德纳先生正在垂钓。其实他并不沉迷于这项活动，只是很喜欢看着偶尔出现的鳟鱼在水里游动，也很喜欢与同伴边垂钓边聊天。虽然收获不多，但也很有乐趣。[1]

　　于是，达西先生邀请他可以随时去自己的地产上钓鱼。可是，加德纳先生还是喜欢在老地方，他还说可以把渔具赠予达西，并告诉他哪一块水域最适合垂钓。

　　达西先生的慷慨邀约第一次让伊丽莎白意识到自己对其可能抱有偏见。据目前所知，奥斯汀一家没有钓鱼的习惯。他们居住的斯蒂文顿地区没有太多河、湖，喝的水也都是从深井中打出来的，所以，他们小的时候也没有去溪流中玩耍的经历。但是 11 岁的本·勒弗罗伊就比自己的长辈幸运了，他从艾什出发可以去附近的小溪流捉鲹鱼（根据一位当代作家的描述，这是一种十分小的淡水鱼，经常被拿来做诱饵）。[2] 有的时候，如果有表哥或者表姐的帮忙，他还会钓到一些更大的鱼，他的母亲曾在书信中提到过：

　　　约翰和本每天都要花好几个小时钓鱼，带回来不少鲹鱼和其他小鱼，有一天还带回一条很不错的鳟鱼。[3]

　　除了我们上面提到的多人参与的户外活动，18 世纪还有一类观众通过投注方式参与的运动，包括斗鸡、拳击、板球等，但最流行也最适合投注的非赛马莫属。这项运动过去只有国王才能参与，直到乔治王时期才逐渐"飞入寻

---

　　① 《傲慢与偏见》，第 254 页。
　　② 亚历山大·麦金托什（Alexander Mackintosh），《超级农场的垂钓者》（*The Driffield Angler*），第 91 页，盖恩斯伯勒，1810 年。
　　③ 勒弗罗伊太太写给 C.E. 勒弗罗伊的信，勒弗罗伊档案馆。

常百姓家"。18 世纪初,参与赛马的还主要是贵族,因为这些人控制着赛马场(主要在纽马特和阿斯科特等地)。之后,一些区域性的小范围比赛逐渐兴起,主要由酒馆的老板在合适的马场组织,他们可以通过向大批观众贩售饮品获利。观众的组成就开始变得鱼龙混杂了,为了维护这项运动的贵族特质,于是就有了所有赛马最小的赌注不得低于 50 英镑的法律规定。对此,约翰·劳伦斯说道:"马场从来都是社会上层的舞台,所以根本没有必要专门制定法律来限制其他阶层的人参与其中,因为这项活动的昂贵属性就足以让他们望而却步,乖乖待在观众席上。"①

但这也不能阻挡人们对赛马的热情,到简·奥斯汀的时代,大多数市镇都在郊区建立了赛马场,定期举行比赛。有一些最著名的赛马场正是在她生活的时段内建立起来的。1752 年还成立了赛马俱乐部,专门规范纽马特的赛事。著名的马商塔特索尔 1770 年就存在了,而且从 1808 年开始就出现了关于赛马的刊物。优良品种的马非常受欢迎,富庶的大户不仅花钱请画家为自己画像,还请斯塔布斯为自己的马画像。有一些常胜将军非常出名,怀康特·柏林布鲁克(Viscount Bolingbroke)的灰色战马在 1764 年到 1771 年赢了 26 场比赛,斯塔布斯为其画了好几幅像,这匹马最出名的一次比赛是在纽马特,单场就赢了 1 000 基尼金币,那场比赛观众人数非常多,所以赌注都超出了 10 万英镑。其实赛马是 18 世纪商业主义兴起最明显的标志,每次赛事都有大批观众参加,就连猎人间即兴的赛马到了狩猎季末期也成了比赛。

《曼斯菲尔德庄园》中的汤姆·贝特伦正是在纽马特赛马场发生了意外,从马背上摔下来,又喝了几杯酒,而且没有及时治疗,导致了很严重的疾病,

---

① 罗伯特·W. 麦克姆森(Robert W.Malcolmson),《英国社会的流行消遣,1700—1850》(*Popular Recreations in English Society, 1700—1850*)中的《关于马匹的哲学与实践论文》(*A Philosophical and Practical Treatise on Horses*),第51 页,剑桥,1973 年。

并最终促使其品性发生了变化。① 简·奥斯汀的兄弟们参加各种赛马比赛，她
和姐姐卡桑德拉一定陪他们一起去过，但她并不十分热衷于此。1808 年 6 月，
她住在古德汉姆，在信中说，希望卡桑德拉不要介意错过纽博里的赛马，"我
对坎特伯雷的比赛不感冒，希望你也别太上心。"② 话虽如此，她对赛马多少还
是有些兴趣的，而且比较关注赛事的进展、参加的人员以及当时的天气。她
在 1813 年的信中写道："玛莎如果去看比赛的话，一定会遇到阴雨天，没准
儿还得感冒。但如果她一定要去，我还是希望她能玩儿得开心。"她的担忧被
事实印证，几周之后，她听说玛莎真的因为淋雨而感冒了，"那场比赛真是可
怜啊，好像老天爷要同他们作对，为他们准备了两天那么糟糕的天气"。③

　　抛开下赌投注的层面不谈，其实赛马也算得上是一项家庭运动，而且很
受女人的欢迎。玛莎·劳埃德在搬去与简·奥斯汀同住之前住在伊本索普，
很可能经常去看纽博里和贝辛斯托克的赛马。1801 年 9 月，勒弗罗伊太太陪
博尔顿公爵夫人去南安普敦看比赛，当然，那次她并不十分开心，因为自己的
儿子爱德华刚刚去了怀特岛。她给儿子写信说："场面很活泼，天气也不错，
但是我的思绪都随着你漂洋过海远去了，并不能投入眼下的比赛中。"④ 但是第
二天她还是又去了比赛现场，继续观战。爱德华·奈特经常会带家人去坎特
伯雷看赛马。1814 年夏天，范妮正好很喜欢好朋友玛丽的哥哥约翰·普鲁穆
特，她十分期待能在坎特伯雷遇到他。但是她在日记中不无伤心地写道："并
未专心看比赛，却也聊得不开心。"⑤ 到了当年 11 月，范妮对约翰的感情逐渐冷

① 《曼斯菲尔德庄园》，第 426 页。
② 《简·奥斯汀书信集》，第 136 页。
③ 同上，第 228、233 页。
④ 勒弗罗伊太太写给 C.E. 勒弗罗伊的信，勒弗罗伊档案馆。
⑤ 玛格丽特·威尔森（Margaret Wilson），《情同姐妹：简·奥斯汀最爱的侄女——范妮·奈特的家庭生活》
（Almost Another Sister: The Family Life of Fanny Knight, Jane Austen's Favourite Niece），第 37 页，肯特艺术博物馆，
1990 年。

淡,主要是因为他严苛的清教徒做派,而且缺少幽默感。这次他们又在坎特伯雷相遇了,但是约翰说的一些话让范妮很不高兴,大概是一些对赛马这件事的反对意见之类的。范妮把二人间的对话都说给姑姑听,于是简·奥斯汀在给她的回信中说:

> 之前我还认为你喜欢他,但是现在看来并非如此。这些都没有什么可隐藏的。我们都是很奇怪的生物!貌似你现在对他已经冷淡了。我猜他可能有些讨厌赛马,这明显与你的细腻、敏感和品位是不符的。[①]

与其他家庭成员相比,简·奥斯汀对赛马较为冷淡,我们可以猜测,她的冷淡可能是觉得那么多人在天气不确定的情况下挤在一起很不舒服,但简·奥斯汀生命中留下的最后的诗句就是关于赛马的。温彻斯特有两个赛马场,一个是平地赛马,另一个是越野赛马。自 17 世纪早期开始,在贵族的赞助下,这里的赛马活动就很兴盛了,据说,查尔斯二世喜欢温彻斯特胜过纽马特。虽然到 19 世纪,这里的马场与其他马场一样都被废弃不用,但在当时还是非常火爆的,人们成群结队地涌到这里观看比赛。1817 年 7 月,虚弱的简·奥斯汀躺在温彻斯特的寓所里,她注意到报纸上的一则广告:月底将有一场盛大的赛马,[②] 恰逢 7 月 15 日圣斯威辛日。简·奥斯汀突然觉得身体好了些,坐起身来写了下面的诗:

> 温彻斯特赛马锣鼓喧天,
> 人们却忘了逝去的圣人,

---

① 《简·奥斯汀书信集》,第 279 页。
② 《汉普郡年鉴与情报》(*Hampshire Chronicle and Courier*),1817 年 7 月 14 日,星期一。

忘却了那天本是纪念圣斯威辛的日子，
更忘了一切应有的传统。

人们不顾这些，赛马如期进行，
天公貌似也会作美，
男男女女衣着华丽、正襟危坐观看比赛，
却没人注意到埋下的隐患。

圣斯威辛得知这些，
他从神坛起身，
跃到宫殿的废墟上，
对傲慢的人们说道：

"哦！你们这些人不懂虔诚为何物。
你们将先人埋葬，就认为我们已经魂飞魄散。
但伟大的灵魂是不朽的。
你们罪恶重重，定会受到惩罚。"
圣斯威辛继续说，

"这些赛马、狂欢和放荡，
让天地变得灰暗，
你们会为此承担后果，
你们尽管赛马，我会让大雨倾盆。
为了惩罚你们的不敬，
我会让以后的 7 月都阴云密布，

没有可供赛马的天气，

整个 7 月阴云密布。"①

简·奥斯汀在写完这首诗 3 天后就撒手人寰。

---

① 《简·奥斯汀诗歌集》，第 17—18 页。

第五章

音 乐

简·奥斯汀的人生正好与4位伟大作曲家的辉煌时期相重合，他们分别是海顿、莫扎特、贝多芬和舒伯特。前两位在简·奥斯汀出生之前出生，而后两位在简·奥斯汀去世之后去世。

"我们迟到了很久。"范妮·伯尼在日记里这样写道。那是 1872 年的 2 月，她刚参加完晚宴，欣赏了著名男高音帕基耶罗蒂的表演。"我们等马车等了很久，所以错过了他演唱歌剧《阿塔塞克西斯》里专门为男高音创作的一首歌，我感到遗憾至极。之后他还表演了由贝托尼作曲的《甜蜜的希望》。他的作曲并不如撒奇尼雅致，但歌词更令人印象深刻。帕基耶罗蒂整个晚上都演唱得兴致盎然。自从他返回英格兰之后，这是我第二次在现场听他演唱。"[①] 记得在 1799 年的夏天，简·奥斯汀在巴斯给卡桑德拉写信，告诉她"星期二晚上在悉尼花园会有一场盛大的狂欢 —— 有着流光溢彩的灯光和灿烂烟花的音乐会"。她还在信中表达了她的满意："对我来说，这场音乐会具有非比寻常的魅力，因为悉尼花园有足够大的空间让我能够很好地捕捉每一丝回声。"[②]

　　当然，作为著名音乐家查尔斯·伯尼博士（Dr. Charles Burney）的女儿，范妮·伯尼是在音乐的熏陶下长大的（但她从未在公共场合表演甚至触碰乐器一下。有一次乔治三世要求她表演，她也表现得非常警惕）。简·奥斯汀则

---

① 范妮·伯尼，《D. 阿比来女士的日记与书信》（*Diary and Letters of Madame D'Arblay*），第 2 卷，第 60 页，夏洛特·巴莱特（Charlotte Barrett）编，伦敦，1904—1905 年。

② 《简·奥斯汀书信集》，第 43 页；《D. 阿比来女士的日记与书信》，第 30 页。

完全相反，她出身一个并不关注音乐的家庭。[①] 在那个私人音乐创作者主要为女性的时代，简·奥斯汀的童年都是与她的兄弟和父亲的学生一起度过的。她的母亲在年幼的时候似乎也会音乐，但并没有证据显示她在结婚之后依旧这样做，而且卡桑德拉并不喜欢音乐。但是简·奥斯汀却有一定的音乐天赋——完全超过了《莱斯利城堡》中年轻的夏洛特·勒特雷尔。这个角色非常喜欢一段名为"马尔布鲁克"的旋律（"因为他是一个快乐的、惹人喜爱的家伙"），每当他的姐姐埃洛伊萨演奏音乐时，他总是会开心地大叫起来：

> 好极了、非常棒、从头再奏、小快板、极富表现力、稍快速的，等等，当埃洛伊萨告诉我这些极富异国风情的词语时，我都不禁表现出仰慕之情。尤其是当我看到它们出现在每本乐谱的每一页中时，我真的认为它们就是我想象中作曲家所需要的艺术情感。[②]

在简·奥斯汀还是个小女孩的时候，她曾学过钢琴。但在 1801 年，他们举家从斯蒂文顿搬至巴斯时，那一架只属于她自己的甘纳钢琴与很多乐谱一起被卖掉了。1807 年，当她住在南安普敦时，她曾租过一架钢琴，但在搬去乔顿农庄之前，她就已经下定决心要自己买一架。"是的，没错，"她在给卡桑德拉的信中热情地写道，"我们会有一架钢琴，是 30 基尼能买到的最好的那种（这已经是一大笔钱了，以前的老钢琴只能卖 8 基尼）——并且我还会练习乡村舞曲，这样我们或许就能在享受我们的侄子和侄女们陪伴的同时，为他们也提供一些娱乐活动。"[③] 她的确每天都会练习钢琴，一般都是在早饭之后。为了不打扰到别人，她会单独在另一个房间里练习——但是她并不介意她的小

---

① 卡洛琳·玛丽·克莱文·奥斯汀，《我的姑妈简·奥斯汀》，第 6 页。
②《简·奥斯汀次要作品集》，第 130 页。
③《简·奥斯汀书信集》，第 161 页。

侄女卡洛琳站在一旁听她演奏"优美的旋律"。① 然而，相对于欣赏音乐来说，她对唱歌并不感兴趣，对此她是这样解释的："我天性就是如此。"② 她唱歌通常只是为了使自己高兴，她的侄子詹姆斯·爱德华说她有着"甜美的嗓音"。他还记得，"在晚上，有的时候她会自弹自唱一些古老的歌曲，虽然我之后再也没有听到过了，但当时的歌词和气氛在我的记忆中久久不散"。③ 简·奥斯汀拥有很多乐谱，有些是打印的而有些是手写的。在手写的曲谱中有两张是她精心抄写下来只给自己使用的。没有证据显示她曾被要求为舞蹈伴奏，虽然很多女士都会这样做。当然，她也非常不可能像她书中的角色那样，在晚宴上唱歌或弹奏来为人们助兴。她的音乐仅仅是为了娱乐她的侄子侄女们。除此之外，她的所有演奏都只是出于她的个人兴趣。

简·奥斯汀在童年时学过音乐这件事并不令人感到惊奇。因为在那个年代，音乐是任何一位年轻女士都渴望的成就，也是大多数父亲们可以负担的课程。简·奥斯汀的导师是乔治·威廉·查德（George William Chard），他是一位英俊、迷人且热爱体育运动的年轻音乐家，那时在温彻斯特大教堂担任助理风琴手。很明显，简·奥斯汀十分喜爱他：当她 20 岁那年造访肯特时，给住在斯蒂文顿的卡桑德拉写信，信中表达了她听到乔治·威廉·查德已经康复后的放心，同时又很担心她音乐课的缺席是否会导致她弹奏水平的下降。她以一种很有她个人风格的方式在信末写道：她每天都练习，只希望"这更多是看在他的分上"。④ 就像那个时代所有的音乐老师一样，查德先生四处旅行，去给他的学生们上课。作为一个年轻人，他尽心尽力地履行了他的职责。但是当他成为查德教授、担任温彻斯特大教堂的主风琴手，并且在温彻斯特

---

① 卡洛琳·玛丽·克莱文·奥斯汀，《我的姑妈简·奥斯汀》，第 6 页。

② 《简·奥斯汀书信集》，第 261 页。

③ J.E. 奥斯汀-利，《简·奥斯汀回忆录》，第 5 章。

④ 《简·奥斯汀书信集》，第 1 页。

公学（当时詹姆斯·爱德华也在这所学校）担任音乐教师之后，他对体育的热爱，当然还有对白兰地酒的沉迷，使他无法完成他的职责。查尔斯·尼维特是汉诺威广场圣乔治大教堂的风琴手，他的朋友 S.S. 韦斯利后来接任了查德在温彻斯特的职务。在查尔斯·尼维特给 S.S. 韦斯利的一封信中，他描述了与查德有关的一幅有趣的画面：

　　虽然查德拥有对音乐良好的感知，但是他更沉迷于飞钓和打猎。有很多次，当他在去往学校的路上听到猎犬的叫声时，他会兴奋地说："我听到啦！多么美妙的声音！"然后他就沿着山峰和峡谷一直前进到相邻的郡县。无论他有没有在灌木丛中发现狐狸，他都会冲进见到的第一家酒吧中，伸手要白兰地、烟斗和烟草，直到第二天早上才回家，完全不理会那些在他缺席期间依旧苦练《布拉格战役》的学生们。①

简·奥斯汀当然是苦练《布拉格战役》中的一员。她与她住在古德汉姆的嫂子伊丽莎白·奈特都有一份弗兰蒂塞克·科兹瓦拉（Frantisek Kotzwara）创作的那首著名的奏鸣曲曲谱，曲谱中包括了《天佑吾王》（*God Save the King*）和《土耳其快步舞曲》（*Turkish Music Quick Step*）。

简·奥斯汀的人生正好与 4 位伟大作曲家的辉煌时期相重合，他们分别是海顿、莫扎特、贝多芬和舒伯特。前两位在简·奥斯汀出生之前出生，而后两位在简·奥斯汀去世之后去世。简·奥斯汀去世时舒伯特才 20 岁，那时他的名声还未传到维也纳以外的地方，因此简·奥斯汀从未听说过这个名字。然而，简·奥斯汀应该偶然听说过贝多芬，甚至听到过贝多芬的音乐。因为

---

① 音乐皇家学院，引自 H. 奈维尔·戴维斯（H.Neville Davies）的《更清楚地了解查德先生》（*More Light on Mr. Chards*），参见《简·奥斯汀 1989 年社会报告》（*Jane Austen Society Report for 1989*），第 140—142 页。

18 世纪末时，贝多芬正在英格兰进行表演。简·奥斯汀住在巴斯的时候至少听过一首莫扎特的交响乐，或者是被称为"序曲"的音乐。然而，简·奥斯汀那个时期的信件只有少部分留存了下来，所以我们根本无法确定她到底参加了多少场音乐会。当然，我们也很难相信她没有定期去参加音乐会，所以也许她也听过其他人的曲子。在简·奥斯汀私藏的乐谱中，至少有两首来自莫扎特。其中一首是由伯比奇演奏的一组变奏曲，基于《魔笛》中的一段咏叹调。另一张乐谱则是她亲自抄写的，名为《新约克公爵进行曲 —— 科德斯特里姆乐团演奏》，她甚至都不知道这首曲子的创作者是莫扎特。实际上，这首曲子改编自《你再也不要去做情郎》，选自歌剧《费加罗的婚礼》（这部歌剧直到 1812 年才在伦敦开始进行公演，但这首咏叹调在此之前就已经在伦敦十分有名了）。

　　18 世纪结束之前，对英格兰有着巨大影响的作曲家其实是约瑟夫·海顿。作为欧洲最伟大的音乐家，海顿受到的待遇是自亨德尔之后无人能比的。在经理人 J.P. 所罗门的建议下，海顿 58 岁时第一次造访了英格兰。很快他就获得了巨大的成功，他的音乐在伦敦各地的音乐会上被频频演奏。从 1791 年 1 月到 1792 年 6 月的 13 个月内，海顿一直住在伦敦，为很多不同的场合创作音乐。他参与了威斯敏斯特修道院举办的亨德尔纪念仪式，在那里他被亨德尔所创作的《弥赛亚》深深震撼，于是他决定之后自己也要创作一部清唱剧（这便是后来的《创世记》）。在伯尼博士的建议下，他被邀请至牛津大学，获得了音乐博士荣誉学位。从伦敦的市长到威尔士的公主，海顿被社会各界所追捧，获得了无数的荣誉，没有一处不欢迎他。海顿极其享受在英格兰的时光。两年之后，他再度造访了英格兰，结果证明这次造访比第一次更加成功。在这个过程中，他来到了巴斯，住在韦南齐奥·劳奇尼位于佩里米德的别墅里。劳奇尼是一位著名的男高音歌唱家，他退休后开始在巴斯的新礼堂里举办每周一次的预售制音乐会（凯瑟琳·莫兰和安

妮·艾略奥特都参加过）。这两次的造访都使海顿收获了大量的金钱，甚至
使他感觉在伦敦受到了比在家乡更多公众的尊重。他最后的 12 部交响曲，
所罗门交响曲或叫作伦敦交响曲，都是他在伦敦市为演奏会所创作的，也都
是他成就最高的曲目。而这其中之一，第 100 号交响曲《军队》正是简·奥
斯汀于 1805 年 4 月 17 日的那个星期三在巴斯的一场音乐会上听到的。然
而，在随后简·奥斯汀给卡桑德拉写的信中，她对这场演奏所做的唯一评价
却是："卡桑德拉是对的，我应该穿那件绉纱袖子的衣服出席。"[1] 当然，这也
证明了简·奥斯汀也许在其他的信件中已经对这场音乐会做出了评价，只
是那封信后来丢失了。一方面，简·奥斯汀确实是被海顿的音乐深深地打动
了，她抄写了一整份这首交响乐的乐谱（《C 大调奏鸣曲》）；另一方面，也许
简·奥斯汀认为，她还没有资格来谈论一场专业演奏的优缺点。当安妮·艾
略奥特出席位于巴斯集会厅的演奏会时，虽然音乐可以带来"愉悦"或"忏
悔"、"兴奋"或"吃惊"的情感，[2] 但人们对这些音乐的评价却很难说是客
观的。温特沃斯上校对艾略奥特博士怀有强烈的忌妒，而他身边坐的正是安
妮·艾略奥特。他们一起低着头看演奏会的曲目，温特沃斯上校十分"严肃
地"讨论这场音乐会，并且表示他"很失望，本来期待听到更好的演唱。不
过，总体来说，他承认在演唱结束时并不感到遗憾"。[3] 然而，安妮作为一名音
乐家，她会为表演者辩护。对简·奥斯汀来说，更重要的不是他们对音乐的
评论，而是这些角色的思想状态。同样，在给姐姐卡桑德拉的信中，简·奥
斯汀认为，她更加关注是否要把他们都写出来，而不是她对最新"序曲"的
意见。

　　作为负责把海顿带到英格兰的关键人物，18 世纪末期，所罗门在伦敦

---

[1]《简·奥斯汀书信集》，第 103 页。

[2]《劝导》，第 189 页。

[3] 同上，第 190 页。

的音乐会组织中拥有重要地位。他本身也是一名小提琴手和作曲家，曾与 J.C. 巴赫（人称"伦敦巴赫"）在汉诺威广场他们一起建造的房屋里共同演奏。18 世纪 80 年代时，也正是在这里，海顿和莫扎特的交响曲被介绍给大众。随后在 1813 年，所罗门开始投身于爱乐协会（后来被称为皇家爱乐协会）的组建之中。他也带领古典音乐学院与古典音乐协会一起，为满足早期人们对音乐日益增长的兴趣而服务。但是，如果以他带领海顿到英格兰这一行为来评价他的成就——这也的确是出乎意料的成功——那么他就是在一个音乐广泛传播和支持公共音乐制作的时代中很多成功经理人中的一员。与很多在令人心旷神怡的花园里举办的其他预售音乐会和义演（当一位作曲家、表演者或乐团可以获得所有的净利润时）一样，在国王剧院、秣市剧院以及有时候在林肯费尔兹广场和考文特花园也会有歌剧表演。清唱剧成为全国不同城市的教堂和节日里最常见的表演。最重要的是，自 1715 年起，由格洛斯特、伍斯特和赫里福联手举办的三郡合唱节在时代的进程中极大地推行了亨德尔的音乐。

在这个时期，很多著名音乐刊物的出现也反映了人们对音乐日渐增长的喜爱之情。1776 年，伯尼创建的《音乐通史》第一期发行。约翰·霍金斯在同年创办了《音乐科学史与音乐实践》。与此同时，威廉·博伊斯正在创作一系列音乐，使人们更加了解伊丽莎白时期和雅各宾时期的作品。虽然亨德尔于 1759 年去世，但他的音乐在统治了 18 世纪上半叶之后，继续统治着 18 世纪下半叶。他在英国音乐中的地位，乃至在王室中的地位都愈发稳固。根据范妮·伯尼的描述，乔治三世会骄傲地回想起在他小时候，亨德尔是这样评价他的："只要这个男孩在，我的音乐永远不需要一个保护者。"① 威斯敏斯特修道院举办了多场亨德尔的纪念仪式，海顿曾参加的那场纪念亨德尔百年诞辰

---

① 范妮·伯尼，《D. 阿比来女士的日记与书信》，第 4 卷，第 248 页。

的开幕式就是其中之一。这些都是亨德尔人气无与伦比的证明。这些壮观的纪念活动由古典音乐协会组织筹办，至少有 500 名表演者参与其中，也为慈善事业创造了可观的利润。毫无疑问，乔治三世在一开始就对这个活动抱以巨大的热情，他的投入也有着相当大的影响，每次活动都持续了好几天。与在威斯敏斯特修道院举办的音乐会一样，类似的活动也会在位于牛津街的万神殿举行。伯尼描述万神殿为"就算不是世界上最优雅，也一定是欧洲最优雅的建筑"。第一场亨德尔的纪念仪式举行于 1784 年 5 月，这唤起了人们对音乐的热情。即便彩排只收取了正式表演一半的费用，但依然座无虚席，以至于第一场和最后一场的表演不得不再重演一次。第二年，伯尼发表了《于威斯敏斯特修道院和万神殿举行的亨德尔纪念仪式演出实录》，这是对这一事件的官方历史记录。他在这本书中评论道："在此之前，音乐从未统治过如此庞大的演奏厅。"（有人会疑惑这样的事情是否会再次发生，这至少没有发生在伯尼眼前，因为根据他女儿的日记，1790 年，当著名的《弥赛亚》在威斯敏斯特修道院表演时，他却一直在跟他的女儿谈论她为什么不开心。）①

　　亨德尔的作品出现在奥斯汀家族最早期留存下的合订本乐谱中，比如《水上音乐》的选段、《犹大·马加比》中的一段进行曲以及管风琴协奏曲。也许年轻的卡桑德拉·利在她结婚前就演奏过其中的一些乐曲。在另外一本乐谱中有一份哈利路亚合唱曲的二重奏（不是与风琴就是与大键琴的重奏），由约翰·马什改编，节选自《牧师扎多克》，这个版本并不常见。马什是一位精力极其充沛、在很多领域均有涉猎的绅士——他是作曲家、本土音乐制作的热情支持者、军事战略家以及全方位的自传作者 [他的自传《我的私人生活史》（*History of my Private Life*）在加利福尼亚州圣玛利诺的惠丁顿图书馆

---

　　① 范妮·伯尼，《D. 阿比来女士的日记与书信》，第 4 卷，第 390—393 页。

里有 37 卷之多]。他也是 18 世纪下半叶唯一一位依旧创作交响曲的英国人，他先后在家中、索尔兹伯里、坎特伯雷和奇切斯特创作的作品，在当地的小镇上被一些业余乐团演奏。在剧院和伦敦的一些美丽的花园中也能听到他的音乐，而且全国的教堂和教会都在使用他创作的圣歌和赞美诗。马什对声学十分感兴趣，他甚至有一架微分音钢琴。但他个人最喜爱的乐器是风琴 —— 在那时，只有很少一些教堂拥有风琴，主日崇拜时的音乐一般都是由一群不同的乐器手演奏的。在简·奥斯汀收集的乐谱中，除了有他对亨德尔作品的改编，还有他自己创作的两首前奏曲和赋格曲。[①]

在简·奥斯汀的闲暇时间中，她演奏的音乐还来自一些与亨德尔风格完全不同的作曲家，然而，与亨德尔相像的一点是，他们大多数是定居在英格兰的外国人。其中一位叫多梅尼科·科瑞，在爱丁堡时，他是一位音乐教师和音乐会推广者，之后他搬去了伦敦，在那里开展了自己的音乐出版事业。他为舞台表演创作音乐，包括一些伴奏和很多歌曲。同时，他也是音乐理论书籍的作家，包括《乐理全析》和《音乐词典》。他还会出版其他人的音乐作品。简·奥斯汀拥有的名为《大键琴和钢琴作品选录》的一本书就是由他出版的（这两种乐器在当时都被广泛使用，出版商 —— 当然还有作曲家 —— 选择这两种乐器是很明智的，因为可以避免投资损失）。这本书包括 24 首不同的改编作品，其中就有一首科莱里演奏的协奏曲，节选自亨德尔《应景神剧》的序曲以及两首海顿的奏鸣曲（《67 号协奏曲》《74 号协奏曲》）。然而，这些似乎都不是简·奥斯汀最常弹奏的曲目，她更加喜爱的，是那些相对而言不那么为人所知的曲目。比如，她曾练习过两首约翰·舒伯特的奏鸣曲。在 18 世纪上半叶，舒伯特创作了很多以键盘乐器（比如大键琴）为主、

[①] 对于这位佐治亚时期的非凡的文艺复兴男士，参见约翰·布鲁尔，《想象的乐趣：18 世纪的英国文化》，第 532—572 页。

有时会以其他乐器为辅的作品。很明显,简·奥斯汀对他的作品有着非同一般的热爱,因为她把更多舒伯特的奏鸣曲放入了自己的收藏中。她与她的嫂子伊丽莎白·奥斯汀都拥有3首舒伯特交响乐曲谱的副本,并且乐谱上还包含小提琴和两只圆号所演奏的章节(即使这三首音乐的原始版本只有键盘乐器)。①

在简·奥斯汀收藏的钢琴谱中,曲谱数量最多的是依格那兹·普雷耶尔(Ignaz Pleyel)的14首小奏鸣曲。普雷耶尔早期的作品非常有前途,莫扎特认为他非常有可能取得海顿那样的成就,毕竟他是海顿的学生。但是,随着他大量地创作,他的作品中出现了一些模仿海顿风格的痕迹,这也导致了他的名誉下降,以至于最终默默无闻。过了一段时间后,他以指挥家的身份发展出了自己另一段杰出的职业生涯。于是,就在海顿第一次造访英格兰的时候,他也被职业音乐协会邀请至了英格兰。虽然这是他应得的待遇,但他可能没有意识到,自己已经被认作他曾经老师的竞争对手。普雷耶尔在巴黎的时候成为一名音乐销售商,也正是在那里,他于1807年建立了他最著名的钢琴工厂。

18世纪末期,统治英格兰钢琴演奏曲目的两位作曲家是穆齐奥·克莱门蒂和他的学生J.B.克拉莫。这两位都是杰出的钢琴家,在钢琴这项乐器的发展还处于摇篮时期时,他们在钢琴的弹奏技巧上就已经有了很深的造诣,并且都写出了能够展现和拓宽钢琴本身能力的乐曲。简·奥斯汀会弹奏他们的作品,她很清楚克拉莫作为一名钢琴作曲家的重要性,因为在弗兰克·丘吉尔随着钢琴一起送给简·费尔法克斯的乐谱中,就包含了克拉莫的作品(有趣的是,克拉莫是唯一一位在简·奥斯汀的小说中仍拥有自己名字的作曲

---

①伊恩·盖米(Ian Gammie)和德莱克·麦考洛奇(Derek McCulloch),《简·奥斯汀的音乐》(*Jane Austen's Music*),第22页,圣奥尔本斯,1996年;《想象的乐趣:18世纪的英国文化》,第24页。

家）。[1] 简·费尔法克斯是一位技艺高超的钢琴家，她的创造者一定感觉到了简·费尔法克斯会练习一些对她来说需要更高的弹奏水平的钢琴曲目。于是，我们可以假设简·奥斯汀同样喜欢不时地为自己设下挑战，因为她弹奏的钢琴曲中也包含了一些非常有难度的作品——当然也有一些非常容易的作品，比如 J.C. 巴赫的奏鸣曲，伯尼尖刻地评价其音乐风格为"女士们弹奏起来也毫无难度"。[2] 要学会像斯特伊贝尔特一样创作大协奏曲这样的名曲，一定会遭遇很多麻烦。他著名的《暴风回旋曲》是在当时业内最受欢迎的曲目之一。然而，简·奥斯汀就有一份曲谱的副本，并且曲谱上她的铅笔记号也显示了她在这首乐曲上下了很大的功夫。这首《暴风回旋曲》不仅因为其精湛的技巧而闻名，还因为它具有非常高的音量。斯特伊贝尔特也成了日记作家夏洛特·帕彭迪克批判过的众多作曲家之一，因为帕彭迪克认为，在这首乐曲中，"音乐的魅力"被"噪声"所取代。玛丽安·达什伍德在米德尔顿夫人的钢琴上"弹奏一首激情的（吵闹的）协奏曲，提供了有效的掩护"，露西·斯蒂尔得以向埃莉诺透露她与爱德华·费拉斯之间的小秘密。[3] 至少这一点显示了给简·奥斯汀留下深刻印象的正是斯特伊贝尔特的作品。[4] 这样看来，这首乐曲非常有可能是在 1797 年 5 月 1 日所罗门的义演上第一次进行表演的。那时简·奥斯汀正在将《埃莉诺与玛丽安》改写为《理智与情感》，她完全有可能从哥哥亨利那里听说了这部轰动一时的作品，毕竟亨利一直非常享受伦敦的音乐生活，也非常可能会与简·奥斯汀讨论最近的音乐会。无论如何，当这部小说最终于 1811 年出版时，简·奥斯汀立刻名声大噪。当那

---

① 《爱玛》，第 242 页。

② 查尔斯·伯尼（Charles Burney），《音乐通史》（*A General History of Music*），第 4 卷，第 482 页，伦敦，1776—1789 年。

③ 《理智与情感》，第 149 页。

④ 帕特瑞克·皮戈特（Patrick Piggott），《单纯的消遣：简·奥斯汀生活与作品中的音乐研究》（*The Innocent Diversion: A Study of Music in the Life and Writings of Jane Austen*），第 163 页，伦敦，1979 年。

些具有音乐理论基础的读者们看到书中的玛丽安弹奏那首壮丽的协奏曲时，他们的思绪一定会立刻被牵动。

尽管简·奥斯汀拒绝在众人面前演唱，但她还是收集了很多歌曲和声乐作品。其中有海顿的英国抒情小曲或摘自格鲁克的著名歌剧《奥菲欧与尤丽迪茜》中名为《世上没有尤丽迪茜》这样重要的歌曲，也有一些民谣，还有来自作曲家如迪布丁、阿恩、谢尔德创作的流行于舞台表演中的歌曲。其中一些是独唱曲，但大部分都是二重唱。最令人惊讶的作品则是《马赛进行曲》，简·奥斯汀抄写乐谱时为它起名为《马赛行军曲》。她当时无法得知这首歌曲的重要程度（因为这首歌于 1795 年才成为法国大革命的官方歌曲），所以她大概只是喜欢这个曲调罢了。

简·奥斯汀收集的音乐作品流传至今，出现了一个令人惊讶的空白区（当然，必须谨记的是，这些幸免于难的乐谱只是简·奥斯汀所有收藏品中的一部分）。在所有打印的声乐作品中，有两大组苏格兰歌曲，分别有 30 首和 26 首。其中仅有一两首歌在今天依旧非常出名，比如《远方的声音》——其实这首歌并非来自苏格兰，而是来自诺森伯兰——而更多的歌曲并不为人所知。但是，这其中完全丢失的是爱尔兰歌曲。考虑到当时摩尔的《爱尔兰谣曲》非常受欢迎，因此有人认为，简·奥斯汀应该收藏了一些爱尔兰歌曲。托马斯·摩尔 10 部作品中的第一部于 1807 年出版，此后直至 1834 年他都在持续发表自己的作品。他的音乐采用了传统的曲调，最近出版的《爱尔兰古代音乐》印刷版中收录了很多这些曲调。托马斯·摩尔还采用了十分合适的凯尔特族诗文作为歌词，并辅以特殊的伴奏。直至维多利亚时期，他的《爱尔兰谣曲》在上流社会间依旧流行，很多歌曲比如《我国珍贵的竖琴》《常在万籁俱静的夜里》《吟游男孩》也逐渐传入全国人民的耳中。在与钢琴一起被送给简·费尔法克斯的乐谱中包含了一组"新爱尔兰小调"——"有人也许会期待个一刻钟吧。"弗兰克·丘吉尔这样评价道①——他们继续假装这些礼物来自住在爱尔兰的坎贝尔上校，或者想得更大胆一些，是由迪克逊先生送来的。那是在1815年，大概已经是托马斯·摩尔所发行的第四部作品了。但简·奥斯汀依然会弹奏《罗宾·阿戴尔》，这是一首被收录在托马斯·摩尔的第一部出版作品中的曲子。显然，如果不是简·奥斯汀拥有这些作品的话，她不可能这么熟悉它们。

在简·奥斯汀的音乐收藏中，尤其是在曾经属于她母亲的那部分收藏品中，最早的琴类乐谱主要为大键琴而非钢琴，尽管多数的大键琴乐谱都是改编自其他乐器的。虽然18世纪中期钢琴就已经被引入英格兰——多数由楚姆佩或鲍尔门制作——但是直至18世纪60年代很多德国钢琴制造家来到英格兰之后，钢琴才开始大批量供应。而钢琴真正流行始于18世纪70年代，当时英格兰的大键琴制造家约翰·布洛德伍德开始基于楚姆佩的设计制造方形钢琴，然后于1783年设计了新型号的钢琴，那时他也仍在制作大钢琴。这些乐器获得了巨大的成功：市场需求量迅速上升，以至于到18世纪90年代末，布洛德伍德每年都要生产400架方形钢琴和100架大钢琴。这些数据在19世纪初时仍在不断增长，很多主流音乐家也都在使用这些乐器。于是大键琴被渐渐取代了。到18世纪90年代初，大键琴的需求量明显下降。最后一架大键琴被制造于1800年。

这样的变化在简·奥斯汀早期的作品中有所体现：在1792年简·奥斯汀创作的《凯瑟琳》一书中，年轻女士们所弹奏的是大键琴。但是，仅仅一年或者一年多之后，简·奥斯汀在《苏珊夫人》中描写道②，移至弗雷德里卡

---

① 《爱玛》，第242页。

② B.C. 索瑟姆，《简·奥斯汀的文学手稿》(*Jane Austen's Literary Manuscripts*)，第45页，牛津，1964年。

休息室中的乐器已经变成一台"小型钢琴"（其实就是方形钢琴）。在《诺桑觉寺》中，年轻的凯瑟琳·莫兰"非常热衷于按下一个个复古的钢琴键，让它们发出叮叮咚咚的声音"（然而，一旦让她上音乐课，她就无法再享受其中了）。[①] 没有其他任何现代乐器能再进入富勒顿（Fullerton）的家中了，这并不是由于经济原因——她的父亲"相当独立，还拥有两种谋生手段"——仅仅因为这个国家的神职人员不愿意跟随潮流而改变，尤其是在音乐方面。当然还有一点出于文学上的考虑："复古的钢琴键"符合凯瑟琳对于任何古怪有趣的、老式的物品都具有的浪漫品位。年轻的简·奥斯汀住在斯蒂文顿时最早练习的乐器可能就与这类似。[②]

在 19 世纪初，虽然钢琴仍然是音乐创作的主流乐器，尤其是在家中，但另一种乐器也慢慢出现在了人们的休息室里。"爸爸和妈妈今天一整晚都闷闷不乐。"路易莎·玛斯格罗夫说道，"尤其是妈妈……我们大家一致认为最好能带上竖琴，因为比起钢琴来，竖琴似乎更能让妈妈快乐"。[③] 简·奥斯汀在《劝导》一书中这样描写道。在一些追求时尚的家庭里，不仅仅是大钢琴，竖琴也取代了旧版的方形钢琴，这就是在阿普克劳斯庄园的老宅中发生的事。"在那旧式的方形客厅中……房主的两个女儿已陆续在里面摆放了一架钢琴、一架竖琴……"[④]

竖琴尤其受到了女士们的喜爱。

这种乐器的形状在各方面都被严格地计算过，以显示出表演者最美丽的一面。整体的坐姿、手臂弯曲的优雅线条、踏板上精致的鞋子、可爱

---

① 《诺桑觉寺》，第 14 页。
② 帕特瑞克·皮戈特，《单纯的消遣：简·奥斯汀生活与作品中的音乐研究》，第 137—138 页。
③ 《劝导》，第 50 页。
④ 同上，第 40 页。

的脖颈轻微倾斜的角度、最重要的则是迷人的面部表情。当一位演奏者自然而优雅地坐在竖琴旁时，这一切都在瞬间映入人们的眼帘。①

这完全就是玛丽·克劳福德向埃德蒙所展示的画面，难怪埃德蒙会爱上她：

> 一位美丽而活泼的年轻女士，依偎在一架与她同样雅致的竖琴旁，临窗而坐，窗户是落地大窗，面向一小块草地，四周是夏季枝繁叶茂的灌木丛，此情此景足以令任何男人为之心醉神迷。②

在当时，竖琴并不是一件用于演奏的乐器。但是随着18世纪下半叶踏板的引进，人们得以用竖琴来演奏小调，从而使竖琴的演奏更为灵活。而在1801年，塞巴斯蒂安·艾哈德的改造使竖琴愈发完美。他发明了双次动作踏板竖琴，这就意味着两次连续半音间的弦可以缩短，单弦上可以弹奏出降半音、自然全音和升半音。1810年，他把这套系统应用在竖琴所有的弦上，于是，每当在7个踏板中选择一个升高或降低一到两级时，当前音调下的所有8度音阶都会升高或者降低半度或一度。这基本与我们如今所使用的竖琴一样，它似乎也就是玛丽·克劳福德送至曼斯菲尔德庄园的竖琴：

> 竖琴运来了，愈发给她平添了几分丽质、聪颖与和悦，因为她满腔热情地为他们弹奏，从神情到格调都恰到好处，每支曲子弹完之后，总能听

---

① 《摄政礼仪：优雅之镜》，第194—195页。
② 《曼斯菲尔德庄园》，第65页。

到几句巧言妙语。埃德蒙每天都到牧师住宅去欣赏他心爱的乐器，今天上午听完又被邀请明天再来，因为女士们就是希望有人爱听她们的演奏，于是事情很快就有了苗头。[①]

玛丽·克劳福德深知，艺术成就只是竖琴价值的一小部分，而更重要的是它使一位年轻的女士更具有视觉吸引力，并且使她们在异性的眼中更加迷人。竖琴优美的曲线和女性化的外观已成为这个乐器本身的延伸。当人们凑近观察时，也会不由自主地被它的动人声音吸引。玛丽·克劳福德非常谨慎地选择她的乐器：一架钢琴，尤其是方形钢琴，是无论如何也无法像竖琴那样提供视觉上的吸引力的。就算有，钢琴方正的外观就像一堵墙一样挡住了表演者一半的身体，人们只能欣赏她的背影。相对机械的钢琴弹奏动作当然也完全不具有轻柔地抚弄竖琴时所带来的感官享受。男性听众会感觉自己仿佛被竖琴的声音拥抱。（简·奥斯汀使用"优雅"这个词语来描述竖琴，而她也用这个词语来形容女性，并将两者从视觉上联系了起来。）《摄政礼仪：优雅之镜》一书通过将钢琴家与竖琴家进行对比，展现了钢琴家的劣势，并且暗示了几种减少劣势的方法。

演奏钢琴或者大键琴的姿势很难称得上是优雅的。由于这些乐器的形状，表演者必须笔直地坐在键盘的正前方，她的姿态也会变得生硬，这样很难表现出典雅的一面。但是，如果不是非要追求极致的优雅，表演者至少可以减少一些僵硬的感觉。比如她可以轻柔地在键盘上移动她的双手，或者优雅地稍微把头偏向一侧，这样的行为会使她的整体姿态更

[①]《曼斯菲尔德庄园》，第64—65页。

为优美。[①]

　　从女性优雅的角度出发，钢琴无疑是第二选择。相较于玛丽·克劳福德，钢琴更适合玛丽·班纳特。

　　当亨利·奥斯汀在位于斯隆街的房屋里举行聚会时，竖琴应该是所有人关注的焦点。伊丽莎·奥斯汀也会弹奏竖琴。她曾经叫伊丽莎·德·傅伊利德（Eliza de Feuillide），在法国大革命之前居住在巴黎，是奥斯汀家中活跃而又闪耀的一员。她收藏的两卷乐谱留存至今，其中一卷还是在巴黎印刷的。[②]伊丽莎·奥斯汀热爱音乐，有一次她甚至表示，她将向社会推荐她的书、竖琴和钢琴（虽然这听起来完全没有说服力）。[③]1811 年，简·奥斯汀与她的哥哥和嫂子一起住在伦敦，她在给住在古德汉姆的卡桑德拉写信时提到了一场即将举办的聚会，因为会有一些专业的音乐家进行表演。她非常期待能听到竖琴的演奏：

　　　　聚会的时间已经确定了，非常近，就在下个星期二。至少有 80 人受到了邀请。聚会上会有一些非常棒的音乐表演，他们还花钱雇用了 5 位专业的音乐家，其中 3 人是专业的合唱家——范妮一定会对这个感兴趣的。还有一位音乐家是乐团中的竖琴首席，我非常期待他的表演。[④]

　　18 岁的范妮·奈特是她们的侄女，她当然被勾起了兴致。范妮·奈特有着十分敏锐的音乐触觉，并且已经成为一名小有成就的钢琴家，经常会为舞

---

　　①《摄政礼仪：优雅之镜》，第 195—196 页。

　　② 查顿的私人收藏。

　　③ 1799 年 10 月 29 日致菲乐迪菲亚·沃尔特（Philadelphia Walter）的一封信，R.A. 奥斯汀-利，《奥斯汀家族选集》，第 173 页。

　　④《简·奥斯汀书信集》，第 180 页。

蹈或者聚会伴奏。一个星期后，简·奥斯汀又写了一封信，讲述了这次聚会中有关音乐的一些细节，这封信更多是给范妮而不是给卡桑德拉写的（信中出现了一些奇怪的词语，那是简·奥斯汀和范妮·奈特都会使用的）：

> 聚会上的音乐简直精彩绝伦。开场音乐是亨利·毕肖普爵士的作品，之后其他人相继表演了《和平与爱之曲》《罗萨贝尔》《红十字骑士》和《可怜的昆虫》等曲目。歌曲之间有竖琴独奏或竖琴与钢琴二重奏的表演。竖琴的演奏者是魏佩特（Wiepart），他似乎非常有名，但我确实是第一次听说他的名字。一位女性歌唱家——戴维斯小姐一身蓝衣出现在公众面前，她的声音确实非常优美。这些花钱请来的音乐家们都表现得十分令人满意。无论人们怎么劝说，其他业余的音乐家们都不愿意再上台表演了。直到12点之后人们才相继离开。如果你还想知道更多的情况，你可以问我，但我似乎已经都讲得差不多了。①

这里有几件有趣的事情值得注意。一件是聚会中出现了"竖琴独奏或竖琴与钢琴二重奏"。这两种乐器的二重奏是很常见的，伊丽莎的音乐收藏中就有这样的曲子。竖琴的演奏者可能是约翰·魏佩特，或者他的弟弟迈克尔，他们两人来自德国，在伦敦定居后享有很高的声誉。约翰·魏佩特经常会在考文特花园和德鲁里街进行表演。他曾对歌舞剧《加里·欧文》中的音乐进行了改编，之后这也成为简·奥斯汀收藏的乐谱之一，这或许就发生在她欣赏约翰·魏佩特或者他弟弟于斯隆街的表演之后。正是由于这些音乐家们卓越的表演（当然戴维斯小姐在当时已经非常有名了），所以没有一位宾客愿意上台表演也不足为奇。但是，当时雇用这些音乐家们并不是为了给他们举

---

① 《简·奥斯汀书信集》，第183—184页。

办音乐会，仅仅只是为了制造一些音乐，使聚会的夜晚显得更为盛大，这毫无价值。

范妮随后也开始学习竖琴。有人认为，这在古德汉姆是很理所当然的一件事，因为范妮就是会演奏社会上流行的乐器。然而，真正的原因还是她对音乐的热爱。1814 年，当范妮拜访她的朋友玛丽·奥克森登时，她听到了一直以来被描述为"美妙的竖琴音乐"，这次经历使她自己也想学习竖琴。[①]一开始，她师从一位坎特伯雷当地的音乐老师。当她前往伦敦，在与亨利·奥斯汀一起居住的 3 个星期里，她抓住机会向一位杰出的音乐家菲利普·詹姆斯·迈耶学习，并为此特意从新邦德街的教堂里租借了一架竖琴。[②]当时，简·奥斯汀也与他们住在一起。在给卡桑德拉的信中，她表达了对音乐教师，特别是迈耶的看法：

> 迈耶先生一个星期上 3 节课。他总是随意更改上课的日期和时间，并且从来不准时。我并没有范妮那种对于音乐老师的喜爱，迈耶先生的行为也不会使我想要寻找一位老师。实际上，我认为之所以会有老师，或者至少是音乐老师这种职业，是因为他们在课余时间被赋予了太多的自由。[③]

范妮对音乐的热忱由此可见。如果简·奥斯汀的话语听起来有一些刺耳，那可能是因为她回想起了年轻时那位不可靠的查德先生。

在简·奥斯汀拜访她哥哥的这段时间里，她也观察到了一些有趣的事情。亨利生病的时候（实际上，简·奥斯汀正是为了照顾他才住在那里），药剂师

---

① 玛格丽特·威尔森，《情同姐妹：简·奥斯汀最爱的侄女 ——范妮·奈特的家庭生活》，第 23 页。
② W. 奥斯汀-利、R.A. 奥斯汀-利和迪尔德丽·勒·费伊，《简·奥斯汀：家族档案》，第 205 页。
③《简·奥斯汀书信集》，第 303 页。

哈登先生每天都会上门为他诊断病情。查尔斯·哈登年轻俊美，是切尔西和布朗普顿药房里一位成功的、极具野心的医生，他十分热爱音乐。简·奥斯汀在给卡桑德拉的信中描述他具有"可怕的疯狂"，因为他"坚定地相信一个不爱音乐的人是极其恶毒的"，《威尼斯商人》的第五幕第一场诠释了这一点：

> 凡是心中没有音乐，
>
> 也不为妙韵之和谐所动之人，
>
> 只适宜谋反、行凶和抢劫……

"我大胆地提出了与以往不同的观点。"简·奥斯汀在信里还写道，"希望这仅仅是出于对他才华的欣赏。"[1] 她对于音乐那种矛盾的心理又一次体现了出来：她自己作为一位合格的音乐家、一位能够欣赏他人作品的音乐家，不应该将音乐作为衡量他人道德的标准。她与莎士比亚之间的观点对比是很引人注目的，但是后来，莎士比亚在英国音乐盛行的时候仍在写作，简·奥斯汀却停止了。简·奥斯汀被这位热爱音乐的年轻药剂师所吸引。实际上，他是如此才华横溢，以至于简·奥斯汀完全无法将他看作一名药剂师（药剂师在医学界中的级别最低）：

> 他不是药剂师，他从来都不是药剂师，这个街区没有药剂师……他就是哈登，仅此而已，他是一个有着两条腿的、杰出到令人无法形容的生物，介于人类与天使之间，但是他身上绝对没有一点点药剂师的影子。

---

① 《简·奥斯汀书信集》，第 300 页。

他也许是这儿附近唯一一个不像药剂师的人。[①]

范妮更是被他深深地迷住了。她在日记中写道,他是一个"非常讨人喜欢的、聪明的、精通音乐的'哈登'",还是杰出的作曲家,她似乎经常会比她姑妈更快地想到这个人。[②]范妮练习竖琴的时候,哈登先生会"坐在一旁仔细倾听,并给出改进的意见"。但是,如果"没有钢琴的伴奏",他并不会开口歌唱。[③]简·奥斯汀在写给卡桑德拉的信中仔细地描写了休息室中大家的座位,暗示着这两个年轻人之间的爱情开始萌芽:

> 晚餐的时候,哈登先生展示出了良好的礼仪和机智的谈吐。7点至8点,范妮在练习竖琴。在之后整个晚上剩余的时间里,休息室中的座位是这样安排的:我和伊丽莎坐在摆放有沙发的这半边,而范妮和哈登先生分别坐在房间另一边的两把椅子上(我确信他们至少有两把椅子),不停地在交谈。多么美妙的场景!你知道接下来更棒的是什么吗?那就是明天哈登先生会再次与我们共进晚餐。[④]

范妮·奈特天生热爱音乐。弹奏音乐对她来说不仅仅是为了追求潮流,最重要的是她能在这个过程中获得真切的满足感,她的音乐天赋毋庸置疑。就像简·奥斯汀的滑稽戏《小说计划》(*Plan of a Novel*)中的女主角,范妮在音乐上有着"高超的甚至是完美的技艺,这是她毕生的追求,而且她对于钢琴和竖琴的演奏都非常出色"(女主角的这一面就是来源于范妮,这本书的

---

① 《简·奥斯汀书信集》,第 303 页。
② 引自 W. 奥斯汀-利、R.A. 奥斯汀-利和迪尔德丽·勒·费伊,《简·奥斯汀:家族档案》,第 205 页。
③ 《简·奥斯汀书信集》,第 298、303 页。
④ 同上,第 301 页。

手稿边缘处标注出了这一点）。① 而范妮的姐姐安妮却并不像她这么有天赋。就在安妮嫁给本·勒弗罗伊不久之后，简·奥斯汀前去拜访了他们，随后她便向范妮讲述了她和安妮之间关于是否应该买架钢琴的讨论：

> 当听到她要买钢琴时我并不是很开心，这似乎就是在浪费钱。她想买一架专业钢琴，以她的弹奏水平来说，这根本没有必要。②

简·奥斯汀有一份手抄乐谱，是迪布丁的《士兵的告别》，而她将歌词中的"士兵"写成了"水手"。

简·奥斯汀对安妮同父异母的妹妹卡洛琳怀有更多的同情之心。卡洛琳住在斯蒂文顿，自己没有钢琴，只能去别人家练习。当卡洛琳前往乔顿做客时，她抓住每一个机会练习她最爱的曲目。也许是因为听了太多次她的弹奏，卡桑德拉在给简·奥斯汀的信中提到了这一点。于是，简·奥斯汀在伦敦给卡洛琳写信，并且温柔地鼓励她：

> 你一定会有练习音乐的机会，我也相信你能够保护好我的乐器。对于乐器，任何时候都不要有不正确的使用行为。除了特别轻的东西，其他的一律不允许放到钢琴上。除了托马索·吉沃尔唐尼的《隐士》，我希望你能尝试练习一些其他的乐谱。③

此后，钢琴成为她与小侄女来往信件中一个常见的"人物"，表达着它的赞扬以及被卡洛琳再次弹奏的渴望：

---

① 《简·奥斯汀次要作品集》，第 428 页。
② 《简·奥斯汀书信集》，第 285 页。
③ 同上，第 294 页。

　　钢琴会经常以不同的键音、曲调和声调提醒你，无论是音乐选段还是乡村舞蹈伴奏，无论是奏鸣曲还是华尔兹，你都是它永恒的主题。[1]

　　有意思的是，对钢琴拟人化的表达似乎成了简·奥斯汀的一种习惯：她曾经在拜访邻居之后给卡桑德拉写信，说她"发现只有兰斯夫人在家，无论她如何吹嘘她的孩子，她身边的钢琴都缄默不语"。[2]

　　3位合唱成员在亨利和伊丽莎的晚宴上所表演的曲目由约翰·瓦尔·卡尔柯特创作，他是当时最多产的声乐作曲家之一。卡尔柯特出生于1766年，生活在英格兰最重要的本土音乐发展的巅峰时期直至18世纪末。重唱是一种最基本的声部组合形式，通常有3种不同音调的声音，乐句短小且具有强烈的特点，被反复出现的韵律、不同的节拍和一点旋律的展开分隔开来。歌词可以使用当下流行的语句，反映日常生活中人们所关心的方方面面的事情——爱情、饮食（准确来说是饮酒）——或者也可以使用比如"洞穴""和风"或"藤蔓"等传统的词语来暗讽当今诗歌中空洞的情感。尽管这些声调的组合形式大多数都比较简单，但它们经常出现在对比声部，也经常会与早期更加复杂的音乐有所关联，比如卡农、无伴奏小曲甚至赞美诗。这些曲调大量地出现在合唱和音乐俱乐部的表演中，并在18世纪末风靡全国。

　　贵族绅士音乐俱乐部成立于1761年，威尔士王子和克拉伦斯公爵（还有之后的乔治四世和威廉四世）都是这个俱乐部的杰出会员。除了贵族阶级，这个俱乐部的会员当然还包括大量的音乐家，托马斯·阿恩就是其中一员。每个星期四，俱乐部的成员们都会聚集在圣詹姆斯街上的茅草屋酒馆里，聚

---

[1]《简·奥斯汀书信集》，第326页。
[2] 同上，第117页。

会由每个人轮流主持。每年俱乐部都会评选出一些精彩的音乐作品并为创作者颁奖。卡尔柯特在 1787 年提交了近百首作品,于是俱乐部不得不增加了一条新的规定"同一个奖项每个作曲家不得提交超过 3 首作品"。其他位于伦敦的音乐俱乐部还有 1766 年成立的阿克那里翁协会和 1783 年成立的合唱俱乐部。这两家俱乐部的聚会地点都位于斯特兰德的王冠海锚酒馆。前者的官方俱乐部歌曲是约翰·斯塔福德·史密斯的《致天堂里的阿那克里翁》,每次聚会开始之前这首歌曲都会被演奏。而后者则选择了塞缪尔·韦伯于 1790 年特意创作的《辉煌的阿波罗》作为官方歌曲。这些社团的活动氛围都十分轻松:每次的聚会都包含晚餐,并提供大量的红酒和烟草。据记载,一家位于坎特伯雷的音乐俱乐部供应了太多的烟草,以至于就算同时打开 3 台通风机,屋内也一直烟雾弥漫。① 阿恩在一首著名合唱曲的歌词中向大家展示了这些俱乐部的日常活动:

最适合喝酒的是哪天?

星期六、星期日还是星期一?

我想每天都是最适合喝酒的日子

为什么只让我选择其中的一天?

你说出你的选择　然后我说出我的答案

或者让我们一起来选择这几天

星期二、星期三、星期四、星期五

星期六、星期日、星期一

---

① 约翰·布鲁尔,《想象的乐趣:18 世纪的英国文化》,第 564 页。

　　酒精充斥着很多音乐俱乐部的聚会，尤其是那些乡间俱乐部。根据约翰·马什的记录，在索尔兹伯里，晚上 8 点之后仍有音乐聚会：

　　　　大餐桌上摆满了烤面包……芝士和黑啤酒，大家结束用餐之后会在篝火旁围成一圈，欣赏音乐表演……直到十一二点。[1]

　　然而，我们可以看出，这些俱乐部，尤其是位于伦敦的俱乐部，都有着贵族式的会员标准，此外，为他们表演音乐的都是专业音乐家。海顿可能也参加过考文特花园中加里克剧院的聚会，他的朋友威廉·谢尔德是会员之一。海顿当然也在聚会上为竖琴或钢琴伴奏，表演曲目是阿宾顿伯爵创作的《十二首感伤小调》。在海顿第二次造访英格兰时，他就已经与阿宾顿伯爵相交甚欢。霍勒斯·沃波尔认为，阿宾顿"并不缺乏个人才华，但是行为粗野、思想固执，极度没有教养，却又热情而诚实"。阿宾顿是一位业余的作曲家，但也有人认可他的音乐专业性，因为他曾发表了大量的作品，除了合唱曲之外，还包括很多不同的乐器音乐和赞美诗。[2]

　　之后，合唱俱乐部慢慢变得不再专属于贵族阶级，尤其是乡间俱乐部，开始对绅士和商人同时开放，但是这些俱乐部成员基本都是以男性为主的。而音乐俱乐部却并非如此，比如埃尔顿夫人想要安排与爱玛见面的地点就是一家音乐俱乐部。[3]

　　滑稽曲虽然拥有比合唱曲更古老的历史，但一直被认为是无法登上大雅之堂的表演，因为它们被创造出来就是为了提供欢乐，在一些特定的场合中，

---

　　① 约翰·布鲁尔，《想象的乐趣：18 世纪的英国文化》。
　　② 阿宾顿伯爵（Lord Abingdon）的《十二首感伤小调》（*Twelve Sentimental Catches and Glees*）中的两个条目，引自 H.C. 罗宾斯·兰顿（H.C.Robbins Landon）的《海顿：作品年鉴》（*Haydn: Chronicle and Works*），第 362—363 页，五卷本，伦敦，1976—1980 年。
　　③《爱玛》，第 276—279 页。

其歌词甚至会带来娱乐的效果。所以，一些最低级的曲目都创作于英格兰的复辟时期，这一点也不奇怪。

这一切在18世纪末发生了改变。虽然女士们在俱乐部中不再表演合唱和滑稽曲，但是她们很乐于在家里歌唱。正如我们在亨利·奥斯汀的宴会上看到的那样，体面的家庭中通常都会自己举办音乐聚会。伊丽莎·舒特居住在贝辛斯托克附近的维尼庄园中，她将自己收集到的合唱谱仔细地折叠起来，夹在了她1793年的日记本里。她的丈夫是汉普郡议会议员，他们一定会在每一个晚间聚会上一起表演合唱。① 伊丽莎·舒特收藏的合唱谱中包含了当时非常著名的作曲家，比如哈林顿、韦伯和莫林顿的歌曲，当然也包括阿恩的那首喝酒歌。她也收藏了一些更为早期的作品，比如珀塞尔（Purcell）的滑稽曲《我们终于达成了可笑的一致》和著名的轮唱曲《倾听美丽的教堂钟声》——虽然人们认为这首歌出自珀塞尔，但其实作者是亨利·奥尔德里奇——以及像托马斯·莫利创作的五重唱《现在是五朔节》和威尔比创作的《弗洛拉赠予我最美丽的花》这样表达更为直接的歌曲。

《曼斯菲尔德庄园》中也有关于合唱表演的描写。在傍晚的休息室中，当范妮、埃德蒙和玛丽·克劳福德站在敞开的窗前欣赏落日的余晖时，玛丽亚坐在钢琴前，周围站着与她一起表演合唱的朋友们。玛丽亚的这个小群体人际关系似乎有些紧张：玛丽亚爱的人是亨利·克劳福德，她未来的丈夫拉什沃斯先生对于她十分关注亨利·克劳福德这一点非常不满；朱丽亚也爱上了亨利·克劳福德，并且十分忌妒她的姐姐，她认为玛丽亚并没有权利占有这个男人。范妮和玛丽亚这两个小群体所在的位置很好地向我们这些读者展示了他们之间的关系：一开始，我们与范妮一起站在窗边，即使后来坞丽和埃德蒙相继邀请她去钢琴的地方，她也依然一个人留在原地。对于我们来说，

---

① 汉普郡档案办公室，奥斯汀-利档案馆。

这时的音乐既具有视觉效果，又存在于背景之中——即使我们不知道玛丽亚弹奏的是哪首曲子，也不知道她和朱丽亚"热情邀请"玛丽一起合唱的是哪首歌，但是，我们很清楚的一点是，不同于在合唱俱乐部，在家庭中表演合唱的通常是女士们，而且一般都需要3个人，所以玛丽亚和朱丽亚要求玛丽加入她们。当玛丽亚弹钢琴伴奏并且与朱丽亚和玛丽合唱时，男士们则站在钢琴旁边欣赏。而我们作为读者，与范妮和埃德蒙一起站在窗边已经有一段时间了，我们完全听不到合唱的声音，因为范妮正沉浸在窗外风景所带来的"音乐"中。当其他人正在挑选演唱的曲目、分配不同的合唱声部时，范妮背对着屋内，凝视着美丽的星空和树木的阴影。只有当埃德蒙一人在旁边时，范妮才安心地表达了她的感受：

> 这里的景色多么和谐、多么恬静啊！比一切图画和音乐都美，就连诗歌也难以尽言其妙。它能让你忘掉人间的一切烦恼，使你心情愉悦！每当这样的夜晚我临窗眺望的时候，我就觉得好像世界上既没有邪恶也没有忧伤。如果人们多留意大自然的壮丽，多看看这样的景色而忘掉自我，邪恶和忧伤一定会减少。[1]

此时，范妮作为一个作家而非一个音乐家，用音乐的语言否定了音乐可以像诗和自然一样触及人们的灵魂这一说法。从诗歌的角度出发，简·奥斯汀也许有同样的感受。但是她不仅仅只是告诉我们范妮的感受，还展示出了一些她自己的想法。她将窗外美丽景色的"和谐"与屋内音乐家们的"和谐"进行了对比。也许他们的合唱是优美的，但他们之间并不存在"和谐"的关系，玛丽·克劳福德也无法从"邪恶"或者"世故"中脱离，因为她坚

[1]《曼斯菲尔德庄园》，第113页。

持要改变埃德蒙前往教堂的念头：这反映出了她腐朽的叔叔给她带来的不良影响，埃德蒙也曾跟范妮提过"玛丽被这样的人抚养长大"是多么的可惜。

由此可见，在曼斯菲尔德庄园的休息室中表演的音乐仅具有社交属性，而非精神属性。这样的音乐为年轻女士们提供了展示自己的机会，也为表演者和观众之间的不和谐提供了掩护。另外，这种展示并不仅仅是一种优雅的艺术成就，而且使年轻女士们具有强烈的性吸引力。当范妮和埃德蒙一起凝视夜空、发掘窗外的美景之时，屋内的音乐表演吸引了男士们更多的注意力。克劳福德先生和拉什沃斯先生已经将蜡烛摆在了贝特伦小姐们的周围（当然，范妮的星星可没有这些人工的痕迹），这样他们可以更加专注地欣赏她们的表演。当时，埃德蒙正要带范妮去草坪上更好地欣赏星空，但他没有抵挡住音乐的诱惑，在合唱开始的时候，他突然停住了脚步：

> "我们等她们唱完了再出去吧，范妮。"埃德蒙一边说，一边转过脸，背向窗户。范妮见他随着歌声在一点一点地朝钢琴移动，心里感到一阵屈辱。等歌声停下时，埃德蒙已走到歌手跟前，跟大家一起热烈地要求她们再唱一遍。[1]

然而，作为读者，我们是不会向音乐中涉及的复杂情况妥协的，而且我们一直维持着范妮的视角：关于这个合唱表演，我们所知道的仅仅是它开始了、进行中、最后结束了，我们也猜测这个表演又重复了一遍。但是，如果埃德蒙与克劳福德先生和拉什沃斯先生一样被这样的表演驯服的话，这个重复的表演对屋子里的两个人来说有着重要的意义：对于其中一个人，这个表演展示了他深爱的表妹的脆弱；对于另一个人，这个表演提供了一个献殷勤的机会。

---

[1]《曼斯菲尔德庄园》，第 113 页。

在简·奥斯汀构建的这个场景中，我们无法亲耳听到的音乐被替换为对应的视觉描写。最后，简·奥斯汀以一个小小的咏叹结束了这一章："范妮一个人站在窗前叹息。直至诺里斯太太责备她当心着凉，她才离开。"①

范妮·普莱斯并不是一个热爱音乐的女主角，并且在《曼斯菲尔德庄园》中，音乐也一直只是作为背景出现。戏剧在这本小说的艺术活动中占据了主要的地位，音乐同戏剧一样都属于展示和吸引这个过程中的一部分。但是这些艺术活动都与范妮恬静的性格相左，范妮更喜爱一个人静静地读书或观察大自然。虽然音乐天赋并不只是角色性格的一种体现，但角色们对它的态度也经常能够展示这个角色身上一些重要的特质。

在《傲慢与偏见》中，伊丽莎白和她的妹妹玛丽之间的对比是非常有趣的。伊丽莎白总是会"不好意思在那些听惯了第一流演奏家的宾客们面前坐下来献丑"，当她表演时，她的演奏"不算奇妙绝伦，也还娓娓动听"。而她的妹妹玛丽"在她们几个姐妹之间长得最不好看，因此她发愤钻研学问，讲究才艺，总是急着要卖弄自己的本领"。②简·奥斯汀在分析玛丽失败的原因时并不留情面：

> 玛丽既没有天赋，品位也不高，虽说虚荣心促使她刻苦用功，但是同样也造成了她一脸的女才子气派和自高自大的态度。有了这种气派和态度，即使她的修养再好也于事无补，何况她不过如此而已。③

她的音乐研究对于一个外行来说简直是过于学术，甚至到了荒谬的程度。她展示出的是一个并不讨喜的自学者形象：当简和伊丽莎白从尼日斐

---

① 《曼斯菲尔德庄园》，第 113 页。

② 《傲慢与偏见》，第 24—25 页。

③ 同上，第 25 页。

庄园回到家时，她们发觉玛丽还像以往一样，在埋头研究和声学以及人性的问题，她拿出了一些新的札记给她们欣赏，又发表一些对旧道德的新见解给她们听。①

玛丽被讽刺并不是因为她的好学，而是因为她在练习过程中缺乏适当的尺度和克制：她的勤勉除了给她带来一定程度上的自我满足之外并无其他益处。再加上她意识不到自己给他人带来的负面影响，这使她更不具备社交风度。她父亲在尼日斐庄园聚会上对她演唱的阻止并不是嘲笑她缺乏乐感，而是对她失态地想要获得全场所有注意力这一行为的评论：

晚饭一吃完大家就谈起要唱歌。伊丽莎白眼看着玛丽经不起人家稍微怂恿一下就答应了大家的请求，觉得很难受。她曾经频频向玛丽递眼色，又再三地默默劝告她，竭力叫她不要这样讨好别人，可惜最终还是枉费心机。玛丽毫不理会她的用意。这种出风头的机会她是求之不得的，于是她就开始唱起来了。伊丽莎白极其痛苦地盯着她，带着焦虑的心情听她唱了几句，等到唱完了，她的焦虑感也丝毫没有减少，因为玛丽一听到大家对她称谢，还有人隐约表示要她再赏他们一次脸，于是歇了半分钟以后，她又唱起了另一支歌。玛丽的才艺是不适合这种表演的，因为她嗓子细弱，表情又不自然。伊丽莎白真是急得要命。她看了看简，看看她是不是受得了，只见简正在安安静静地跟宾利先生聊天。她又看见宾利的两位姐妹正在彼此挤眉弄眼，并对着达西做手势，而达西依旧板着面孔。她最后朝着自己的父亲望了一眼，求他老人家来拦阻一下，免得玛丽通宵唱下去。父亲领会了她的意思，他等玛丽唱完了第二支歌，便大声说道："够啦，孩子。你使我们开心得够久啦。留点时间给别的小姐

---

① 《傲慢与偏见》，第60页。

们表演表演吧。"①

　　伊丽莎白的练习并不够，她自己也深知这一点，所以她实际上并不像她看起来那样精通音乐。而安妮·艾略奥特则完全不同，她精湛的技艺足以使玛斯格罗夫夫妇热情地赞美道："不错，安妮小姐！弹得真好！天哪！你的那些小指头真灵活啊！"②伊丽莎白在德波夫人家弹钢琴时与达西闲聊，当达西说到自己无法轻易地与陌生人交谈时，伊丽莎白的话语展示了缺乏天赋和不愿努力之间的区别：

　　　　我的手指不像我见到的很多女士那样弹起琴来熟练自如。它们没有那种力度和速度，就不能产生同样的表现力。不过我总是把这看作我自己的过错——因为我不愿意花费时间去练习。我就不相信，与弹得美妙绝伦的其他任何女人相比，我的手指没有她们的手指能干。③

　　达西的妹妹则完全相反，她勤于练习，结果也卓有成效。当达西向他的姨母赞扬自己的妹妹时，却得到了凯瑟琳夫人无礼的评论："要是她不多多练习，那她也好不到哪里去。"④在弹奏钢琴的间隙，伊丽莎白讽刺地指责达西借由对妹妹的赞美来吓自己，但实际上达西夸奖妹妹只是出于手足之情。乔治安娜这个16岁的害羞姑娘仍然沉浸在韦克翰给她带来的伤害中，她与安妮·艾略奥特一样，并不在意自己所掌握的丰富资源：音乐对她们来说只是个人的休闲与慰藉。乔治安娜"整天都在弹琴和唱歌"。⑤在她返回彭伯利庄

---

① 《傲慢与偏见》，第100—101页。
② 《劝导》，第47页。
③ 《傲慢与偏见》，第175页。
④ 同上，第173页。
⑤ 同上，第248页。

园时，达西送给她一架崭新的钢琴作为惊喜的礼物（有趣的是，她没有考虑过去弹奏在当时更为流行的竖琴）。

安妮·艾略奥特也对竖琴"一无所知"，然而与达西小姐不同的是，达西小姐至少有一位哥哥欣赏她的演奏，但安妮知道，别人并不在乎她的琴艺——尽管这个事实展现出了安妮更为宽厚的性格：

> 她知道，当她弹琴的时候只有她自己从中得到快乐。不过这也已经不是什么新鲜的感觉了。自 14 岁失去亲爱的母亲以来，除了生命中很短的一段时间之外，她从未感受过被人洗耳恭听的快乐，从未受到过任何真正的赞赏和鼓励。在音乐这个天地里，她向来都是孤苦伶仃的。玛斯格罗夫夫妇只偏爱自己两个女儿的演奏，对别人的演奏却漠不关心，这与其说使安妮为自己感到羞辱，不如说使她为玛斯格罗夫家的小姐们感到高兴。①

音乐的包容性使她深刻地意识到，自己的孤独与失落（尤其在她失去母亲和温特沃斯之后）不会让她更加自怜，而是给予了她玛斯格罗夫家的关爱，这使她倍感幸福。但安妮所接受的考验不止这些。当弗雷德里克·温特沃斯再次出现在她的生命中时，无尽的绝望感几乎将她变成了一个机器人。此时，音乐渐渐地远离了她：

> 安妮的手指机械地弹着琴，弹了半个小时，既没有弹错，也没有知觉。有一次她感到弗雷德里克在看她，在观察她那已经改变的容颜，也许是企图找寻一度使他神魂颠倒的那张脸的残痕。有一次，她知道他一

---

① 《劝导》，第 47 页。

定谈起了她，但是她直到听见别人的回答才意识到这点。不过她可以肯定，弗雷德里克问过他的舞伴，艾略奥特小姐是否从不跳舞？对方回答说："啊！是的，从不跳。她完全不跳舞了。她宁愿弹琴。她对弹琴从不感到厌倦。"①

虽然在这种场合安妮"会非常高兴有事情可做，但她不想得到任何报答，只要不引起别人的注意就行"，她仍希望做一些贡献，于是她"就同往常一样，表示愿意为大家伴奏"。②伴奏不仅是一项技能，当人们想跳舞的时候，伴奏更是必不可少的，它能为人群带来欢乐和轻松的氛围。拒绝伴奏则意味着这个人无法履行她在这个社交群体中的职责。

当然，这条规则对于男士来说并不适用。在《傲慢与偏见》中，柯林斯先生对于他放弃唱歌的解释听起来非常荒谬，他也完全没有必要说这些：

> 只听到柯林斯先生说："如果我侥幸会唱歌，那我一定非常乐意为大家高歌一曲。我认为音乐是一种高尚的娱乐，与牧师的职业丝毫没有抵触。不过，我并不是说，我们应该在音乐上花费太多的时间，因为的确还有很多别的事情要做……"③

"如果我会唱歌，我一定为大家高歌一曲"，他这个毫无意义的保证显示出他对音乐的优越性抱有武断的、没有根据的猜想。这个猜想在后文讲到他的"女金主"凯瑟琳夫人时也有所体现。凯瑟琳夫人对她自己和她的女儿大加赞扬，但他们讨论的都是虚构的能力：

①《劝导》，第72页。
②同上，第71页。
③《傲慢与偏见》，第101页。

　　要是你们谈音乐,我一定要参与进来。我想,目前在英国,没有几个人能像我一样真正欣赏音乐,也没有人比我趣味更高。我要是学了音乐,一定会成为一个名家。安妮要是身体好,也一定会成为一个名家的。我相信她的演奏也一定十分人。①

她描述女儿演奏的场景只是一个模糊苍白的影子,只存在于她的想象之中。然而,凯瑟琳夫人还不合时宜地用伊丽莎白作为对比:

　　班纳特小姐如果再多练习练习,能够请一位伦敦名师指点指点,弹起来就不会有毛病了。虽说她的品位比不上安妮,可是她很懂得指法。安妮要是身体好,能够学习的话,一定会成为一位令人满意的演奏者。②

凯瑟琳夫人继续"对伊丽莎白的演奏发表意见,还给了她很多关于演奏和鉴赏方面的指示",延续着柯林斯先生基于一个并不存在的才艺而发表看法的这种说法。这样的描写产生了滑稽的效果(主要是因为她打断了伊丽莎白的演奏)。但是伊丽莎白"极有耐心地虚心接受"了凯瑟琳夫人的意见,这样的场景使读者无法轻易接受凯瑟琳夫人这个角色,因为她不仅批评了伊丽莎白的音乐风格,还对伊丽莎白造成了极大的负面影响。

爱玛·伍德豪斯同样不够努力,她实际的演奏水平远远不及她的天赋那么高。但是她知道"自己的本事有限,于是她只弹了自己拿手的曲子",③并且对于自己的音乐才能有"自知之明",不过,"如果其他人受到蒙蔽,愿意认为

---

①《傲慢与偏见》,第173页。
②同上,第176页。
③《爱玛》,第227页。

她的成就高于实际情况，她也并不为此感到遗憾"。① 溺爱的父亲对爱玛十分放纵，家庭教师把她当成自己的朋友而非学生，哈莉埃特先生和韦斯顿先生对她倾注了毫无挑剔的爱意，所有海伯里的人都恭维她，于是奈特利先生成为唯一能够指出她错误的人。但是，爱玛也会以简·费尔法克斯为标准来进行自我批判。虽然爱玛可能会憎恨自己这一点，但出于对自己的诚实，她也无法否认。这两人音乐能力上的差距可以从对比中得到体现："无论弹琴还是唱歌，费尔法克斯小姐都远远胜过爱玛，爱玛自己也从不否认。"② 并且，当听说简也会出席科尔家的聚会时，她仔细地思考了她们俩的不同，内心充满懊悔与不忿：

> 她自己弹琴唱歌都比不上简·费尔法克斯小姐，为此她确确实实感到难过。她痛悔小时候太懒散，于是便坐下来，发愤苦练了一个半小时。
>
> 后来，哈莉埃特进来了，打断了她的练琴。假若哈莉埃特的赞美能给她带来满足的话，也许她马上就会感到欣慰。
>
> "唉！我要是能弹得跟你和费尔法克斯小姐一样好，那该有多好啊！"
>
> "别把我们俩相提并论，哈莉埃特。我可没有她弹得好，就像灯光比不上阳光一样。"
>
> "哦！天哪——我看你们俩还是你弹得好。我看你弹得真跟她一样好。说真的，我更爱听你弹。昨天晚上，大家都夸你弹得好。"
>
> "凡是懂行的人肯定能分出高下来。事实上，哈莉埃特，我弹得只是可以让人夸一夸，而简·费尔法克斯就弹得好多啦。"
>
> "噢，我一直都认为你弹得跟她一样好，真的，即使有什么高低之分，

---

① 《爱玛》，第 44 页。
② 同上，第 227 页。

也没有人听得出来。科尔先生说你弹得很有韵味，弗兰克·丘吉尔先生也大讲特讲你多么有品位，他认为品位比技巧重要得多。"

"啊！可是简·费尔法克斯却两者兼而有之呀，哈莉埃特。"

"你确定吗？我看出她有技巧，可我并不觉得她有什么品位。谁也没说起过。我不爱听意大利歌曲。让人一句话也听不懂。再说了，你也知道，她必须要弹得好才行，因为她还得去教别人呢。"①

哈莉埃特无法（像其他人一样）觉察出简具有精湛的演奏技巧，她也无法区分品位的高低——尤其就音乐而言。但有一点她是完全正确的：人们认为简·费尔法克斯必须以授课为生，在这一点上，有时候哈莉埃特也许比爱玛更能认清现实。当简赞美爱玛的演奏时，爱玛会小心眼且毫无理由地质疑简的真诚：

> 人们演奏了音乐，爱玛也被邀弹奏，但是在她看来，演奏之后必然表示的感谢和赞扬虽然态度坦率但显得非常做作，这些人的样子似乎很了不起，但目的只是想表现自己的演奏更加高超。②

这样的想法是不公平且未经大脑的：简·费尔法克斯具有超凡的音乐天赋，音乐对她来说非常重要，她也从未想过去抢爱玛的风头。此外，现实的情况就是，她必须成为一名家庭教师，音乐是她的必备技能。

但是，音乐也不仅仅是区分简·费尔法克斯的努力程度与爱玛勤奋不足的标志。因为简的钢琴还是她与弗兰克·丘吉尔之间的秘密恋情具象化的体

---

① 《爱玛》，第 231—232 页。
② 同上，第 168—169 页。

现。很早的时候，当弗兰克·丘吉尔第一次造访海伯里时，他就与爱玛讨论了简的弹奏：

> 我觉得她弹得不错，就是说，她弹得很有情调，可惜我对此一窍不通。我非常喜欢音乐，可我却一点也不会演奏，也无权评说别人演奏得怎么样。我常常听见别人夸她弹得好。我还记得一件事，可以证明别人认为她弹得好。有一个很有音乐天赋的人，爱上了另一个女人——跟她订了婚——都快结婚了——可是，只要我们现在谈起的这位小姐肯坐下来弹奏，他就绝不会请他那位女士来弹。能受到一个众所周知的音乐天才的青睐，我想这就很能说明问题。[1]

爱玛不知道（或者确切地说是读者们不知道）弗兰克非常高兴看到迪克逊先生对简音乐天赋的崇拜，他甚至说音乐已经成为性格魅力的替代品。但是他也在无意中加深了爱玛对简和迪克逊先生之间关系的怀疑。当他意识到这一点时，他并没有试图改正，反而利用了爱玛的误解来掩盖自己的欺骗行为。

书中第一次提到这架新钢琴是在科尔家的晚餐聚会上，这也为她怀疑简和迪克逊先生提供了有力的证据：

> 这时，有人提到了简·费尔法克斯的名字，引起了爱玛极大的兴趣。原来，科尔太太好像正在讲一件有关她的十分有趣的事。她停了一下，认为很有意思。要知道，爱玛富于幻想，这样又有了一个素材供她发挥想象了。这时，科尔太太正在讲她去拜访贝茨小姐的事情：刚走进屋里，

① 《爱玛》，第 201 页。

便看到一架非常精致的钢琴，她不禁吃了一惊——这是一架大尺寸的长方形钢琴。她讲这个故事以及接下来的那一大段的惊奇、询问、祝贺和对贝茨小姐所做的解释等等，目的只有一个，无非是想说明那架钢琴是前天布罗德伍德商店送来的，大家都觉得挺纳闷儿的——这实在是出乎意料。据贝茨小姐讲，起初连简也弄不明白是怎么回事，谁会送她这样的礼物。不过现在答案已经有了：只有一个人——那就是坎贝尔上校。

"非他莫属。"科尔太太接着说道，"假如你们还不相信，那我只能感到惊奇。可是好像他们最近刚给简写了封信，字里行间并没有透露此事。她对他们的行事风格非常了解。不过在我看来，不能因为他们不说出来，就说不是他们送的。可能他们有意给她一个惊喜。"

很多人都跟科尔太太的想法一致，他们都相信肯定是坎贝尔上校送的。坎贝尔上校给她送了这样一件礼物，大家都为此感到高兴。他们还远未聊完，爱玛一边听科尔太太接着讲，一边若有所思。[1]

弗兰克赠送给简的这件礼物展现出了他的冲动，当然也可以说，他是慷慨的，并且这种冲动使简不得不窘迫地承受海伯里人们的热议[2]，她也无法想到爱玛那富有想象力的大脑已经糟糕地将她与迪克逊先生联系在了一起。当弗兰克发觉爱玛怀疑这架钢琴来自迪克逊先生而非坎贝尔上校时，他意识到了这种怀疑带来的好处，于是便默默地加深了爱玛的疑虑。读者们与爱玛一起被他欺骗了。

但是细心的读者可能会注意到，这个场景里还有一些其他的故事在进行着。简的新钢琴不是海伯里唯一的新乐器，科尔家最近也添置了一架非常豪

---

[1]《爱玛》，第 214—215 页。
[2] 之后，奈特利先生将其描述为："一个非常非常年轻的人的行为，年轻到不曾考虑，它的不便性是否已经超越了其本身的乐趣。的确是一个幼稚之举！"（《爱玛》，第 446 页。）

华的大钢琴。虽然科尔家是商人出身，但随着他们崭露头角，这架钢琴成为他们社会地位的象征。天性善良的科尔太太却为他们拥有一架这样奢侈的钢琴而心怀愧疚，因为简可以物尽其用，而他们却做不到。对于简收到的匿名礼物，她的喜悦之情坦率而又自然：

我敢说，我从没听过这么令人高兴的事！简·费尔法克斯琴弹得那么好，却没有一架钢琴，真叫我气不过。特别是想到很多人家放着很好的钢琴，但是闲置在一旁，真让人觉得难受。我们羞得无地自容！昨天我还跟科尔先生说，我一看见客厅里那架崭新的大钢琴，就感到脸红。我自己连音符都分辨不清，而那几个姑娘才刚刚开始学，大概永远也学不出什么名堂。而那位可怜的简·费尔法克斯，那么有音乐天赋，却没有一样乐器供她消遣，连一架最简单的旧古钢琴都没有。我昨天跟科尔先生聊天时，他完全同意我的看法。不过，他太喜欢音乐了，忍不住把钢琴买下来了。我们自己水平有限，希望哪位好朋友肯赏赏光，偶尔来我们家弹一弹。他正是出于这一考虑才买下这架钢琴的——不然的话，我们心里会感到很不自在。我们非常希望今晚能劳驾伍德豪斯小姐试试这架钢琴。①

爱玛确实也试弹了钢琴，并且边弹边唱。弗兰克·丘吉尔随即加入了她，开始表演二重唱，这让爱玛忍不住非常惊喜，大概因为他之前还在声称自己对音乐"一窍不通"。当爱玛起身让简继续演奏钢琴时，弗兰克也与简一起表演了二重唱。简·奥斯汀在这里毫不在意地写了一句，"他们曾在威茅斯合唱

①《爱玛》，第215—216页。

过一两次"。[①] 在第二首歌结束的时候，简的声音已经有些"嘶哑"了，奈特利先生想要让她休息一下，但是弗兰克执意要继续合唱：

> 这时，只听弗兰克·丘吉尔说："我相信你能再唱一首。这首歌前半部分很轻松，后半部分多用力就行了。"
>
> 奈特利先生一听就生气了。
>
> "那个家伙，"他气鼓鼓地说道，"一心只想卖弄自己的嗓子。"[②]

读者们也许更容易接受奈特利先生的解释（他还没有到怀疑弗兰克的地步，只是表达了对他的反对），但是通过弗兰克与简言谈间透露出的亲昵，以及他急切的语气，我们也许能看出一丝痕迹——弗兰克一直在寻找与简合唱的机会，就像他们曾经在威茅斯那样。在《理智与情感》中，合唱也以相似的方式出现过。当具有极高音乐天赋的威洛比造访巴顿村（Barton Cottage）时，他与玛丽安一起表演了合唱。[③] 我们不禁疑惑为什么简·奥斯汀不会将这两种声线的交织视为一种过于亲密的行为。在 1801 年她写给卡桑德拉的信中，我们找到了答案。她怀有身孕的表姐韦尔比夫人（Mrs. Welby）与威尔士王子一起合唱过，[④] 她认为这件事很值得一提。

弗兰克·丘吉尔完全掌控了当时复杂的情况，这种情况还是他一手造成的，并且他从中受益良多。之后他便充分地利用了这种复杂性。当客人们走进贝茨小姐的客厅中时，崭新的钢琴第一次出现在人们的视野里。当时，简正站在钢琴旁，因为她与弗兰克亲密的独处被打断而倍感窘迫。[⑤] 在诱导爱玛

---

① 《爱玛》，第 227 页。
② 同上，第 229 页。
③ 《理智与情感》，第 48 页。
④ 《简·奥斯汀作品集》，第 74 页。
⑤ 《爱玛》，第 291—293 页。

继续对迪克逊先生保持怀疑的同时，弗兰克愉悦地欣赏简弹奏一曲他们曾经在威茅斯共舞过的华尔兹。"多么惬意啊！"他这样说道，"能又一次听到这首曾经令人热血沸腾的歌曲！"[1] 过了一会儿，他意识到简正在演奏《罗宾·阿黛尔》，并说这是他"最喜爱的乐曲"。当然，他的目的是希望爱玛能够借此知道这首歌是迪克逊先生的最爱，不过也有可能，他想要告诉爱玛这首歌也是他的最爱。[2] 简为了表示对弗兰克赠送给她乐谱和钢琴的谢意（对爱玛来说，简是在表达对坎贝尔上校的感谢），才演奏了那些音乐。

最终，这架钢琴成了简的负担。弗兰克拒绝承诺的行为使简感到十分焦虑，她开始相信自己无论怎样都要成为一名家庭教师了。在博克斯山的事情发生后，爱玛前往拜访贝茨小姐，简拒绝了她的看望。爱玛思考问题时完全没有意识到自己正注视着那架钢琴，贝茨小姐以为她在考虑要如何处理它：

> 啊，我知道你在想什么了，在想钢琴。要怎么处理呢？的确是呀。可怜的简刚才还在说钢琴呢。"你得离开了。"她说，"你要同我分开了。你在这儿也没有用处。不过，就放在这儿吧。"她说。"将它放在储藏室里，等坎贝尔上校归来后再做打算吧。我会去跟他商量的，他也会竭尽全力为我排忧解难的。"[3]

这就是简·费尔法克斯最终所能达到的音乐成就了：如果她不履行与弗兰克·丘吉尔的婚约，那么她就不得不将钢琴退还。这本书并没有太多对于简·费尔法克斯音乐成就的直接描写，大部分都是通过爱玛的自我反思来体现的。同时，当简病恹恹地躺在床上焦虑不已时，这架钢琴背负着即将被发

---

① 《爱玛》，第 242 页。
② 正如帕特瑞克·皮戈特所建议的（《单纯的消遣：简·奥斯汀生活与作品中的音乐研究》，第 101 页）。
③ 《爱玛》，第 384 页。

现的谎言与隐瞒，静静地立在贝茨夫人的会客厅中。毫无疑问，最终简还是来到了恩斯科姆，嫁给了弗兰克·丘吉尔，但这已经不是简·奥斯汀所关心的事情了。

第六章

舞　蹈

开舞的人可能是比较重要的，拿爱玛和埃尔顿夫人来举例，后者作为已婚女士优先当选。简·奥斯汀缺乏对自我重要性的认知，因此并不太在乎自己在舞会中处于怎样的位置，不过，她曾经觉得自己在嫂子伊丽莎白·奥斯汀家族的舞会中开舞这件事，值得告诉卡桑德拉。

在科尔家的派对上,奈特利先生催促着贝茨小姐,想让她的侄女快点结束唱歌,这是当晚演唱会的终曲。伍德豪斯小姐和费尔法克斯小姐是仅有的年轻女性表演者。

很快(也就 5 分钟的样子),不知谁提议跳舞,科尔夫妇便从善如流——所有物品被迅速清空,腾出一片刚好的空地。作为这段乡村舞蹈的领舞者,韦斯顿夫人起身跳了一段极具魅力的华尔兹,随后,弗兰克·丘吉尔鼓起勇气走向爱玛,握住她的手,伴随音乐,纵身将她举起。①

韦斯顿夫人像安妮·艾略奥特一样,作为表演者,或许并没有人倾听,但对于海伯里居民的即兴舞蹈而言,她又是个着实可靠的鼓舞者。一旦优雅的年轻女士们的表演被人知道并得到倾慕,这些同伴们就可以聚在一起,参加这场有凝聚力的社交活动了。爱玛当然是引领者,她的做法也暗示了优秀家

① 《爱玛》,第 229 页。

庭带动社区其他家庭的义务。[①]

　　贯穿 18 世纪，也包括 19 世纪，舞蹈是唯一一种无论在任何团体中都最受欢迎、最重要的娱乐方式。从专门的宫廷舞会——其中最盛大的要数一年一度的国王生日舞会和奥尔马克家在社交季每周一次的舞会——到地方议会厅举行的舞会，或是在乡村旅馆舞厅的私人舞会，人们对晚饭后跳舞这件事从不厌倦。在那里，他们观看新颖的舞蹈，喝喝茶或干脆吃顿晚饭。对男人来说，打牌也是常事。一些大的议会厅还会配备管弦乐队，而在小的场合里，当地音乐人中也有小提琴手，这就足矣。正如我们所看到的，在私人宅邸中有人会弹钢琴，弹琴的人通常则是年长的女士，她们并不介意错过一场心仪的舞会。

　　为了参加舞会，人们通常要走相当长的一段路，也会在寒冬之夜乘坐四轮马车。小说《沃森家族》中的女主角第一次外出去萨里小镇参加舞会时，就因家中没有多余的马车将她接回 3 英里外的家中，而不得不在朋友家过夜。[②] 奥斯汀一家则需要从斯蒂文顿出发，穿越 8 英里的路程到达贝辛斯托克参加舞会。这些都使一系列复杂的准备工作成为必需："我们的舞会在周二晚上吗？"简·奥斯汀在写给卡桑德拉的信中这样问道：

　　　　你期待我的到来吗？——你可能算好了我会来，我也是。周三早上，布莱姆斯顿太太给我发了私人邀请函，我和哈伍德夫人、玛丽就决定一同前去啦，我相信布莱姆斯顿一得知舞会的消息就写信给我了，勒弗罗伊太太也有可能加入我们的行程，因此我们有 3 个选择。我将比其他人待的时间都长——我会在迪恩家用晚餐并睡在那里。[③]

---

　　①《爱玛》，第 207 页。

　　②《简·奥斯汀次要作品集》，第 314—315 页。

　　③《简·奥斯汀书信集》，第 52—53 页。

　　她继续列出一份会参加舞会的人员名单，包括汉普郡上流社会的领袖成员——朴次茅斯伯爵和夫人、多切斯特勋爵和夫人、博尔顿公爵和夫人——还有地主们，比如沃汀的克拉克一家、达默的特里一家。[①] 参与社交的不可否认都是富人，但这样的组合在当时稀松平常。在这个贵族仅仅依靠田产就能生存的时代，他们会在社交季去伦敦，或参加宫廷、国会的舞会，但是在其余大多数乡村时光中，社交生活就必须和邻居们一起度过。贵族们倾向于把佃农视作自己家庭延伸的一部分，在节日里会叫佃农们来大房子里共享欢庆时光。通常在家中举办的舞会，还会请当地名人。斯蒂文顿艾什庄园的霍德尔先生家、马尼唐恩的比格·威瑟家、迪恩的哈伍德家以及奥克利·霍尔庄园的布莱姆斯顿家都会举办各种各样的舞会，只不过相较之下，后者举办得没有那么频繁。简·奥斯汀和她的家人经常受邀参加舞会。1796 年 1 月，在马尼唐恩的一场舞会上，简享用过一次"华丽的晚餐，花房被映照得明亮而优雅"。[②]

　　3 年后，简·奥斯汀在多切斯特的坎普绍特庄园与卡桑德拉参加了一场活泼的舞会。她很高兴不但自己受到邀请，她期盼的查尔斯也将参加。"我给他也发了请柬，"她写道，"尽管我并未考虑是否让他当我的舞伴。"[③] 最终，查尔斯并未及时赶到斯蒂文顿，她便与布莱姆斯顿太太和她家的姑娘们从奥克利·霍尔庄园出发，与她们共进晚餐。尽管对弟弟没能出现和陪伴感到失望，但她的确度过了一段美好的时光：

　　　　我在马尼唐恩的派对中度过了一个非常愉快的夜晚。那里的晚宴菜

---

① 《简·奥斯汀书信集》，第 52—53 页。

② 同上，第 2 页。

③ 同上，第 33 页。

单和去年一样，餐椅也是我去年喜欢的那款。这间屋子在任何情况下都能举办一场很棒的舞会，比如在这场派对上，舞者就比屋子实际能承载的多很多。我没受到太多邀请，不到忍不住，那些男士也不来邀请我，这导致的结果可能就会相去甚远。有人告诉我，一位英俊的绅士非常愿意与我相识，他是个柴郡的军官，但他并不想大费周折来结识我，我们最终也没能相识。我与约翰·哈伍德先生跳了一支舞，与温彻斯特的少年索思跳了两支舞，与勒弗罗伊先生和哈伍德先生接触得更多一些。我最轻松的事情之一就是，比起与博尔顿公爵那舞技不堪的大儿子跳舞，我更愿意坐着看完两支舞。[1]

而朴次茅斯伯爵在赫斯特本庄园举行的一年一度的舞会，也许就不那么令人愉快了。对于1800年11月的一场舞会，简·奥斯汀这样写道："查尔斯认为那是非常愉快的夜晚，但我却不知道他为什么这样说。"

这次只有12支舞蹈，我跳了其中的9支，仅仅因为我想要找一个满意的舞伴。我们在10点开始，在1点小酌，5点去了迪恩家。那里有60个人，但很少有我们乡下的家庭。那里没什么美人，当然也没什么英俊的男子。[2]

她继续描述了那些拥有宽大的脸庞、肥胖的脖子和气喘吁吁的女人以及折磨着她们丈夫的痛风和黄疸。但是，简·奥斯汀对这场舞会并没有什么

---

[1]《简·奥斯汀书信集》，第35页。
[2] 同上，第60—61页。

兴趣，她的朋友，勒弗罗伊太太在接下来的几年里发现了更多令人不满之处（这些事发生在奥斯汀家离开斯蒂文顿、前往巴斯之后）：

> 这场舞会甚至不如去年的一半好，那时大家跳舞的地点选在沙龙而不是图书馆。我记得这场舞会上有 100 人，有二十四五对伴侣，直到 6 点我们才回家，你的父亲担心图书馆有点冷所以没走。朴次茅斯伯爵身体不太舒服，心情也不太好，这位绅士只待了两支舞的时间，晚饭几乎没有吃什么东西，而且还抱怨酒很差。沙龙里 4 个玻璃杯被打碎。朴次茅斯伯爵会打电话来赔付这些杯子吗？我不知道。①

类似上述这种私人举办的家庭舞会，只有他们被邀请，一点也不豪华。而上流社会水疗场所的大厅里举办的公共舞会却很时髦，在那里，大家都期待着最高规格的舞蹈和高素质的举止。如果有一大票人参加，他们会筋疲力尽，因为舞蹈需要更长时间来完成。简·奥斯汀的表妹伊丽莎·德·傅伊利德发现 1797 年夏天在切尔滕纳姆的生活非常充实："那里每周都有 3 场上座率很高的演出。"她写道，"还有两场舞会，舞会上大约有 30 对舞伴，虽然我水平马马虎虎，但最终我跳完了每一支舞。"②（简·奥斯汀曾经写道，自己在连续跳完了 20 支舞蹈后全无倦意，但是那次只有 11 对舞伴，所以每支舞的时间都比较短。）③

但并不是只有富丽的水疗场所才有公共大厅，很多小镇也经常定期举办舞会，要么在旅馆中的舞厅里，要么在其他合适的公共建筑中。在贝辛斯托克的天使旅馆中有一个建造在马厩和马车房上的大房间，这间房曾被用作举

---

① 勒弗罗伊太太致 C.E. 勒弗罗伊的一封信，1801 年 11 月 19 日（勒弗罗伊档案馆）。
② R.A. 奥斯汀-利，《奥斯汀家族选集》，第 163 页。
③《简·奥斯汀书信集》，第 29 页。

办更小的舞会或者私人聚会,常规的公众派对则在市政厅里举办。[1] 这座建筑的外墙十分漂亮,它建于 1657 年,由一个很多柱子支撑起的大房间构成,它下方的开放空间用作市场交易的场所。当奥斯汀一家住在斯蒂文顿时,那里也有几个公共舞厅在每年冬天开放,每年 10 月还有一场俱乐部舞会。从 1796 年开始,其中一个 6 月初的舞会被用来庆祝国王的生日。最初两家主要的邮政旅馆的业主组织了这些舞会,直到 1798 年梅登黑德的马丁夫人接手,在那之后,皇冠镇的威廉·威尔森成为主人,他开始售卖门票和茶点饮料,又在《雷丁水银报》和《牛津公报》上刊登了广告。

奥斯汀一家会定期去舞厅,期待遇到身份相仿的本地家庭,如果舞会离他们家很远,谁去谁不去又是一个值得讨论的话题。因此,当简·奥斯汀和卡桑德拉在 1800 年 11 月双双错过一场舞会时,简在朋友玛莎·劳埃德那里给卡桑德拉写信时揶揄道:

> 我命令自己的追求者向我报告贝辛斯托克舞会的事。我已经在不同的地方安插了间谍,他们会收集更多的情报。通过这种方式,通过送比格小姐去市政厅,通过委派我妈妈去斯蒂文顿,我希望能收集到关于它的完整信息。[2]

此外,奥斯汀太太甚至在诗中告诉女儿们近期的派对信息:

> 在这里我要给你们一份清单
> 那些举办风光舞会的公司

---

① 罗宾·维克的《贝辛斯托克集结号》(*The Basingstoke Assemblies*),参见《简·奥斯汀 1993 年社会报告》,第 304—307 页。

② 同上,第 65 页。

上周四晚上在贝辛斯托克

那里有 30 支民谣舞

夜晚看起来很美妙

首先，一对伴侣从葡萄藤里走来

接着，地主和他美丽的太太

他们来自布莱姆斯顿家

带着他们的未婚妹妹

（她缺席了吗？谁错过了她？）

美丽的伍德沃尔德太太，那声音甜美的歌手

是布莱姆斯顿太太把她带来的

阿莱西亚也来了，与哈莉埃特一起

他们坐在地主太太的双轮敞篷马车上

也许是我不确定

这时来了四个不错的沃汀老乡

因为和克拉克家一起，他们多来了两个人

他们的一些朋友，叫作老头

那个愉快的男孩亨利·莱斯和勒弗罗伊一家来了

至少他们想要一个名号

科尔布鲁克先生和格兰特先生也来了

谢菲尔德的艾小姐和她母亲

达默的一位小姐和她的哥哥，还有作为伴护的她的母亲

威廉森夫妇

查尔斯·波利特和他的一对学生：小帕尔森·哈斯卡和伟大的地主
雷恩

本特沃斯的教区长，戴着他那不愿意摘掉的帽子 ①

还有两位戴维斯小姐和她们的两位朋友

这就是我掌握的全部信息。

附注：

要不是发生了这么多事，那将是一场更完美的舞会。②

多切斯特一家在当地地位如此崇高，却受邀与地主费夫尔一起去赫克菲尔德吃饭。我认为，这样的邀请并非明智之举，更何况是在那个聚会的夜晚。

但它也促成了一件好事，遇见多恩将军，公爵的老朋友。将军不能久留，他们也无法定下某日再相见。

这论证了会员付费制度开始被贝辛斯托克附近乡村的人们接受，这些人来自地主阶级和神职人员，而镇上的商人阶级似乎并没有被囊括进来（尽管不是每个地方都如此）。势利的罗伯特·沃森太太就曾说过，她不常去克罗伊登的舞会，因为人员"太过复杂"。③ 这也揭示了郡内具有领导力的家庭出席的重要性：多切斯特勋爵的职责就是露面，地主费夫尔则因为邀请了勋爵共进晚餐而在会员中背了个坏名声。每个人都应该对自己的邻居负责，这很重要。简·奥斯汀自己计划着去玛莎·劳埃德家，并考虑参加即将到来的聚会：

我有意周四去她那儿，除非查尔斯决定再来一趟……而贝辛斯托克的舞会，我周五之前都不能去参加……即使不在舞会上逗留，我也不会

---

① 莱伍德·约翰·卡兰德（Revd John Calland），奥尔顿附近本特沃斯的教区牧师。在1798年12月的一场舞会过后，简·奥斯汀写道："卡兰德先生一般都是以手里拿着帽子的形象出现，并且一直站在凯瑟琳或我的后面，等着我们嘲笑他不跳舞的行为。"（《简·奥斯汀书信集》，第29页。）

② 《简·奥斯汀诗歌集》，第29—30页。

③ 《简·奥斯汀次要作品集》，第350页。

为了在那个时间动身去另一个地方而无礼地停留在居民区中。我一定不会迟于周四早上抵达。[①]

这不是简·奥斯汀在汉普郡参加的唯一一场舞会。当她在肯特的时候，阿什福德（简并不太感兴趣）和坎特伯雷正在办一些聚会。后者的会员舞会在坎特伯雷银行楼上的德尔马之家举办。在 1800 年 11 月的一封信中，简·奥斯汀描述了德尔马在过去一年的冬天里损失了很多钱，以至于他"今年抗议开张"。[②] 她还提到，有熟人参加了法弗舍姆和迪尔的舞会，当然，简·奥斯汀参加了很多在乡下各处举办的舞会。在巴斯，她在贵族舞厅里跳了舞。1804 年，在她去西部度假胜地进行家庭旅行期间，她在莱姆去了布劳德大街尽头的晚会厅。在那段时期遗留下的书信中，简·奥斯汀这样描述莱姆的一场舞会，也揭示了在人生地不熟的情况下找到一个满意的舞伴并非易事：

> 昨晚的舞会很愉快，但周四的那场却不那么令人开心。我们是在刚过 8 点时到那里的，我的父亲心满意足地跳到了 9 点半……我母亲和我则多逗留了 1 个小时。在起初的两支舞中，并没有人来邀请我。我和克劳福德先生一起跳了后两支舞。如果我愿意停留更久，我可以和格兰维尔太太的儿子继续跳舞。他是我的好朋友阿姆斯特朗小姐曾想介绍给我的男士，也是一个长相怪异的曾经盯上我相当一段时间的男士。后来，他并未自我介绍，就来问我是否可以再跳一支舞。[③]

---

① 《简·奥斯汀书信集》，第 61 页。
② 同上，第 65 页。
③ 同上，第 94 页。

　　奥斯汀先生去世后，1806 年，奥斯汀一家搬到南安普敦定居 3 年，在此期间，他们经常参加在海豚旅馆举办的双周舞会派对。当他们快要离开这里的时候，简·奥斯汀不再像以前一样在舞会上期待着别人的邀请了。33 岁时，她开始怀旧地回忆年轻时相似的情景：1808 年 12 月 6 日，在海豚旅馆的一个夜晚，她和玛莎·劳埃德参加了一场舞会。她写道：

> 这场舞会比我想象的好玩多了，玛莎也非常喜欢。直到最后 15 分钟，我还在开口叫绝。我们过了 9 点被送到那里，不到 12 点就回来了。那个房间刚刚满，也许有 30 对舞伴。不过我看到很多没有舞伴的年轻女士独自伫立，她们都无一例外地裸露着肩膀！而这间房子，正是 15 年前我们跳舞的那间。我回想着，尽管对自己老了很多而感到羞愧，但是我现在和那时一样快乐。我们多付了一些先令作为茶钱，这个邻近的房间非常舒服。虽然只有 4 支舞，朗斯小姐应该有两个舞伴，你也许不会感兴趣……但是，我的确被邀请了。①

　　即便她的角色更多是一个旁观者，而非活泼的参与者，她也意识到了眼前要搬到乔顿的事将给他们的社交生活带来怎样的变化。简·奥斯汀已经下定决心，只要有机会，就要尽可能多地参加舞会。她和玛莎参加了 1809 年 1 月纪念女王诞生日的一场舞会，简·奥斯汀写信给卡桑德拉：

> 女王的诞生日使得聚会改到了这晚，舞会一直人满为患，我和玛莎期待着有趣的表演……我计划被我们的熟人 —— 史密斯先生邀请共舞，哦，他现在是史密斯上尉了，最近还出现在了南安普敦。但是我应该拒

① 《简·奥斯汀书信集》，第 156—157 页。

绝他的邀请。①

在那场舞会中，简·奥斯汀至少有一次被邀请共舞，但我们无从得知，她是否接受了邀请。

　　那个房间已经满了，格林小姐举办的舞会上，朗斯有个舞伴是奥弗涅上尉的军官朋友，卡洛琳·梅特兰与一个军官调情，而缺席的史密斯上尉则委派约翰·哈蒙德先生邀我共舞。你知道，一切都进行得很顺利，特别是在我们用衣服和别针从后面遮住了朗斯的脖子以后。②

到现在，这些她年轻时在舞会上建立起的愉快关系对她来说更加重要。她继续写关于侄女的新鲜事：

　　我和安娜在哈蒙德先生的舞会上拥有一段非常充实、愉悦的回忆，她看起来开心无比。我看到了安娜和她的表演，她妈妈觉得她做的事情很有荣誉感和满足感，她一定高兴坏了。舞会的宏伟壮观远远超乎预期。③

早前，简·奥斯汀这样描述一场在马尼唐恩的舞会，"它比我预期的还要小，但似乎令安娜非常开心。"她还补充道，"也许是因为渴望，在她这个年纪我却没能体验这种感受。"④

---

① 《简·奥斯汀书信集》，第 167—168 页。
② 同上，第 170 页。
③ 同上。
④ 同上，第 165 页。

在乔顿的岁月，简·奥斯汀有一些参加舞会和派对的机会，但她并不像从前那样对此热情满满。1813 年 10 月，当范妮决定不去参加阿什福德的舞会时，她的姑妈反而感到如释重负：

> 我们没去舞会，这是让她自己决定的，她最终放弃了。当她知道父亲和兄长都前去时，觉得自己牺牲了一些。我希望最终会证明，她并没有牺牲太多，因为舞会中不太可能有她在乎的任何人。我也很高兴在事情还没开始前，她就摆脱了穿衣打扮的烦恼。[①]

在简·奥斯汀的大多数小说作品中，舞会都是在私人住宅里进行的。凯瑟琳·莫兰在巴斯出席了正式的舞会，楼上楼下都有，班纳特家和他们的邻居们会参加梅里顿每月定期举行的舞会，这是他们翌日清早必须要讨论的话题。[②] 人们还会自发组织跳舞，就像科尔的派对，或者提前安排好的夜晚一样。后者很复杂，需要精心安排，就像在曼斯菲尔德为范妮举行的那场一样。还有的舞会是为了愉悦附近的年轻人，正如约翰·米德尔顿喜欢在巴顿做的。伊丽莎白·班纳特观察到："私人舞会比公开的舞会令人感觉更加享受"伊丽莎白好像说出了真理。[③]

然而，从推测谁有可能出席，到第二天清早的热议，沃森家举办的基本都是公开聚会。尽管舞会在旅馆中进行，房间里的景象还是创造出了一副贝辛斯托克舞会该有的样子。

> 房间冰冷而空荡荡的外表以及年轻女士们娴静的样子，很快就退去

---

① 《简·奥斯汀书信集》，第 237 页。
② 《傲慢与偏见》，第 18 页。
③ 同上，第 91 页。

了。四轮马车发出鼓舞人心的声音，发福的伴护们持续加入，穿着讨巧的女孩子们来了，伴随着的是一些年轻的绅士……不过，他们不够倾慕也不想靠近美人，只想逃到牌屋去。[①]

奥斯本城堡的奥斯本家族是这个地区的领袖，在参与家庭的长清单中居首。他们的出席让这场聚会信誉更高：如果知道他们第一季就会参加，其他人也会紧随其后。而对于他们自己来说，"他们来得太晚，走得太早，这样的到来并没有给晚会添上一点乐趣"。但是，正如爱德华太太所观察到的，"杰出的人都自带光芒"。[②]奥斯本勋爵"并不热衷于女性聚会"，也从不跳舞，因此出现了"舞厅中的格格不入"，出席"仅仅是取悦镇上的权宜之计"。[③]事实上，这样的他看起来有点像勒弗罗伊太太在赫斯特本见到的朴次茅斯伯爵。梅里顿有一个军团驻扎在"萨里小镇"，一大帮军官出现在舞会上，爱玛·沃森的姐姐告诉她，在他们中间可以找到很多舞伴。而简·奥斯汀的计划则有所不同，因为她的目的是描绘小说中的男主角奥斯本勋爵，花花公子汤姆·玛斯格雷夫和牧师霍华德先生，奥斯本勋爵的前任家庭教师，在卡桑德拉的描述中，他注定会娶了女主角。[④]

以小说的写作手法来看，这个场景最重要的作用就是通过一系列巧妙而充满魅力的设计将爱玛带到了奥斯本城堡里。霍华德先生有个 10 岁的侄子叫查尔斯·布莱克，奥斯本勋爵的妹妹允诺过，要与布莱克跳前两支舞，他对此非常兴奋："我们这周约定好了！"他大叫："我们要把在场的每个舞伴都比下去！"[⑤]但当这一刻真的到来时，她却与身穿苏格兰格子图案服装的英俊

①《简·奥斯汀次要作品集》，第 328 页。

②同上，第 323 页。

③同上，第 329—330 页。

④同上，第 363 页。

⑤同上，第 330 页。

军官领起了舞，10岁的小男孩则被冷落在一旁，"脸红红的、嘴唇在颤抖，眼珠快要掉到地上，一副大失所望的样子"。看到如此沮丧的他，爱玛立即上前发出邀请，小男孩马上恢复了此前的神采。[1] 这一优雅而善良的举动，让爱玛·沃森成了奥斯汀式道德观中的女主角。当爱玛与她的小舞伴共舞时，一旁的其他男士的反应各不相同：汤姆·玛斯格雷夫给出了"非常好奇的一瞥"，奥斯本勋爵则"借着与查尔斯说话"走近凝视她。[2] 当前两支舞结束后，众人与爱德华太太在一起走向茶室时，经过了霍华德先生和奥斯本勋爵母亲的牌桌：

　　茶室是在棋牌室里面的一个小房间，棋牌室的桌子中挤了一条径直的过道，爱德华太太和众人一度在奥斯本勋爵夫人的卡西诺牌桌旁被困住，无法通行，同桌的霍华德先生和布莱克说了几句话。爱玛感觉到奥斯本勋爵和他的侄子都在看着自己，目光相触便及时避开，不让自己去想象这个少年舞伴对叔父高声说："哦，叔叔！快看我的舞伴，她太漂亮了！"当众人马上又开始向前挪动时，查尔斯却没等叔父表态就迅速离开了。[3]

　　小说中最核心的内容是，奥斯本勋爵夫人深爱霍华德先生，而霍华德却爱着爱玛，这一情境通过一个天真少年的话为日后埋下了伏笔。茶间，查尔斯的父亲布莱克做了正式介绍：

　　"亲爱的沃森小姐，你对查尔斯的善意之举赢得了他全家人的肯定。

---

[1]《简·奥斯汀次要作品集》，第31页。
[2] 同上。
[3] 同上，第332页。

让我来介绍下我的兄弟——霍华德先生。"爱玛行了屈膝礼，霍华德回以鞠躬，随后仓促地邀请她共舞两曲，爱玛应允，两人迅速朝反方向步入舞池。[①]

男女主角在一个适当的基础上相遇，直接得益于爱玛的善意之举。如果拥挤的人群促使他们朝着相反方向移动，充满变数的小说情节便会安排他们短暂分离，而他们匆忙的决定则带来了幸福的结局。

在这一幕的后半场，简·奥斯汀让奥斯本勋爵与汤姆·玛斯格雷夫和爱玛有了更亲近的关系，同时也加深了读者对他们不适合的印象。尽管奥斯本勋爵自己不爱跳舞，但是找到了一项替代跳舞的乐趣——看其他男士与有魅力的女士共舞。他把汤姆·玛斯格雷夫叫来：

"你为什么没有和美丽的爱玛·沃森小姐共舞？我希望你这样做，我会走过来站在你身旁。"

"我在刚才的时刻已经下过决心，爵爷，我会被引荐给她并直接与她共舞。"

"是的，那就去做。"

"如果你发现她并不想跟你说太多话，你可以把我介绍过去，然后离开。"

"好的，爵爷。如果她和她姐姐性格相似，只愿意被倾听，那我便会离开，然后在茶室找到她。顽固的爱德华老夫人从未离开茶室。"[②]

① 《简·奥斯汀次要作品集》，第 333 页。
② 同上。

　　由于经常让其他男士为自己试着邀请女孩，奥斯本勋爵给我们留下了懒洋洋的自私印象。通过汤姆在调情时与姑娘们说话的方式，包括爱玛家的姐妹，爱德华太太（先发制人的亨利·克劳福德无礼地评论贝特伦夫人为愚蠢）①，我们能感受到一连串看起来戏剧性的巧合，这也许折射出了简·奥斯汀在写作《沃森家族》时在巴斯看过的一些戏剧中的情景。爱玛与霍华德在一起后，不再和汤姆·玛斯格雷夫一起跳舞，但是奥斯本勋爵窥探隐私的癖好得到了相当程度的满足：

　　　　"这对我很好。"奥斯本勋爵在朋友给他带去消息后说道。朋友告诉他，他可以借两支舞继续接近霍华德。②

　　这些男士似乎更愿意在男人而非女人的世界里行走，对此，弗兰克·丘吉尔轻松适应。舞会在白鹿旅馆中举办，然而，与其他人晚上抵达、在结束时离开相比，汤姆·玛斯格雷夫干脆以那儿为家，在走廊里鬼鬼祟祟地等待着奥斯本一家的到来，待他们离开又"尽可能隐蔽地撤退到庄园里最远的角落""点一桶牡蛎，特别地惬意"。③我们甚至可以想象，他高兴地帮助女店主在她的酒吧里制作出尼格斯酒，供快乐的舞者饮用。④这样的举止并不是简·奥斯汀笔下一般男士的特征，但却有道理。汤姆·玛斯格雷夫对社区并不感兴趣，但他感兴趣的是与富有的奥斯本家族结缘：他让自己到达的时间与奥斯本家族一致，在奥斯本家族离开时他也会离开，尽管他还继续待在旅馆里。不仅如此，他需要确保到第二天早上能去问爱玛和爱德华："在我和奥

---

①《曼斯菲尔德庄园》，第 296 页。
②《简·奥斯汀次要作品集》，第 335 页。
③ 同上。
④ 同上，第 336 页。

斯本家族一起离开后,你们又待了多久?"①

尽管他声明自己热衷跳舞,但舞会对他来说不过是一个炫耀与贵族交际的机会以及一个调情的机会。对奥斯本家族而言,这是社会责任。对只在镇上短暂停留的军官们而言,这是他们与年轻女士相遇的机会,无疑是一场不错的冒险。爱德华一家为了给其他家庭展示出一个非常重要的社交渠道,暗示出如此场合的真正价值。不过,对于和一个军官共舞太多次的女儿,爱德华太太却谴责道:"我更愿意看到她和我们的老邻居跳舞。""是,没错。"她的丈夫回应着,"我们决不能忽略掉我们的老邻居。"不过,他接得有些低声下气,"但如果这些军官在舞会上的行动比其他人迅速呢?年轻女士们应该怎样做?"②

一封舞会的邀请函,或是随之而来的一次拒绝,在文学作品的情节设计中十分有用。简·奥斯汀在她的一些小说中便用到了这个手法:凯瑟琳·莫兰和亨利·蒂尔尼在巴斯一个楼下的典礼上被介绍给彼此;③伊丽莎白·班纳特无意中听到达西拒绝和自己在梅里顿一起跳舞的主意,在卢卡斯小屋的一曲即兴舞蹈中,她反过来拒绝了他;曼斯菲尔德的舞会则着重描写了范妮的出场以及托马斯爵士把她嫁给克劳福德的计划。在海伯里的皇冠镇,爱玛见到哈莉埃特被埃尔顿先生冷落,又被奈特利先生英勇搭救,最终,她与奈特利先生共舞。暮春以后,不仅哈莉埃特误解自己爱上了她,而且在爱玛的一部分潜意识里,也许他们"并不那么像兄妹"。④

爱玛看到,奈特利在舞会上的行为很是古怪:正当她愉快地准备和弗兰克跳舞时(领舞的埃尔顿夫人先开场),她"被奈特利没有跳舞的事打断",⑤

①《简·奥斯汀次要作品集》,第340页。

②同上,第337页。

③《诺桑觉寺》,第37页。

④《爱玛》,第331页。

⑤同上,第325页。

我们看到她开始把注意力从舞伴身上转向奈特利那里，"他不应属于那些候场的人，他长得那么年轻。"这是爱玛第一次发觉奈特利是个有魅力的男士，也正是此时，她对他的爱开始萌芽。简·奥斯汀并没有描述那场舞会的各个场景，已经熟悉乡村舞蹈的读者们也不需要她这么做。取而代之的是，她着重描绘了在爱玛的想法转变中折射出的一个与舞蹈本身平行的象征形象：

> 只有当他将自己置身于此时，才能表现出更多的优势。在那些笨重、微驼的身影中，他身材高大、笔直而又坚实，这也正是爱玛认为最吸引她眼球的地方。除了自己的舞伴，在场的年轻男士没人能与之相媲美。他迈出了几小步，仅仅几步就足以证明他有着多么绅士的举止，优雅而自然，他一定是跳过舞的。每当她的目光落在他身上时，她都会迫使他微笑。但总的来说，他看起来表情凝重。她希望他更享受在舞会上的时光，于是，此时此刻，她更喜欢弗兰克·丘吉尔一点。而他则似乎经常观察她，她必须不能让自己以为他在思考自己的舞姿，但是，如果他批评了她的举止，她也并不害怕。爱玛和她的舞伴之间并未打情骂俏，他们看起来更像是欢快的、相处融洽的朋友，而不是情人。此时的弗兰克·丘吉尔确实没有像之前那样想太多。[1]

文章中并没有对爱玛或是弗兰克·丘吉尔的舞蹈多加评论：最优雅的舞态是由一个不在跳舞的男士做出的，伴随着绅士和自然的品质。爱玛被诱导着从奈特利眼中看自己，但显然她曲解了这幅画面：她和弗兰克确实看起来像情人，至少对于"严肃"的奈特利先生来说是这样的。而她没有看到事实的原因是，从她开始忽略自己给他的印象开始（当然也是弗兰克希望她给的

---

① 《爱玛》，第326页。

印象）便误解了他的感情。当伊丽莎白和达西最终在内瑟菲尔德的舞会上一起跳舞时，他们的紧张通过一次对话表达出来，在此就不赘述了。而爱玛的感情进展在这场舞会上已经被完整地描述出来了。

达西、奈特利先生和那些"丈夫、父亲在牌局开始前都佯装成对跳舞感兴趣的吹口哨的人"，也许并不像当时勉强去跳舞的大多数人[1]，而女士们则对此有着空前的热情。"尽管那看起来很特别。"《摄政礼仪：优雅之镜》的女作者解释说："在一段时期，当跳舞被大部分男士忽略时，女性想要参与这项艺术则需要承受更多的痛苦。"[2] 她继续悲叹道，实际上是对"舞蹈大师"的不满。女孩子们想要受教于歌剧院的专业舞者，也产生了一些后果：当一位年轻的女士起身开始跳舞时，我们再也看不到那优雅、轻快的步伐，取而代之的是她吃力且不得体的姿势——芭蕾舞的舞姿被引入后，愉快和优美的舞步便消失了，和谐的狂欢被大多数离谱的剧院式效仿替代，我们对此感到震惊。[3]

关于与专业舞者竞赛的主张在 18 世纪初回归，但这很难让普通人树立起击败专业舞者的雄心（尽管在 1811 年尝试将芭蕾引入舞厅是当时的潮流）。这导致了众人甚至不再尝试学习曾经仰慕且红遍一时的舞技，实际上，在那些时髦的人看来，舞蹈的能力和专业度是相当不同的。

基于以上原因，宫廷正式舞蹈，如阿勒曼德舞曲、库朗舞曲和萨拉班德舞曲，在 17 世纪的前 25 年达到了顶峰，此后普及程度稳步下降，直到小步舞曲硕果仅存。宫廷舞曲的最后一击是在法国大革命时期，它为旧社会及政治制度中的宫廷风格做了了结。到 18 世纪 90 年代末，尽管拿破仑有着帝国野心，但上流阶层是资产阶级的而不是贵族的：从前，在贵族舞会上，绅士会牵着女士的手引领她，而现在，女士们主动滑过男士的手臂，将手搭在上面。尽管

---

[1]《爱玛》，第 325—326 页。
[2]《摄政礼仪：优雅之镜》，第 178 页。
[3] 同上，第 178—179 页。

以前的"礼仪"——在开场和结束时鞠躬和行屈膝礼——得以保留,但也已简化太多。至于老式的宫廷舞曲和部分小步舞曲,则被英国乡村舞蹈——沙龙舞代替。

然而,即便是那些舞蹈大师们,也会抱怨时髦舞厅的常客们水平严重下降。"我认为那是声名狼藉的。"托马斯·威尔森在1809年警告说,"如果乡村舞蹈继续像过去一段时间里表现得那样衰退,一项愉快的娱乐活动就会变得仅仅是存在而已,乡村舞蹈应该一直展现的美丽、规矩的舞步就会扭曲变形成骚动和混乱,一团糟。"① 在简·奥斯汀塑造的人物中,从来没有出现过这样关于舞蹈的观点和建议。达西先生认为,跳舞在低等社会里也很风行——"哪个野蛮人不会跳舞"。② 但那时的托马斯·威尔森并非一个完全公正无私的人:不仅因为他本人是国王剧院的舞蹈大师,更因为他在霍尔本开办了一所学校,那是他曾经每天从下午5点到晚上10点都会去授课的地方,"小步舞曲、法国交谊舞、角笛舞,最时髦的英式、爱尔兰式还有苏格兰式舞步,还有很多其他的舞蹈,适用于各种舞台和舞会。"③ 在任何情况下,他都没有被自己抱怨过的低标准敷衍,无法相信上层社会所说的"舞蹈和其他人类活动差不多":

> 没人可以否认骑马是一种愉快的消遣方式,但是在马背上乏味的旅行过后,可以去乡下看看,或者去追赶胆小的鹿;在贫瘠的荒野、阴暗的树林和湿漉的沼泽地逛几个小时;在耳朵被猫头鹰、布谷鸟困扰之后,不妨听听远处的喇叭逐渐消失的回声,或者潺潺的溪流前凝重的叹息声;

---

① 托马斯·威尔森(Thomas Wilson),《忒耳西科瑞的珍宝:或舞会手册》(*The Treasures of Terpsichore: or A Companion to the Ball-Room*),第3页,1809年。

② 《傲慢与偏见》,第25页。

③ 托马斯·威尔森,《乡村舞蹈分析》(*An Analysis of Country Dancing*),书最后的广告,伦敦,1808年。

在看了那么多大自然疯狂而浪漫的美之后，发觉她的作品是多么鬼斧神工。人类，在最神圣的艺术的帮助下，在乏味的旅行后融入活泼的舞蹈中，与最亲爱的人娱乐，立刻就能变得快乐，从中受益。舞蹈赋予一个人欢乐，促进他的身心健康。我们不仅自己能够获得欢乐，也能看到他人欢乐。

简而言之，舞蹈是最具魅力的人类娱乐活动，它是人类喜悦的源泉，也是欢乐的灵魂与支柱，它驱逐悲伤，在夜晚给学习或劳动一整天的人们以慰藉，带来一种令人愉快的感觉。[1]

他意在那些年轻女士。在简·奥斯汀的小说里，他或许像弗兰克·丘吉尔那样讨好女士的男士，似乎能从舞蹈中攫取最大的欢乐。然而，她并不太支持托马斯·威尔森对舞蹈这种消遣方式极端的观点：

女士们，尤其是年轻的女士们，如果被剥夺了跳舞的权利，她们就会完全失去一种健康的消遣方式。对于男孩子们来说，他们还有板球等游戏，但是，除了跳舞，我们还能找到如此合适女孩子的消遣吗？读小说？我很抱歉，那只是一个凑合的代替品。[2]

威尔森是一个在舞蹈指南方面高产的作家，他在书籍中不仅提供了详尽的乡村舞曲演奏指南，还尝试写出从古典时代到他生活的年代中舞蹈艺术的历史学、心理学内容。在他的《伦敦舞厅分析》中，他赞扬了舞蹈带来的两个重要益处[3]：

---

[1] 托马斯·威尔森，《乡村舞蹈分析》，第5—7页。

[2] 同上，第11页。

[3] 托马斯·威尔森，《伦敦舞厅分析》（*Analysis of the London Ball-Room*），第54页，伦敦，1825年。

　　激情只不过是兽性的体现，道德沦丧，人性堕落，"野兽的消亡"也是同样有尊严的。另一方面，当人性被抑制时，他才趋近拥有完美的本性。女人们发挥着愈发重要的影响力，其附属感逐渐得到改善，一个多产的潮流出现，从而保佑人类。[①]

　　这些多少有些夸张的情绪得益于一个英国舞会中特殊的特征，这也是简·奥斯汀的真实经历，于是，她把它写到了自己的小说中：它的容量超过了家庭可以容纳的以及谨慎的英国人可以接受的范围。无论在家庭内部还是对外开放的派对上，在保证得体而合适的行为时，年轻人在家长正式的监管和陪护下可以结识新朋友。在这个背景下，20 岁的简·奥斯汀可以开玩笑地写信给卡桑德拉，说自己"有点害怕"，告诉她自己在马尼唐恩的舞会上是怎样和一个爱尔兰朋友汤姆·勒弗罗伊相处的，她想象自己"最不检点和令人震惊的举止是两个人共舞后坐在一起"。[②]

　　关于跳舞给人感官上带来的愉悦，可以在 1822 年的一首诗中窥见一斑。作者詹金斯曾经是一位舞蹈大师，他效仿了"朝着拥抱优雅的气质和身姿的方向，朝着弥补先天和后天缺陷的方向"这段诗篇，对女性舞步之美的热情评论，证明了他在舞厅中坚定地站在男性的立场上：

　　　　致敬！最可爱的艺术！它无法诱捕所有的心灵

　　　　它让最美丽的影像显得更加美丽

　　　　美的确可以一点点完成　　除非她从你这儿借了半副臂膀

---

① 托马斯·威尔森，《伦敦舞厅分析》，第 55 页。
② 《简·奥斯汀书信集》，第 1 页。

就像皮格马利翁一样　　在死气沉沉的诅咒中衰老

小心在他们的手臂上刻一个雕像

但是打火石的前部必须融化

当艺术和情感激发了沉睡的火焰，这欲望强烈 ①

　　当然，那必须是正确的步伐。实际上，乡村舞曲的舞步非常少也很简单，19 世纪初，它被视作一种令人遗憾的时尚，人们总愿意把它与芭蕾舞中复杂的舞步混在一起（指的是"歌剧院舞步"，芭蕾在那段时期经常被称作"歌剧院式舞蹈"）。但是舞步并不是人们唯一要担心的：整个身体，特别是女性的身姿必须保持优雅。特别要留意手臂，这样才能富有表现力，还要对音乐产生共鸣。一定要避免身体僵硬："一般的举止应该是高尚而轻盈的，把胸部送出去，脑袋自然直立，但是每一次转身都要动静自如，肢体应该用运动的精神支撑。" ②

　　为了培养出优雅的少女，在相当长一段时间内，号称舞姿最优雅的小步舞曲仍然需要教授。乡村舞曲再容易不过，因此大师们认为这是学习更正式的舞曲前必经的步骤。尼古拉斯·杜克斯曾在 1752 年写道："这是所有舞步中最基础的一个。"他希望大家明白："对所有男士和女士来说，通过学习它的美和优雅，他们可以更利落、更谨慎地表演其他舞步。" ③ 小步舞曲起源于法国，是路易十四时期城市宫廷内最流行的舞曲，它总是以 3 拍子的节奏进行，有自己的步伐和造型，可以和任何曲子搭配。作为宫廷舞曲，它还有 8 拍子的模式，或者有自己的轨迹，但是当它被搬上舞台后，就变成了 S 形或 Z 形。

---

① 詹金斯（Jenkins），《舞蹈的艺术：一首诗歌》（The Art of Dancing: A Poem），第 11—18 行，伦敦，1822 年。

② 《摄政礼仪：优雅之镜》，第 182 页。

③ 尼古拉斯·杜克斯（Nicholas Dukes），引自《学习乡村舞蹈姿态部分的简要方法》（A Concise and Easy Method of Learning the Figuring Part of Country Dances）的"序言"，伦敦，1752 年。

在化装舞会中最引人注目的前半部分，需要非常正式的服装，小步舞曲是衡量一个舞者舞步是否优雅的标准手段。每对舞伴各自轮流上场，接受众人敏锐的检阅——如果有很多人表演，这一过程可能会花费较长时间。通常舞会都会让最杰出的舞者开场，克里斯托弗·安斯蒂在《新巴斯指南》中这样描绘：

> 和着高音双簧箫、男低音和小提琴的演奏声，伯瑞斯·布拉伯走向舞台中心，神圣高贵、庄严而又高大，布拉伯先生负责开场，他是小步舞曲中的杰出舞者。自从演出的那天开始，他的天赋就被展示于众人，成年后，他又反复练习每种舞蹈和舞步。经长年累月的打磨后，他取得了极大的进步。他以怎样的方式戴上帽子，配以怎样的微笑，怎样以细腻而优雅的方式伸出手，怎样温柔地把凯洛特小姐带到人前，这些都要一一斟酌。凯洛特·菲茨·伍泽小姐是波鲁斯勋爵的侄女。波鲁斯身姿灵敏、舞步轻盈！初次见面不能妄下判定，但从他腿肚子的大小我能猜到，他可能有 23.5 石！①

　　在 18 世纪 70 年代，3 对舞伴同时跳舞的情况十分普遍。那时，也有华丽的小步舞曲和自由组合步伐。借鉴小步舞曲的舞步和音乐的混合乡村舞曲形式，即将成为下个世纪华尔兹里的元素。在公众面前表演小步舞曲是一种令人却步的经历，很多人都会害怕。而简·奥斯汀省掉了这部分，因为在贝辛斯托克的舞会派对上，她的女主角们没有一个遭遇如此挑战——凯瑟琳·莫兰在巴斯时，也仅限于观摩了小步舞曲，但她自己并没有跳。

　　而在化装舞会上，通常会在晚饭前跳小步舞曲，饭后跳乡村舞曲，据《诺

---

① 克里斯托弗·安斯蒂，《新巴斯指南》，第 11 封信，第 104—120 行，加文·特纳编，布里斯托尔，1994 年。

桑觉寺》记载，这一传统一直持续到 18 世纪末。但从 1770 年开始，它的对手——沙龙舞会诞生了，这是一种非正式的形式，不需要舞者精心着装（尽管男士出于礼节需要还会戴手套）。沙龙舞是从法国引进的，名字源自女士的衬裙沙龙。它起源于 17 世纪的对面舞，舞者需要站成一个圆圈，与舞伴交流，沿着直线或长线移动。在舞会的前半场，这种沙龙舞比小步舞更流行的原因在于，它像乡村舞一样，不需要太多真本事。以大画圆舞步开始，所有舞者都要快滑步绕圈或是跳跃，随后继续一系列变换的舞姿——双手交叉、手臂相连、左右手交替或停走步，最后再以大画圆结束。早在 19 世纪初叶，方阵舞便包含了以上 6 种舞姿。当简·奥斯汀的侄女安娜送她一些方阵舞舞曲听的时候，她觉得这种舞姿"不够漂亮""非常低劣"。[1]

在巴斯，社交季的化装舞会和沙龙舞会都会定期在楼上楼下举办。曾经在 18 世纪 70 年代因小城镇追赶时髦而步入低潮的后者，在 18 世纪的最后 20 年里重新兴起，这主要得益于它在 1784 年搭上了俱乐部舞会的顺风车。在《诺桑觉寺》中，凯瑟琳·莫兰在楼上楼下跳舞，楼上贵族的沙龙舞会占用了她前半部分夜晚时光，当跳沙龙舞的时候，她焦虑地等待着亨利·蒂尔尼的到来，担心约翰·索普会先行邀请自己。当亨利终于出现在舞会上并邀请她共舞的时候，她欣然接受，"双眼闪烁着光芒""随时准备开跳""喜悦、心动"，沙龙舞会结束后，楼下的乡村舞会便开始如火如荼地进行。[2]

凯瑟琳拒绝了约翰·索普的跳舞邀请后，亨利·蒂尔尼对她说："我认为，一支乡村舞蹈是一种婚姻的象征，忠诚和顺从是主要职责，那些不想跳舞或者迎娶他人的人，证明了自己与舞伴或是邻居的妻子没有瓜葛。"[3] 当然，他沉溺于自己特有的轻松诡辩中。凯瑟琳则不赞成，她认为跳舞和婚姻是完全

---

[1]《简·奥斯汀书信集》，第 330 页。

[2]《诺桑觉寺》，第 73—75 页。

[3] 同上，第 76 页。

不同的两件事："人们结婚后可以永远不分离，但是必须一起守护他们的家庭。人们共舞，只是面对面站在一个相对长的房间里半小时而已。"在挑逗式的类比辩护中，亨利·蒂尔尼不仅聪明地将正在进行的舞蹈与小说中这段更持久的关系联系在一起，还把舞会上男女间的礼仪伦常解释为：

> 你会允许，在两人之间，男士有选择的优势，女士只有拒绝的权利。这是男女之间的结合，各自都有优势。而一旦进入了这种关系，在分手前，他们便只属于彼此——这就是他们的责任，每个人都应该无条件地努力陪在对方身边，给予对方最佳利益，让他们不被他人的完美所吸引，或认为自己应该遇到更好的人。[①]

相反，当伊丽莎白·班纳特与柯林斯共舞时，柯林斯笨拙的舞技带来的尴尬让她相信，这不是一个好的婚姻伴侣：

> 柯林斯先生面色有点严肃，笨拙地一直道歉，而不是注意照顾舞伴，经常迈错了脚还意识不到。一个不称心的舞伴给她带来了羞辱和痛苦。[②]

然而，亨利·蒂尔尼承认，在某些方面，婚姻和跳舞确实是不同的：

> 在一段婚姻中，男士被认为应该为女士提供更多的支撑，而女士则需要让家变得称心愉快。他的职责是付出，她则需要微笑。但是在舞蹈中，他们的职责完全变了：愉悦、顺从都是需要他来给予的，而她来提供

---

① 《诺桑觉寺》，第 77 页。
② 《傲慢与偏见》，第 90 页。

风扇和薰衣草香水。[1]

　　凯瑟琳指的"长形房间"是乡村舞蹈所必需的,当很多对舞伴跳舞时,他们可以"想走多远就走多远"——换句话说,舞者们会在一条平行线中遇到彼此。因此,当韦斯顿先生最开始想到兰德尔家跳舞时,爱玛和他都觉得客厅不够大,有人建议他们利用过道和客厅的两个空间。[2]无论是私人派对还是公共派对,人们都愿意看到房间里满满当当,参加人数也是判断一场舞会是否成功的标准。在韦斯顿的舞会计划中,他声称:

　　　　对于组织一场值得去的舞会来说,5 对舞伴并不够。当你认真想想的时候就会发现,5 对根本不值一提。不会真的去邀请 5 对舞者的,这也只是此刻想想罢了。[3]

　　奥斯汀一家频繁地表达着对舞会上着装寒酸的反对。通常来讲,人们很早就开始跳舞,从这时到房间被填满需要一点时间,当私人晚宴和晚间派对结束后,人们才开始来。即便如此,有时参加舞会的人数也会出奇地少。1801年 5 月,社交季快要结束的时候,一场在楼下的舞会中,已经搬去巴斯的奥斯汀一家在晚上 9 点到那儿时才发现"在用茶前,只有 4 对舞伴,只跳了一支舞"。在给卡桑德拉进行描述时,简·奥斯汀愤怒地补充道:"你想象一下,在巴斯的一场楼下舞会上,只有 4 对舞者,却被 100 个人围着!"不过,在用茶后,情况稍有好转,当"私人派对结束,众人去了舞会"后,原本那间房变得出奇地小,人多到……甚至可以在五六个贝辛斯托克很漂亮的舞厅举办

　　① 《诺桑觉寺》,第 90 页。

　　② 《爱玛》,第 247—248 页。

　　③ 同上,第 248 页。

舞会。[①]5 年以后的 1806 年 4 月,又是在社交季的尾声,奥斯汀一家即将离开巴斯之前,奥斯汀太太并不期望境况有什么好转,她给儿媳玛丽·劳埃德写信说:"周五,里巴斯先生(Mr. Libas)家楼下的舞会,也许会是非常小规模的。"[②]奇怪的是,利比·波伊斯太太在那场派对上有着完全相反的体会,她抱怨那里人太多了,"在楼上的化装舞会在 10 点钟时就已经很拥挤了。"她在 1905 年 1 月的一次日记里伤心地写道,"我以为大家会觉得来早了很俗气,既看不到舞蹈又没有众人聚在一起。"[③]

虽然舞会中的人较少会让人感到有些失望,但人们从跳舞本身却能获得真正的快乐,这点是毋庸置疑的:虽然乡村舞蹈特别需要充沛的能量,但舞者们振奋而享受——特别是舞伴间互相喜欢时。因此,凯瑟琳·莫兰和亨利·蒂尔尼共舞时唯一的担忧就是,"舞蹈很快就结束了"。[④]简·奥斯汀非常热爱舞蹈,她笔下的女主角们也是,从爱玛·沃森在选礼服时"第一次感受到参加舞会的幸福",[⑤]到凯瑟琳·莫兰的舞蹈精神,"结束舞会回家时,她在自己的座位上跳了一路。"[⑥]

在任何的舞会中,最棒的部分无外乎乡村舞曲——它受到了普遍的欢迎。然而,一些时事评论员对这项门槛不高的技术持批判态度:"英式舞蹈,在 1801 年遭到一个给《舞蹈日历》杂志匿名投稿者的嗤之以鼻,'没有特点。所有能做的就是踢腿和跳跃,那不应该被称作舞蹈'。"[⑦]然而,对此,托马斯·威尔森却难得没有吹毛求疵。他赞赏业余舞者的才能和随之产生的社会

---

① 《简·奥斯汀书信集》,第 85 页。

② 汉普郡档案办公室,奥斯汀-利档案馆。

③ 菲利普·利比·波伊斯太太,《菲利普·利比·波伊斯太太日记选段》,第 357 页。

④ 《诺桑觉寺》,第 131 页。

⑤ 《简·奥斯汀次要作品集》,第 323 页。

⑥ 《诺桑觉寺》,第 81 页。

⑦ A.H. 弗兰克斯(A.H.Franks),《交际舞简史》(Social Dance: A Short History),第 130 页,伦敦,1963 年。

价值：

  这类舞蹈的总体特征就是简单、轻松、自由、生动，更多的是愉快而非优雅，是欢呼而非高雅。因此，很自然，我们常能听到世人对它的辱骂，有些常见的舞姿简单到诱惑大家去尝试其他非常复杂的舞姿，而复杂的舞姿又需要大量地练习才能达到一定的造诣。

  这样的形式有个优点，即能让尽可能多的人参与进来，但理智地说，乡村舞蹈也有缺点，那就是也许会制约多样化的发展。[1]

乡村舞曲简单的本质在于，事实上它只有一种步伐，1764 年的一本教程中描述它为"用同一只脚一步向前，一跳，或者是一个小翻转，在地板上轻松一跃：先右脚然后换左脚，交替进行"。[2] 其中唯一的变换就是在起跳之前把一只脚放在另一只的后面，而不是向前移动。这就是所有的实际舞步。而乡村舞蹈的多样化则有赖于在所有环节中，每对舞伴跃身呈现出的不同舞姿和形体。首先，"最顶尖的舞者"会挑选舞曲，把这一系列跳完，其他舞者随之起舞。在下一曲中，第二对舞伴也会点出，除非同时有一系列以上的舞曲（大型舞会上经常出现），不然这个荣幸就交给顶尖的舞者，他们会为第二首舞曲遴选。随后，余下的每一对都重复着。开舞的人可能是比较重要的，拿爱玛和埃尔顿夫人来举例，后者作为已婚女士优先当选。简·奥斯汀缺乏对自我重要性的认知，因此并不太在乎自己在舞会中处于怎样的位置，不过，她曾经觉得自己在嫂子伊丽莎白·奥斯汀家族的舞会中开舞这件事，值得告诉卡

---

 ① 托马斯·威尔森，《伦敦舞厅分析》，第 68—69 页。
 ② 《每个人都能学会的简单的乡村舞蹈：一位舞蹈大师》（ *Country-Dancing Made Plain and Easy to Every Capacity: By a Dancing-Master* ），第 13—14 页，伦敦，1764 年。

桑德拉①。在赫斯特本庄园更宏大的舞会，她称为最后一次。②领舞的伴侣可以一起向前移动，手握手或是肩并肩。他们也可以选择各自离开走下舞池，两者均可。用手做出的移动方式加入了"拉"的动作，他们面对面站立，一人向后移动，一人向前移动。"摇摆"需要沿着圈移动，像"四手交叉"一样。还有一种"飞驰"，向一边移动。

　　每支舞蹈都有不同的形态模式组合，都有着特别的名字。新的组合不断被设计出来，在每年的日历、日志和袖珍书中宣布。有些名字很传统——"黄油豌豆""加速耕耘""收费公路之门""裁缝中的恶魔"等，有的名字会提到最近的流行故事——"鲁滨孙漂流记""保罗和弗吉尼亚"，在18世纪90年代，一股流行的凯尔特风引来了大量的苏格兰里尔舞和爱尔兰吉格舞：在《凯瑟琳》中，女主角的朋友卡蜜拉去参加舞会前"在房间里练习着苏格兰式舞步"；③在《傲慢与偏见》中，宾利小姐跳出了"生动的苏格兰感觉"，这促使达西先生问伊丽莎白她是否愿意"抓住机会跳一曲里尔舞"。④这种品位在诸如"新格子普拉蒂""爱尔兰洗衣女工""吉格舞打油诗""爱尔兰人奥科瑞"这些名字中有所体现。在拿破仑战争时有一次著名的猛攻，在此之后有些舞蹈以战争中的英雄和时代的胜利命名，比如"威灵顿公爵""纳尔逊之胜""特拉法尔加角""胜利水手"等。

　　意气风发的新舞曲华尔兹从维也纳传来，在19世纪初，华尔兹已经对乡村舞曲有些影响了，从某种角度讲，值得注意的是它缠绕手臂的动作以及女士在舞伴手臂下完成转身，这些都即将出现在英国的舞厅中。也正因为如此，一些乡村舞蹈的名字包含了地名。举例来说，有舞蹈的名字是"布莱顿华尔

---

① 《简·奥斯汀书信集》，第8页。
② 同上，第60页。
③ 《简·奥斯汀次要作品集》，第212页。
④ 《傲慢与偏见》，第51—52页。

兹""沃辛华尔兹",在 1801 年庆祝大不列颠和爱尔兰统一时,"统一华尔兹"
出现。它拥有纯正的形式（也许在有些人看来并不纯正），然而,直到 1812
年,人们才开始跳华尔兹:在英国乔治亚州保守的舞厅中,男女亲密地拥抱
在一起的场景需要花些时间让大家接受。到 1816 年,托马斯·威尔森主张,
华尔兹"被普遍认为可以促进健康,产生狂欢的精神",同时,对于华尔兹舞
姿的抱怨非常少,这可能得益于当时温暖的社会风气。因此,它不再是"道
德的敌人……危及美德",而是"跟乡村舞、沙龙舞和其他舞种相比,它要更
纯洁"。[1] 这些着实令人惊讶的评论出自一位舞会界公认的权威,当然,这位权
威很可能是出于投机心理,企图借此扩大舞蹈学院的剧目。不过,他的确认
为华尔兹是一种有趣而且有意义的舞蹈,需要表演者更多的技巧。这些表演
者曾被他指责"只为最容易、最可能实现的事而努力"。[2] 话虽如此,他自满地
否认所有道德批评,这当然不被所有人接受。拜伦曾在《唐璜》中讽刺地描
述华尔兹为"唯一可以教会女孩子思考的舞蹈"[3],他写了一首诗,用赞扬的口
吻嘲讽华尔兹。在这首诗中还提到,在追溯华尔兹从欧洲大陆到英国舞厅的
历程时,他展示出华尔兹是如何彻底地取代了旧式体面的舞蹈:

> 令人喜爱的华尔兹!使你融化的旋律
>
> 致敬爱尔兰吉格舞,古老的利戈顿舞
>
> 苏格兰里尔舞,去你的吧!被抛弃的乡村舞蹈
>
> 你的未来将如此精彩![4]
>
> 既然

---

① 托马斯·威尔森,《华尔兹的正确跳法》(*A Description of the Correct Method of Waltzing*) 的"序言",伦敦,1816 年。
② 托马斯·威尔森,《忒耳西科瑞的珍宝:或舞会手册》的"序言",第 5 页。
③ 拜伦,《唐璜》,第 2 篇,第 68 页。
④ 拜伦,《华尔兹:顿呼法圣歌》(*The Waltz: An Apostrophic Hymn*),第 109—112 行。

光环不再　沙龙衬裙也寥寥无几

道德和小步舞曲　美德与她的停留

暴露真相的火药 —— 都曾经有过他们的辉煌①

　　一种新出现的令人讨厌的自由支配着舞厅，摄政时期风流社会的领导者
正要抓住机会：

从服装露胸的地方开始

心灵曾经归属那里

在腰部绕上所有束缚

一只陌生的手在此徘徊不移开

作为回馈　女士会尽可能抓住王子让她去触摸的肚子

请在白土地上绕圈　看他们跳得多好

一只手放在王子的胯部

另一只手依旧放在王子的肩膀上！

因此，舞伴们面对面移动或静止

双足得到休憩　但从不收回双手

依照他们的阶层　挨个轮流共舞

伯爵 —— 加星 —— 夫人 —— 空白

先生 —— 那个人 —— 和那些时髦的主任

为了那神圣的姓氏 —— 参阅《早报》②

---

① 拜伦，《华尔兹：顿呼法圣歌》，第 181—183 行。

② 同上，第 190—205 行。

拜伦的结论是，华尔兹将不可避免地摧毁道德以及催生私生子！为了避免道德沦丧至此，《摄政礼仪：优雅之镜》的女作者也谴责了这种舞蹈，发现"在情感和态度上容易接近的人"非常不适合女人，"女人们应该被置于如此境地吗？比在其他任何情况下都容易建立最亲密的关系？"[①] 事实上，她写道，她同意歌德的观点"除了丈夫和妻子之外，没人适合一起共舞华尔兹"。拜伦对于看到自己的妻子和其他人共舞华尔兹时十分愤慨，描述他们为"看起来像两只金龟子在一根粗针上被烤着"。[②]

实际上，引入后被评判的舞蹈并非只有华尔兹。19世纪初叶，《摄政礼仪：优雅之镜》的女作者苛评了一些在英国舞厅中流行的源自西班牙的舞蹈。凡丹戈舞"尽管在它起源的国家看起来很优雅"，却势必"给端庄的英国女人带来危险"。她痛恨地喊出，"这就应该是独舞曲！"[③] 尽管一位女士能够非常端庄地跳完这种舞蹈，但她挑选的舞伴却可能是一位比较放纵的男士，由此产生的脸红羞愧将她从原本应单纯享受的快乐中带走，带着痛苦和羞辱感。[④] 最终，促使这些舞蹈令人无法忍受的，让女作家陷入不可控的耻辱感的，是对响板的使用。像长鼓、钹和其他吵闹的伴奏乐器，它们可以突出女性"敏捷、灵活的优势"，但是"当艺术家们被赞赏时，女人们则会陷入鄙视的眼光中"。[⑤]

简·奥斯汀很难想象女士们常靠舞厅响板和手鼓自娱自乐，但是仍然有些传统的舞厅对这些习惯挑刺。托马斯·威尔森认为，总体来看，社会上的年轻人在公共舞厅中缺乏良好的教养，此外，在跳舞时（当他们和女士在一起时）也有不足，他们的举止仍有一些需要改进之处。选舞时，他们有着过

---

① 《摄政礼仪：优雅之镜》，第187页。
② A.H. 弗兰克斯，《交际舞简史》，第127—128页。
③ 《摄政礼仪：优雅之镜》，第187—188页。
④ 同上，第189页。
⑤ 同上，第188页。

度的野心，而自己却无法将它恰当地表演出来，因为他们不知道应该以怎样的形态示人。此外，他们对音乐家粗暴无礼，忽略舞厅适当的形式和习俗，并且拒绝服从仪式督导师们的引导。[①]

　　这些都是特别令人发指的罪行，冲击了所有公共派对上的规则和惯例。从 18 世纪初开始，仪式督导师们负责督导舞会运行的一切，从房间和音乐家的安排，一群人的穿衣打扮、风俗习惯，到安排关于舞蹈本身的一切，确保大家严格遵守所有的礼节和优先事项。用威尔森先生的话来说，他是一个"拥有权力，所有需求都要得到满足，权威不容置疑，最终能拍板的人"，他还补充说，"他应该运筹帷幄，具备所有绅士应具备的专业知识……他的格言是无须要求，也永远不会专横。"[②] 在所有的仪式大师中，博·纳什举世无双，从 1705 年到他去世的 1762 年，整个巴斯无人能及。他不仅督导派对，也多少涉猎一些其他事务。[③] 当简·奥斯汀开始了解这座城市时，楼上楼下都会有单独的仪式督导大师。在她逗留的大部分时间里，理查德·泰森（Richard Tyson）主管楼上，詹姆斯·金（James King）主管楼下。1806 年，在简·奥斯汀即将离开之时，金被查尔斯·乐·巴斯（Charles Le Bas）超越，此事在奥斯汀太太的信中有所提及。

　　在类似巴斯这种有很多新住民的城市大型公共场所中，仪式督导师的职责之一就是介绍来宾、安排舞伴，比如金在楼下把亨利·蒂尔尼介绍给凯瑟琳（顺便说一句，金是唯一出现在小说中的真人）。选配舞伴十分重要，问题也时有发生，因为愿意跳舞的男士太少，女士太多。因此，在正式的小步舞曲中的习惯是，每对舞伴中的男士都会先与两位女士共舞后，再由下一对登场。在小型或者私人的舞会上，舞伴们彼此熟知，问题就没那么严重，仪式督导师

---

① 托马斯·威尔森，《忒耳西科瑞的珍宝：或舞会手册》的"序言"，第 16 页。
② 托马斯·威尔森，《伦敦舞厅分析》，第 60 页。
③ 同上，第 33—34 页。

的任务便成了鼓励、哄骗舞者，正如韦斯顿先生在皇冠小镇所做的：

> 伍德豪斯小姐，请过来，还有奥特维小姐，费尔法克斯小姐，你们到
> 这里是干吗来的啊？——来，爱玛，快把你的舞伴定下来，给大家做个榜
> 样。大家可真懒，每个人都快睡着了！[1]

但是仍然有些习俗，比如一次和同一舞伴跳两支舞以上，便是不合时宜
的做法。当伊丽莎白·索普与凯瑟琳·莫兰的哥哥这样做后，她特意把自己
的行为描述为"非常震惊"，并怪罪到舞伴的头上。[2] 通常情况下，男士应该
提前跟女士打好招呼共舞两曲，埃德蒙·贝特伦就征求了范妮的意见，问她
是否愿意在第一曲后再共舞两曲（当然，他已为玛丽·克劳福德留了两曲）。[3]
约翰·索普声称，当看到凯瑟琳与亨利·蒂尔尼共舞时，自己也问过她，而凯
瑟琳则以富有魅力的智慧这样脱身：

> "莫兰小姐……这是什么意思？我以为你会和我一起跳舞呢。"
> "我很奇怪你会这么认为，因为你从没问过我。"
> "啊！这是一个好主意，我刚进房间的时候就问过你啦，我正打算再
> 跟你确认呢，但当我转身的时候你就离开了！这被诅咒的伎俩！我来这儿
> 就是为了跟你一起跳舞的，我也自然地认为周一后你和我约定好了。对
> 了，我想起来了，我问你，你是不是在大厅等待你的披风。现在我已经
> 告诉所有熟人，我将要与这个房间里最漂亮的女孩子共舞了。当他们看
> 到你起身走向其他人的时候，他们就会问我。"

---

[1]《爱玛》，第 331 页。
[2]《诺桑觉寺》，第 75 页。
[3]《曼斯菲尔德庄园》，第 272 页。

"哦,不!在如此描述之后,他们将永远不会想起我。"①

尽管傲慢、庸俗、轻佻,但索普为人比较直率,至少他可以巧妙处理,让自己免受责难,而他的妹妹便做不到这样。派对的房间是她天然的一部分,在爱慕一个男子前,可以把自己展现在众人面前。跳舞成了她浮躁与手段的象征。声称自己爱上了凯瑟琳的哥哥,她断言自己在他缺席时不可能跳舞,然而,她和蒂尔尼上尉共舞了,而他是一个如果没有入得了他法眼的姑娘,就会拒绝在舞会上尽义务的年轻男子。她事后对凯瑟琳的解释简直是伪善的杰作:

"我并不奇怪你的惊讶,我真的快累死了。如果我不是心有所属的话,那么,他就像一个逗乐的玩偶,也算是足够有趣。但是,我已经心有所属,万物不移。"

"你为什么不会?"

"哦,亲爱的!那样看起来太特别了,你知道我多厌恶那么做。我尽可能地拒绝了他,但是他不允许我说个'不'字。你不知道他如何强迫我,我求他放了我,去找个别的舞伴 —— 但是他没有。在他渴望和我共舞之后,房间里他再也想不到其他人了。并不是他不想去跳舞,而是他想和我一起。哦!真是荒谬!我告诉他,他用了一种我不喜欢的方式说服了我。在世上所有的事情中,我最讨厌的就是精心的演说和恭维 —— 并且我意识到,如果他没如愿,就不会有平静了。另外,我想起了把他介绍给我的休斯太太,如果我拒绝了他的共舞请求,可能会让休斯太太难堪。我知道,如果你亲爱的哥哥知道我不跳舞而是自己坐了一整晚的话,他

---

① 《诺桑觉寺》,第75—76页。

一定会伤心难过的。我很高兴一切都结束了,我已经疲于听他那些荒谬的话了。有这么一个年轻伙伴,我知道所有人都在注视着我。"[1]

伊莎贝拉此刻的行为预示着她的虚伪和她此后对詹姆斯·莫兰的背叛。

在公共派对中,女士通常会带着数字,由督导司仪带入舞厅,以表明她们在舞蹈中的地位。在私人场合就会更容易留下机会,有时确实是这样:在艾什的一场舞会上,简通知卡桑德拉,他们将会抽签选舞伴。[2] 当一位绅士希望与一位指定的女士共舞时,事情的管理就变得更明确而有目的性了。当然,他还是需要去问,即便是爱玛·伍德豪斯,也不能直接邀请奈特利先生成为她的舞伴:

> "你要和谁跳舞?"奈特利先生问。
>
> 她犹豫了一会儿,然后回答说:"如果你邀请我的话,就和你一起。"
>
> "你愿意吗?"说着,他伸出了手。[3]

他们表现出的举动都与亨利·克劳福德在曼斯菲尔德所表现的完全不同,后者在很大程度上是因为想让托马斯爵士感到满意,所以才邀请范妮再来两曲。由于对舞会的经验不足,加之低估了自己,范妮最主要的担忧就是没有一个舞伴一起。不过,当克劳福德站在她面前时,吸引了她"几乎愿意立即共舞两曲",她欣慰的是"他问她的方式有针对性"。[4] 当舞会开始后,她感觉到非同寻常地受关注,第一支舞跳得很愉快。不过,当克劳福德问她当

---

[1]《诺桑觉寺》,第134页。

[2]《简·奥斯汀书信集》,第4页。

[3]《爱玛》,第331页。

[4]《曼斯菲尔德庄园》,第273—281页。

晚能否再跳几支时，她就没那么高兴了。她想要看到的是威廉高兴的样子，并听他说他自己的舞伴。她也"很开心知道自己被称赞"。而最重要的是，她期待着与埃德蒙的两支舞。终于轮到这两支的时候，因玛丽·克劳福德不断轻视他在教堂的职位而沮丧的他已经有点没精神了，范妮经过这一整晚的折腾也累了。派对上的人已经不多了。他们清醒而镇静地继续这两支舞蹈，取悦其他旁观者。托马斯爵士因为幼子的关系并没有谈到他的妻子。他坚信克劳福德爱着范妮，他承认，自己举办这场舞会正是为了这个。

　　但这场舞会是虚幻的，他所设想推进的境况也不是真的。在接下来的日子里，克劳福德、威廉和埃德蒙都离开了曼斯菲尔德，而范妮在与疲惫的贝特伦夫人玩儿一个无聊的游戏时，深思着在过去的 24 个小时里发生了什么变化："昨晚客厅内外充斥着希望与笑容、热闹与运动、吵闹与机智，现在非常疲惫，但并不孤独。"① 只是在第二天清晨，当格兰特夫人和玛丽·克劳福德让大家说说那个伟大的夜晚发生了什么的时候，她才能"不费力地把心思放在日常状态中"。这是一件不寻常的事，简·奥斯汀自己经常在相似的夜晚做这件事。她钟爱舞蹈，在汉普郡也是舞会的一个热心参与者，她一定是有着太多强烈的回忆，才会在写 3 位女士的讨论时说："所有嬉闹的笑声和所有想象的升华，这些对于一场已经结束的舞会来说，是多么重要啊。"②

---

① 《曼斯菲尔德庄园》，第 283 页。
② 同上，第 284 页。

第七章

读 书

对简·奥斯汀而言意义最重大的诗人都生活在18世纪下半叶。在《诺桑觉寺》开始的传记注释中，她的哥哥亨利曾说，她最爱的散文作家是约翰逊，而她最爱的诗歌作家则是库伯。

做作的宾利小姐说："我认为，阅读给人的快感是无与伦比的。人们厌倦了全世界，也不会厌倦一本书。如果我有一所大房子，那么，我一定要在其中打造一座极好的图书馆，否则，我就会觉得特别痛苦。"然而，事实情况却是，她之所以选择拿起一本书，只是因为那是达西先生正在读的书目的第二卷。并且，她很快就开始打哈欠，把书扔到了一边，开始在房间里"寻觅一些有意思的东西"。[①] 鉴于读书对于范妮·普莱斯和安妮·艾略奥特这样的人物角色的重要性，一般认为，在简·奥斯汀的作品中，喜欢读书是性格善良的标志。在多数情况下，的确如此。不过，正如简·奥斯汀在她的小说中介绍了很多种活动一样，读书也可以用于不同的目的，并不是在任何情况下都是用来体现人物的优点的。例如，玛丽安·达什伍德狂热迷恋威洛比的根源在于，她发现，对方与自己在诗歌方面有着相同的兴趣（而这正是他在发现了她的兴趣之后故意为之的）；玛丽·班纳特，这个对自己所作所为毫无判断力的人，花费了大量无意义的时间学习抄写摘要；亨利·克劳福德熟读莎士比亚，让范妮不知不觉便注意到了他，而这正是他此举的目的所在。（当然，阅读本身

---

①《傲慢与偏见》，第 55 页。

并没有错：简·奥斯汀本人便是一个阅读高手，她能够快速抓住一部小说中不同角色的声音特点。她的侄女卡洛琳曾回忆说，姑姑能够将范妮·伯尼的《埃维莉娜》中的选段读得宛如话剧一般。）[1]

读书可以作为一种幽默的来源：凯瑟琳·莫兰在阅读了大量哥特式小说后，把自己吓个半死，都已经分不清小说和现实了。于是，她自己构建了一个思想世界。在这个世界里，蒂尔尼将军把他的妻子杀了，或者至少将其锁在了一个密室里。更巧妙的是，读书还可以表达一种更深层次的讽刺：一个很好的例子便是，当安妮·艾略奥特向忧郁的本威克上校推荐更多的散文时[2]，他读了拜伦和司各特写给路易莎·玛斯格罗夫的诗，而那时她刚从莱姆病中恢复，于是，二人迅速坠入爱河，从而解放了本来要娶安妮的温特沃斯上校。作为人们家庭生活中的智慧收藏，读书，无论是高声朗诵还是默默静读，都可以用来鉴别人们的智慧。此外，由于简·奥斯汀本人对于读什么一直都有明确的要求，所以，通过选书本身就能看出一个人的智慧。

艾比·D. 安考特写道："读书是一种消遣。如果选择得当，那么，它可以在兼顾娱乐和美好的同时，还能让人在笑声中发现知识和智慧。"[3] 在其童年时期，简·奥斯汀读的书非常多。她的父亲拥有一座馆藏丰富的图书馆（当他们在 1801 年搬到巴斯时，她曾统计过，那时她的父亲就有 500 多卷书要处理掉）。[4] 此外，她还可以在其良师益友勒弗罗伊太太的监管下，自由出入阿西娅管区的图书馆。勒弗罗伊对简·奥斯汀读书品位的形成与发展起到了重要作用。简·奥斯汀一生都坚持阅读，并且总是渴望读些新鲜的东西。她可以流

---

[1] 卡洛琳·玛丽·克莱文·奥斯汀，《我的姑妈简·奥斯汀》，第 10 页。

[2]《劝导》，第 101 页。

[3] 艾比·D. 安考特（Abbe D'Ancourt），《女士的校长》（*The Lady's Preceptor*），引自佩内洛普·琼·弗雷泽（Penelope Joan Fritzer）的《简·奥斯汀与 18 世纪的礼仪书籍》（*Jane Austen and Eighteenth-Century Courtesy Book*），第 27 页，韦斯特波特、康乃狄克和伦敦，1997 年。

[4]《简·奥斯汀书信集》，第 74 页。

利地阅读法语书,小时候便读过很多阿诺德・贝尔坎写的故事,而《简・奥斯汀回忆录》告诉我们,简・奥斯汀还"懂一点意大利语"[不过,她读的阿里奥斯托(Ariosto)的《疯狂的罗兰》(*Orlando Furioso*)却是英译本的]。无论是其兄弟的图书馆,还是她在生命不同时期赞助过的各种各样的图书馆,简・奥斯汀都拥有在其间自由借阅的权利,而她对此充分利用且获益匪浅。

当然,这一切都很正常。在18世纪,随着人们读书需求的不断增加,出版业和流动图书馆迅猛发展,不仅在伦敦市里,而且在其他郡县,人们也都能买到或借到书来读。18世纪90年代,除了图书馆和图书俱乐部之外,记录在册的书商便有988位。当时的书籍并不是很便宜:一部三卷本小说售价9先令,而查斯特菲尔德勋爵的《书信集》售价1基尼一册。一种广泛使用的既能支付印刷费用又能保证销量的方式是:邀请读者提前购买一本或更多本书,而当书籍出版后,其中会有这些赞助者的名字。通过这种方式,不仅人们会觉得自己是该书作者的赞助人,而且出版商也会因此愿意出版该书 —— 否则的话,他们会不想用自己的钱去冒险。此外,如果赞助者的名单中出现了某位名人或者其他一些杰出人士,那么,书商们便会囤更多的货。在18世纪初,这种出版方式便非常流行,而到了简・奥斯汀时代,这种方式再次盛行起来。而在更早的时期,人们的阅读以宗教、历史和经典作品为主,《圣经》在其中扮演着至关重要的角色。那时,诗歌只在学术界流行,拥有不同主题的各种小册子都有其各自的目的。而到18世纪,功能手册、期刊尤其是小说大量增加,对社会、对人们对文学的感知都产生了深远的影响。

简・奥斯汀曾写道:"我们全家都是狂热的小说爱好者,并且我们不以为耻。"[①]她所对抗与否定的这种耻辱,的确是存在的:当时,很多人认为,小

---

① 《简・奥斯汀书信集》,第26页。

说不仅会降低一个人的文学品位，而且还会诱发一个人的轻浮和不道德。对于女性而言，尤其如此。1799 年，马丁太太要在英国小镇贝辛斯托克开设一家流动图书馆，想要请简·奥斯汀当赞助人。简·奥斯汀告诉姐姐卡桑德拉，马丁太太给她寄了"一封非常有礼貌的信"，告诉她其图书馆藏不是只有小说，而是"拥有每一种文学作品"——此举很容易给人打广告的嫌疑，因为很明显，马丁太太想要吸引那些认真的读者来加入图书馆赞助人的行列，然后再向更大的城镇和城市发展。然而，简·奥斯汀听起来是在自卫，她所谓的"每一种文学作品"是对马丁太太想要在其图书馆中覆盖的书籍主题的一种伪装（毫无疑问，此举会减小赞助图书馆的涉及范围）。简·奥斯汀辛辣地评论道："或许她只是在我们家人面前表现得如此自负……但是，我有必要认为，她的一半赞助者都是妄自尊大的人。"此语意思很明确：对某些人来说，因为只会阅读小说而当一座图书馆的赞助者，是不光彩的。简·奥斯汀拒绝了马丁太太的请求，此举意义非凡：她代表的不仅是她的女性亲属，还有她的整个家族。读书是集体活动，也是个人行为。在频繁地阅读、讨论和批判各种书籍之后，书中的故事、角色甚至是其中的语法措辞，对于奥斯汀家族来说都是信手拈来的。

没有什么比塞缪尔·理查逊的书信体小说《查理·葛兰狄生爵士》更能说明这一点的了。该书记述了女主角哈莉奥特·拜伦的命运，她在被绑架之后，被男主角所救，然后便爱上了他，可后来却发现，他已经与一位意大利名媛订婚了。这部小说是管区内最受欢迎的读物，它对简·奥斯汀的写作、道德准则以及对待女性知识分子的态度都产生了相当大的影响。理查逊之所以创作出这样一个有道德的人物并且再对他进行测试，就是想通过他良心上的痛苦引发读者的同情（很多小说都致力于此）。他这么做的目的是与菲尔丁笔下的高兴地玩弄女性的汤姆·琼斯做对比——尽管汤姆使自己陷入了混乱状态，读者们依然对他饱含同情。这种文学上的相互参照并非首例：菲尔丁曾经也讽刺过理查逊的《帕梅拉》(*Pamela*)，首先，他在《莎梅拉》(*Shamela*) 中将贞洁的女主角变成了腹黑的娼妓，然后，他又在《约瑟夫·安德鲁斯》(*Joseph Andrews*) 中将她坚决捍卫的道德与正气转移到了她不太可能具有这些品质的兄弟身上。一位当代评论家说："小说就是通过这样一系列拙劣的模仿和更新而不断发展起来的。"[1] 在《诺桑觉寺》中，简·奥斯汀本人与拉德克利夫太太 (Mrs. Radcliffe) 的关系以及在《曼斯菲尔德庄园》中她与德国剧作家奥古斯特·冯·科策布的关系，需要从这个角度去理解。[2]

在《简·奥斯汀回忆录》中，詹姆斯·爱德华·奥斯汀-利证实了简·奥斯汀对理查逊作品的深厚了解，尤其是对《查理·葛兰狄生爵士》里的每一个场景，"在雪松会客厅里做过的每一件事，说过的每一句话，她都熟稔于心。并且，她对于 L 小姐和 G 小姐结婚那天发生的事情也记得非常清楚，就像她们是她生活中的朋友一样"。[3] 小说中的人物和事件逐渐积累，成为奥斯汀家族特有的知识典藏，常常在日常生活中被提及或引用。在写给卡桑德拉的信件中，提起一顶新帽子时，她都会这样说："白色的绸缎和蕾丝，左耳旁还有一朵白色的小花，就像哈莉奥特·拜伦的羽毛一样。"而当姐姐给自己写了一封长信时，她便会这样回复："如果我是哈莉奥特·拜伦，那么，我该如何表达自己的感激之情呢？"[4]

《查理·葛兰狄生爵士》对于奥斯汀家族最具体的影响是一本可大声朗读出来的简短戏剧版图书，或者是在斯蒂文顿或古德汉姆上演的戏剧。虽然

---

① 彼得·康拉德 (Peter Conrad)，《英国文学每个人的历史》(*Everyman History of English Literature*)，第 335 页，伦敦，1985 年。"发明小说"一章中包含了对于这个观点的有趣讨论。

② 关于奥古斯特·冯·科策布 (August von Kotzebue) 的讨论，参见 J.E. 奥斯汀-利，《简·奥斯汀回忆录》，第 237 页。

③ J.E. 奥斯汀-利，《简·奥斯汀回忆录》，第 5 章。

④《简·奥斯汀书信集》，第 220、234 页。

手稿在简·奥斯汀的手里,但奥斯汀家族达成共识:作者是简·奥斯汀的侄女安娜,而她只是帮助侄女写作而已。不过,现在可以确定的是,作品精彩的部分都是由简·奥斯汀本人完成的,安娜顶多是在其中加入了某个词语或短句。[1] 改编本由 5 个短幕组成 —— 有玩笑称,一切鸿篇巨制都应浓缩为一部小短剧。大约在 1791—1793 年,简·奥斯汀完成了第一幕的写作,然后便将其搁置一旁,在写完她早期的三本小说的初稿后,才又开始继续《查理·葛兰狄生爵士》改编本的创作。在改编本中,有些内容是直接引用原著中的情节,而有些内容则完全是简·奥斯汀杜撰的。不过,她改编此书的唯一目的,就是消遣娱乐。即使是在强迫哈莉奥特结婚这样严肃的场景中,简·奥斯汀也只是想要逗全家人开心而已。于是,理查逊在原作中为女主角设计的大量穿衣打扮和昏厥的桥段,到了简·奥斯汀的戏剧里,都变成了哈格雷夫先生在某一时刻充满戏剧性地大喊:"我希望女性可以不要那么优雅和柔弱,不用总是穿得花枝招展,也不要动不动就晕倒!"可想而知,"打扮和昏厥"在一段时间里都会成为奥斯汀家族津津乐道的一个短语。

毫无疑问,简·奥斯汀之所以创作了这部小短剧,就是想要为那些熟悉原著的人提供一些有趣的场景,延伸(或戏剧化地浓缩)小说中的各个事件。比如,原著中并没有开场,而简·奥斯汀便改编出了一个化装舞会,完全从哈莉奥特的服装说起。改编之后细节内容的丰富与改编的目的完全不成比例 —— 实际上,简·奥斯汀只是想要把理查逊的那些有道德影响力的事件搬到她自己的家里,除此之外别无他求。由于改编本只是原著的一部分,小说中一些关键的场景,例如哈莉奥特在化装舞会上的被绑架以及她之后的自救,改编本中根本没有涉及,因此,简·奥斯汀的表哥里夫斯先生(Mr. Reeves)

---

① 关于《查理·葛兰狄生爵士》作者的讨论,参见布莱恩·索瑟姆给牛津版写的序言。迪尔德丽·勒·费伊认为,古德汉姆更像是一个剧院,因为爱德华·奥斯汀的孩子们正处于表演的合适年龄,与他们在布里奇的众多兄弟姐妹一起。她推测的日期是 1801 年的 9 月到 10 月之间的某个日子,那时简、卡桑德拉和安娜正在那里。

才会对女性衣服的长度带来的不便耿耿于怀。当时,简·奥斯汀正在其家中做客:

> 里夫斯先生:曾几何时,我感觉家里已然成了裙子和绑带的海洋。我由衷地希望,我的妻子和拜伦小姐之后能将她们的各种帽子及其他装饰物都归置到她们自己的房间中或者其他任何地方去,只要别让我看到就行。为什么?因为,如果哪天我心情不太好的话,我可能就会自行把它们都给处理掉。①

这难道不是对班纳特先生 —— 或许甚至还有奥斯汀先生 —— 的一种暗示吗?当然,葛兰狄生爵士意气风发的妹妹夏洛特是一个典型的奥斯汀家族女孩 —— 诙谐、直率,在与男性开玩笑时,说起话来毫不羞怯 —— 无论是对她的兄弟,还是对她未来的丈夫 G 勋爵,皆是如此。比伊莎贝拉·索普或露西·斯蒂尔更高雅、更善良(虽然她说的话也有她们的风格),夏洛特能言善辩,在女性中非常突出。她认为,虽然她最终不可避免地要屈服于婚姻,但是,她坚决不能摒弃自己的独立性:

> G 勋爵:我害怕自己一直让你等待一位绅士的出现。
> 夏洛特:没事,从现在起你不用再害怕了,因为我确实一直在等待一位绅士的出现。②
> 露西·斯蒂尔:夏洛特,B 小姐在哪里?
> 夏洛特:在她自己的房间里,非常安全。只要她一打哈欠,我就把

---

①《简·奥斯汀的〈查理·葛兰狄生爵士〉》(Jane Austen's 'Sir Charles Grandison'),第 65—66 页,B.C. 索瑟姆编,牛津,1980 年。

②同上,第 94 页。

她打发走。

露西·斯蒂尔：可怜的家伙！我希望她不要太频繁地打哈欠。不过，说真的，夏洛特，你觉得她是变好了还是变坏了呢？

夏洛特：露西小姐，你实在太害怕我照顾不好她了。她一直都这样，每到下午 3 点就犯困。我想，这应该是因为每到这个时候 G 勋爵都会来吧。还有就是，她非常不愿意看到她可怜的夏洛特受此折磨。[1]

理查逊小说中的夏洛特，有一面是戏剧无法展现的：

（她的兄弟说）有时，我很喜欢将自己的注意力转移到夏洛特那可笑的好奇心上来。正如我最近告诉她的，她似乎很爱揭露各种秘密，当她觉得有所发现时，会希望因自己的睿智而得到别人的称赞。但实际上，根本什么秘密都没有。我很享受这样的时刻：看到她犯错之后的迷惑以及对她不愿将秘密说出的惩罚。[2]

（弗兰克·丘吉尔与爱玛之间的关系与此类似，只不过，葛兰狄生只是友好地取笑自己妹妹的小癖好，而弗兰克却挖苦和丑化爱玛的错误，在这一点上，二者相去甚远。）虽然这个对话在戏剧中没有直接出现，但是，在哈莉奥特讨论她的哥哥时，夏洛特说："他总是四处走动，但是我们并不知道他在做什么。因为对其非常尊重，所以我们不会干涉他的私事。"[3] 可笑之处或许在于，观众们应该记得，夏洛特一直好奇心很强，尤其在对有关其哥哥的事情上更是如此。简·奥斯汀在最初的创作中，通过将夏洛特的话加长来强调这一点：

---

① 《简·奥斯汀的〈查理·葛兰狄生爵士〉》，第 99—100 页。
② 塞缪尔·理查逊，《查理·葛兰狄生爵士》，第 3 卷，第 4 封信。
③ 《简·奥斯汀的〈查理·葛兰狄生爵士〉》，第 85—86 页。

"我们也不想知道他的私事。因为我们知道，如果他觉得与我们有关，想要让我们知道的话，他一定会主动告诉我们的。"当然，她肯定想要知道哥哥不想告诉自己的那些事情。所以，这个玩笑开得一点儿都不自然，而这句话后来被简·奥斯汀删掉了。

简·奥斯汀早期的几部短篇作品都曾受到《查理·葛兰狄生爵士》一书的影响，她对小说中事件和方法的模仿都具有讽刺性。例如，在《爱情与友谊》（ *Love and Friendship* ）这本书信体小说中，多愁善感的索菲亚非常喜欢昏厥，即便是看到黄昏的露珠，她也会晕倒。最终，在其旷日持久的昏厥之后，她感染风寒而死。而在不久之前，她还警告过自己的朋友劳拉不要这样做：

> 我亲爱的劳拉……一定要从我不幸的结局中得到警示，避免那些轻率的行为……小心突发的昏厥……虽然偶尔昏厥一下可能会使人神清气爽，但是，相信我，如果重复此举过于频繁并且在不合适的季节里如此为之，最终一定会给自身带来毁灭性的打击。我的命运将会告诉你……一次严重的晕倒使我付出了生命的代价……亲爱的劳拉，你一定要谨防昏厥……偶尔一次昏厥其实并没有太多害处，它是体内的一种运动，只要不是太激烈，我敢说，是对身体健康有益的一种行为——每当你昏厥时，体内器官都会发狂。不过，听我的，最好还是不要出现昏厥……[①]

虽然简·奥斯汀早期创作的这些小规模作品只是为了家庭娱乐，但是，她对理查逊的伟大作品的熟知和喜爱，不仅仅影响她写出了一些娱乐的、无害的作品集，而且还在更深的层次上使简·奥斯汀得到了提升——理查逊在

---

① 《简·奥斯汀次要作品集》，第102页。

小说中体现的同情心、高尚的道德、对待一切事物的女性意识以及通过书信形式体现的人生观，凡此种种，都以一种更加深厚的方式对她自身成熟的写作产生了影响。而这种影响，并不是她像读很多书那样读一两遍就能得到的，而是通过一生的深入研究才得到的。

通过其小说和信件中提及的各种参考书目，我们明确了解到（并且不觉得很惊讶），简 · 奥斯汀阅读过 18 世纪所有杰出的小说作品 ——《鲁滨孙漂流记》《格列佛游记》《汤姆 · 琼斯》《威克菲尔德牧师传》《项狄传》和《情感之旅》。并且，可以肯定地说，除了《查理 · 葛兰狄生爵士》，她还知道理查逊的其他小说，如《克莱丽莎》和《帕梅拉》。她读过歌德非常有名的《少年维特的烦恼》，而该书就是受到了理查逊的影响（同样也是书信体形式）。在《爱情与友谊》中，她讽刺了《少年维特的烦恼》中的多愁善感主义哲学以及那些拥护这种哲学的人：

> 我们很快便看穿了他的本性（多愁善感的劳拉这样说那个与她的一位朋友订婚的男人）……他们说他通情达理、见多识广、和蔼可亲，我们本不想去评判他那些小毛病，但是，他从来都没有读过《少年维特的烦恼》，这让我们相信，他根本就没有灵魂。而且，他的头发竟然是褐色的，这点真的很烦人。我们敢保证，珍妮塔不可能会爱上他，或者说，至少她不应该对他产生任何感觉。①

1814 年，她阅读了司各特的第一本杰出的历史小说《威弗利》。此前，她一直崇拜这个诗人；如今，作为小说家的司各特依然受到简 · 奥斯汀的崇拜。

---

① 《简 · 奥斯汀书信集》，第 93 页。

虽然她并不赞同诗人写小说，认为那样做无异于"抢了别人的饭碗"[1]，但是，她的确非常喜欢司各特的小说，当 1816 年司各特的《股东家》出版后，她也读了。

当侄女安娜·勒弗罗伊给简·奥斯汀寄来她自己写的小说时，简·奥斯汀告诉她，她已经决定，从现在开始，在这个世界上，她只喜欢 3 个人的小说：埃奇沃思小姐的、安娜的以及她自己的。[2] 爱尔兰小说家玛丽亚·埃奇沃思（Maria Edgeworth）在世纪之交创作了很多成功的小说，其中包括《拉克伦特堡》（*Castle Rackrent*）、《缺席者》（*The Absentee*）、《贝琳达》（*Belinda*）和《庇护》（*Patronae*）——此书在 1814 年出版后，简·奥斯汀说，如果卡桑德拉不阅读它，就会觉得很空虚。[3] 她在 1795 年创作的《朱丽亚和卡洛琳书信集》（*Letters of Julia and Caroline*）迎合了当下比较小说的潮流，即将两位主人公的态度和行为进行对比，而其中一位的存在便是为了衬托另外一个人的优秀。当然，简·奥斯汀在同时期创作的《理智与情感》采用的也是这样的架构，只不过该小说最初是以书信体的形式创作的且当时叫作《埃莉诺与玛丽安》。毫无疑问，简·奥斯汀会模仿埃奇沃思的小说以及其他类似的小说，比如简·韦斯特（Jane West）的《一个八卦的故事》（*A Gossip's Story*）——在这部小说中也有一对姐妹，而比较浪漫的那位叫玛丽安。1797 年，简·奥斯汀可能是从一本名叫《女性月刊》（*Lady's Monthly Magazine*）的杂志上看到了《一个八卦的故事》中的一篇书摘，于是便对此进行了改编，换了标题。

比玛丽亚·埃奇沃思更加令简·奥斯汀钦佩的女性作家是范妮·伯尼——她是一位法国移民军官的妻子，写了 3 部知名的小说：《埃维莉娜》《塞西莉亚》（*Cecilia*）和《卡蜜拉》（*Camilla*）。在《卡蜜拉》的赞助者清

---

① 《简·奥斯汀书信集》，第 277 页。
② 同上，第 278 页。
③ 同上，第 271 页。

单上，"简·奥斯汀小姐，斯蒂文顿"的字样出现在最后。此外，1796年夏天，在给卡桑德拉的信中，简·奥斯汀经常提到这部小说，可见它给她留下的印象之深，比如，当写到她们在肯特的一位熟人时，"她的性格中有两个令人愉悦的特点：她很崇拜卡蜜拉，还有她喝茶不加奶油。"① 鉴于简·奥斯汀阅读了太多的小说，当她提起小说中的人物角色时，就好像他们是真实存在的一样。还有，在她自己的那本《卡蜜拉》的最后一页，她用铅笔写了一个玩笑式的题词："为了卡蜜拉的幸福，本书最后发生了一件重要的事情。"这件重要的事情指的是蒙特医生的死亡（因为在小说里，他是女主角和她所爱之人之间的绊脚石）。②

这样的玩笑并不会让我们觉得简·奥斯汀轻视这样的小说。在《诺桑觉寺》中，她在第五章中一反常态地以作者的身份直接介入，就是为了使小说家们免受评论家们的谩骂 —— 他们觉得每一部新的小说都是无病呻吟、废话连篇，各大出版社对此怨声载道。简·奥斯汀通过此举更加明确了奥斯汀家族的立场 —— 不以读小说为耻。

似乎总是有人贬低小说家的价值，也不让有天赋、有智慧、有品位的人推荐他们的作品。普遍的黑话是这样的："我不是小说读者 —— 我很少看小说 —— 不要认为我经常阅读小说……" —— "某某小姐，你在看什么呢？"年轻的女士一边回答："哦，一部小说而已！"一边故作冷漠或略显尴尬地将书放下。—— "只是《塞西莉亚》，或者《卡蜜拉》，或者《贝琳达》。"或者，简而言之，只是最有思想、最有力量、最伟大的人创作的一些作品，用最精练的语言描绘了最彻底的人性特点、最快乐的生命

---

① 《简·奥斯汀书信集》，第9页。
② 同上，第357页。

变化以及最有活力的幽默和智慧。①

　　毫无疑问，范妮·伯尼是让年轻的简·奥斯汀感觉最亲密的作家——
她曾在《诺桑觉寺》中强调，她是自己的"姐妹作家"，②而且，《傲慢与偏见》
这本小说的名字就是直接取自《塞西莉亚》的。范妮·伯尼的小说讨论的是
年轻女士在进入社会时所要经历和面对的各种磨难，而她所设置的范围正好
包括了简·奥斯汀所在之地（《卡蜜拉》是一部关于一位来自汉普郡的牧师
的女儿的小说）。在简·奥斯汀的作品中，很多场景都是以范妮·伯尼作品
中的场景为原型的，例如，在《劝导》中，安妮·艾略奥特在音乐会中不断
向长椅靠近，希望以此引起温特沃斯上校的注意；而在《塞西莉亚》中，"无
与伦比的拉洛勒斯小姐"也是这样做的。在范妮·伯尼的小说中，相较于女
主角最终嫁给的男人，她不是更贫穷就是社会地位更低——18世纪最受欢
迎的虚构作品主题，源自《帕梅拉》。对于女主角来说，男主角总是绝对正确
的，能够一直引导着她，让她逐渐适应他的观念，比如，凯瑟琳·莫兰对亨
利·蒂尔尼便是如此，爱玛最终对奈特利先生亦是如此。然而，这种通过聆
听一位更成熟的（男性）角色而体现女主角理解能力的提升有些局限的方
式，很显然达不到简·奥斯汀在她的成熟小说中想要体现的女性自我意识的
觉醒。实际上，简·奥斯汀是在读玛丽亚·埃奇沃思而不是范妮·伯尼的作
品时（尤其是她在读《贝琳达》时）发现了女主角通过对比和解读他人的话
语来理解自己与世界之间关系的可能性。通过这种方式，她的独立精神得以
全面发展，而这并非源于外界事件的刺激，而是来自她内心情感的升华。③

---

①《诺桑觉寺》，第37—38页。

②同上，第111页。

③关于玛丽亚·埃奇沃思对《贝琳达》的讨论，参见玛丽琳·巴特勒（Marilyn Butler），《简·奥斯汀与思想战争》
（ Jane Austen and the War of Ideas ），第5章，牛津，1975年。

就在简·奥斯汀阅读《卡蜜拉》的 1796 年，一部比范妮·伯尼和玛丽亚·埃奇沃思的作品更具有社会观和贵族性的小说横空出世。它便是《赫姆斯普朗》（*Hermsprong*），罗伯特·贝奇（Robert Bage）的第六部（也是最后一部）小说。罗伯特·贝奇是一位隶属于英格兰中部地区商人、科学家和实业家圈的德比郡造纸厂商，这个圈子里的名人包括约瑟夫·普利斯特里、乔赛亚·韦奇伍德和伊拉斯谟斯·达尔文。当然，即便他们有些不愿墨守成规，但他们都不是像威廉·戈德温或汤姆·佩恩这样的政治人物。身处德比郡的哲学社会和伯明翰的新月社会，当聚在一起时，他们对于源自洛克和休姆的经验主义的"在科学中引用精神哲学"表现出实际的担忧。由于反对老地主贵族的既有利益，当他们中的一些代表掌权后，他们会担心经济学家亚当·斯密提倡的个人主义的价值。在这样的大背景下，似乎并不适合小说家的发展，然而，贝奇——如今已经被彻底遗忘了——却得到了广泛的钦佩，而简·奥斯汀便拥有一本《赫姆斯普朗》。

这部小说围绕来自一个无名之地（赫姆斯普朗）的一位年轻人展开，这个年轻人救了一个贵族的女儿，但是，他却坚定地抛弃了一个英雄的行为举止，例如，在与对手争斗时，他并没有找同伴，而是亲自将对手搬起来，然后只是放到围墙的另一侧。通过女主角专横、邪恶的父亲和他的帮凶（一位没有原则的教士），贝奇着重刻画了不受欢迎的贵族和教堂形象。在这部小说中，只要女性拥有足够的智慧和反抗不公或过分权威的意愿，她们便会得到自由。小说中的完美女性是女主角的朋友玛丽亚·福亚特，她的独立思想和敢于直言是当时的赫姆斯普朗所不具备的。她是在玛丽亚·埃奇沃思（非常喜欢《赫姆斯普朗》这部小说）和简·奥斯汀的小说中都能找到的那种年轻女性。并且，在《傲慢与偏见》中，简·奥斯汀明确攻击了势利的贵族和阿谀奉承的牧师，只不过，这种讽刺更加针对个人而非社会整体。

《赫姆斯普朗》中也有值得简·奥斯汀借鉴的对话智慧，比如下面这段玛丽亚的监护人苏麦林先生和他的妻子（她的理解能力后来被简·奥斯汀用在了班纳特太太的身上）之间的对话：

苏麦林太太滔滔不绝，已然偏离了她想要说的她亲爱的哈莉埃特（与人私奔了）的事。

我的监护人终于找到机会插进来一句话："那么，你为何总是去斥责那些她根本就不承认的错误呢？"

"因为你，苏麦林先生。首先，我并没想要那样说；而你呢？你从来都不花费时间和精力教导自己的孩子。对于这件事，我感觉你从来没有说过哈莉埃特一句"

"需要我说什么吗？我的太太如此能干，能把家里的一切都打理好。"

"你别给我打马虎眼。我不吃这一套。"

"我没有啊，亲爱的。我只是好心，不想让你折磨自己而已。眼下，将哈莉埃特的错误视作一个小错误，会让你比较开心——我是真心实意这么说的。法律都完全不将其称作犯罪。法律规定：年满 21 岁后，年轻女性有权利自由选择她们的丈夫。或者，在不满 21 岁的情况下，她们可以在英国之外的地方结婚。你看，哈莉埃特没有触犯任何一条法律。她离开了英国，这点也不犯法。不过，法律也允许父亲按照他们自己的意愿来处理既有财产。她爱费利格劳夫先生，可我不爱。因此，我不会给他任何东西。"①

---

① 《赫姆斯普朗》，第 15 章，引自玛丽琳·巴特勒，其小说中的章节是无价的，尤其是在与威廉·戈德温的《科莱博·威廉姆斯》（*Caleb Williams*）的对比之下。

简·奥斯汀阅读和重复阅读（第一遍阅读时，通常都是大声读出来）过的很多小说都默默地消失了，她自己也完全明白那些小说的缺陷。在多次阅读之后，她通常都会给出公正的评价。范妮·伯尼的妹妹萨拉·哈莉埃特·伯尼在 1798 年出版了一部小说《克拉伦廷》，当时简和卡桑德拉都读过。多年之后，当简在古德汉姆与 14 岁的侄女范妮一起再次阅读这本书后，她给卡桑德拉写信：

> 我们正在读《克拉伦廷》，我们惊讶地发现，这本书实在太愚蠢了。我记得，当我读第二遍的时候，就没有像读第一遍时那么喜欢它了。而在读第三遍时，就完全无法忍受了。书中满是异常行为和磨难，没有任何有价值的东西。[①]

有趣的是，简·奥斯汀批评的理由总是很充分 —— 她从不会只是单纯地不喜欢某本书。她在不同时期的 3 遍阅读使其可以分析出该书体裁上的弱点和性格描述的失败。作为一名作家，她目光犀利，能够跳出她自己的喜好来评价一本书的品质。即使是她不喜欢的书，她也能够表示赞美。福音派改革者汉娜·摩尔的说教自然非她所爱，因此，在给卡桑德拉写信时，她不无讽刺地提到了她的邻居，"全家都快乐地阅读汉娜·摩尔女士最近出版的作品"。（这本书名叫《实用性虔诚》。）[②] 当她的小说《考莱布斯寻妻记》在 1809 年新年出版的时候，卡桑德拉从古德汉姆给简写信，表达她对此书的喜爱（这本书很快便受到了广泛的欢迎）。然而，简依然表现得很抗拒：

---

①《简·奥斯汀书信集》，第 120 页。
② 同上，第 191 页。

卡莱布真的没法引起我的兴趣 —— 我之前只是假装不喜欢这本书，而现在是真的了。我不喜欢福音派作品。当然，如果我像其他人那样阅读它的话，我应该也会很高兴，但是，在那之前，我依然不会喜欢它。[①]

简甚至将小说主人公的名字都拼写错了，妹妹如此草率地对待这本书，或许令卡桑德拉感到有些心痛。于是，她给简写信，纠正了她的拼写错误。然而，简·奥斯汀依然坚持自己的立场：

我并不觉得自己拼错这本小说的名字有什么大不了，因为你也经常在给我的信中出现拼写问题，并且语言使用得很啰唆，而我却从来都没有给你指出来过。我只想说，这本书里提供的信息基本都不属实，唯有卡莱布这个名字听起来还比较真诚、不做作。而考莱布斯这个名字根本就是在故弄玄虚 —— 恐怕只有古典学者才会起这样的名字吧？[②]

她到底如何评价这本书，并没有明确的记录 —— 很明显，汉娜·摩尔的名声足以让她在收到卡桑德拉的信之前就对此书有所耳闻。不过，翻阅她在当年之后写的一些东西便发现，她通过对《凯瑟琳》一书内容的修改来自娱自乐 —— 女主角有一个非常烦人的姨妈，就叫考莱布斯。

在简·奥斯汀的一些亲朋好友中，一直会有人不时发表作品。当这些私下里熟知之人所创作的小说也无法引起她的共鸣时，情况就变得有些复杂了。1799 年，简·奥斯汀母亲的表亲库克太太发表了一部历史小说《战桥》，其中第一部分讲述的故事背景设置在内战时期。据称，在此书发表之前简·奥

---

① 《简·奥斯汀书信集》，第 169—170 页。
② 同上，第 172 页。

斯汀便知晓此书，并且她所写的《诺桑觉寺》便是借鉴了该书的哥特风格，因为其中讲述的好几件事情，简·奥斯汀后来都在自己作品里类似的故事中进行过讽刺。①勒弗罗伊太太在她的妹夫亨利·马克斯维尔的建议下，也写了一篇文章，预言丹尼尔的小号角指的是拿破仑。不知为何，这篇怪异的文章在1802年10月匿名发表在《绅士杂志》上，使整个家庭都被蒙上了一层神秘的面纱。不知简·奥斯汀是否将其视为一种猜想，如果是的话，那么她应该读过那个可靠的预测（不过后来证明并不可信）："如果有事实依据能够证明小号角与波拿巴的篡夺有关，那么，鉴于这个时期的短暂，他的政权明显受到限制，一定会出现大规模的慰问。"②实际上，是勒弗罗伊太太的弟弟埃杰顿·布里奇斯建议她发表这篇文章的。埃杰顿本人也创作了一些作品，包括两部小说，其中第二部叫作《亚瑟·菲茨·阿尔比尼》发表于1798年。对于此书，简·奥斯汀在给卡桑德拉的一封信中发表了她的看法：

　　父亲买这本书，与我私下的愿望背道而驰——凭什么我们要购买连埃杰顿自己的家人都觉得丢人的书呢？不过，你懂的，这种排斥感并不会影响我对这本书的阅读。然而，我们谁都没有读完第一卷。父亲感觉很失望，而我并没有，因为我原本就毫无期待。我从来没有阅读过如此体现作者生命轨迹的书。每句话，每个词，每种情感，都完全是埃杰顿的。书中基本没有故事，讲述的内容都是以一种奇怪的、不正确的方式。书中介绍了很多个人物，但很显然，只有空洞的描述，没有具体的内容。③

从某种程度上来说，发现别人的小说无法满足读者的期待是一件很令人

<hr>

① 莱蒂丝·玛肖（Judith Marshall）的《战桥》（*Battleridge*），参见《简·奥斯汀1997年社会报告》。
② 勒弗罗伊太太致C.E.勒弗罗伊的信，勒弗罗伊档案馆。
③《简·奥斯汀书信集》，第22页。

安心的事情，因为任何作家对于潜在的竞争对手多少都会感到一些不安。当简·奥斯汀在准备出版她的第一部小说《理智与情感》的时候，一部名为《自控》(*Self Control*) 的小说横空出世。这部小说与《理智与情感》的主题一样，自然，这让简·奥斯汀很担心自己失了先机。据玛丽·布伦顿（Mary Brunton）称，关于一个女孩的道德教育的作品，属于传统作品，比如伊丽莎白·英奇博尔德（Elizabeth Inchbald）的《一个简单的故事》(*A Simple Story*)、简·韦斯特的《一个八卦的故事》和《教育的优势》(*The Advantages of Education*)，这些关于行为准则的书无一不证明了培养一位年轻女性的道德观的必要性。这是第一部关于这个主题的小说，肯定会被大量谈论（这样的书在那个时期很流行）。对此，简·奥斯汀言语中表现出一丝焦虑："我很想知道她的看法是什么，但是也总会有些担心，害怕这部聪明的小说过于聪明，害怕发现我的故事和我创造的人物会提前出现在这部作品中。"实际上，她大可不必如此：在她阅读这部小说时，她发现它是一部"意味深远、描写优雅的作品，但是其中没有任何自然的东西，也没有任何可能性"。她还说："我不知道劳拉沿着美洲河行走是否是她做过的最自然、最具可能性、最日常的事情。"①

如果不是简·奥斯汀在其作品的人物刻画或场景描写时进行完美地使用，当年的很多小说如今我们很可能都不会称其为文学作品。伊莎贝拉·索普给凯瑟琳·莫兰推荐的其中一个"恐怖的"故事就源自雷吉娜·玛丽亚·罗彻（Regina Maria Roche）的《克莱蒙特》(*Clermont*)。她的另一部小说《寺中的孩子》，便是忠诚的罗伯特·马丁决定阅读的一本书，因为那是哈莉埃特·史密斯推荐给他的，比他自己阅读的农业报告要充满社交性得多。通过奈特利先生我们得知，当处在爱玛的监护下的时候，哈莉埃特并不想要

---

① 《简·奥斯汀书信集》，第 186、234 页。

拓展自己的文学知识。虽然在此处引用这本书是为了强调她幼稚的品位,但是简·奥斯汀本人还在努力发掘此书的其他用处:这部小说不仅包括一个名叫查尔斯·宾利先生的角色,还包括一个名为詹宁斯夫人的粗俗的女人。[①]

这些借用虽然微不足道,但却影响深远。对于简·奥斯汀的早期作品更为关键的,是滑稽戏。年轻的作家在阅读了大量关于滑稽诗文模仿的少年读物,尤其是更具戏剧性的读物后,她从某种程度上在《诺桑觉寺》中延续了这种方式。不过,在那时,喜剧中还有另一种元素,那种元素在18世纪末期很多作家的作品中都能找到,而简·奥斯汀也拜读过其中一些作品。《诺桑觉寺》的女主角如此沉迷于小说的世界,以至于她开始无法区分虚幻与现实。虽然它提供了很多娱乐滑稽戏的机会,但在它的后面却有一个更严肃的目的。

1752年,夏洛特·兰诺克斯(Charlotte Lennox)撰写了一本名为《女性堂吉诃德》(*The Female Quixote*)的书,讽刺了17世纪法国人的浪漫。女主人公阿拉贝拉与原型堂吉诃德一样,觉得小说中假想的世界更有吸引力,并且比她实际生活中的世界更加真实,因此,她的价值观完全是根据这些古老的故事而形成的。然而,现实生活不断闯入,导致了一系列的不幸,而这部分原因是她相信自己遇到的每一个人不是求婚者就是潜在的强奸者。简·奥斯汀非常熟悉这本书,并觉得它非常有趣。还有其他一些小说家以此主题创作过作品,其中包括玛丽亚·埃奇沃思在1801年创作的《安吉丽娜》(*Angelina*),只不过她是以完全严肃的态度处理的。当然,在《诺桑觉寺》中,简·奥斯汀没有模仿多愁善感的小说,而是模仿了哥特式的小说,尤其是拉德克利夫太太的《尤多尔夫的秘密》(*Mysteries of Udolpho*),并且她不是唯一这样做的作家:1814年,她完成此书多年之后(不过还没有发表),在她

---

①　关于《寺中的孩子》(*The Children of the Abbey*)与简·奥斯汀的作品之间的其他相似之处,参见玛格丽特·安妮·杜迪(Margaret Anne Doody)的《简·奥斯汀的阅读》(*Jane Austen's Reading*),引自《简·奥斯汀手册》(*The Jane Austen Handbook*),第359—360页,J.大卫·格雷(J.David Grey)编,伦敦,1986年。

的一封信里，她记录自己"撕掉"了伊顿·斯坦纳德·巴莱特写的《女主角》的第三卷，并发现它"是一部讨人喜欢的滑稽戏，尤其是以拉德克利夫的风格"。① 我们可以合理地推测，简·奥斯汀读过伊莎贝拉推荐给凯瑟琳的所有"恐怖的"小说——帕森斯太太的《沃芬巴奇的城堡》和《神秘的警告》、拉瑟姆的《午夜钟声》（1798 年 10 月，奥斯汀先生在从肯特到斯蒂文顿的旅行中阅读了这本书）②、埃莉诺·斯利斯的《莱茵河的孤儿》、图特霍德的《巫师》和威尔的《恐怖的秘密》。此外，她想必也了解她所提及的拉德克利夫太太撰写的其他作品——《意大利人》（伊莎贝拉推荐的另一本）和《浪漫森林》，哈莉埃特·史密斯的最爱之一。所有这些书都发表于 18 世纪 90 年代中期，即简·奥斯汀开始考虑创作《诺桑觉寺》（那个时候叫《苏珊》）的时期。除了拉德克利夫太太的作品外，这些书都是德国的流行之作——实际上，其中一些就是根据德国故事翻译过来的。

虽然霍勒斯·沃波尔早在 1764 年便创作了第一部真正意义上的哥特式小说《奥特兰托堡》（*The Castle of Otranto*），但直到 18 世纪 90 年代《尤多尔夫的秘密》的问世，才引发了读者对此类小说的狂热追捧。它的历史背景（16 世纪南方天主教的欧洲），美丽的女主角艾米丽·德·圣奥伯特与危险的反派蒙托尼之间的冲突，在尤多尔夫城堡发生的恐怖的、超自然的事情，这些无一不燃烧着渴望恐怖浪漫的年轻女孩的想象力。然而，拉德克利夫太太的作品并非只吸引女性读者：《西西里岛的浪漫故事》（*A Sicilian Romance*）一书被沃尔特·司各特爵士（Sir Walter Scott）赞为诗化小说。这种赞誉或许会令简·奥斯汀很惊讶，因为她一直坚定不移地将拉德克利夫太太视为最煽情、最不切实际的小说创作的"罪犯"。当然，在《诺桑觉寺》中，简·奥斯汀便

---

① 《简·奥斯汀书信集》，第 256 页。

② 同上，第 15 页。

是这样呈现她的。愚昧无知的约翰·索普都不知道《尤多尔夫的秘密》是她写的（尽管这本书取得了巨大的成功），却宣称自己只读她写的书，因为他发现"她的书中有一些有趣和自然的东西"。不过，与索普不一样，凯瑟琳知道《尤多尔夫的秘密》与《卡蜜拉》之间的区别，但她依然没能阅读后者，因为它是最近刚刚出版的，而在她的家乡，"新书是无法及时出现的"。因此，在面对他的乳臭未干和毫无逻辑时，她也不知如何辩驳：

"《尤多尔夫的秘密》是拉德克利夫太太写的。"凯瑟琳有些犹豫地说，害怕自己羞辱到索普。

"是吗？哦，好像是的，我也记得是这样。我正在想她写的另外一本书，她嫁给了一个法国移民，很是让大家大惊小怪了一番。"

"我猜你说的是《卡蜜拉》？"

"对，就是那本书。多奇怪的事情啊！——一个老头在玩儿跷跷板！我之前捧起过第一卷，仔细看了一下，很快便觉得它没什么意思。实际上，在我开始看之前，我就知道它大概写的是什么了：当我听说她嫁给了一个移民者之后，我立刻就觉得自己肯定不会看完这本书了。"

"我从来没有读过这本书。"

"相信我，你没有损失。它是你能想象到的最可怕的胡说八道……"①

索普的语言与他的思维一样凌乱："恐怖的"是《尤多尔夫的秘密》，而不是《卡蜜拉》（伊莎贝拉也曾用这个词来形容《查理·葛兰狄生爵士》，凯瑟琳纠正了她，因为她的母亲以前经常给她读这本书，她觉得"非常有意

---

① 《诺桑觉寺》，第49页。

思")。① 在索普与凯瑟琳第一次见面时，通过索普的读书观便能知道，他完全不是凯瑟琳合适的另一半，因为在简·奥斯汀的作品中，一般的情况都是，潜在的丈夫同时必须也是精神导师。很显然，他没能纠正（实际上他还很认可）她对于"恐怖"小说的爱好，甚至还提及了一本新的作品，里维斯（Lewis）的《怪物》(The Monk)。相较之下，她最后嫁给的男人对于《尤多尔夫的秘密》一书进行了非常不同的评价——温和、深思熟虑而且公正的评价。他反驳了凯瑟琳的"绅士不读任何小说"的言论，并向她保证，自己已经读过拉德克利夫太太的所有作品，而其中大部分都很有意思。他当然不会像索普那样，假装认为这些"自然"的作品都是有价值的。相反，他接受它们本来的样子——生动、令人兴奋的故事，他可以连着读两天，其间"他的头发一直竖着"。亨利·蒂尔尼能够教她像辨别艺术一样去辨别文学，并且最重要的是，他会向她展示，区分小说与现实是多么重要的事情。与她这个类型的其他女主角一样，她根据她所读过的书来评判这个世界。巴斯的一个潮湿的清晨会使她许下愿望："这样的天气……就像他们在尤多尔夫的天气，或者至少在托斯卡纳区和法国南部！——可怜的圣奥宾去世的夜晚就是这样的天气。"② 比奇克利夫使她想起了法国，并不是因为她去过那里，而是因为她在小说中看到过这样的描写。并且，当她去诺桑觉寺的时候，她会完全根据超验故事中的风景如画的废墟来看待它。有趣的是，伊莎贝拉头脑更加冷静。虽然喜欢哥特式文学作品，但她完全清楚小说与现实生活之间的区别，而且太清楚为了金钱而嫁人的重要性："所有讲虚构故事的人都是这么说的。"③

从某种意义上来说，所有的滑稽戏都是它所嘲笑的事物。虽然我们无法

① 《诺桑觉寺》，第41页。
② 同上，第83页。
③ 同上，第146页。

看到诺桑觉寺，无法看到它宏伟的会客厅、奢华的卧室、现代化的厨房以及所有被"金钱和品位"改进了的东西①，但小说中恐怖的情节设置、令人毛骨悚然的冒险，都是凯瑟琳期待去发现的，我们只能准备好从某种程度上去体会和分享由她自己诱导的恐怖而产生的兴奋感——而这便是那个时期读者们的状况——被我们对于"恐怖"小说的传统认知所控制。因此，悬念并非将会降临在凯瑟琳·莫兰身上的命运，而是将会发生在简·奥斯汀身上的滑稽变化。当然，陈腐的洗衣凭单是为了喜剧效果蓄意为之，而熟悉拉德克利夫太太的《浪漫森林》的读者都能立刻意识到，小说中对于"卷纸"的引用指的是女主角艾德琳发现的非常可怕的手稿，读者们会兴奋地翻动书页，想要看看接下来将会发生什么有趣的事情。

如果因此我们便认为《诺桑觉寺》除了是一部社会小说之外，还是一部以哥特式手法"创作"的小说，其自身的讽刺性便充满喜剧效果的话，那么，我们也必须认识到，角色本身也是具有一定的小说创作意义的。在从巴斯到诺桑觉的旅途中，亨利·蒂尔尼通过给凯瑟琳构建一个她研究寺院的非常浪漫的画面来取笑她，熟练地引导她穿过一个个黑暗的房间，从一个情景到另外一个情景，直到她触摸到古董橱柜的秘密喷泉，从而发现了不可避免的卷纸，然而，就在她刚要发现"可怜的玛蒂尔达的回忆录"的时候，她的灯突然熄灭了，把她留在了彻底的黑暗里。凯瑟琳吓坏了，亨利当时很得意自己编造的成功故事。但是，拜访两天之后，亨利突然意识到，凯瑟琳已经自己创作了一部小说，在她的故事里，寺院成了上将杀害他不爱的妻子的案发之地，于是，亨利决定，到了这个时候，他必须通过自己清晰、严谨的逻辑来熄灭凯瑟琳超文学想象力的火花：

---

① 《诺桑觉寺》，第 185 页。

　　亲爱的莫兰小姐，鉴于你那可怕的怀疑心理，我想要问问你，你的判断依据来自哪里呢？你要知道我们所生存的这个国家和时代。你要知道，我们是英国人，是基督徒。请你用你的理解力、你的价值观、你对周围所发生之事的观察力想一想，我们的教育会最终导致这样的暴行吗？我们的法律会默许这一切的发生吗？在这样的国家，在这样的社会和文学交流基础上，在我们的每位邻居都是自愿间谍的生存环境中，在马路和报纸将一切都会尽展人前的状态下，有人能够神不知鬼不觉地作恶犯罪吗？我最亲爱的莫兰小姐，你到底是怎么想的呢？[①]

听起来这些都是常识。然而，通过现实世界每天发生的事情来批判具有轰动效应的小说中由于过度的想象力而引发的传统的恐怖，亨利·蒂尔尼也扮演了一个文学评论家的角色。对于羞愧的凯瑟琳来说，"对浪漫的幻想"结束了，最终，她自己承认："虽然拉德克利夫太太的所有作品都很有魅力，甚至所有模仿她的作品也都很有魅力，但是，这些作品中的人性问题值得深究，尤其是在我们英格兰中部地区。"[②]

　　在亨利·蒂尔尼严谨逻辑的帮助下，凯瑟琳从经验中汲取了教训。她的错误在于在书中创造了一个角色，然后又构建了一个与现实相冲突的世界。"为了培养女主角"，她阅读了"作为女主角必须阅读的所有这些作品，用作品中那些引语充盈女主角的思想，从而为她们跌宕起伏的生命提供安慰和营养"。简·奥斯汀通过作品来嘲笑自己，有目的地掌握文学知识，用来面对未来人生道路上的那些坎坷。她挑选的那些作为凯瑟琳的诗文案例的引语

---

① 《诺桑觉寺》，第197—198页。

② 同上，第200页。

（或者错误的引用 —— 它们并非总是正确的），很清晰地表明了她为自己设计的女主角的浪漫情怀：

通过蒲柏，她学会了谴责那些"逆来顺受的人"。

通过格雷，她明白了"很多花儿生来就是默默无闻的，在森林中浪费着自己的芬芳"。

通过汤普森，她说："教年轻人打猎是一项令人愉悦的任务。"

通过莎士比亚，她获得了大量的故事信息，"众生琐事，宛如空气一般；而对于那些猜疑忌妒之人，它们却如《圣经》一般，能够提供有力的证据"。

还有"我们的双脚践踏在甲虫的肉身上，它们所感受到的痛苦与圣人去世一样强烈"。

以及热恋中的年轻女人看起来总"像纪念碑一样，笑着面对一切悲伤"。①

虽然玛丽·班纳特费力地抄写各种摘要和语录，但是这样做却无法使她像自己希望的那样，"说出一些非常通情达理的话来。"② 对于诗歌这样的一知半解能够证明最好的陈词滥调和最差的诱因 —— 赋予这个世界令人欣慰的情感面纱，在这层面纱下，隐藏着更深层次的现实。认为一个女主角在恋爱中看起来就"像纪念碑一样，会笑着面对一切悲伤"可能很符合她的理念，但是，这种形象既不适合凯瑟琳，也不适合维奥拉：事实证明，这两位年轻的女性都心气太高，她们不可能与用冰冷的大理石铸造的形象有任何相似之处。

莎士比亚、蒲柏、格雷、汤普森：简·奥斯汀引用的这些名字，即使是到了今天，也能在所有公认的优秀的诗歌选集中找到。此外，还有弥尔顿、普赖尔、拜伦、司各特、骚塞、克拉布以及她最爱的库伯，所有这些人都在她的小说或信件中被引用过。我们应该意识到，很显然，即使是在她的那个时代，

---

① 《诺桑觉寺》，第 15—16 页。
② 《傲慢与偏见》，第 7 页。

也是有一些趋近于标准的东西的,而这些标准,大部分在当今时代依然适用。那个时代对民族文学有强烈的意识,并且这种意识属于每一个人,而并非仅仅属于上层阶级。1782年,一位到英国的德国游客惊讶地发现,他的女房东正在阅读弥尔顿,并且记录道:"每个家庭都有英国知名作家的作品,并且每个人都在阅读,关于这一点,通过现存的数不清的作品版本,就能有力地证明。"①18世纪的英国人不必购买伟大诗人的作品集来欣赏他们的诗歌(虽然这些作品集是存在的),因为在当时出版的各种各样的选集和杂录中就能看到那些作品。而在这些作品中,迄今为止最重要的就是达德利的作品。

罗伯特·达德利(Robert Dodsley)是18世纪非常重要的出版商的代表,而他从卑微的出身升迁到一个具有重大和持续影响力的位置,这点非常值得注意。虽然他的父亲只是诺丁汉郡曼斯菲尔德一所自由学校的校长,他也是在那里接受的教育,但是这并没有影响他后来在文学世界中的发展。他逃离了早期的长袜制造商的学徒身份,开始给人家当男仆。他遇到了一位很好心的雇主,帮他出版了一本诗集《奴隶》(Servitude),之后,他很快就发现自己被当代最伟大的作家们深深吸引了,尤其是蒲柏和斯威夫特。1735年,创作了《快乐乞丐的歌剧》的约翰·里奇在考文特花园上演了一部他的舞台剧,并通过由此赚到的钱在蓓尔梅尔街开了一家书店。像很多书商一样,他将贸易与出版相结合,并出版当代最有名的诗人和作家的作品,包括戈德史密斯、约翰逊、柯林斯和格雷。由于热衷于收集和保存那些有可能会转瞬即逝的作品,他出版了一套戏剧集《古老的戏剧》,共12卷,还出版了一套《名人诗集六卷本》。1758年,与埃德蒙·伯克一起,他发现了《注册年鉴》(Annual Register),自从这本书出版后,直到今天都一直在加印。

---

① K.P. 莫里茨(K.P.Moritz),《一个德国人1782年在英国的旅行》(Journey of a German in England in 1782),引自罗伊·波特(Roy Porter),《18世纪的英国社会》(English Society in the Eighteenth Century),第221页,修订版,伦敦,1990年。

简·奥斯汀拥有一套达德利的《名人诗集六卷本》，我们很想知道这套诗集中都有哪些诗歌，因为我们可以肯定，她阅读过。不管怎样，鉴于它是当时最流行的选集（并且之后也不断地在重印），我们能够从中全面地了解18世纪中期人们的诗歌品位。1748年，这套书以3卷本的形式首次出版，下面是它当时的"广告语"：

　　我们出版这套3卷本诗集的目的是保护这些诗歌艺术，使它们在出版之后能够获得更加持久的关注。这种设计首先是由编辑提出来的，之后是根据一些绅士的意见来实施的，这些绅士会给它带来最高的荣誉。我们还想要在此感谢这几卷书中提及的各位作家，虽然他们的作品在此前从未被出版过。我们希望这套书能被大家认可"是用我们的语言创作的这类作品中最明智的"。对于我们在这套书中呈现的诗歌，我们不奢求每一首都能让读者们感到快乐，诗歌本身的特点是不可能使其承担这样的娱乐责任的。但是我们相信，这些诗歌的品位足以得到大众的认可。[1]

1766年，一套增订的6卷本诗集出版；1782年，"注释修正版"问世，同样也是6卷本，其中诗歌的呈现顺序也与之前的一样。简·奥斯汀所拥有的便是最后这个版本的诗集。

在开卷第一卷中，"广告语"之后，她首先看到的便是托马斯·蒂克尔的诗歌《和平的前景》，这首诗写于1712年，《乌特勒支条约》签订的前一年。该诗对西班牙王位继承战争的结果抱有很乐观的态度，在当时广为阅读。这

---

[1] 罗伯特·达德利，《名人诗集六卷本》(*A Collection of Poems in Six Volumes by Several Hands*)，第3—4页，伦敦，1758年。

首诗的开头是这样写的：

　　国王相争，尸殍遍野，

　　英国歌曲长久以来的主题。

　　当简·奥斯汀在法国战争期间读到这首诗的时候，诗中这种多愁善感的情绪多少也影响了她。虽然作品集中的诗歌都是由作者编排在一起的，但是那些诗人在每一卷中都会重复出现。在 18 世纪早期，蒲柏和他的圈子——斯威夫特、格雷、阿巴思诺特和玛丽·沃特利·蒙塔古，这些人的诗歌都有所呈现，但是量不是很大。达德利出版了蒲柏的作品，他觉得没有必要包括大量他的诗歌，因为很多诗歌都是公然模仿他而创作的。这部作品中也包含了一首达德利自己的颂词，叫作《蒲柏的洞穴：一个预言》：

　　黑夜淹没了她黑色的斗篷，

　　裹挟了英雄和国王的名字；

　　还有他们高风亮节的行为，

　　很多事情慢慢都已被遗忘；

　　陌生人来到泰晤士河河畔，

　　默默许下令人好奇的心愿；

　　无论是小的宝石还是苔藓，

　　每样东西都是充满希望的；

　　在遥远的对岸取悦朋友们，

　　自夸来自蒲柏洞穴的遗迹。

　　数周后，在蒲柏和格雷的资助下，玛丽·沃特利·蒙塔古发表了一系列有趣的《城镇牧歌》。(典型地反映了伦敦对于奥古斯都信件世界的重要性。)

　　对于纵览 18 世纪中期的诗歌，这套《名人诗集六卷本》或许是最重要的，但其中的一些诗歌公认的影响较小。第四卷以格雷的《哀歌》为开端，还包括约翰逊的《人类虚荣的愿望》、格雷的《爱猫的挽歌：溺死在一桶金鱼中》，这两首诗可能是仅存的几首中如今依然还在被出版的诗了。不过，威廉·柯林斯和托马斯·沃尔顿的诗歌还是很值得一读的。还有典型的浪漫主义诗人詹姆斯·汤姆森，他也是一个很重要的人物，不过，他最知名的诗《季节》(*The Seasons*)由于篇幅太长，没能入选这套《名人诗集六卷本》中。对于当时的二流诗人的作品，《名人诗集六卷本》中也有丰富的体现，比如威廉·申思通、乔治·罗德·利特尔顿、约瑟夫·沃尔顿、威廉·怀特海德（继西伯之后的桂冠诗人）、伊丽莎白·卡特和威廉·马森。加里克的名字偶尔也会出现，还有斯蒂芬·达克，这位自学成才的"长尾诗人"，会写打油诗，被带到法庭上之后接受了命令，成为丘教堂的一位牧师，最后，他被淹死在一条小溪里。

　　此外，这部《名人诗集六卷本》中包含的其他作品还出自牧师、学院院士、男校长、打油诗人和那些业余的绅士（和女士），几乎对于任何一种场合，他们都能产生不可阻挡的将其创作成诗歌的欲望。《致一把扶手椅的一封信》听起来似乎就是最不可能会出现的主题了了，但是，这部《名人诗集六卷本》中还出现了以下这些作品：《雕塑的颂歌》《麦芽酒颂词》、索普小姐的《对于一位女士邀请我退隐到温切斯特的圣灵山过修道士生活的回信》（简·奥斯汀可能对这首诗中的地名有兴趣）。还有著名的《烟斗：模仿六位作家》，其作者为艾萨克·霍金斯·布朗，一位滑稽戏诗人。在《曼斯菲尔德庄园》中，玛丽·克劳福德曾对此进行过拙劣的模仿。[①] 在这部《名人诗集六卷本》

---

① 《曼斯菲尔德庄园》，第 161 页。

中有对过去的伟大诗人的致辞，其中包括莎士比亚和骚塞，还有对各界名人的致辞以及对纪念碑、春天和秋天的致辞。在序言和后记中，还有很多《圣经》释义、哀歌、歌曲、十四行诗、警句、讽刺诗和各种各样的韵文。

在《曼斯菲尔德庄园》中，当亨利·克劳福德在表达他想要娶范妮的意图时，便引用了威廉·怀特海德的《脊髓之歌》。不过，他不能说出"愉快的瘟疫是如何侵袭他的"。（通过一处引用来说出如此重要的话，这种做法或许恰恰体现了他的不真诚。）① 这首诗歌是这样写的：

> 是的，我坠入爱河了；
> 我现在深深地感到了；
> 克里西娅把我俘虏了；
> 愉快的瘟疫把我侵袭了。

简·奥斯汀之前也引用过这几句话，幽默效果更加明显。在早期的《书信集》（ *A Collection of Letters* ）中，斯库达莫尔女士谈论了她的表亲玛斯格罗夫先生，这位年轻人对亨利埃塔·霍尔顿的爱：

> 当时，我们正坐在炉火旁，随便聊着一些话题，不过，说真的，主要是我在说，因为他是一个体贴周到和沉默寡言之人。突然，他打断了我正在说的话，用非常戏剧性的口吻喊道：
> "是的，我坠入爱河了；
> 我现在深深地感到了；
> 亨利埃塔·霍尔顿把我俘虏了。"

---

① 《曼斯菲尔德庄园》，第 292 页。

　　"哦，多么窝心的方式啊！"我回答他。用这种方式来宣布他的爱，实在是太有魅力了。不过，遗憾的是，这几句话也不押韵啊。

　　"很高兴你喜欢的人是她。你真的很有品位。"另一位女士说。[①]

　　因为这两位女士都不知道这首诗，所以她俩还以为这是年轻人即兴创作的，而此情此景的可笑之处在于对此诗明显不押韵的批评。当时，年轻的简·奥斯汀正在为一位家庭受众撰写少年读物，很显然，对于在教区圈子中广泛传阅的诗，她能随意引用。

　　在读完达德利的诗之后，简·奥斯汀最有意思的反应便是她在 18 岁时写的那首《失望颂》（*Ode to Pity*），这首诗拙劣地模仿了柯林斯和沃尔顿两人的叙述诗，因为他们也都写过相同的主题。最后，简·奥斯汀将此诗献给了卡桑德拉：

　　　谨以此拙作，献给我亲爱的奥斯汀小姐：

　　　1

　　　我高兴地走在荣耀的小路上，

　　　夜莺在山楂树丛中甜美歌唱。

　　　苍白的月光照亮我失望的爱，

　　　白鸽抚平我因寂寞受的伤害。

　　　2

　　　轻快地走在高速公路上，

　　　甜美的噪声打破了寂静。

　　　月光因一阵风倾泻下来，

[①] 《简·奥斯汀次要作品集》，第 167 页。

向爱神木投射她的光芒。

噢！可爱的场景出现了！

小屋、小床、小洞、小礼堂，

还有早已是一片废墟的寺院，

掩映在岁月的年轮中，

她的头消失在黑夜的前方。[①]

诗的第二节里蕴含着大量悲伤的词汇："甜美的噪声""寂静""倾泻在高速路上"。"可爱的场景"当然并不存在，而只是哥特式恐惧的想象，"寺院的废墟"不仅呼应了沃尔顿的《幻想颂》（ *Ode to Fancy* ），而且在达德利的诗中也出现过：

让我们迈着轻缓的步伐，

去往阴森恐怖的悲伤房。

在哥特式的墓穴和教堂，

悲伤之夜总有圣母到访，

她有着褪色的脸颊和那

跳动的胸膛，

她承诺给每一位新郎，

去寻找已成废墟的寺院。

最可笑的地方在于，整首诗跟"失望"一点关系都没有。

简·奥斯汀到底是如何看待达德利的大部分诗的，这点很难说。1801 年，

---

① 《简·奥斯汀诗歌集》，第 3 页。

当简·奥斯汀一家要离开斯蒂文顿的时候，他们卖掉了所有的教区书籍。对此，简·奥斯汀怀着自嘲的贪婪说道："只要10先令，就可以把达德利的诗全部买走，欲购从速。我完全不在乎自己能卖多少以及能卖多少次。当布莱姆斯顿太太（购买了这些书的邻居）把它们都读完之后，我还会继续将它们出售。"不过，达德利诗集并非简·奥斯汀所拥有的唯一一套作品集。当时，她还送给她的侄女一本《优雅语录：有用的或有趣的诗歌》（*Elegant Extracts: or Useful and Entertaining Pieces of Poetry*)，这本书是由维斯姆斯·克诺斯（Vicesimus Knox）编撰的，首次出版于1789年，之后还出现了很多修订版。那是一部非常成功的作品集，并且非常流行。在《爱玛》中，哈莉埃特说马丁先生每天晚上都读这部作品，并觉得它非常有意思。[①] 爱玛告诉她的父亲，他们从哈莉埃特读的书中看到了加里克的谜语"凯蒂，一个公正却冷淡的少女"。不过，简·奥斯汀当时肯定是糊涂了，因为在《优雅语录》中并没有这个谜语。当然，她在写《爱玛》很久很久之前就把这套书送给安娜了。不过，她自己写诗肯定是受了这套书的影响。现存的一首关于大学的小诗，一定令她和她在牛津上学的两个兄弟觉得特别有趣：

> 牛津和剑桥的教学和科学造诣如此深厚，
> 是因为每天都有人往里面添加一些东西，
> 而我们凡夫俗子之间就什么都没有留下。[②]

对简·奥斯汀而言意义最重大的诗人都生活在18世纪下半叶，都未能出现在达德利的作品集中。其中，她最热爱的一位诗人是库伯。在《诺桑觉

[①]《爱玛》，第29页。
[②]《简·奥斯汀次要作品集》，第447页。

寺》开始的传记注释中,她的哥哥亨利曾说,她最爱的散文作家是约翰逊,而她最爱的诗歌作家则是库伯。[①] 在她的很多小说中都引用了库伯的诗句。像简·奥斯汀一样,库伯的父亲也是一位牧师,不过,与她不一样的是,他的童年并不快乐,至少在学校里是这样,因为他一直受到欺凌。他与表妹的爱情受到父亲的阻挠,事业上也一事无成,这些导致了他精神抑郁,最终走向了自杀之路。因为拥有一些善良的朋友,他不需要为生计奔波、发愁,所以他才能够写作。受到他所信奉的基督教福音派的影响,库伯所创作的诗歌都是用一种安静、深沉的口吻来歌颂简单的乡村生活和美好的道德的。奥斯汀先生在 1798 年买了一本库伯的作品集,简后来描述过父亲在晚上给大家朗诵书中诗歌的情形。[②] 10 年之后,她买了一本新版本的库伯作品集,作为她送给侄女范妮的礼物。

据推测,简·奥斯汀与卡桑德拉都对诗歌非常精通,她们彼此可以直接引用各种诗歌,而不需要任何解释(当然,这些诗歌同样大部分都是关于文学的)。正是因为如此,简·奥斯汀才可以直接这样从古德汉姆给卡桑德拉写信:"我现在自己在图书馆,是我看到的一切的女主人——至少我可以这样说,并且只要我喜欢,就可以把整首诗都读完。"[③] 这首诗可能是亚历山大·塞尔扣克(Alexander Selkirk)在费尔南德斯岛上独居时创作的:

> 我是我看到的一切的国王,
> 我在这里的权利无可置疑;
> 从整个中心地带到整片海,
> 我是一切飞禽走兽的主宰。

① 《诺桑觉寺》,第 7 页。
② 《简·奥斯汀书信集》,第 22、27 页。
③ 同上,第 228 页。

1807 年 2 月，当简 · 奥斯汀从南安普敦的新家给卡桑德拉写信时，又提到了另一首她最爱的诗。她描述了他们家当时正在进行的园艺活动：

> 我们的花园被一位脾气非常好、长得非常帅气而且问题非常少的男士打理得井井有条。他说，沙砾小路边的灌木丛只有多花蔷薇和种类不太好的玫瑰——而我们提出，想要种类更好一些的花。在我个人的强烈要求下，他给我们种植了一些山梅花。因为库伯的一行诗，我必须要看到山梅花才可以。——我们也谈到了金链花。①

简 · 奥斯汀在信中提到的"库伯的一行诗"，指的是他《任务》诗歌集第 6 卷中的那首长诗《午后冬日》（*The Winter Walk at Noon*）中的一句。在这首诗中，库伯在冬日里乐观地期待着春天之花的再次出现：

> 寒冷的冬风奏响音乐，
> 赤条的柳叶不舍离去；
> 它们随着风尽情摇曳，
> 用新的魅力弥补失去。
> 它们带着特殊的荣耀，
> 为远方的人送去慰藉。
> 繁盛的金链花都开了，
> 纯洁的山梅花发着光，

---

① 《简 · 奥斯汀书信集》，第 119 页。

火红的玫瑰花飘着香。①

1798 年，华兹华斯和柯勒律治的《抒情诗集》(*Lyrical Ballads*) 出版，英文诗歌史无前例地流行起来。在简·奥斯汀遗留下来的信件中，并没有提到任何诗人，在亨利·奥斯汀的传记注释和詹姆斯·爱德华·奥斯汀-利的《简·奥斯汀回忆录》中也没有举例说过简·奥斯汀读过哪些诗人的作品，因此，对于那个时代所创造的全新的艺术类型，简·奥斯汀到底持有怎样的观点，我们无从得知。的确，在《桑底顿》中，华兹华斯被描述为"一个真正的诗魂"，然而，这个评论是借由愚蠢的爱德华·丹哈姆爵士的嘴做出的，这个人为了讨夏洛特·海伍德的欢心，沉迷于各种可笑的文学典故中。因此，我们不能确定他的话是否代表了简·奥斯汀本人的观点。②不过，从另一个角度来说，我们也不能假定她对于他们表达的那种激进主义一无所知。她很熟知威廉·戈德温的思想，可能也读过他的小说《克莱伯·威廉姆斯》。威廉·戈德温是一位哲学家和小说家，是一位无政府主义者，还是大名鼎鼎的雪莱的岳父。简·奥斯汀并不赞同他的观点，但是当她描述自己 1801 年在巴斯遇到的一位匹克福德先生的时候，曾经很幽默地写到过他："他轻浮的举止让我以为他是戈德温的弟子。"③

在汉普郡牧师家庭和小贵族圈的安静世界里，简·奥斯汀是如何评价浪漫主义新运动的那些领头诗人的呢? 安娜·苏华德 (Anna Seward)，评论家，业余诗人，在利奇菲尔德 (Lichfield) 过着像简·奥斯汀一样偏僻的乡村生活，但她曾坦诚，自己的文学圈子里有约翰逊 (她强烈抨击此人)、骚塞、司各特和伊斯拉谟斯·达尔文这样的人物，而且她还非常崇拜格雷、柯林斯、汤

---

① 库伯，《任务》(*The Task*)，第 6 卷，第 141—151 行。
② 《简·奥斯汀次要作品集》，第 397—398 页。
③ 《简·奥斯汀书信集》，第 89 页。

姆逊、阿肯赛德和达德利这些诗人。她对于库伯的热爱,与简·奥斯汀一样强烈。然而,她也是柯勒律治的支持者,并与华兹华斯有来往。相较于简·奥斯汀,安娜·苏华德是一个活跃得多的公众人物。她吸引了各种各样的艺术人士拜访她在主教官殿的家,在《绅士杂志》上领导了生动的批判改革运动,获得了诗人的国际声誉。随着社交圈的拓展,尤其是在德比郡社会先进的文化圈和科学圈逐渐混熟,她完全被视作文化新潮流,也并不令人感到意外。虽然她与简·奥斯汀有着相同的品位,喜欢格雷、柯林斯和库伯等人(她更多的是以个人主义者而不是道德家的视角看待他们),但她不过就是这些新声音的一个热情支持者,把她的赞助拓展到柯勒律治、骚塞和司各特罢了。她也很钦佩伯恩斯,大部分是因为他代表了"地方的"诗人,从而突出了地方艺术的重要性。而对简·奥斯汀来说——或者至少对夏洛特·海伍德来说——"将一个人的诗与他的性格完全分开"是很难的,伯恩斯的"那些已知的违法乱纪行为"削弱了她对他诗歌的热爱,因为"作为一个爱人他的真情实感"和"他所描述之人情感的真诚度"都是不可靠的。"他有了感觉便创作,创作完了也就忘了。"[1]或许这并不能被视作简·奥斯汀的判断之语,但它表明了简·奥斯汀认为的道德尺度对于艺术的重要性。

奈特利先生很质疑简·费尔法克斯和弗兰克·丘吉尔的"个人认知",所以在与他们共处的时候会非常警觉,生怕他们的邪恶想法会不知不觉跑到他自己的脑海中。在塑造这样一个希望人人平等的人物角色时,简·奥斯汀将他的道德困境安放在一位诗人的身上。不出意外地,这个人又是库伯:

> 当他又和他们待在一起的时候,他忍不住回想起自己之前看到的画面,并且忍不住自己跟自己这样对话,就像库伯在他的《黎明之光》

---

[1]《简·奥斯汀次要作品集》,第397—398 页。

（*Fire at Twilight*）中说的一样："我创造了自己所看见的一切。"然而，这令他更加怀疑了。[①]

这个类比无论是奈特利先生说的还是简·奥斯汀说的，抑或是他们共同说的，其实都无关紧要：因为他们和读者三体处于一个共同的文学世界，超越了客观环境，形成了一种纯洁的、高尚的意识。在此我们可以看到，简·奥斯汀是如何逐步探索文学典故的可能性、强化它的重要性以及加深它的目的性的。在《理智与情感》中，库伯是玛丽安·达什伍德最喜爱的诗人：讨论他或者大声朗读他的作品已经成为她判断爱德华·费勒斯和威洛比两人优缺点的一个标尺。当然，她对这两个人的判断都是错误的。但是，我们要将此归咎于她对文学作品的过度解读，而与库伯本身温和的语言风格没有什么关系。当她开始写《曼斯菲尔德庄园》的时候，简·奥斯汀已经能够利用更加具体和更有共鸣感的诗歌典故来塑造范妮这个人物的性格了。当拉什顿先生（Mr. Rushton）提议砍掉索瑟顿的林荫大道时，范妮虽然没有去过那里，但她是这样回应的：

> 砍掉一条街的树?！太遗憾了！难道这样做不会使你想起库伯吗？
> "噢，被砍掉的树们，我一次又一次地悲叹你们不幸的命运。"[②]

范妮的同情心在这里被一句话概括了。人们由此能够看出她的情绪，不过她表达得颇具美学意义，哀悼那些在其想象中已被破坏的有魅力的旧物。库伯便是这样的。他在写诗的时候，想到的便是很多已经被砍掉的林荫大道。

---

① 《爱玛》，第 344 页。
② 《曼斯菲尔德庄园》，第 56 页。

但实际上，他自己走过的那条路并没有遭此厄运。① 在小说比较靠后的部分，当范妮想要离开朴次茅斯，回到曼斯菲尔德的时候，库伯再一次被提及：

　　4月就要结束了。范妮离开她挚爱的大家马上就要 3 个月了。在这些日子里，她一直过着苦行僧般的生活。她希望自己的这份爱意能够完全得到理解。至此，谁还能说她在这里也是有哪怕一点休闲快乐的呢？这里有什么能吸引她呢？

　　她的渴望，她的不耐烦，她想要回到他们身边的冲动，使她想起了库伯的《初学者》中的一句话："怀着深沉的渴望，她想要回到她的家。"范妮不断念叨着这句话，其中的真挚情谊，她觉得以学校里男孩子们的胸怀是根本理解不了的。②

有趣的是，书中还提到了一首建议把男孩子们送去学校之前先请私人教师的诗。（简·奥斯汀的父亲在教区做了多年的私人教师，这首诗一定让他觉得很受用。）在书中，范妮想到的诗句是：

　　熏香一天一天地燃烧，
　　直到它们的味道散尽。
　　直到他的任期结束了，
　　他深切地渴望回家了。③

诗中有一个动人的现实主义意象：孩子们小心翼翼地抹去教书先生手杖

---

① 库伯，《任务》，第 1 卷，第 338 行。
② 《曼斯菲尔德庄园》，第 430—431 页。
③ 库伯，《初学者》（Tirocinium），第 559—562 页。

上雕刻的记号，从而来计算还剩下的天数。范妮之所以会想到这些诗句，是因为如今在她的意识中，曼斯菲尔德才是她的家，而朴次茅斯并不是。她真正属于的是领养她的家庭，而不是与她有血缘关系的家庭。我们有理由推测，简·奥斯汀之所以熟知库伯的忧伤诗句，是因为在 1803 年出版的两本传记。而这使她的女主角的引用显得更加辛辣——尤其是在她的读者们也跟她一样熟悉这些诗句的情况下。①

有时，简·奥斯汀也会沉浸在想象中的自己与另一位同时期的诗人乔治·克拉布（George Crabbe）的关系中，聊以自乐。她的侄子回忆说："她非常欣赏他。"并敏锐地观察到，简·奥斯汀之所以喜欢乔治·克拉布的作品，"或许是因为他写作的速度以及高度细节化的写作手法与她很相似。"② 克拉布的叙事诗与简·奥斯汀的小说的确有一个相似之处：他们都非常关注封闭社会（通常都是一个村庄）中不同阶层之人的不同态度和行为。他们并不用绝对的道德观来判断每种行为，而是根据该行为对他人以及整个社会产生的影响来判断。当然，简·奥斯汀的作品关注的范围很窄，而克拉布的作品却涉及一系列人类故事，比如，在他的诗歌集《自治市》（*The Borough*）中就包含了彼得·格莱姆斯的故事，那是一个比布里顿的歌剧中的男主角更加可怕、更加怪异、更加暴力的角色。不过，相较于浪漫主义遥远的乌托邦幻想，乔治·克拉布一直坚持社会改良的想法，却是简·奥斯汀非常认同的。

克拉布 1755 年出生于奥尔德伯勒（他的诗歌集《自治市》说的便是此地），是一位东安格利亚人。他的早期作品大部分都在模仿他人的风格，但他在 1783 年出版的《乡村》，使之声名鹊起。该作品真实地记录了乡村生活的贫穷与艰难。之后，他加入了教派，没有再发表过任何作品。直到 1807 年，

---

① 玛丽·莱斯塞勒斯（Mary Lascelles），《简·奥斯汀与她的艺术》（*Jane Austen and her Art*），第16—17页，牛津，1963 年。

② J.E. 奥斯汀-利，《简·奥斯汀回忆录》，第 5 章。

《教区记录》问世，也就是从这个时候开始，简·奥斯汀注意到了他。虽然在现存的书信中没有找到简·奥斯汀对于克拉布作品的直接评论，但是，很显然，她读过 1810 年出版的《自治市》和 1812 年出版的《故事集》：她通过读《自治市》的"前言"得出了他很可能已经结婚的判断，又通过读《故事集》而期待在伦敦的剧院中与之相遇，因为箱子里"装满了深红色的天鹅绒"。[①] 她的侄子注意到了简·奥斯汀对克拉布的那种好奇的兴趣："她像研究一个抽象的概念那样来观察这位作家，完全不在乎他实际上到底是一个怎样的人。"他还记得姑姑"有时候会开玩笑说，如果她要结婚，她希望能成为克拉布太太"。[②] 这个玩笑出现在 1813 年 10 月简·奥斯汀写给卡桑德拉的一封信中，当时，卡桑德拉问她是否看到了克拉布太太于当年 9 月去世的讣告。简·奥斯汀在回信里是这样说的："没有，我从来没有听说过克拉布太太的死讯。可怜的女人！我会尽自己最大的努力来安慰克拉布先生，但是我不敢保证自己也能善待她的孩子们。她最好还是不要离去。"[③] 这个笑话在整个家族里都传开了。1814 年，克拉布与一位 25 岁的年轻女士夏洛特·里杜特订婚了，于是，奥斯汀太太给她的孙女安娜写信说："简姑姑想让我告诉你她最近听说的一个坏消息，也就是克拉布先生快要结婚了。"[④] 简的信息来自家族里的一个在汉普郡巴赫斯特村（里杜特小姐所生活的地方）当牧师的人，信息提供者与里杜特小姐是朋友。

　　简·奥斯汀对于乔治·克拉布的兴趣具有一定程度的玩笑性，但是她对于他的作品的钦佩之情却是非常真诚的。埃德蒙·贝特伦注意到，在范妮·普莱斯的白色小阁楼的书桌上，有一本《故事集》，该书出版时，简·奥

① 《简·奥斯汀书信集》，第 220—221、243 页。

② J.E. 奥斯汀-利，《简·奥斯汀回忆录》，第 5 章。

③ 《简·奥斯汀书信集》，第 243 页。

④ 内维尔·布莱克本（Neville Blackburne），《无尽的海洋：乔治·克拉布的故事》（*The Restless Ocean: The Story of George Crabbe*），第 156 页，赖文汉姆（Lavenham），1972 年。

斯汀正在写《曼斯菲尔德庄园》。对于读者而言,提及一部于近期发表的作品集能够增强小说的同时代性,同时也能提醒克拉布(如果他能注意到这一点的话),他的新作已经以迅雷不及掩耳之势出现在了很多家庭中,比如曼斯菲尔德庄园。这或许还能说明,范妮之所以在克拉布的诗集刚一问世时就火速买到手,是因为她读过他之前的作品,被他的魅力吸引着。我们绝对有理由推测,他们还会顺势注意到范妮的小小书籍藏品或者托马斯爵士的图书馆。然后我们便可以想象,范妮曾经读过《教区记录》这本书,该书是由一位乡村牧师通过回忆自己的出生、成长、婚姻和死亡而写成的一系列诗文故事。当然,会这样做的人大多数都是《曼斯菲尔德庄园》的第一批读者。该书的第二节“婚姻”的最后一段,讲述了一位富有的乡村绅士爱德华·阿切尔爵士,通过各种谄媚手段来引诱当地长官的女儿的故事。她的名字也是范妮·普莱斯。

> 爱德华·阿切尔是多情的爵士,
> 喜欢纯洁的、可爱的未婚少女;
> 当地长官的女儿甚合他的口味,
> 范妮·普莱斯便是纯洁又可爱;
> 温文尔雅的爵士慢慢地走近她,
> 在她耳旁呢喃,赶走她的恐惧:

> “我以我热爱的生命,
> 向至尊的君主起誓,
> 我的眼里只有你,
> 你是我最骄傲的奖赏,
> 也是我最快乐的幻想,
> 没有你,我的人生了无生趣;

有了你，我的人生天下太平。
我愿做你卑微的仆人，
匍匐在你的石榴裙下，
你疲劳时当你的枕头，
你难过时当你的活宝。
噢，我亲爱的公主呀，
请你看看我这个农夫，
我愿干涸自己滋润你。
你感受到我的爱了吗？
时间在你面前都遗憾，
你的魅力带给我欢愉。
就请你和我在一起吧，
这样我才不会再痛苦，
时间也就不会那么长。
你的爱是最软的温床，
有了你饮水也如饮酒，
吃任何食物都觉香甜，
世间只剩欢乐无痛苦。
随着时间的慢慢流逝，
健康和体力随之远去，
你依然不会抱怨命运，
因为我会永远关怀你，
为你拼尽最后的力气。
只要你最终选择了我，
所有年轻女孩的愿望，

我都会一一为你实现。
无论你想要吃些什么，
或者有什么具体要求，
幸福、财富、健康、尊重和爱，
这一切都将会属于你。
举起你那金铸的杯子，
缓缓喝下我亲酿的酒；
你所达到的每个地方，
都有水果和花的芬芳，
你会因此兴奋地感叹，
从未有过这样的体验。
躺在最柔软的地毯上，
你会看到最幸福的爱。
还有那高高的落地镜，
照出世间我最爱的你。
你穿着最流行的衣服，
奴仆成群，朋友环绕，
你优雅地在其间行走，
尽情享受无穷的赞美。
你最粗心的女性朋友，
也会生出对你的忌妒。
所以，让我们在一起，
来做我最美丽的妻子，
以及我们家的女主人，
我的荣耀将与你共享。

作为你最忠实的仆人，
作为你最忠实的丈夫
作为你最忠实的朋友，
我会为你寻求到快乐。
将来我们的孩子会说，
'我的母亲因为爱结婚，
并带着爱幸福地离去，
她的悲伤中也有愉悦。'
现在我的心情很复杂，
我想要对着天空大喊，
让我成为你的爱人吧，
让我进入你的生命吧，
让我抚慰你的灵魂吧。
只要有心就会被感动，
因为暴君都湿了眼睛。
我的爱可以治愈一切，
我的能量是一种滋养。
如今我只是你的朋友，
对此我很是愤愤不平。
未来我想做你的丈夫，
只对你一人至死不渝。
即使你开始年华老去，
我们之间的激情不再，
我也依然会深深觉得，
有你就是最幸福的事。"

除了女主角的名字一样之外，两本书中还有很多相似之处。爱德华爵士表示能够提供给年轻女士的一切，亨利·克劳福德在追求他的范妮·普莱斯时也那样许诺过。这两个男人都是表面上将自己交到了女人的手中，但实际上都在充当掌控一切的角色。并且，当取得成功之后，这两个男人最终无疑会厌倦这段建立在外表的吸引上的感情。而两位女主角都属于"温柔却坚定"的女子，都能确定自己"复杂的情感"，并且都对拥有先已存在的爱不感兴趣。最终，爱德华爵士对年轻的女士和她的爱人大方地祝福，因而被褒奖拥有"神圣的快乐"；而亨利·克劳福德便与之大不一样了——他自暴自弃，与拉什沃斯太太私奔了。从中可以看出简·奥斯汀的性格，她一向能够冷眼观察世事。

关于范妮在她的阁楼里阅读《故事集》的这个情节，还有一个与她的境况类似的故事，不过比较含蓄。在《拖延症》中，一对年轻的恋人鲁伯特和蒂娜，因为贫穷不能结婚。但是蒂娜的一位富有的姑妈答应她，在自己去世后留给他们一些钱，并且暗示这一天已经不远了。为了报答她的恩情，蒂娜一直陪伴在她的身边，做她的"仆人、护士、安慰者以及朋友"。不过，她一直都没有死，与蒂娜结婚无望的鲁伯特去了国外，希望能够赚到钱。然而，他并没有成功，他寄来的信表明，"他做了很多努力，如今已经心灰意冷了"。得知这些后，这位很像诺里斯太太的姑妈便开始指责为此感到不幸福的蒂娜，逼迫她"看看自己可怜的姑妈，一直抱病，但从不抱怨，坚持活下去"。为了鼓励蒂娜，她的姑妈开始向她展示那些将来都会属于她的财富，慢慢让这个女孩心中充满对金钱的渴望，从而代替她对鲁伯特的渴望：

在无尽的希望和安慰中，
蒂娜的日子一天天过去。

> 直到她心中对财富的爱，
>
> 与她对鲁伯特的爱一样。

通过一段对事实的简单描述，简·奥斯汀强烈地表达了她对自私的老女人的手段和方法的不耻。而克拉布则展现了两颗年轻的心对彼此爱意的丧失：

> 如今，心灰意冷的侄女开始分享寡居姑妈的财产，
>
> 掌管和决定琐碎的事情，期盼和憧憬重大的事情，
>
> 洗盘子、擦茶具、对财富的欲望变得越来越膨胀；
>
> 放纵的姑妈将自己的大量财富就摆在侄女的眼前，
>
> 她就喜欢这些东西的价值，喜欢分析它们的涨降。

当这位姑妈去世之后，鲁伯特终于回来了，彼时，他已经成为一名"又高又壮的海军，有着黄褐色的、凹陷的脸颊"。(当然，这要早于沃尔特·艾略奥特爵士对于海军形象的准确想法。)[①] 而此时的蒂娜的情感已经变得很淡了，没有心思考虑与鲁伯特结婚的事情了。这首诗主要研究的是唯物主义对于人类情感的负面影响。蒂娜的伪善与鲁伯特的坚定、慈悲形成了强烈的人性对比。

或许，没有人会比非常纯洁的范妮·普莱斯更加强烈地回应这样一个故事，简·奥斯汀让读者认为她在读这本书，本身便具有揭露意义。不过，我想要指出的是，这种影响并不仅限于对她一个人，也不仅仅限于对《曼斯菲尔德庄园》中的人物。这首诗本身的结局并不幸福：蒂娜看到自己昔日的爱人如今不仅依然那么穷还变得特别老之后，深感失望，出于"宗教"与"义

---

① 《劝导》，第 20 页。

务"，才考虑跟他说一句话。不过，她这样做并不能"表明她对他不离不弃的爱感到羞愧"。另外，她很害怕如果自己一言不发就从他的身边走过的话，"每个人都会看到，都会因此而斥责她"。因此，她别无选择，只能采取"勒维特（Levite）采取的方式"。诗的最后一行用一系列的单音节词记录道："她走过他的身边，到了另一边。"然而，从某种意义上来说，我认为结局应该是美满的，或者至少应该有个续集。在《劝导》（这个书名总能让人回忆起《拖延症》）中，与鲁伯特相对应的角色，温特沃斯上校，却取得了成功，荣归故里，发现她的旧爱也与蒂娜完全不一样。如果最开始他也像鲁伯特一样，对于安妮的情感抱着"半怒半疑"的态度，那么，看到安妮拒绝任何物质享受，坚持等待着他，这一定能使他们回到过去，"或许，当他们重聚之后，会比以前更加幸福快乐"。① 简·奥斯汀不认同克拉布对于人性在忠诚方面的弱点悲伤而又愤世嫉俗的观点，反而用了另外一个与之完全相反的词语，"坚定不移"。在小说的最后一个章节里，简·奥斯汀表达了乐观主义的想法，以此反驳克拉布的消极阴郁："当两个年轻人决定结婚之后，他们便会对彼此坚定不移，无论他们是否贫穷，无论他们是否草率，无论他们对于安慰彼此的灵魂是否那么必不可少。这么一概论之可能有失偏颇，但我愿意相信它是真理。"②

1757年，埃德蒙·伯克发表了《刚与美思想之哲学探源》一文，探讨了男性追求力量（"刚"）与女性追求柔软（"美"）的区别。我们不知道简·奥斯汀是否读过这篇影响力极大的论文，但是她对于"美"的概念有着非常清晰的理解。在《桑底顿》中，爱德华·丹哈姆爵士对《希望的乐趣》（*The Pleasures of Hope*）中的一句话（错误地）进行了评价。那是一首非常有名的诗，是由苏格兰诗人托马斯·坎贝尔（Thomas Campbell）创作的：

---

① 《劝导》，第240页。
② 同上，第248页。

坎贝尔在他的《希望的乐趣》中触碰了我们人类内心最深处的情感。"像天使降临人间，不近也不远"你们不觉得没有比这句话更加令人融化、更能体现深刻的"美"的了吗？[1]

虽然爱德华爵士不懂，但是简·奥斯汀明白，"美"是不会"融化"的。她之所以让他说出这句话，正是因为它并不象征任何"美"。或许还因为，她发现了这句诗中有一些荒唐的东西，其本身就破坏了一切"美"的想法。简·奥斯汀是否知道伯克的这篇论文，我们不得而知，但是我们能够确定，她很了解威廉·吉普林（William Gilpin）对于美之形象的写作。他的旅行书不仅探讨了美国不同地区的各个地方，还研究了美的抽象概念。并且，他把这些理论总结到他在 1792 年写成的《三篇论文：论形象之美、论旅行之美、论风景如画》中。亨利·奥斯汀曾在传记注释中写道："在很小的时候，简·奥斯汀就很迷恋吉普林关于美的写作。"[2] 她还将其描述为"《英格兰历史》中的第一批人"，并在《爱情与友谊》中引用了他的《高地之行》。

吉普林的审美处于伯克的柔软之美和力量之美之间：他所推崇的美是打破常规的，既有力量，又不让人感到恐惧。吉普林的作品是为他的读者粉丝所写的，而这些粉丝不仅出现在图书馆里，同样也出现在他实际旅行的路上。18 世纪，英国的交通得到极大改善，有了各条高速路，吉普林的读者们便能去探寻威尔士、湖区和高地的美了——是吉普林让这些地方为世人所知。他对于这些地方野生风景的观点与华兹华斯不同，并不认为它们是大自然巨大力量的象征，相反，他认为它们只是表面上看到的那样栩栩如生：一处风

---

[1]《简·奥斯汀次要作品集》，第 397 页。
[2]《诺桑觉寺》，第 7 页。

景的绝妙之处在于它们所蕴含的可能性，比如，拍到照片中会很好看。因此，一块不规则的石头会很讨人喜欢，因为它还具有被创造的价值；而一两位手巧的农民，尤其是如果他们既贫穷又懒惰的话，就更能增添他们安静的魅力。吉普林是一位非现实主义者，是唯美主义的英国人，他的作品会让推崇者产生去寻找野生与奇怪之美的欲望，也能让那些想要暂时逃离现代生活的旅行者的需求得到满足。

或许简·奥斯汀是很迷恋吉普林本人——当然，她非常喜欢阅读旅行书（如今仍能找到一本约翰·贝尔的《从俄国的圣彼得堡到亚洲各国》，上面有她的亲笔签名）——但是，她对于吉普林作品的引用却绝对充满了讽刺的味道。当凯瑟琳·莫兰与蒂尔尼一家攀爬比奇克利夫的时候，对于当地的风景，亨利给她"上了一课""他的指导非常清晰明了，她很快就开始看到他所推荐的各处美景，她变得特别激动，自己对于大自然的热爱因为他而得到了巨大的满足"。① 此处的玩笑还在于亨利·蒂尔尼所付出的代价，但是很快，讽刺的语气便直接转到了风景本身上：

> 他谈到了前景、远景以及侧面的风景，还有光线和阴影的视角。凯瑟琳非常希望自己也能成为一名有知识的学者，因此，当他们到达比奇克利夫巅峰的时候，她自动地开始排斥巴斯这整个城市，因为它不配成为风景的一部分。②

更准确地说，简·奥斯汀或许是在讽刺那些将美之形象理论化的人：将巴斯排斥在有价值的视觉物体之外，是对尤戴尔·普莱斯的观点的一种诙

---

① 《诺桑觉寺》，第 111 页。
② 同上。

谐简化。尤戴尔曾在 1798 年的一篇名为《论建筑》的论文中指出，巴斯并不是风景。尤戴尔与他的朋友理查德·佩尼·科奈特是 18 世纪 90 年代中期"论文之战"运动中的先锋人物，他们反对造园家汉姆福瑞·莱普顿对于康普顿的改善。然而，拉什沃斯先生却对此推崇备至。① 简·奥斯汀在拜访家族在艾德稠普和斯通利的房产时无疑读过莱普顿的论文和他的《红书》（*Red Books*）。在这两个地方，莱普顿都以每天 5 基尼的费用写作，而拉什沃斯先生便引用了他的话。不过，在此之前，简·奥斯汀很可能已经发现了其中的矛盾性，而且已经读过科奈特在自己的诗作《风景》中对于莱普顿和他"最爱的"万能布朗的严厉抨击。该诗对于巴顿村的描述出现在了《理智与情感》中②，而对于巴斯的观点的讨论也出现在《诺桑觉寺》中——不过，那显然是一种文学应用——亨利"给人上课"的结果是淡化了登山本来的目的。在简·奥斯汀的小说中，还有很多对美之形象理论的回应。③ 比如，范妮·普莱斯之所以在朴次茅斯散步，就是受到了吉普林的《汉普郡海岸观察》的启发；还有，当宾利小姐和赫斯特太太怂恿伊丽莎白·班纳特和达西先生出去散步的时候，伊丽莎白说："我们走在一起是很养眼，但是，事不过三，多了就把美感给破坏了。"④ 或许有人能够看出来，此处是对尤戴尔·普莱斯的《论美之形象》中的一个故事的有趣暗示。在那个故事里，"有一个人，非常习惯于用画家的视角来看待事物。当他的妻子要求卖掉他们拥有的 3 头奶牛中的一头时，他说：'天啊，亲爱的，你难道不知道，两头奶牛就成不了一组了吗？'"

像范妮·普莱斯一样，简·奥斯汀在拜访了各处乡村住所、听到了大量关于"改善"的讨论之后，想要阅读一些关于这个话题的文学作品，这点可

---

① 《曼斯菲尔德庄园》，第 53 页。

② 玛吉·莱恩，《简·奥斯汀的英国》，第 94—100 页。

③ 约翰·迪克森·汉特（John Dixon Hunt）的《风景如画》（*The Picturesque*），参见《简·奥斯汀手册》，第 326—329 页。

④ 《傲慢与偏见》，第 53 页。

以理解。然而，她还产生了另外一个惊人的兴趣（真的，这点连她自己都觉得很吃惊），那就是国际政治学。1813 年，她从阿尔顿图书集市上买到了查尔斯·威廉·帕斯利上校的《英国军事政治论》。这本书发表于 3 年前，彼时，用帕斯利的话说，"英国正处于危险之中，因为当时的社会境况与任何历史时期都不一样"。 在拿破仑战争的鼎盛时期，帕斯利强烈地感觉到，由法国（尤其是美国加入了战争）造成的大规模的破坏，需要一项彻底的全球化改革政策来弥补。他提出了一项帝国拓展策略来拯救地中海地区、波罗的海地区，并且，如果有必要的话，还有美国海岸区。他认为，全世界范围内战胜区的士兵们都应被纳入全面的军事策略当中。[①] 简·奥斯汀很惊讶地发现，自己竟然觉得这本书很好看，不过，作为一个自己的两位兄弟都在海岸区的人，她有足够的理由对于战争方面的书籍感兴趣，并且很有可能这本书便是她的其中一位兄弟推荐给她阅读的（当她读这本书的时候，查尔斯在英格兰）。他们除了对这样的书有着本质上的兴趣之外，或许还认识该书杰出的年轻作家，至少也是听说过他的大名：在特拉法加战争之前，他们都曾在地中海地区服役，那时，帕斯利正在马耳他帮助塞缪尔·泰勒·柯勒律治，塞缪尔当时是英国全权代表的秘书。在评价岛屿的策略价值时，帕斯利早前就到访过埃及。而在埃及，查尔斯·奥斯汀的船——"恩迪米翁"号就负责运输军火。所以，简·奥斯汀阅读此书的背后，是家庭的兴趣。一开始的时候，她是"抗拒的"，但是"经过检验"之后，她发现"写得十分有趣"。帕斯利是她第一个"为之叹息的士兵"，但是，她还说："他的确是怀着极大的热忱在写作。"[②]

这个评论很有意思，它表明了简·奥斯汀对于优秀作品的积极回应，而

[①] 关于查尔斯·威廉·帕斯利上校（Captain Charles William Pasley）事业的描述以及他书中的提案，参见保尔·约翰逊（Paul Johnson）的《简·奥斯汀、柯勒律治和地缘政治学》（*Jane Austen, Coleridge and Geopolitics*），引自《简·奥斯汀 1996 年社会报告》。

[②]《简·奥斯汀书信集》，第 198 页。

无论主题是什么。之所以说她为帕斯利倾倒，只是因为她个性中的幽默而已。实际上，她自己也说过："我对帕斯利的爱，与我对克拉克森和布坎南，甚至与我对这个城市里的两位史密斯先生的爱是一样的。"这里提到的两位史密斯先生，指的是詹姆斯·史密斯和霍拉蒂奥·史密斯，他们是当时刚刚出版的一本诗集的作者，所以简·奥斯汀热爱他们也很正常。但是，她在此处提到的另外两位作家，更加证明了她阅读的广度。科拉迪斯·布坎南发表过《亚洲基督徒研究》。[①] 更加值得注意的是，托马斯·克拉克森是 1808 年出版的《奴隶贸易废除史》一书的作者。简·奥斯汀一定读过这本书，她在写《曼斯菲尔德庄园》时，关于奴隶制的思考便是受到了这本书的影响。

由此，我们可以很明显地看到，简·奥斯汀对于时事很感兴趣。虽然在她的小说中只有男人才会将一份报纸从头至尾看完 [其中最有名的或许就是不爱交际的帕尔默先生（Mr. Palmer）了]，但在现实生活中，她自己便是这样做的。简·奥斯汀每周都会读《汉普郡电报和苏塞克斯纪事》，上面来自朴次茅斯的海军信息专栏是他们全家人的共同期待。有时候，她会在报纸中发现一些事情，然后即兴胡说一通，比如，在 1811 年 2 月 25 日的报纸中，有这样一则公告，非常显眼地放在了第三页第一个专栏的顶部位置上（像很多其他报纸一样，《汉普郡电报》也由双报纸组成）：

1811 年 2 月 23 日，苏塞克斯。星期六，伊斯特本的赛尔先生与哈克尼西街的吉尔小姐结婚了。

震惊于新人名字的巧合性重复[②]，她在书商广告的背面快速写下了一首

小诗：

> 伊斯特本的赛尔先生，
> 由于爱上了吉尔小姐，
> 身体状态便一落千丈，
> 因此，他叹息着说道：
> "我现在是你的奴隶，
> 噢，只要你愿意，
> 请收下我的情意。"①

　　简·奥斯汀也读历史书。与其他孩子一样，她也是读着戈德密斯（Goldsmith）的《英格兰历史》长大的。简·奥斯汀的这本书留在了斯蒂文顿，而范妮·普莱斯则在回到朴次茅斯后用这本书来教她的妹妹（不过，她说得更多的是回荡在她脑海里的之前的时光，而非戈德密斯书中的内容）。②这本书每个章节的开始部分都有一位君主的肖像，而根据简·奥斯汀自创的家族传统，她把它们都涂上了颜色。显然，这本书激发了简·奥斯汀早年自己也写一本《英格兰历史》的灵感，而当时是卡桑德拉为她做的图解。简·奥斯汀知道18世纪两位杰出的苏格兰历史学家罗伯逊和休谟的作品。威廉·罗伯逊的《玛丽女王与詹姆斯六世就职英格兰国王之前的统治时期的苏格兰历史》无疑鼓舞了简·奥斯汀对于苏格兰的玛丽女王毕生的研究，并使她形成了一种政治观点，这种观点叫作"亨利·詹姆斯的崇拜者"。③她还拥有一本哲学家大卫·休谟写的《英格兰历史》，这部非常流行的作品将更

---

① 《简·奥斯汀诗歌集》，第14页。
② 《曼斯菲尔德庄园》，第14页。
③ 作者为布莱恩·索瑟姆。

多的笔墨放在了社会发展而非重大的公共事件和历史战争上，特别是它还提出了实现自由的条件。对于简·奥斯汀和她的家人来说，读到大卫·休谟对于历史的怀疑和反宗教视角，是很令他们感到惊讶的。不过，《诺桑觉寺》中的一个片段解释了她为何觉得这本书有吸引力。凯瑟琳告诉埃莉诺·蒂尔尼，她阅读历史图书只是出于义务：

每页里都有很多教皇和国王对于战争或瘟疫的争论，所有男人都一无是处，所有女人也都如此——这真的太无聊了。不过我经常在想，鉴于其中包含的大量创作，它仍然如此无趣真的是很奇怪。主人公嘴里说出的话、他们的想法，这些都是创作，可是它们只会使我想去看别的书。

而蒂尔尼小姐是这样回应她的：

你要知道，历史学家们并不乐于异想天开。他们呈现出的想象力，并不会激发人们的兴趣。我很喜欢读历史——并且非常满足于辨别其中的真真假假。我认为，历史书中所呈现的重要事实，都是以前人的记载为依据的，而不是历史学家们自己实际观察得出的。至于你所说的历史书毫无润色，我就喜欢这一点。只要书中的话写得好，无论是谁的，我都会快乐地阅读它们。不过，如果是休谟或者罗伯逊先生创作的话，我会比阅读卡拉克塔克斯、阿格里科拉或者阿尔弗雷德大帝的文字更加快乐。①

像往常一样，简·奥斯汀在回应一个比文学记载更加深入的真理——一

---

① 《诺桑觉寺》，第108—109页。

个小说家想要在其言语或思想中传达的真理。她发现，或许历史学家们也拥有小说家们的想象力，他们也不只是在其作品中简单地陈述事实而已。

简·奥斯汀还有一本罗伯特·亨利的《英格兰历史》，这本书用不同的章节讨论了不同的历史话题，不过书中带有一种如今被称为"社会历史"的偏见。1800 年 11 月，简·奥斯汀将要与朋友玛莎·劳埃德小住，而玛莎请她选择一些书来一起阅读。对此，简·奥斯汀是这样有趣地回复的：

> 你的荐书要求，真是让我很苦恼。我不知道自己能带什么书过去，也不知道什么书是咱们都想看的。我去找你是为了聊天，而不是为了读书或者听别人读书。要是那样的话，我索性待在自己家就好了。不过，在跟你聊天的时候，我可以跟你分享一大堆我的读书心得。——最近，我正在读亨利的《英格兰历史》，我可以用你喜欢的任何一种方式为你复述它——杂乱无章、想到哪儿就说哪儿也可以，按照历史学家划分的 7 个章节的顺序也可以。这 7 个章节的名字分别是：文韬武略、宗教、宪法、学习与学习者、科学与艺术、商业与运输以及礼仪。这样一来，接下来的一周里的每天晚上都会有一个不同的主题。周五的商业与运输或许会让你觉得有点无趣，但是下一个晚上会进行补偿。[①]

周六的晚上玛莎要期待的内容是"人类的礼仪史、善恶之分、重要习俗、语言、裙子、饮食与消遣"。

简·奥斯汀不仅通过真正的历史来了解过去，还通过早期同时代人的作品来洞悉，尤其是《旁观者》(*Spectator*)或《游手好闲者》(*Idler*)这样的期刊。从 1711 年 3 月 1 日到 1712 年 12 月 6 日，《旁观者》共出版了 555 期

---

① 《简·奥斯汀书信集》，第 59 页。

刊物，由理查德·斯蒂尔和约瑟夫·埃迪逊共同编辑，此外，斯蒂尔在 1714
年还单独编辑了 80 期的刊物。这些刊物对奥古斯都的英格兰的社会和文化
生活进行了生动有趣的记述与评论。这本杂志的投稿人包括蒲柏和玛丽·沃
特利·蒙塔古女士，但是这些文章写成之后，都是以一群虚构的人的名义发
表的，其中最有名的便是罗杰·德·考弗利爵士。据推测，简·奥斯汀应该
拥有 8 册该杂志后来编辑出版的合集，但是其中只有 1 册带有简·奥斯汀签
名的遗留下来。（不过，她的哥哥詹姆斯自己在斯蒂文顿也保留了 1 套。）很难
相信，简·奥斯汀竟然觉得这本杂志中的内容毫无乐趣，即使是在《诺桑觉
寺》中，她也表达了它的乏善可陈：

> 如今，如果有年轻的女士参与了《旁观者》合集的编撰，她会非常
> 骄傲地公之于世，兴奋之情远远大过她完成一部小说的创作。然而，实
> 际情况却很可能是，她所参与编撰的这本出版物，完全并不符合一个年
> 轻人的品位：其中的内容总是包括一些不太可能出现的情况、不自然的
> 人物角色以及完全没有一个活着的人的主题对话。而且，他们的语言也
> 都非常晦涩，没有任何能够引发共鸣的观点，同时代的人都很难接受。[1]

人们总是通过字面意思来理解上面这段话[2]，认为简·奥斯汀除了阅读自
己那个时代的作品之外，对其他时代的作品都不感兴趣。然而，简·奥斯汀
对于历史书籍的热爱便使这种想法不攻自破。而且，《诺桑觉寺》自始至终都
是以一种欢乐的讽刺口吻写成的，如果简·奥斯汀真如人们通常理解的那样
的话，那她就不会让书中年轻的女主角为不同种类的小说创作进行辩护了，

---

①《诺桑觉寺》，第 38 页。
②《简·奥斯汀与她的艺术》，第 48—49 页。

而是应该对它们都颇有微词才对，或者至少也要抨击其中一些作品。

简·奥斯汀密切关注与阅读的一本期刊叫《闲荡者》(Loiterer)，该期刊是由她的哥哥詹姆斯在牛津大学创办的，自 1789 年 1 月到 1790 年 3 月共发表了 60 期刊物，之后还有一位同事圣·约翰加入。在他创办此刊期间，亨利·奥斯汀与牛津的很多校友都提供了很多帮助。模仿《旁观者》创办这类周刊，是在 18 世纪大学校园里有文化的年轻人之间非常流行的活动。在詹姆斯创办这本《闲荡者》之前，就已经有一些人在自己创办刊物了。13 岁的简·奥斯汀不仅是哥哥创办的这本刊物的忠实读者，而且很可能还是其中第 9 期刊物的一封长信的投稿人。简·奥斯汀用"多愁善感的索菲亚"这个笔名 [出自她阅读的威廉·哈利（William Hayley）的戏剧《陵墓》(The Mausoleum)]，讽刺了这本书缺少女性读者喜欢的内容，并建议他们增加一些"关于爱情与荣耀"的故事：

先生，我写这封信来告知你，你们的内容非常不符合我的口味，如果不加以改善的话，那我很快就会抛弃这本杂志了。先生，你必须知道，我是一个非常厉害的读者。先不说我曾经读过的几百本小说和戏剧，就说刚刚过去的两个夏天，我便把咱们这里最有名的杂志作家写的所有有意思的文章都看完了，这些杂志包括《闲言碎语者》(Tatler)、《旁观者》《小宇宙》(Microcosm) 和《什锦菜》(Olla Podrida)，而这后两本杂志也是你们牛津创办的。其实，相较于其他形式的书籍，我最喜欢的就是期刊了，尤其是包含大量短篇故事的刊物。

当我最初听说你们的刊物的时候，我非常高兴，立刻就订阅了，并且一直坚持阅读。然而，我非常抱歉但却不得不说，先生，我认为这是我看过的最糟糕的一份刊物了：虽然其中一些文章写得非常好，但是因为你们的主题选得很差劲，所以没有一篇文章能够引起人的兴趣。在《闲荡

者》已经出版的 8 期刊物里,没有一个关于爱情和荣耀的故事,也没有
一个充满权贵与隐士、金字塔与清真寺的东方故事,甚至连一篇寓言故
事都没有。我亲爱的先生,你觉得我们读者会很关心牛津的学生们如何
花费他们的时间与金钱吗?除了阅读你们这些东西,我们就没有其他更
重要的事情做了吗?就拿我自己来说吧,我从小到大只去过一次牛津,但
是我肯定我不想再去第二次了——因为里面尽是凄凉的小礼堂、落满灰
尘的图书馆、脏兮兮的大厅,在参观那里两天之后,我想想还会浑身冒冷
汗呢。你们的第 8 期刊物,其实故事都非常好,但是其中没有任何关于爱
情和女士的故事,至少没有年轻的女士。我很好奇,对于这样的疏漏,对
于这样能够轻而易举避免的疏漏,你会不会感到愧疚。比如,对于男主
人公在约克郡退休养老这个结局来说,完全就可以变成飞到法国、爱上
一位堕落的法国女士,但最后却证明,这位女士其实是一位非常好的人。
或者,你也可以让他去一所修道院纵火,俘虏一位修女,然后最终让她还
俗之类的。反正你不能让结尾流于平淡,一定要让整个故事更有趣才行。

　　总之,迄今为止,你从来没有关注过我们女性的需求,没能讨到我们
的欢心。难道你以为我们都跟突厥人一样,没有灵魂吗?在我看来,你们
只是大学里的一些老气横秋的家伙,看不到校园之外的整个世界,并且,
除了寝室管理员和洗衣工之外,你们与女性毫无交集。

　　因此,我写这封信来给你们提出一些建议,如果你们重视我们的阅
读感受或者你们的荣誉的话,就会采纳。不要再让我们看到你们牛津的
学术论文了,也不要再给我们看哈穆斯和考克尼斯(简·奥斯汀假想的
投稿人的名字)的文章了,让他们该干吗就干吗去吧,重新培养一批撰
稿人,年轻的男性和女性都要涉及,不过重点要挑女性作者。请让我们
看到一些美好的、动人的故事,比如关于一对爱人的悲剧故事,当他们要
去教堂的时候,却突然有人离世;或者男主角在决斗中死去,或消失在

茫茫人海中，或者举枪自杀，怎么都行，你决定就好，而对于女主角，她最后自然是疯掉了。或者，如果你愿意，你也可以先让女主角死去，然后让男主角疯掉。不过，你要记住，无论你怎么编排剧情，你都要让男女主角拥有丰富的情感以及非常可爱的名字。如果你能够听从我的劝告的话，那么，我之后还会给你写信，并且或许我还能给你提供一点帮助。但是，如果你不听劝的话，那么，我诅咒你们的杂志很快倒闭，诅咒你永远都单身，诅咒你被帮你看家的妹妹各种折磨。

多愁善感的索菲亚①

这封有趣的信不仅是简·奥斯汀阅读她的哥哥的刊物的力证，而且也体现了年幼的她对文学作品的热爱。就是在这个时候，她一直在练习撰写改编诗文，发表在最早的少年读物上。通过这封信便可以看出，她很熟悉各种多愁善感的、戏剧性的、充满异域风情的小说。她的讽刺之语表面上说的是牛津大学的刊物，但实际上也映射了那个时代的小说：在13岁的年纪，简·奥斯汀就已经能够撰写文学评论了。②

范妮·普莱斯的阁楼里就有一套《游手好闲者》，她也曾对期刊的价值做出令人信服的评论。或许事实情况是，简·奥斯汀最爱的约翰逊博士使这本刊物看起来很适合有眼光的范妮阅读。③根据亨利·奥斯汀所说，约翰逊是简·奥斯汀最喜爱的散文家。在她的小说和信件中，她提及了《西部群岛

① 对于这封致范妮·奥斯汀的信的归属问题，参见约翰·戈尔（John Gore）的《"多愁善感的索菲亚"：简·奥斯汀？》（"Sophia Sentiment":Jane Austen?），引自《简·奥斯汀1996年社会报告》。亦参见W. 奥斯汀-利、R.A. 奥斯汀-利和迪尔德丽·勒·费伊，《简·奥斯汀：家族档案》，第55、64页。

② 帕克·霍南（Park Honan）曾在《简·奥斯汀：她的生活》（Jane Austen: Her Life）一书中指出，詹姆斯·奥斯汀与亨利·奥斯汀的确在《闲荡者》中引入了更多关于爱情和婚姻的文章，而简·奥斯汀在人物性格方面被他们所根植的道德价值观深深地影响了。

③《诺桑觉寺》，第7页。

旅行辞典》和《拉塞勒斯》(简·奥斯汀拥有的这本书的第二卷幸存下来)、《游手好闲者》和《漫谈者》(*Rambler*),还有伯斯维尔的《赫布里底群岛生活之旅》以及派欧兹太太的《塞缪尔·约翰逊的晚年信件往来》。简·奥斯汀将他称作"我亲爱的约翰逊博士",[①] 而我们也不难看到,他的人道、他的幽默、他强大的判断力以及他的雄辩口才是如何使之成为一个对于简·奥斯汀影响如此之大的人的(他对范妮·伯尼的影响也很大)。

简·奥斯汀的侄女安娜非常冲动地与一个年轻人订婚,随后又反悔。对此,简·奥斯汀转弯抹角地给她写了一首诗。这首诗便是对约翰逊的那首《人类愿望的虚无》(*The Vanity of Human Wishes*)的著名开篇的化用:

> 给观察力安上翅膀,
> 让它有更宽的视野,
> 洞悉全世界的男人,
> 从中国一直到佩鲁。

这位冲动的年轻女士被简·奥斯汀定义为一种新世界中的典型形象,她的思想被拿来与热带草原进行对比,她的幻想被拿来与安大略湖进行对比,她的智慧被拿来与尼亚加拉大瀑布进行对比,与此同时:

> 她的判断力深厚而又绵长,
> 就像大西洋彼岸的小树林,
> 对于吹过她身边的每阵风,

---

① 《简·奥斯汀书信集》,第 121 页。

都会热情而又友好地回应。①

简·奥斯汀的诗与约翰逊的一样，旨在精神评判：虽然是以质疑的语气，但却充满幽默的口吻，表现出安妮的愿望终成虚无。不过，简·奥斯汀深情的"嘲讽式小颂词"（正如安娜同父异母的弟弟在他的回忆录中所描述的）与约翰逊用荒凉的意象进行烦人的讽刺是完全不同的。约翰逊与沃尔西红衣主教、挪威的查理十二世以及诗人斯威夫特一样，在他们的笔下，似乎这些悲剧人物的命运都被写成了一种痛苦主义哲学。

在约翰逊自己的时代，他最广受推崇的作品就是在 18 世纪 50 年代写的 3 套文集《漫谈者》《冒险者》（Adventurer）和《游手好闲者》，其中一共有大概 300 篇文章。当《漫谈者》和《游手好闲者》像之前的《旁观者》一样，通过文集的方式出版之后，它们变得非常流行。人类事物种类繁多，但是这两本文集却只体现了概括的道德思想，因为约翰逊善于利用各种各样的素材来体现他散文中的权威规则，而这样做的结果，便是用一种非常严肃的口吻来分析人类事物。用伯斯维尔的话说，就是"一位拥有道德和宗教智慧的庄严教师"。《漫谈者》第 1 卷中的第 4 篇文章，引起了简·奥斯汀极大的兴趣。在这篇文章中，约翰逊第一次用他那一贯的批评口吻来谈论 18 世纪的小说。将这种批评语气坚定不移地运用在现实生活中的事情和人物上，约翰逊创建了一种模式。虽然这种模式是建立在菲尔丁和理查逊的基础上的，但是，很明显，半个世纪之后，人们都认为是他的。

当今这个年代的人特别喜欢的小说作品，只是作者将每天真实发生在世界的各个角落里的事情按照他们自己的喜好、品位和情感加工之后

①《简·奥斯汀诗歌集》，第 12—13 页。

呈现出来的。

　　将这种类型的写作定义为浪漫喜剧是不恰当的，因为真正的浪漫喜剧是要遵循一定的喜剧诗歌的规则的。它的目的应该是通过简单的方式呈现自然的事情，而不是通过想象力来保持好奇心。因此，它应该摒弃英雄式的浪漫，不应该让怪物从婚礼仪式中掳走新娘，也不应该让英雄把她从囚禁之所救出来；它不应该使王子们迷失在森林中，也不应该让公主们住在想象的城堡中。[①]

　　这两段话中所不屑的那种撰写小说的方法，无疑是简·奥斯汀所使用的，而且，她本人还非常认同这种方法。约翰逊排斥的那些创作手法，恰恰是简·奥斯汀在少年读物和《诺桑觉寺》中所模仿的。并且她还认为，作家们必须要拥有特殊的经历，"而这种经历通过个人努力是无法得到的，必须要通过对这个鲜活的世界的准确观察才能得到"。因为"他们所刻画的各种人物形象，其原型都是为每一个人所熟知的，如果模仿得不像的话，立刻就会露馅儿"。另外，简·奥斯汀或许对于约翰逊对小说读者的观点产生了质疑，至少觉得在她的这个时代已经不再正确了。对于这类书，约翰逊曾评论道：

　　它们都是给无知的、懒散的年轻人看的，因为只有他们才会将这样的说教当作生活中的准则。这些书只有娱乐作用，没有任何思想可言，因此读者很容易受到情绪的影响；没有系统的规则，因此读者很容易追随各种流行风尚；没有成熟的经验，因此读者得到的每一个建议都是错误的。

---

① 塞缪尔·约翰逊，《漫谈者》，库克版，3卷本，第16—21页，1800年。

除此之外，约翰逊还认为，作家有义务对他所呈现的素材进行精心的挑选：

> 模仿自然被认为是艺术最大的美德，但是，能够区分什么是自然的，什么是模仿的，这点很重要。而如果是要呈现生活的话，那就需要更加仔细了，因为作家通常都会由于自己的个人感情而将其玷污。如果整个世界被描述得乱七八糟，我认为阅读这样的作品没有任何意义。为何不将自己的眼睛锻造成映射人类一切的镜子，将其最本真的面目呈现出来呢？
>
> 在画画的时候，如果只是按照人物表面的样子来画，而没有对他的个性进行足够的观察，那么，这样的画作就不应该出现；同样，在描述的时候，如果对所发生的事件没有足够的观察，也就不应该随便描述，否则会让人产生对这个世界错误的认知，善恶不分。写作的目的不仅仅是满足当代人类，还应该让后世之人都尽量觉得心悦诚服。好的作品应该教给人们正确的方法，而不是《单纯的背叛》（ *Treachery for Innocence* ）中所呈现的那些圈套和诡计，不要弘扬小人得志的侥幸心理，而要弘扬惩治奸诈小人的正能量。在艺术创作中，要努力使年轻人提高谨慎同时又不遗失美德。

约翰逊之所以如此强调一本小说道德方面的重要性，是因为在他所处的那个时代，文学作品中便有汤姆·琼斯这种并非行为模范但却因好脾气和好心肠而被头戴主角光环的人物形象：

> 很多作家在塑造他们的主要角色时，都会混合好与坏两方面的品质，而且这两种品质往往都很明显。当我们随着他们一起历险时，我们

会更加关注他们的优点而非缺点，因为他们的那些缺点并不会影响我们体会这部作品所带来的快乐。或许善良的我们还会认为，他们是集各种优点于一身的。

他将上述情况的产生归咎于作家：

> 作家们混淆视听，不仅不设置是与非的界限，反而用这么多的艺术手段将它们混为一谈，使得一般的读者都无法区分……我不明白为何没有人定义与弘扬最完美的道德——不模棱两可、不似是而非的道德。是不是我们自己本身做不到的事情，我们就不去赞扬了呢？我认为，我们正是应该从弘扬这些善与美的作品中不断地去学习，学习如何憧憬以及如何行为举止。

然而，对于塑造约翰逊所推崇的这种模范人物，简·奥斯汀却不以为然。在她的小说计划中，她会倾向于模仿文学作品中那些不太可能出现的事物，而对于其中的原因，简·奥斯汀曾犀利地说道："所有的正面角色都是无比完美的，他们没有任何缺点；而所有的负面角色都是卑鄙可憎、声名狼藉的，简直一点人性都没有。"[1] 不过，这与约翰逊所说的完全不是一回事。在简·奥斯汀的小说中，虽然可能也有威洛比和威克汉姆这样的中性人物，但是能够引起读者共鸣的一定是那些她注入很多心血塑造的中心人物，而他们当然都是符合这些道德标准的。

要想从文学作品中获益，阅读时必须拥有清醒的头脑和明智的判断，否则便会得出错误的结论，就像爱德华·丹哈姆爵士读完《桑底顿》那样。

---

① 《简·奥斯汀次要作品集》，第429—430页。

《桑底顿》中提到了一家订阅图书馆，里面充满了各种优秀读物，于是爱德华·丹哈姆爵士便认为，一般的收费性流动图书馆中有很多垃圾读物。（但实际上，范妮·普莱斯在朴次茅斯的时候经常从收费性流动图书馆中借阅书籍，在那里她也能找到大量合适的书籍与她的妹妹一起读。）[1] 桑底顿的这家图书馆是由"想要找份工作"的怀特比太太看管的，由于不怎么使用，其中一半的空间都是空着的，而怀特比太太却"坐在她的内室中，读她自己的一部小说"。[2] 这家订阅图书馆的建造者帕克先生，在来图书馆视察工作时，他希望那些好书能被借走，不幸的是，结果让他感到很失望：

> 订阅者的名单太平淡无奇了。丹哈姆女士、贝莱顿小姐、P 夫妇、爱德华·丹哈姆爵士和丹哈姆小姐，这些名字听起来或许还好一点，但接下来的名字就更糟了，什么马修太太、马修小姐、E. 马修小姐、H. 马修小姐、理查德·普拉特先生、史密斯先生、小莱姆豪斯、简·费舍太太、斯科劳格斯小姐、汉庭先生、比尔德先生、戴维斯太太、布朗太太等等，这份借阅者名单里不仅没有什么高贵的人物，而且在帕克先生看来，订阅者的数量也要比自己希望的少很多。

这个很有趣的段落反映出，游客们在到访一处旅游胜地时，通常是不会到当地的借阅图书馆的（另外，这份借阅者的清单虽然很具娱乐性，但是它真的太长了：很难相信简·奥斯汀有生之年在修订这本书时没有将其缩短）。小说中的夏洛特·海伍德，头脑非常清醒的年轻女士，阅读非常丰富，书能给她的想象力提供乐趣，但却不会使之受到任何不良影响。[3] 她将自己的名字加

---

① 《简·奥斯汀次要作品集》，第 403 页。
② 同上，第 389 页。
③ 同上，第 392 页。

入这份借阅者清单中，使之成为该图书馆本季最成功的事情。通过此事，我们立刻就能看到她从阅读文学作品中获益的能力。这座图书馆不仅借书，而且像布莱顿的图书馆一样（在那里，莉迪娅·班纳特"看到那么多漂亮的装饰物，简直都要发疯了"），[①] 它也卖一些装饰品和首饰，"基本上都是无用的东西。"[②] 夏洛特很感兴趣 —— 尤其是在帕克先生的鼓励下，但是，她：

> 开始意识到，她必须自己结账 —— 但是她只有 2 美元 20 美分，她不可能在第一个晚上就把这些钱全部花掉。她拿起一本书，正好是其中一卷《卡蜜拉》。她不想自己的命运和那本书中的主人公一样悲惨，于是，她转到戒指和胸针的柜台，从里面挑了些东西，然后结了账。[③]

爱德华爵士从书中就悟不出这样的道理来。因为他生活的目标就是"做有魅力的人"，所以他将自己视作《理查逊》（*Richardson*）中诱惑了克莱丽莎·哈勒维的拉维拉斯。并且，他喜欢自己阅读的小说里的男性角色都是同一类人。他与夏洛特谈论图书的这个段落是简·奥斯汀对于文学讨论写得最长的段落之一（最后成书中的这个段落可能还是删减之后的，而且它从读者的角度给大家上了生动的一课，让读者知道在阅读时应该如何保持必要的清醒）。

> 你从来都没有听我推荐过那些幼稚的作品，那里面没有任何具体的内容，只有各种前后不一、让人无所适从的准则，或者是针对平凡生活中的琐碎事情而提出的一些无趣又无用的建议。即使我们把这样的书放到

---

① 《傲慢与偏见》，第 238 页。
② 《简·奥斯汀次要作品集》，第 390 页。
③ 同上。

文学蒸馏器里,从中也提取不出任何可以放进科学中的东西。①

虽然简·奥斯汀的的确确也是通过那些"平凡生活中的琐碎事情"来提炼她的艺术的,但是,她所阅读的小说必须是:

> 或者能够通过宏伟的叙述体现人的本性——或者能够通过崇高而强烈的情感打动她——或者能够呈现从最初的情感到最后的情感之间巨大的变化,比如一个男人对一个女人动了心,从最初的赌一把试试运气、勇敢追求到成功追到和完全俘获她的芳心的过程。②

虽然凯瑟琳·莫兰会被爱德华爵士视作"纯粹都是垃圾"的多愁善感的文学作品中的那些愚蠢的理念错误地引导,但其实还有比这更恼人的事情。毕竟爱德华爵士挑选书籍是非常认真的:"我们有大量的休闲时间,而且会读很多书。但我可不是随便什么小说都读的人。"而这并不仅仅是说他挑选的图书都是那些不会给人道德上的引导的,而是即使有道德引导,他也会自动忽略,因为他自己说过,他就是更容易受到那些反面角色的"病态吸引"。通过用大量篇幅阐述他对小说的态度,简·奥斯汀很明确地指出,爱德华爵士阅读的目的就是"性吸引",这样一来,简·奥斯汀便将其定义为反面角色(但他却坚称自己属于正面角色),同时也暗示了小说作品潜在的堕落影响:

> 但实际情况却是,爱德华爵士的阅读面非常窄,他阅读了大量多愁善感的小说却不自知,因为他从一开始就被《理查逊》中最有激情但同

---

① 《简·奥斯汀次要作品集》,第403页。
② 同上。

时也最令人反感的部分吸引了。除了关注男性对女性志在必得的追求，他藐视书中其他任何一种情感。他的大量文学阅读时间都被这样的情节内容占据了，所以他才会形成这样的性格。因为他本身就不具备强大的头脑，也没有任何魅力和任何好的精神，所以他才会形成各种错误的判断，所以他才会成为小说中的反面角色。在他看来，邪恶和残暴之人是天才，会让他产生如火的激情。他比作者们都更加渴望负面角色取得成功，而当他们失败了的时候，他简直比作者们还悲伤。①

从某种程度上，简·奥斯汀在回应约翰逊的苛评：如果误解了艺术的道德目的，人就会变得像爱德华爵士那样愚蠢，或者如他那般堕落。理性读者（尤其是女性读者）绝对不会成为他这样的放荡之人。此外，爱德华爵士不仅无法从小说中获益，而且即使对说教性非常明显的作品，他也无动于衷：

　　虽然他觉得自己的想法都是拜这种阅读（也就是小说）所赐，但是，公平地说，他也阅读过其他的东西，他的语言风格是在更加普遍的现代文学知识中形成的。论文、书信、旅行日志和文学评论，这些他都会读，但是，不幸的是，从道德训导中，他学到的却是错误的准则；从历史知识中，他学到的却是邪恶的动机；从我们最推崇的作家中，他学到的却是激愤之辞和晦涩之语。②

爱德华爵士语言风格的荒谬与狂妄使之在众多人物角色中"脱颖而出"成一个傻瓜，而简·奥斯汀想要向约翰逊指出的，或许是小说的道德价值是

①《简·奥斯汀次要作品集》，第404页。
②同上，第404—405页。

不应该通过它对这样的读者的影响来衡量的。

爱德华·丹哈姆爵士并非唯一蔑视流动图书馆的人。受邀给班纳特太太和她的女儿读书的柯林斯先生一看到拿给自己的书就"动身返回"了，因为"那些书的来源都是流动图书馆"。[①] 这些书来自梅丽顿的克拉克，据莉迪娅所说，在那里，菲利普斯阿姨经常看到福斯特陆军上校和卡特海军上校——她曾经疑惑，到底是凯蒂（Kitty）还是莉迪娅跑去借的这本书——当然是被这两位军官吸引的莉迪娅立刻跑去借的了！柯林斯先生立刻认为这是一本小说，而他从来不读任何小说。后来又拿来一些别的书，"在一番深思熟虑之后"，他选择了詹姆斯·福代斯的《布道辞》。她们根本不想听这样的书，"他一打开那卷东西，莉迪娅就开始打哈欠了"。然而，柯林斯先生还是决定读这本书。虽然福代斯的《布道辞》对于指引好的品行绝对不是没有价值的，但是，年轻的女士们无论想象力有多丰富，这样的读物也无法令她们感到愉快。无论如何，柯林斯先生在隆博恩的第一个晚上，在班纳特先生的面前，他给自己的表妹们阅读如此直白的教育性读物，这很让人质疑他是否将这里当成了自己的地盘。小说中没有交代他是从哪个段落开始阅读的——不过这个也无所谓了，因为他还没读完 3 页内容就被莉迪娅给打断了。不过，下面的这段摘抄体现了福代斯对于女性的态度（或许也是柯林斯先生正在寻找的妻子的类型）：

> 很多女人的愚蠢行为让我很吃惊，她们竟然还在通过"冷战"来惩罚他们的丈夫。实际上，很大程度上问题都于她们自己。现在，我要为所有男人申辩。女人们，你们只要更尊重你们的丈夫，对他们更温柔，善于发现他们的幽默之处，忽略他们所犯的错误，在无关紧要的事情上顺

---

① 《傲慢与偏见》，第 68 页。

从他们的想法，不任性，不易怒，不抱怨，温和从容，每天都努力缓解他们的疲劳，帮助他们实现愿望，让无聊的时光变得有活力，让你们的丈夫每天都觉得快乐。只要你们做到了这些，我相信你们一定不会再对自己的丈夫不满意了，你们每天的生活也会幸福如意，你们的砖房将会每天都闪耀着光芒。①

柯林斯先生潜移默化地会受到福代斯的一些影响：当提及他的牧师住所时，他的嘴边经常会挂着"砖房"一词；而福代斯在给他年轻的女性读者进行演讲时，经常会说"我美丽的观众"或者"我美丽的听众"，到了柯林斯先生这里，便成了"我美丽的表妹"。② 当他向伊丽莎白求婚时，他所理解的"优雅的女性通常都是伶牙俐齿的"便体现了福代斯在《布道辞》中表达的观点：

我知道，你们女人通常都会拒绝男人的第一次追求，或许你刚才所说的话已经足够鼓励我继续了，而这也是你们女人的一贯作风。③

莉迪娅打断他阅读福代斯的《布道辞》，这令他觉得受到了极大的冒犯。"我发现，年轻女士对于严肃的书籍都缺乏兴趣，尽管这样的书籍对她们非常有好处。对此，我感到很震惊。不过，很遗憾，我不得不承认，对于她们来说，

---

① 詹姆斯·福代斯，《年轻女人的教条》（*Sermons to Young Women*），第 332 页，伦敦，1765 年。
② 正如艾尔莎·伊丽莎白·顿坎–琼斯（Elsie Elizabeth Duncan-Jones）所指出的：《莉迪娅·兰格斯、莉迪娅·班纳特和福代斯博士的教条》（*Lydia Languish, Lydia Bennet and Dr. Fordyce's Sermons*），引自《简·奥斯汀 1963 年社会报告》（*Jane Austen Society Report for 1963*），第 241—243 页。
③ 《傲慢与偏见》，第 108 页。罗杰·塞尔斯认为，在这个场景中，柯林斯先生就是福代斯：《简·奥斯汀与英国摄政代表》，第 247 页。

没有比《布道辞》更有益的指导书了。"① 莉迪娅并非唯一排斥行为指导书籍的女性，而福代斯对此非常嗤之以鼻。玛丽·沃斯通克拉夫特是个极大的例外。同样作为女性，她便不会受到这样的行为书籍的负面影响，因为她拥有独立自主的思想。福代斯为男性申辩的那段话很快便受到了攻击，对此，玛丽·沃斯通克拉夫特认为，"当年轻的女士们看到这样的内容时，往往会曲解了它们的意思"。②

简·奥斯汀在此处选择福代斯的《布道辞》是很有趣的，或许并没有表面看起来那么简单。她本身是如何看待这个人和这本书的，我们无从得知。在引用文学作品时，她很少这样怀有敌意。在拜访古德汉姆时，她惊讶地发现，自己竟然很喜欢看卡桑德拉推荐的托马斯·吉斯伯恩（Thomas Gisborne）的《女性责任研究》（*An Enquiry into the Duties of the Female Sex*）。据推测，这本书应该是从她哥哥的图书馆里借的。③ 不过，莉迪娅·班纳特却觉得这样的事情很可怕。当她打扰了柯林斯先生读书时，简和伊丽莎白让她保持沉默，但是柯林斯先生此时已经被气得读不下去了——或许，他生的是之前与班纳特先生下西洋双陆棋的气。虽然简的两个姐姐都表现得很无礼，缺乏兴趣，但是她却引用了福代斯对于女性的观点，这说明她阅读过他的作品。不过这本书是在家里找到的。如果它是在班纳特先生的图书馆里找到的，那就证明他根本就没读过这本书，完全是为了教育两个小女儿才把这本书带回了家。而这点很关键：相较于家里的年轻人，班纳特先生本来是有机会接受更权威的道德教育的，但他没有抓住这个机会（很讽刺的是，他逃回了自己的图书馆里），他忽略了福代斯遵守的这些信条，所以招致了灾难性的后果。在《布道辞》的"对于女性，尤其是年轻女性的重要性"一节中，

① 《傲慢与偏见》，第 69 页。
② 对于这种完全享受型的工作，参见《女性权利的辩护》，第 5 章。
③ 《简·奥斯汀书信集》，第 112 页。

福代斯写道：

> 我不知道为什么，这个世界总是会忽略男性的各种违反规则的行为，而这种行为在女性世界里却是绝对不能被原谅的。因此，根据这种观点，一个家庭的和平与荣耀取决于这个家里女儿们的言谈举止而非儿子们。如果一位年轻女士误入歧途，就会使她所有的兄弟姐妹蒙羞，并且是无法挽回的。[①]

在莉迪娅私奔后，柯林斯先生，这位约伯的圣灵（如果有的话），在给她的父亲写的那封悲惨的信中，再一次引用了福代斯的话："一个女儿失足，对其他女儿的命运都有害。"[②]

不过，对于所有这些事情，简·奥斯汀还想要表达一个更深层次的观点。莉迪娅·班纳特并非小说中第一个反抗《布道辞》的年轻女士。另外一个莉迪娅，《对手》（*The Rivals*）中非常喜欢阅读小说和传记的莉迪娅·兰格斯，也被给了一本《布道辞》，而她竟然把这本书给撕了，让她的理发师当卷发纸用。只有在想要打消她专横的姑妈玛拉普劳普太太（Mrs. Malaprop）（她不断地对她的侄女进行说教，简直就是福代斯的另一个化身）的疑心时，她才会把这本《布道辞》摊开，而将所有自己喜欢读的书都藏起来。简·奥斯汀非常了解《对手》这本书，无论她自己是否读过《布道辞》，这种文学上的玩笑都是她的风格。

《布道辞》是 18 世纪最重要的文学形式：为了启迪读者以及为了那些能够将它们改变得适合自己的会众的牧师的利益，无数的《布道辞》被出版发

---

① 艾尔莎·伊丽莎白·顿坎-琼斯，《莉迪娅·兰格斯、莉迪娅·班纳特和福代斯博士的教条》，《简·奥斯汀1963年社会报告》，第 117 页。

② 《傲慢与偏见》，第 297 页。

行。① 通常情况下，人们都会订阅这样的出版物来进行支持，比如来自汤布里奇的穷困的莱维德·托马斯·杰弗逊所著的《两个布道辞：论敬畏上帝为世界主宰的合理性和有益性》这本书，简·奥斯汀不仅自己订阅了，还劝说她的哥哥爱德华及其妻子也订阅（主要是为了做慈善）。② 无论是简·奥斯汀非常喜欢的托马斯·夏洛克的《布道辞》，还是苏格兰修辞专家休·布莱尔写的《布道辞》，这些《布道辞》大多都得到了很高的评价。在《凯瑟琳》中，伯西瓦尔夫人在阅读了布莱尔的《布道辞》以及《考莱布斯寻妻记》之后，便无法理解她的侄女为何单独与一位年轻的男士站在树荫处。③ 即使是世俗的玛丽·克劳福德也意识到了一位传教士应该有自知之明，应该觉得布莱尔的《布道辞》比他自己的好。④ 还有一些《布道辞》，福音派特征明显，让所有人都很烦，比如简·奥斯汀的表哥，汉姆斯达尔·里德威尔的教区牧师爱德华·库伯（Edward Cooper）发表的那些。简·奥斯汀不喜欢他发表的前两本布道集，1809 年，当他的第三本作品《实用和熟悉的布道辞：教区和家庭指导用书》出版时，她无精打采地给卡桑德拉写信道："默登小姐从汉姆斯达尔向我们转达了刚刚出版的第 3 本《布道辞》的消息，我们觉得比之前的两本要好。从表面上看，它们对于乡村会众来说很实用。"⑤ 7 年之后，他的《伍尔弗汉普顿布道辞两则》遭遇了明确的反感："我们不太喜欢库伯先生新出版的《布道辞》。"简写道："里面尽是新生和信仰转变那些东西——还有他对《圣经》社会的热情。"⑥

---

① 艾琳·柯林斯（Irene Collins），独创教条是可怕的"狂热者"的标志，《简·奥斯汀与牧师》（Jane Austen and the Clergy），第 97 页，伦敦，1994 年。

②A.W.贾维斯（A.W.Jarvis）的《杰弗逊先生的情况》（Mr. Jefferson's Case），引自《简·奥斯汀 1989 年社会报告》，第 143—146 页。

③《简·奥斯汀次要作品集》，第 232 页。

④《曼斯菲尔德庄园》，第 92 页。

⑤《简·奥斯汀书信集》，第 167 页。

⑥ 同上，第 322 页。

如果《布道辞》整体上不适合在家中大声朗读，那么，戏剧，尤其是莎士比亚的戏剧，却是很理想的读物。1709 年，由汤森（Tonson）撰写、尼古拉斯·罗维（Nicholas Rowe）编辑的具有开创性的 6 卷莎士比亚集，将莎士比亚视作那个时代最重要的剧作家。在那之后，18 世纪还出版了很多个版本，都是名人通过书信的方式撰写的文学评论，其中包括蒲柏、沃伯顿和约翰逊。莎士比亚被广泛讨论和辩论，评论家们热议莎士比亚作品选段的正确读法和理解方式。随着个人戏剧印刷物的临时出现，戏剧不再主要属于剧院，而是开始出现在图书馆里，成为大量扩张的出版物的一部分。

通过简·奥斯汀，我们会像她一样熟悉莎士比亚，因为她会在信件中直接或间接地引用莎士比亚的话，在小说中提及莎翁作品中的选段、人物或整个场景，并且还借亨利·克劳福德的嘴说莎士比亚是"一个不知为何就很熟悉的人，是英国宪法的一部分"。[1] 而埃德蒙·贝特伦进一步论证了这个观点。他指出，除了直接阅读莎士比亚的作品，我们还有其他熟知莎士比亚的方式，即二手阅读："每个人都会引用他的著名段落，我们打开的一半书里都有它们，而且我们都谈论莎士比亚，使用他的明喻，并用他的描述方式来描述。"[2]

当然，他也经常出现在简·奥斯汀的作品中。简·奥斯汀经常将莎士比亚的戏剧或他的其他作品设置为自己小说场景中的背景。比如，爱玛便直接引用了《仲夏夜之梦》，因为她觉得：

哈特菲尔德的空气里似乎有一种东西，使爱顺着正确的方向，飞到了它们应该飞去的每一个地方。

真爱之路永不会平坦 ——

[1]《曼斯菲尔德庄园》，第 338 页。
[2] 同上。

一个哈特菲尔德版本的莎士比亚对这句话会有更深刻的见解。[①]

不过,当然,简·奥斯汀的小说与莎士比亚的戏剧一样,爱都飞到了它们不应该飞到的地方。他们作品中的人物都会爱上错的人,并且会想象着对方也爱自己,但事实上并非如此。而在经过了一定的疑惑和误解之后,他们恍然大悟,最后都找到了真爱。《曼斯菲尔德庄园》也与《仲夏夜之梦》一样,在索瑟顿的分分合合的夫妻们象征了在雅典丛林的情侣们。[②] 在《理智与情感》中,对《哈姆雷特》的阅读永远都无法完成。达什伍德夫人说:"我们亲爱的威洛比在我们读完这本书之前就离开了。我们会暂时把它放在一边,等他再来的时候继续读……" [③] 然而,他再也没有来过:他已经抛弃了她,就像哈姆雷特抛弃了奥菲莉娅一样;虽然玛丽安没有像奥菲莉娅那样变得精神失常,她只是发了一次烧,但实际上,她也存在走向疯狂的可能。在被他抛弃后,她开始变得行为轻率,之后又愈发喜怒无常。对此,我们从一些场景的一些话语中就可以看出端倪:

> 明天就是情人节了,
> 大家都在清晨作诗,
> 我是你窗前的少女,
> 想要成为你的情人。
> 我知道我应该忍耐,
> 但是我忍不住在想,
> 他是否已被人埋葬,

---

① 《爱玛》,第 75 页。

② 罗伯特·汉普森(Robert Hampson)曾经暗示了这一点以及其他有趣的平行状态。

③ 《理智与情感》,第 85 页。

于是我忍不住哭泣。①

充满戏剧风格的《曼斯菲尔德庄园》是简·奥斯汀的小说中引用莎士比亚的名言警句和典故最多的。我们已经注意到了索瑟顿的荒原与雅典附近的丛林之间的相似性，但是，远远不止于此。最典型的便是亨利·克劳福德。当人家建议他上演一部戏剧时，他带着其性格中特有的兴奋与自负，对于他能够扮演哪个角色进行了回应：

我真的认为，无论是夏洛克还是理查三世，抑或任何一个角色，我都能够扮演，因为此时此刻的我足够愚蠢。我可以穿上猩红的大衣，戴上翘起的帽子，为大家上演一出出的闹剧。我可以咆哮，可以哀叹，可以是任何人，可以做任何事，可以挑战一切英语的悲喜剧。②

他谈及的角色都很有意义（并且在当时的戏剧舞台上都非常受欢迎）——这两个角色都很残忍，尤其是理查德，他很像克劳福德，是一个诡计多端的人。但是，在《亨利四世》的第 1 幕中（简·奥斯汀知道这部戏剧），对于博顿和米查尼考斯的回忆没有哈尔那么多。③在戈德西尔的片段之后，他便在酒馆等待福斯塔夫回来。他呼喊道："此时此刻，在午夜的 12 点钟，我的幽默是显而易见的。"④之后紧接着一个充满戏剧性的场景：哈尔即兴扮演他的父亲，而福斯塔夫扮演哈尔，以王子即位驱逐福斯塔夫结束。这种事情很讽刺（也很令人寒心），就像《情人的誓言》（Lovers' Vows）一样。

---

①《哈姆雷特》，第 4 幕，第 5 场。
②《曼斯菲尔德庄园》，第 123 页。
③《简·奥斯汀书信集》，第 64 页。
④《亨利四世》，第 1 部分，第 2 幕，第 4 场。

《曼斯菲尔德庄园》中家庭场景的某些方面也带有《李尔王》的弦外之音。托马斯·贝特伦先生有 3 个"女儿",最小的那个其实并非他真正的女儿,而是他的侄女,从某种意义上说,这个最小的"女儿"被剥夺了继承权,并且当然会拿来与她的"姐姐们"作比较。之后,由于拒绝嫁给亨利·克劳福德,她引起了他的不悦,于是被"驱逐"到了朴次茅斯。范妮胆小羞怯,不善言辞:像科迪莉亚一样,她无法将自己心之所想表达出来。但是,由于她的善良和热情,她真正的价值慢慢显现出来,她的叔叔也慢慢意识到,自己之前犯下了多大的错误——将自己的女儿玛丽亚和朱丽亚凌驾于范妮之上。托马斯爵士还有两个儿子,汤姆和埃德蒙,他们一个风流放荡,一个善良正直,二者的关系就像李尔与格洛斯特一样。当然,在剧中,汤姆·贝特伦的失败使埃德蒙的残忍"相形见绌"。虽然他并没打算争夺父亲的财产,但是他的赌博严重损害了托马斯爵士的经济状态,也使他的弟弟暂时失去了曼斯菲尔德的继承权,而那是他与生俱来的权利。在一些小的方面上是有区别的:汤姆是哥哥,并且也不是私生子(除非他并非他父亲的亲生儿子,那样才无法继承曼斯菲尔德)。他的好弟弟是埃德蒙,埃德蒙取代了汤姆的角色,在父亲不在时,他负责掌管家里的储藏室。在汤姆离开之后,玛丽·克劳福德对于这种身份和名字的调换进行了一番有趣的评论:"我很高兴你的大哥已经走了。"看到埃德蒙走向格兰特夫人,她说:"他或许会再次成为贝特伦先生。埃德蒙·贝特伦先生的声音如此正式、如此可怜、如此像弟弟,让我不得不厌恶。"玛丽推崇长子的传统头衔,所以通过引用莎士比亚笔下的埃德蒙来为其争取继承权。然而,范妮不同意玛丽的观点,她的思考并不局限于同名的文学人物:

"我跟你的感受完全不同!"范妮喊道,"对我来说,提起贝特伦先生的姓氏,就觉得非常冷酷无情,毫无意义!它只能代表一种绅士身份,仅此而已。然而，埃德蒙的名字却饱含高贵的精神。它是一个英雄人物、一个杰出人士的名字——比如国王、王子或者骑士，一听就能让人感受到骑士精神和温暖。"①

"毫无意义"是贯穿这部戏剧的一个词语——当科迪莉亚的父亲问她有多么爱他时，她便是用这个词来回复的。范妮嫁给埃德蒙的命运也映射了科迪莉亚的命运，在纳哈姆·泰特（Nahum Tate）的版本中，结局是幸福美满的：国王复位，科迪莉亚被许配给了埃德加——18 世纪流行这样的美满结局，而简·奥斯汀也对此熟稔于心。

然而，实际上，在曼斯菲尔德，被高声朗读的不是《李尔王》，而是《亨利八世》②——莎士比亚的最后一部戏剧，是他只写了一部分的剧作之一。这部剧在当时的流行程度要远远高于今日——凯瑟琳女王饰演其中一个伟大的角色，西登斯夫人。无论在伦敦还是巴斯，简·奥斯汀都有很多机会看到这部戏剧。1803 年，《亨利八世》、泰特版的《李尔王》以及《情人的誓言》都曾在 3 个月之内在果园街剧院上演。③ 晚饭后，范妮在客厅里给她的姑妈阅读这部戏剧，埃德蒙和克劳福德过来后，就坐在她们的旁边。

（贝特伦夫人）与范妮静静地坐着，心无旁骛的样子令埃德蒙大受触动。

"我们从来没这么安静过"他的母亲说，"范妮一直在给我读书，我们刚把书放下，就听到你们来了。"——当然，桌子上有一本刚刚合上的

---

① 《曼斯菲尔德庄园》，第 211 页。

② 同上，第 336 页。

③ 关于《李尔王》和《亨利八世》与《曼斯菲尔德庄园》之间的关系，玛格丽特·柯卡姆（Margaret Kirkham）有一些非常有趣的观点：《简·奥斯汀、女性主义与小说》（Jane Austen, Feminism and Fiction），第 2 版，第 112—116 页，伦敦，1997 年。

书，一部《莎士比亚选集》。——"她经常从这部选集里挑书给我读，刚刚听到你们的脚步声的时候，她正在给我读一个人的非常好的演讲——范妮，那个人叫什么来着？"①

虽然贝特伦夫人告诉他们，听到他们的脚步声时，范妮才刚刚放下书本，但是，通过令埃德蒙"大受触动"的"心无旁骛的样子"，我们或许可以推断出，贝特伦夫人在刺绣的时候睡着了，而范妮也默默地去做她自己的事情了。她连人物甚至作者都记不清楚，这就能说明范妮选择阅读莎士比亚，既是为了给她的姑妈解闷，也是为了提高她自己的精神修养。然而，因为这一点，我们很容易低估了贝特伦夫人。② 她的含混不清迫使埃德蒙想要一探究竟——范妮和他的母亲"静静地坐着，心无旁骛"，令他"大受触动"，便说明了这一点。当贝特伦夫人告诉他们范妮在给她读书的时候，他们会本能地瞥一眼这本书，发现是一本《莎士比亚选集》，并且注意到"这本书是刚刚被合上的"——但是，到底是什么时候被合上的，简·奥斯汀并没有说清楚。因为埃德蒙是一个博览群书的年轻人（简·奥斯汀对于一个人的言谈举止总是描述得很准确），也因为他对范妮的兴趣，所以他当然会想要看看她读的到底是什么书——他的"大受触动"便证明了这一点。不过，兴致勃勃地拿起这本《莎士比亚选集》继续阅读的人却是克劳福德，"读了大概一两页，纯粹是为了讨贝特伦夫人的欢心，当贝特伦夫人问那个演讲者的名字时，他立刻说是沃尔西红衣主教。"③

沃尔西的"非常好的演讲"，指的是第 3 场第 2 幕中他被国王免职之后发表的卸职演说：

---

① 《曼斯菲尔德庄园》，第 336 页。

② 同上，第 29—92 页。

③ 同上，第 336—337 页。

再见？永别了，我的一切。

今天，我交出了我的权力，

同时也为明天留下了希望，

以及我曾经得到的荣誉们。

第三天，天气非常的寒冷，

我开始搓着双足默默思考，

思考我的伟大到底在何处。

我曾经也是一个小屁孩儿，

在很多个夏天光屁股游泳，

河水远远超过了我的身高，

但是我得意扬扬毫不在乎，

不害怕任何的激流和险滩。

我讨厌喧嚣而浮躁的世界，

我的心好像被虐了千百遍，

可怜我为王子做了多少事！

我希望自己可以笑着离开，

多想想王子和王权的优点，

少关注战争或女性的痛楚。

这次失败就像撒旦的失败，

永远没有再获成功的希望。①

　　这就是那部戏剧当中最伟大的演讲，无疑也是克劳福德阅读的内容之一。

---

① 《亨利八世》，第 3 幕，第 2 场，第 351—372 行。

由于他善变的个性，他总是快速地谈论一个又一个的人物：当然，他并无法明白，这样做预示了他自己最终的"失败"。但是，我并不认为这是范妮给贝特伦夫人阅读的内容。

为何要写范妮将这本书快速地放回桌子上，并且想要把它合上，而不是打开着摊在桌子上，以便之后继续阅读？贝特伦夫人和范妮为何都如此"心无旁骛"并且使埃德蒙"大受触动"？是因为范妮被别人听到大声读书会觉得尴尬，并且不想在亨利·克劳福德的面前继续这样做吗？可能吧。这样能解释她对于刺绣的专心，但是不能解释她姑妈的。贝特伦夫人对所有事情都很懒惰，对缝纫也不例外。通常情况下，她所有的缝纫活儿都是等着范妮帮她做好的。因此，对她来说，"静静地坐着，心无旁骛"是很不寻常的状态。此外，她的回答"从来没这么安静过"快得惊人——她为何要对她们的沉默不言感到抱歉呢？听她的语气，甚至都有一点点是在为自己辩解。她有可能是在努力掩盖范妮的尴尬吗？如果是这样的话，那么范妮的尴尬除了是因为读书这个事实外是否还因为贝特伦夫人后来所指出的那个特别的段落？如果范妮所阅读的内容勾起了她对现实状况的联想——每个人都在逼迫她接受克劳福德的求婚，对此她感到很失望——那么，她或许早就会告诉她的姑妈了。只不过，她觉得"争论毫无意义"，所以就放弃了。[①] 然而，贝特伦夫人完全就是欲盖弥彰——她把注意力转移到了这部戏剧上，这本身就是一个笑话——而且也无法解释年轻人进来时她的沉默。

《亨利八世》中有这样一个场景，与上述的引文内容很相似：女王与她的女仆一起做着针线活，她的灵魂却"因烦恼而悲伤"，因此，两位红衣主教沃尔西和凯皮尤斯来力劝她"为了国王着想"，换句话说，就是同意亨利让她放弃自己的头衔并且承认自己的婚姻永远都不合法的要求。当然，范妮被凯瑟

---

① 《曼斯菲尔德庄园》，第 333 页。

琳的话语感动了：

> 我的朋友们一定称出了我的烦恼，
>
> 而我信任的人却又都不住在这里，
>
> 我所有的支持者们都在我的国家。①

之后的场景里还有一段：

> 请给我带来一位对她丈夫忠贞不渝的女人，
>
> 她不仅要把他的幸福快乐凌驾于自己之上，
>
> 除此之外，我还希望她拥有极大的忍耐力。②

范妮的感情状态与凯瑟琳一样，只不过她要勇敢面对的是另一个亨利。这两个场景的物理状况是一样的——做针线活的女人被突然闯入提问的男人打破了平静——在曼斯菲尔德的客厅里，再现了这样的场面。像凯瑟琳一样，范妮最开始也表现得很抗拒。当克劳福德打听她的住处时，她"不仅没有看他一眼，连一点儿声音都没有发出"。③ 她努力不理会他在读什么："她所有的注意力都在她手里的活上。她似乎对周围的一切都不感兴趣。"但是，就像凯瑟琳最后屈服于主教们的劝告、承认自己只是一介女流、缺乏智慧一样，范妮也被克劳福德的阅读技巧吸引住了：

> 她的注意力无法转移 5 分钟，被迫听克劳福德阅读——她很喜欢

---

① 《亨利八世》，第 3 幕，第 1 场，第 87—91 行。

② 同上，第 134—147 行。

③ 《曼斯菲尔德庄园》，第 337 页。

听优秀的朗读。不过,提及优秀的朗读,她早就司空见惯了:她的叔叔读得很好 —— 她所有的兄弟姐妹读得也很好 —— 还有埃德蒙读得也很好。但是,克劳福德先生的朗读中包含各种各样的优点,是她之前从未见识过的。国王、女王、白金汉宫、沃尔西、克伦威尔被一一读到,他的朗读中充满快乐的能量,使他读到的每个场景或每场演讲都独具特色。无论是尊严还是骄傲,是温柔还是同情,或者任何一种情感,他都能表达出同样的美感。—— 的确非常引人注目。①

从戏剧的一个部分"跳到"另一个部分,从而找到最好的语句,克劳福德朗读的目的并不是文化熏陶或者道德培养(后来他自己也承认,自从 15 岁开始,他便没有再阅读过任何莎士比亚的作品了),与其说是朗读,不如说他是在表演,目的就是打动范妮。从一个角色跳到另一个角色,试图通过不同的角色来表达各种不同的情感,他的目的不能更明显了。他读得太好了 —— 他的朗读能力在家族里都是首屈一指的。实际上,他是在表演,并且之后他还让沉默寡言的范妮加入了他编排的一小出戏剧的表演中,而埃德蒙是观众:

> 埃德蒙一直在观察着她的变化,看到她从最开始的全身心投入在针线活中到后来慢慢对其失去兴趣 —— 她坐在那里,一动也不动,针线都从她的手里掉落到地上 —— 对此,他感到很高兴。并且,最初那双避免看到克劳福德的眼睛,后来慢慢被他吸引住了。她短暂地将目光停留在克劳福德的身上,直到克劳福德走近她。然后,书读完了,吸引力也就随之消失了。②

①《曼斯菲尔德庄园》,第 337 页。
② 同上。

　　此处的朗读表演与约翰逊博士的道德目的一样：性吸引。虽然不了解，但贝特伦夫人却直奔主题："真的就像在观看戏剧一样。"克劳福德很高兴，因为"既然她这种没有品位并且无精打采的人都能感受到这一点，那么，由此推论，她的侄女，一定会觉得更好"。①

　　只有当两位年轻男士开始转而讨论大声朗读的艺术时，范妮才开始从被观察者的角色中解脱出来，回到她所习惯的观察者的角色中。他们对于这个主题的讨论是很有趣的，体现了他们的认真。的确，简·奥斯汀认为，公共阅读应该是这样的：

　　　　围在炉火边，（他们）讨论特别容易被忽略的普通学校系统中男孩们的资质问题，并讨论男性的傲慢与粗鲁以及博学之士的理智。当突然被要求大声朗读时，他们会集中注意力，主要体现他们的远见和判断力，次要体现他们的语音语调。于是，范妮又带着极大的兴趣，再次认真聆听。②

　　当然，只要不被强迫参与其中，范妮是很喜欢听别人进行对话的。毫无疑问，她对此感觉非常良好。

　　范妮之所以有"兴趣"，或许还有一点是因为埃德蒙与克劳福德讨论的只是男孩子，而女孩子一般情况下都是默读的。（毕竟，大多数女孩都不会去学校上学。）当然，托马斯爵士在抚养他的儿子们时，便会锻炼他们的朗读能力。在推荐戏剧作品时，汤姆的论点之一便是"对于任何形式的表演，他都有自己的品位"。他还说："我确定，他也是这样鼓励我们这些男孩子的。曾

①《曼斯菲尔德庄园》，第 338 页。
② 同上，第 339 页。

经多少次，为了他的乐趣，我们在这个房间里一起哀悼恺撒大帝！而且我还记得，在某个圣诞节期间，每天晚上我都会想起'我的名字是诺弗尔'[引自约翰·霍姆（John Home）的悲剧《道格拉斯》（*Douglas*）]这句话。"① 他非常善于诡辩，但是，他的语调一听就知道，他从自幼的文学训练中所获得的东西没有他的弟弟多。不过，托马斯爵士强调锻炼这一点是很重要的。（在看到莎士比亚著名演讲的同时，还能看到 18 世纪不知名的剧作家如今已经完全被遗忘的作品内容，这点也很有趣。）当然，范妮很看重将阅读当作一种教育工具。当她在朴次茅斯努力教她的妹妹时 —— 虽然她很愿意学习，但是她的基础太差了 —— 她便彻底明白了，"早期的阅读习惯是很重要的"。她自己的文学知识大部分都是在埃德蒙的引导下获得的。"当她还是一个小孩子时，他便给她推荐书籍，让她在闲暇时阅读。他培养她的品位，修正她的判断。他与她交流她所阅读的作品，从而使她觉得读书是很有用的。他还通过理智的表扬来提高她的兴趣。而对于他所做的这一切，他所得到的回报是：除了威廉，他是她在这个世界上最爱的人。"②

在简·奥斯汀塑造的所有女主角当中，范妮是最成熟、最认真的读者，而她在文学造诣上对埃德蒙欠下的债，她用自己的心偿还了。这是他们二人之间最大的相似点，而这也强调了他们的紧密关系。命中注定，他所学到的东西使他进入了教堂，而她对待书籍的认真态度，与他非常相配，从而使其在各方面都适合成为他的妻子。不过，埃德蒙是慢慢才意识到这一点的，最开始他甚至还说服自己，范妮和克劳福德"拥有共同的精神和文学趣味"。③ 如果说某个时刻她被亨利·克劳福德阅读的"魅力"吸引住的话，那也只是 —— 一种错觉，而她后来也认识到了这一点。范妮是不可能爱上克劳福德的，因

---

① 《曼斯菲尔德庄园》，第 126—127 页。

② 同上，第 22 页。

③ 同上，第 348 页。

为他一点儿都不认真 ——简·奥斯汀非常聪明地通过表现他的表演才华来生动地指示他缺乏认真的态度。在一本提倡谦逊、执着和真诚这样的道德观的小说中，必然会有一些对于戏剧的质疑。

第八章

戏　剧

简·奥斯汀将她笔下的每一个角色完美地匹配到戏剧中的角色里。虽然在戏剧的幻觉之下，《情人们的誓言》中的状况与曼斯菲尔德庄园中的年轻人之间的状况很相似，但实际上，主角们的命运明显不同。

莎士比亚和狄更斯都喜欢用业余的戏剧表演这种情节作为自己作品中幽默的来源：无论是在《仲夏夜之梦》中织布工们排演戏剧，还是在《远大前程》中伍甫赛先生"大量而具体"地朗诵《哈姆雷特》的经典台词①，两位作家都通过剧中人物装腔作势的业余戏剧表演来探索喜剧的可能性。虽然在简·奥斯汀的《曼斯菲尔德庄园》中，戏剧表演占据了大量篇幅，但戏剧表演在此并不具有讽刺意味。相反，这本小说中的戏剧表演部分有着严肃的道德含义，并且和小说情节的发展息息相关，所以，主人公们排演戏剧《情人的誓言》这一情节并不具有喜剧意味，当然，耶茨先生的激情朗诵和拉什沃斯先生对他那 42 句戏剧台词的惴惴不安除外。但是，直到托马斯爵士突然出现在戏剧舞台上，令整个戏剧排演计划告吹，小说才出现了极佳的喜剧意味。这一情节代表了简·奥斯汀在小说中对任意一种休闲娱乐活动的持续灵活的运用，但她此举的目的并不是利用一场排演到一半的滑稽剧来展现喜剧效果。小说也暗示了业余人员参与戏剧表演并不是一件令人愉悦、值得赞扬的事：范妮对排演戏剧这一提议的不赞同、埃德蒙对参与戏剧表演一事的不情愿以

---

① 第 31 章。

及戏剧排演在主人公们之间造成的关系紧张,都不可避免地让读者们感受到在一个有声望的家庭中私下排演戏剧并不是一件受欢迎的事。简·奥斯汀这种明显的清教徒式的谨慎态度经常会被人们评论,并且,整部小说谨慎的基调有时被认为是受到了"福音运动"的影响。[①] 要理解透彻《曼斯菲尔德庄园》中的戏剧元素,就必须了解英国摄政时期所流行的戏剧以及简·奥斯汀个人与戏剧相关的经历,无论是专业的还是业余的。

1737 年颁发的剧院许可证法案将戏剧从其他表演中分离开来,要求剧院必须有宫务大臣颁发的许可证才能进行戏剧表演。当时伦敦的戏剧表演主要由两大剧院主导:考文特花园剧院和特鲁里街剧院。这两大剧院都能够容纳大量的观众。在 18 世纪 90 年代,考文特花园剧院有 3 000 个座位,特鲁里街剧院有 3 600 个座位。两大剧院分别于 1808 年和 1809 年被烧毁,随后被大型建筑取代。巨大的舞台面积代表着剧院管理者们开拓戏剧可能性的熊熊野心,他们希望通过豪华的舞台布景和震撼人心的表演将大量的观众从伦敦其他形式的休闲娱乐活动中吸引过来——木偶剧、哑剧、素描写生、喜歌剧等诸如此类不需要许可证就能经营的休闲娱乐活动。各种各样的轰动性的效果被搬上舞台——诸如地震、洪水等——活生生的动物在舞台上也非常受欢迎。音乐类的休闲娱乐活动由于不受剧院许可证法案的限制,在这一时期繁荣发展于众多的小剧场中,诸如罗瑟希德的唐人剧院以及萨德勒温泉、马里波恩和拉尼拉格等地的娱乐花园。[②] 在 18 世纪中叶,著名戏剧演员加里克在特鲁里街剧院演出严肃剧,而考文特花园剧院则开始演出音乐剧和轻歌剧。1762 年,英国著名作曲家阿恩·托马斯的歌剧《阿塔塞克西斯》在考文特花园剧院进行首演并获得了巨大的成功,直到 1814 年,这部歌剧还在重新编排

---

① 关于《曼斯菲尔德庄园》精神背景的讨论,参见玛丽琳·巴特勒,《简·奥斯汀与思想战争》,第 10 章。
② 同上,第 24—30 页。

上演, 简·奥斯汀曾观看过一场该歌剧的演出。但是, 观看戏剧这一休闲娱乐活动的繁荣发展也带来了一些弊端: 广受欢迎的剧目吸引了众多来自底层社会的观众, 导致了剧院秩序的混乱。1808 年, 考文特花园剧院被烧为灰烬后开始重建, 1809 年, 新的考文特花园剧院建成, 剧院经理肯布尔为了收回重建剧院的成本, 提高了剧院票价, 此举遭到观众们的反对, 并最终引发了抗议票价的暴动。

伦敦剧院的舞台面积似乎对那一时期的表演也有一定的影响。那一时期最伟大的两位悲剧演员 —— 约翰·菲利普·肯布尔 (上文提到的剧院经理) 和他的妹妹萨拉·西登斯开创了一种慷慨激昂的表演方式, 他们在舞台上缓慢庄重而又正式的动作即使是坐在最远席位上的观众也能看清。但这些数量庞大的观众的需求很难被满足, 西登斯夫人称扩建的特鲁里街剧院为 "野蛮之地"。而在戏剧表演的声音传达上, 在外省的一些城镇 (诸如约克、坎特伯雷、诺威奇、巴斯、布里斯托尔等地) 发展起来的小剧院表现得更为出色。根据 1737 年的剧院许可证法案, 这些小剧场的表演都是违法的, 但这些小剧场有强大的当地利益集团的支持, 并且通常都能通过议院法案成功获得当地的剧院表演许可证。1788 年, 授权法案的颁布意味着这些小剧院可以通过地方行政官员获得表演许可证, 至此, 英国各地的戏剧表演全部合法化。

简·奥斯汀观看戏剧的经历来自省级剧院 (尤其是在她居住于巴斯期间) 和伦敦的两大剧院。关于简·奥斯汀到底观看了多少部戏剧, 我们只能从她和亲友来往的书信中所提及的剧目进行推测。由于简·奥斯汀部分时期 (尤其是早期) 的书信已经遗失, 所以她的观剧数量我们并不能完全确定。坎特伯雷曾有一处剧院, 简·奥斯汀居住在古德汉姆期间完全有可能去过该剧院, 但并无相关记录证实。1807 年, 简·奥斯汀随同家人一起居住在南安普敦, 她曾前往皇家剧院观看著名的伦敦戏剧演员约翰·班尼斯特表演的喜剧

《留住他的方式》，该剧由谐剧作家亚瑟·莫菲在 1760 年创作而成，简·奥斯汀还观看了时下的一部音乐滑稽剧《明日时代》，该剧由托马斯·迪布丁作词，迈克尔·凯利作曲。我们并不清楚她对这两场表演的看法，但她非常不喜欢该剧院的观众席。第二天，她在给卡桑德拉的信中写道："玛莎要是住在南安普敦就应该到剧院里面看看，但我相信她绝对不想看第二次。"①

在我们所了解到的信息中，简·奥斯汀第一次到剧院观看戏剧应该是 1799 年 6 月 22 日的周六，当时她与母亲、哥哥爱德华以及爱德华的家人一起居住在巴斯。在此期间，她曾在果园街剧院观看过两场戏剧。正剧后加演的短喜剧（通常安排在正剧最精彩部分的后面，主要是为那些姗姗来迟的戏剧赞助商们准备的）是一部传奇剧——《蓝胡子：或是小丑的飞翔》，由 K.F. 鲍姆嘉通作曲。更有意思的是，短喜剧之前的正剧是来自托马斯·迪布丁的《生日》，该剧改编自德国多产剧作家奥古斯特·冯·科策布的作品《和解》。尽管科策布作品多愁善感的基调、哗众取宠的情节以及苍白的人物形象刻画都受到浪漫主义运动时期的诗人们的嘲笑，但科策布依然在市场上获得了巨大的成功，他的情景剧以各种语言版本在全英国上下的剧院里演出，当然，其中也包括了德语的版本。简·奥斯汀对科策布的作品非常反感，一部分原因在于科策布作品中过于单一和幼稚的人物形象塑造，另一部分原因在于科策布作品中的激进主义，在其作品中，穷人往往被塑造成品德高尚之人，而上层阶级则纵情享乐，行为卑劣。科策布是罗素的追随者，玛丽亚·埃奇沃思②曾对此进行批判，这件事可能也影响了简·奥斯汀对科策布的看法。但是，罗素也受到了玛丽·沃斯通克拉夫特的批判，她谴责罗素将女性排除在他的通过启蒙获得思想自由的理论之外，这可能也是简·奥斯汀反感科策布的原因，

①《简·奥斯汀书信集》，第 155 页。迪尔德丽·勒·费伊认为，简·奥斯汀只在这个场景中去过一次南安普敦的剧院；《简·奥斯汀 1986 年社会报告》中的《旅行、游玩和戏水派对》，第 24—30 页。
② 在《贝琳达》中。

因为科策布对女性人物的刻画有"罗素式"的倾向，在他的笔下，女性总是弱不禁风、楚楚可怜，她们存在的唯一目的就是激起男性的保护欲。[①]

戏剧《生日》以很多方式在简·奥斯汀的作品中留下了痕迹。该剧讲述的是一名叫作爱玛·贝特伦的少女的命运（爱玛这一名字在简·奥斯汀作品中的重要性无须多言）。爱玛的父亲是个残疾人，因此，她决定终身不嫁。但在促成形同陌路多年的父亲及其兄弟之间的和解之后，她也获得了自己的幸福。

我们都知道，简·奥斯汀 1799 年在巴斯观看了戏剧《生日》，我们推测她也观看了 1803 年在那儿重新上演的另一部戏剧。奥斯汀一家于 1801 年移居巴斯。在这一时期，她居住在城镇中。而她在这段时间唯一的文学活动就是修改她的作品《苏珊》（后改名为《诺桑觉寺》）以及在 1804 年开始创作她未完成的作品《沃森家族》。《沃森家族》的女主人公爱玛的父亲身患重病并且痛失爱妻，因此必须有一个子女待在家中照顾他。爱玛，一个孝顺的女儿，但不同于科策布笔下的爱玛，她并不是一个多愁善感的柔弱少女。她前往父亲的病房并不仅仅是出于作为女儿的责任（而子女的责任正是科策布笔下的爱玛所坚持的），而是因为她把父亲的病房当作远离她那粗俗自私的家庭中的纷争的避难所。她能够坚定地避开一个无礼的贵族的纠缠，以一种"既不过于简洁也不尖刻"的方式和对方交谈，展现了自己"温和而又严肃"的态度，她的表现让对方也开始思考。[②]《沃森家族》中的爱玛既有勇气又有辨识力。比起科策布笔下形象单一的人物爱玛·贝特伦，爱玛·沃森的角色更接近简·奥斯汀笔下的另一个爱玛——爱玛·伍德豪斯，在某种程度上，她们的境况是平行的。但是，《沃森家族》中的沃森先生并不是一个对自己健

① 关于科策布在女性主义者中地位的讨论，参见玛格丽特·柯卡姆，《简·奥斯汀、女性主义与小说》，第93—97 页。
②《简·奥斯汀次要作品集》，第 346 页。

康过虑的人,他确实身患重病,爱玛照顾他并不是在迁就一个自私的老人,而是切实地在履行子女一项必须履行的义务。此外,沃森先生也不像伍德豪斯先生一样愚蠢和脑袋空空,爱玛的父亲是一个"理智且受过良好教育的人",当沃森先生身体好转并且能够开口说话后,爱玛发现自己非常喜欢与父亲相互陪伴。然而,从小说的这一部分以及卡桑德拉对原本剧情走向的评价,我们可以判断出,简·奥斯汀本想将爱玛·沃森塑造成一个面对生活中的苦难态度坚定、不屈不挠的少女,可能因为这个原因,简·奥斯汀最终抛弃了这一构想,选择塑造了一个完全不同的爱玛。简·奥斯汀在巴斯看过《生日》一次,也有可能是两次,因此,该剧对简·奥斯汀在《爱玛》的创作上产生了隐晦的影响。科策布的另一部作品《情人们的誓言》在简·奥斯汀的《曼斯菲尔德庄园》中被直接引用,并且对该小说情节的发展具有至关重要的作用。对此,下文中将会讨论到。

　　除此之外,关于简·奥斯汀在巴斯居住期间观看过的戏剧并无其他记录。但简·奥斯汀在巴斯居住了 5 年之久,所以她很有可能也观看过其他戏剧。到剧院看戏是当时人们每周必备的休闲娱乐活动,剧院的演出通常安排在周二、周四和周六。当时最杰出的戏剧演员们——约翰·菲利普·肯布尔、西登斯夫人、乔治·弗雷德里克·库克等都会定期在此演出,经典剧目《理查三世》也在此定期上演。可以确定的是,奥斯汀家族的其他成员经常观看戏剧:奥斯汀太太在 1806 年 4 月 10 日的信中写道,他们的友人玛莎·劳埃德(当时与奥斯汀一家共同居住)"周二晚上冒险前去看戏,过程有些费劲,但她长期以来对见识到库克所扮演的麦克白的渴望驱使着她去冒险"。"费劲"毫无疑问是因为剧院拥挤造成的。在信中,奥斯汀太太随后还评论道:"我敢说,周六晚上的时候,库克的演出还会和周二晚上一样人满为患!"①

————————————

① 汉普郡档案办公室,奥斯汀-利档案馆。

通过《诺桑觉寺》中经常出现的剧院戏份我们可以推测出，居住在巴斯的那段时间，到剧院看戏必然已经成为简·奥斯汀的日常休闲活动。《诺桑觉寺》中提及女主人公凯瑟琳看过 4 场戏，但从小说对看戏这件事理所当然的描述方式可以看出，凯瑟琳和艾伦一家人经常去看戏。凯瑟琳前往的剧院正是巴斯的老剧院（小说的故事发生的时间为 1798 年）。虽然简·奥斯汀严格遵循现实中的剧院日程安排，将剧院看戏的情节安排在周二和周六，但小说并没有具体提及主人公们所观看的戏剧内容。我们所知晓的只是女主人公观看的最后一场戏剧是一部 5 幕剧，并且在幕间休息的时候她还观看了一场短喜剧。在《诺桑觉寺》中，戏剧的存在并不是为了呈现文学上的喜剧效果，相反，剧院在小说中一直是情节发生与发展的一个重要场所，直到一个更重要的场所——诺桑觉寺——出现。

在小说中，很多重要、有趣的情节都发生在剧院的晚上。蒂尔尼先生盘问凯瑟琳上一周在城镇中的活动，凯瑟琳提到了去剧院看戏。但后来我们得知，凯瑟琳第一次去剧院看戏是在此事发生之后，[①] 而第二次剧院戏份的出现是在第五章。文中提到："凯瑟琳坐在剧院里，见索普小姐频频向她点头、微笑，在向索普小姐回敬的同时，凯瑟琳不忘在每个包厢中搜寻蒂尔尼先生的身影，但她始终也没找到。"这段话不经意间向读者们传达了一个信息——像艾伦和蒂尔尼这种身份的人在剧院中是不需要和穷人们坐在一起的，他们有自己的包厢，虽然这一点简·奥斯汀无须向她的读者们明确告知（简·奥斯汀本人肯定也有自己的包厢）。第三次剧院戏份出现在凯瑟琳拒绝蒂尔尼先生的跳舞邀约的第二天，因为当时她已经有了正式的舞伴——约翰·索普先生。在次日的上午，通过和埃莉诺的谈话，凯瑟琳向她解释清楚了自己拒绝和蒂尔尼先生跳舞的原因。但在剧院的戏份中，凯瑟琳因此事感到的不安以

① 《诺桑觉寺》，第 38—39 页。

及白天错过和蒂尔尼兄妹的见面机会产生的失落并未被过多提及，因为这部分的戏份完全围绕着伊莎贝拉展开——伊莎贝拉一面毫无诚意地和凯瑟琳喋喋不休，一面不断地和凯瑟琳的兄长调情，虽然她的话一直围绕着戏剧展开，但谈话的内容和戏剧本身一点关系也没有。

　　从某种程度上来说，这一情节是在为最后一场，也是最重要的一场剧院戏份做铺垫，因为它预示着凯瑟琳对自己之后行为的悔恨交加：因为受到约翰·索普的欺骗和唆使，她没有在家中等待蒂尔尼兄妹前来赴约，反而是与约翰·索普等人一起驱车前往布莱兹城堡游玩（这一计划中途流产），更糟糕的是，她此行还被前往赴约的蒂尔尼兄妹看到了。[1] 凯瑟琳是"如此的沮丧和羞愧，以至于她考虑晚上不和大家一起去剧院看戏了"，但最终促使凯瑟琳前往剧院的原因是"她真的想看这部戏"。[2] 到剧院之后，蒂尔尼兄妹并没有露面，这也省却了凯瑟琳"为之烦恼或高兴"。她认为蒂尔尼兄妹可能不喜欢看戏，随后她又考虑到，可能是因为看惯了伦敦那些大剧院制作更加精美的戏剧，蒂尔尼兄妹看不上巴斯的小剧场。根据伊莎贝拉所言，比起伦敦剧院的大舞台，这些外省的小剧院简直"一塌糊涂"。[3] 伊莎贝拉对外省剧院舞台的过分贬低体现出的是她的势利，而不是她高雅的艺术鉴赏力。据我们所知，当时最著名的戏剧演员经常到巴斯剧院演出，巴斯剧院的戏剧一点不输给伦敦的剧院——相反，由于巴斯老剧院的面积更小，实际上正剧演出的效果更好，只是伦敦剧院大舞台上那些华而不实的布景可能更对伊莎贝拉的胃口罢了。不同于好友对外省剧院的偏见，凯瑟琳本人却非常享受在巴斯老剧院看戏，看戏的过程甚至忘记了她之前的忧虑，"你若是在前 4 幕注意观察她，全

---

[1]《诺桑觉寺》，第 13—14 页。
[2] 同上，第 92 页。
[3] 同上。

然看不出这个姑娘有烦心事。"①

　　当第五幕戏开始后，凯瑟琳却突然发现蒂尔尼先生与他的父亲出现在对面的包厢中，于是，凯瑟琳再也无法全神贯注地看戏，"在接下来的两场戏中，她一直注视着蒂尔尼先生，但一次也没有触到他的目光。"②他一直盯着舞台，故意避免和她的目光接触。"她再也不能怀疑蒂尔尼先生不喜欢看戏了。"简·奥斯汀讽刺地写道。但最终他还是注意到她，面无微笑地朝她行了个礼，并且立即将目光转回舞台。焦虑充斥着少女的内心，但凯瑟琳的感受却和那些她在戏剧中看到的多愁善感的女主人公们完全不同：

　　　　一种并非女主角应有的情感自然地涌上她的心头。她不认为他们给她随意加罪会有损她的尊严，也不想死要面子装作无辜，对他的疑神疑鬼表示愤慨，让他自己费尽心机地去寻求解释，更不想只是通过避而不见或者向别人卖弄风情的办法，来让他认识到之前是怎么回事。相反，她觉得这都是她自己的过错，起码表面上看来如此，因而一心只想找个机会把事情解释清楚。③

　　这不是科策布笔下受到误解的女性会做出的行为，也不符合当时的戏剧（尤其是喜剧）中的女主人公的行为特点，她们只会让误会加深，矛盾累积，而凯瑟琳的直接与坦率来源于她单纯和真诚的本性。她在剧院幕间休息的期间向蒂尔尼先生解释自己的行为这一举动表现出她的天真淳朴，而幕间休息也正是人们从虚拟的戏剧中回到现实的时候。更有意思的是：尽管蒂尔尼先生向凯瑟琳保证，他的妹妹之前闭门不见是个误会，并不是有意冒犯，但凯瑟

---

① 《诺桑觉寺》，第92页
② 同上。
③ 同上，第93页。

琳依然坚持认为，蒂尔尼先生一定在生她的气，这一点她从他走进包厢时脸上的表情可以看出来。蒂尔尼先生自然否认这一点，坚称他没有权利对她生气。凯瑟琳则坚持道：

> "凡是看见你脸色的人，谁也不会以为你没有这个权利！"蒂尔尼没有答话，只是请她给他让个地方，与她谈起了那出戏。[1]

蒂尔尼与凯瑟琳谈论戏剧的目的是打消她的疑虑，想要让她相信自己并没有过多注意到她，因为他确实对这部戏非常感兴趣。但这短短的一句话恰恰揭示了一个戏剧性的假象：他在最后一幕剧开场的时候才到达剧院，很可能是来看第二场戏的，所以他之前全神贯注地看戏、只是简单地向凯瑟琳鞠躬示意很可能是他故意装出来的。他确实生气了，但他现在要借助谈论戏剧让凯瑟琳相信他没有生气。即使他骗过了凯瑟琳，也骗不过读者们。

同时，他们的一举一动被蒂尔尼将军和约翰·索普观察着，就像他们站在舞台上一样，凯瑟琳注意到了这一点，"当她觉察自己可能是他们注意和谈论的对象时，她感到的不只是惊讶"。[2]戏剧散场后，约翰·索普殷勤地搀扶她和艾伦一家人走出剧场，并告诉凯瑟琳，蒂尔尼将军认为她是"巴斯最漂亮的姑娘"。[3]凯瑟琳再次确认了蒂尔尼先生的父亲喜欢她，这件事在某种意义上来说是一个转折点，但直到小说快结束，凯瑟琳才意识到这对她的人生来说是多么大的一个转折点，因为就是在此次，约翰·索普有意误导蒂尔尼将军相信凯瑟琳是一位富家千金，并且她还是艾伦先生遗产的继承者。

---

[1]《诺桑觉寺》，第95页。

[2] 同上。

[3] 同上，第96页。

　　他仅仅把这家人的资产抬高了两倍，把他所承想的凯瑟琳父亲的收入增加了一倍，把他的私产增加了两倍，又赐给凯瑟琳一个有钱的姑母，还把这家人孩子的数目削掉了一半，这样一描绘，这家人在将军看来就极为体面了。[1]

　　简·奥斯汀认为，凯瑟琳那天晚上在剧院到底观看了什么剧目并不重要，因为那天晚上实际发生的事情更具有戏剧性。约翰·索普在那天晚上向将军胡编乱造、天马行空地乱吹一气，他所描述的凯瑟琳的家庭及其财产状况都是谎言——而这正是蒂尔尼将军最关心的、也最易轻信的部分。约翰·索普此举和那些天马行空的剧作家们如出一辙。

　　在简·奥斯汀创作《劝导》的时候，果园街剧院已经被波弗特广场上的新剧院所取代。新剧院于1805年开始营业，首演的剧目是《理查三世》和音乐滑稽剧《贫穷的士兵》。新剧院面积更大，红黄相间，装修风格也更为华丽。新剧院有3个入口，大大地缓解了观众进出剧院时的拥挤状况。但即便如此，艾略奥特一家还是觉得这座剧院不够时髦，所以他们把时间都花在"高雅又愚蠢的家庭聚会"上。[2]这一点让艾略奥特家的安妮小姐十分沮丧，因为她期待见到温特沃斯上校，并且知晓他会出现在剧院中。性格随和的查尔斯·玛斯格罗夫不喜欢这些愚蠢的装腔作势的聚会，在巴斯的第一个上午，他就到剧院预订了一个家庭包厢。因为包厢坐得下9个人，因此，他邀请温特沃斯上校与他的家人一起观看戏剧。正如他所说，"他们都喜欢看戏"。[3]但这一情节并没有发生在剧院里。这一情节的目的是让安妮向温特沃斯上校表明自己对艾略奥特先生并不感兴趣。安妮的父亲在他们计划看戏的这晚将举

①《诺桑觉寺》，第245页。
②《劝导》，第180页。
③同上，第223页。

行家庭聚会,意在安排玛斯格罗夫一家结识达林普尔夫人和她的女儿,艾略奥特先生也会出席聚会。但查尔斯·玛斯格罗夫更想要去剧院看戏,他的妻子玛丽则坚持认为,他们必须参加聚会。查尔斯的母亲玛斯格罗夫太太也让查尔斯将包厢改期到下周二:

"你最好回去把包厢换成星期二的。把大伙拆散可就糟糕啦。何况,安妮小姐看她父亲那里有聚会,也不会跟我们去的。而如果安妮小姐不和我们一起去了,我和亨丽埃塔压根儿就不想去看戏。"

安妮真诚感激她的这番好意。她还十分感激这给她提供了一个机会,可以明言直语地说道:"太太,假如仅仅依着我的意愿,那么家里的聚会若不是因为玛丽的缘故,绝不会成为一丝一毫的妨碍。我并不喜欢那类聚会,很愿意改成去看戏,而且和你们一起去。不过,也许最好不要这么干。"[1]

相较于《劝导》中的巴斯,《诺桑觉寺》中的巴斯社交氛围更浓厚[2],因此《劝导》中没有很多剧院的戏份也很自然。尽管我们都很清楚安妮和温特沃斯上校都喜欢看戏剧,但对他们而言,参加音乐会似乎是更得体的活动。

在简·奥斯汀的众多小说中,《诺桑觉寺》中的剧院戏份最重,当然,《曼斯菲尔德庄园》除外。在简·奥斯汀早期的作品《爱情与友谊》中,菲兰德和古斯塔夫——圣·克莱尔大人与一名叫作劳里娜的意大利歌女所生的两个女儿的儿子[3]——回顾了他们人生的历史。他们曾有一段时间混迹于一群巡回演出的戏剧演员中,因为他们"一直都有表演戏剧的天赋"。剧组由剧院

---

[1]《劝导》,第224—225页。
[2] 同上,第40—43页。
[3]《简·奥斯汀次要作品集》,第106页。

经理和他的妻子组建，类似于狄更斯作品《尼古拉斯·尼克贝》中的克拉默雷斯先生。剧院的剧目表自然有些寒酸：

> 唯一的不便是……戏剧的缺乏。我们并不介意在剧院虚度光阴。我们表演得最成功的戏剧是莎士比亚的《麦克白》，我们的表演非常棒。剧院经理总是扮演班柯，他的妻子则扮演麦克白夫人。我扮演 3 个女巫，菲兰德则扮演剩下的所有角色。说实话，《麦克白》不仅仅是我们演得最好的悲剧，也是我们唯一演过的悲剧。[1]

　　最终，因为一个更加有利可图的关系，他们离开了剧组，"只留剧场经理和他的妻子两个人继续表演《麦克白》"。后面一个名为《凯瑟琳娜》的作品中也有一群巡回演出的戏剧演员，小说的结尾处他们组成了一个团体共同演出。[2] 在 18 世纪末期有很多这样的巡回剧组，他们在市集上表演广受欢迎的节目。巡回演出的马戏团演员足迹遍布全国，也因此积累了大量的财富。约翰·理查逊，一个在英国南部巡回演出的演员，因富有而闻名，1836 年在他过世之时，他一共积累了大约 2 万到 4 万英镑的财富。[3]

　　除了上文所提及的情节，简·奥斯汀笔下的人物前往剧院看戏的情节都发生在伦敦。威洛比在特鲁里街剧院的大堂中遇到了约翰·米德尔顿爵士，并从他口中得知玛丽安生病的消息。伊丽莎白·班纳特和卢卡斯一家人在前往汉斯福德的途中，随同加德纳夫人到剧院看戏，尽管小说并没有告诉有关戏剧的内容，但整个情节都围绕着伊丽莎白与她姨妈的对话展开。约翰·奈特利夫妇带着哈莉埃特和罗伯特·马丁前往阿斯特丽（Astley），在那里，他

---

① 《简·奥斯汀次要作品集》，第 107—108 页。
② 同上，第 240 页。
③ 休奇·坎宁安，《工业革命中的休闲：1770—1880》，第 31 页。

们游玩得很开心。[①] 他们在那里所看到的奇观通过路易斯·西蒙德的描述我们可以知道个大概。路易斯·西蒙德于 1811 年游览过阿斯特丽:

> 阿斯特丽是一个马术的盛大展演集会。我猜这样的活动在英国尤其受欢迎,这里就像《格列佛游记》中的慧骃国。我发现,这里所有的马匹都受到过不同程度的训练,相比于马儿的表演,人的表演就显得很一般了。除了马术表演,这儿还能看到戏剧和小丑戏——斗争和攻击——野蛮人和萨拉森人。这里的马儿就像考文特花园剧院里的演员一样,他们从陷阱之上飞驰而过,他们爬上舞台上用泥土覆盖的木板,他们冲向缓冲墙和土垒。马术表演幕间休息的时间很长,一群脏兮兮、穿得破破烂烂的小孩会在这一期间表演拙劣的翻筋斗,扬起一阵尘土,向鼓掌的观众们展现他们的裸体。长廊的喧闹声震耳欲聋,其中还夹杂着小丑们嘶哑粗俗的声音。同时,环顾整个场所,你会发现有一些体面的人坐在包厢里——这些严肃而庄重的市民,带着他们的妻子和孩子们,似乎也很享受整个表演。[②]

虽然并没有其他确切发生在剧院中的情节,但是简·奥斯汀作品中有多处对戏剧的评论。简·奥斯汀喜欢观看戏剧,阅读剧本,并将大量的戏剧元素灵活地运用到自己的作品中。

从简·奥斯汀与亲朋好友往来的书信中,我们可以看出她在伦敦居住期间曾多次造访剧院。这些都发生在她与自己的哥哥亨利共同居住的期间。在看戏这件事上,他们有着天主教徒式的品位,从哑剧到莎士比亚的戏剧,他

---

① 《爱玛》,第 472 页。

② 路易斯·西蒙德(Louis Simond),《摄政英国的美国人:1810—1811 年的一场旅行》(*An American in Regency England: The Journal of a Tour in 1810-1811*),第 134 页,克里斯托弗·希伯特编,伦敦,1968 年。

们都会观看。1811 年 4 月，简·奥斯汀十分期待一部名为《国王约翰》的戏剧，由西登斯夫人扮演女主人公康斯坦丝，当时的西登斯夫人即将告别舞台。但让简·奥斯汀失望的是，临近演出，考文特花园剧院将《国王约翰》换成了《哈姆雷特》。简·奥斯汀与亨利商量过后，最终决定两天之后再去考文特花园观看西登斯夫人演绎的麦克白夫人——西登斯夫人最著名的角色。然而，剧院包厢持有者却告诉亨利，西登斯夫人很有可能也不会出演两天之后的《麦克白》，最终，奥斯汀兄妹放弃了《麦克白》，前往音乐厅观看莫里哀的《伪君子》，男主人公答尔丢夫由演员艾萨克·比克斯塔夫扮演。简·奥斯汀对此次戏剧表演比较满意，最主要的原因可能要归功于女演员埃德温夫人的表演，简·奥斯汀对她的评价是"像过去一样好"，这说明她很可能之前在巴斯就看过这部戏剧。最终，西登斯夫人还是登台演出了《麦克白》，但简·奥斯汀没有前去观看。因为，无论如何，简·奥斯汀最希望看到西登斯夫人演绎的角色是康斯坦丝，她对此感到十分遗憾，她说自己可以"毫不犹豫地对康斯坦丝起誓"。①

利用在伦敦居住的机会，简·奥斯汀观看了很多戏剧表演。1813 年的 9 月，在前往古德汉姆的路上，她连续两晚到剧院观看戏剧，随同她一起的还有她的哥哥爱德华以及他的 3 个年长的女儿。在音乐厅里，他们观看了 3 部音乐剧：《唐璜》，一部根据沙德韦尔的作品《浪子》改编的哑剧；塞缪尔·比利兹的《家庭旅馆：或在布莱顿的五个小时》，该剧一共有 3 幕；一部音乐滑稽剧《蜂巢》，"空洞无物且废话连篇"。② 虽然简·奥斯汀对这些戏剧的反应比较平淡，但她的 3 个侄女却对《唐璜》情有独钟，可能是因为男主人公由风度翩翩的年轻演员约翰·瓦莱克扮演。对此，简·奥斯汀几乎讽刺性地

---

① 《简·奥斯汀书信集》，第 184 页。
② 同上，第 214 页。

夸奖道:"我从来没有在舞台上看到过一个演员能够像他一样把残酷和淫欲融合得那么有趣。"① 当天夜晚的戏剧一直持续到 11 点半。但是第二天晚上他们又前往考文特花园剧院观看加里克和科尔曼主演的著名戏剧《秘密婚姻》,该剧后来被凯恩·奥哈拉改编成广受欢迎并被多次重演的意大利歌剧《麦德斯:一个英国轻喜剧》(*Midas: An English Burletta*)。简·奥斯汀称《秘密婚姻》是"最令人满意的演出",虽然她的 3 个侄女对其他戏剧更为着迷,但她却发现"剧中没有一个演员值得称道",她认为"当下的戏剧正在走向衰弱"。②

1814 年 3 月,简·奥斯汀前往考文特花园观看查尔斯·科菲和多萝西·乔丹主演的滑稽剧《与魔鬼的交易》(*The Devil to Pay*)。在这之后,乔丹夫人在伦敦戏剧舞台上获得了巨大的成功,持续演出了 30 多年。在此期间,她一直是克拉伦斯公爵(后来的威廉五世)的情妇,并为公爵生了 10 个孩子。但简·奥斯汀并没有留下对乔丹夫人此次演出的只言片语的评价,实在令人遗憾。当晚演出的另一部戏剧是阿恩的英文歌剧《阿塔塞克西斯》,由梅塔斯塔西奥作词。简·奥斯汀认为这部歌剧"十分无聊"③,不过她倒是很期待剧中的女高音凯瑟琳·斯蒂芬斯的表现。凯瑟琳·斯蒂芬斯于前一年的秋天开始她的歌剧生涯,大受欢迎并广获好评(最终她也成为她那个时代知名的英文歌剧歌唱家)。简·奥斯汀"厌倦了《阿塔塞克西斯》,反而被紧随着正剧的滑稽剧给逗乐了"④。尽管如此,回家之后,她还是非常情愿地将阿恩歌剧的前奏曲抄录在她的音乐本上⑤。不过,第二天,她又非常不情愿地去观看斯蒂芬斯小姐的演出,这次是一部名为《农夫的妻子》(*The Farmer's Wife*)的

---

① 《简·奥斯汀书信集》,第 221 页。
② 同上,第 230 页。
③ 同上,第 260 页。
④ 同上。
⑤ 参见上述例证,第 117 页。

音乐喜剧新作。该剧由查尔斯·迪布丁创作,他是托马斯·迪布丁同父异母的兄弟。一同前去的亲友们都对斯蒂芬斯小姐的表演感到满意,简·奥斯汀也承认斯蒂芬斯小姐"在歌唱上的能力确实不错",但她还表示,斯蒂芬斯小姐是一个"令人愉悦的人,但演技不佳"[1]。

不过,简·奥斯汀评价道,她从该剧的另外几个演员的表演中获得了乐趣:查尔斯·马修、约翰·利斯顿、约翰·艾莫里,这些都是当时伦敦舞台上最为出名的喜剧演员。艾莫里扮演农夫的角色,马修十分擅长模仿,因此,他扮演的可能是波特医生。在其中的一场戏中,波特医生召开了一场语言学会议,在会议上,他惟妙惟肖地模仿了那些会议捣乱者的声音。波特医生独具一格的说话方式成为狄更斯作品《匹克威特外传》中的人物阿尔弗雷德的灵感来源。

> 去年夏天,我到一个有水的地方出诊 —— 急急忙忙把我请去 ——时髦的女士 —— 测脉搏 —— 失礼了 —— 不是生病的女士,而是她的宠物狗 —— 双倍费用 —— 看起来很严肃 —— 说拉丁语 —— 狂犬病的征兆 —— 电击疗法 —— 装上电池 —— 电击 —— 庞培掉进烘焙坊做布丁的面粉里,就像癞蛤蟆掉进洞里,哈哈哈![2]

简·奥斯汀一定很喜欢这些有趣又简短的对话,这一点在《爱玛》中体现出来。《爱玛》就是她这一时期的作品。弗兰克·丘吉尔询问爱玛海伯里相关问题的方式和波特医生说话的方式十分相似:

---

① 《简·奥斯汀书信集》,第 261 页。

② 贝蒂·阿斯科维斯(Betty Askwith)的《简·奥斯汀与剧院》(*Jane Austen and the Theatre*),引自《简·奥斯汀 1983 年社会报告》(*Jane Austen Society Report for 1983*),第 268—284 页。

你会骑马吗？有没有宽阔的林间马路？有没有像模像样的散步场所？你们的左邻右舍多吗？恐怕海伯里社会活动很多吧？要知道，海伯里和它的附近有几幢漂亮的房子。舞会——你们举行舞会吗？这里有人欣赏音乐吗？①

《农夫的妻子》之后还有一部戏，但奥斯汀一家人并没有继续观看。简·奥斯汀得了重感冒，而爱德华因为看够了戏剧，坚持离场。这也不足为奇，因为爱德华和范妮4天前刚从巴斯到伦敦，经历了一段艰难的旅途。奥斯汀一家居住在伦敦期间似乎想要尽可能多地到剧院看戏——这可能是因为第二天就是周日，他们哪儿也去不了，所以周六一到伦敦他们就着急去看戏。然而，他们将在伦敦的第一个晚上花在剧院是十分有价值的，因为他们在特鲁里街剧院观看到了基恩表演的夏洛克。

埃德蒙·基恩是那个时代最炙手可热、最令人兴奋的戏剧演员。他的表演完全不同于肯布尔兄妹对莎士比亚戏剧高贵优雅的诠释，他对莎士比亚戏剧自然主义的激情演绎带给观众们全新的感受。在他20岁的时候，就已经和西登斯夫人齐名。西登斯夫人认可他在戏剧表演上的能力，但不喜欢他本人，称他为"可怕的小个子"，并认为"他个子太小，无法成为伟大的戏剧演员"。他纤细的身材和毫无英雄气概的身高确实对他不利。他曾在全国游荡寻找演出的机会，最终进入了特鲁里街剧院。特鲁里街剧院在1812年斥巨资重建的时候，他因为薪水微薄几乎破产。但在1814年1月25日，他的首场演出却成为英国戏剧史上传奇性的夜晚之一。他首演的戏剧是莎士比亚的《威尼斯的商人》，这个寂寂无名的外省小演员，戴上黑色假发而不是传统的红色假发，以大胆创新的方式重新演绎夏洛克，震撼了整个剧院。在第三幕戏的时候，

---

① 《爱玛》，第191页。

他激情朗诵着剧中的经典台词："你们要是用刀剑刺我们，我们难道不会流血吗？你们要是搔我们的痒，我们难道不会发笑吗？"他每激情洋溢地喊出一个问题，观众们就起立致以吼叫和喝彩。演出结束之后，所有人都明白，一颗戏剧巨星正在伦敦的舞台上冉冉升起。评论家黑兹利特写道："他的声音、眼神、表情都非常到位，已经有很多年没有出现像他这样的戏剧演员了。"他以一己之力扭转了特鲁里街剧院的命运，并在该剧院成功演出多年，但最终，因为他那不稳定和极其悲观的个性，他开始酗酒并负债累累。

距离基恩那个万众瞩目的首演仅 1 个多月后，简·奥斯汀就得以观看了他主演的戏剧。当时基恩是全城谈论的焦点，他的戏剧一票难求，亨利只能想法儿买到第三排和第四排的座位（当然，是在靠前的包厢内）。简·奥斯汀原本以为，他的戏剧"会让范妮很满意"，但"未必能打动"她那 3 个年轻的侄女。① 但从她在观看完戏剧的第二天早上写给卡桑德拉的信中，我们可以感受到一股谨慎的热情：

> 我们对基恩的表演非常满意。我想象不出还有什么样的表演能够超越它。但除了基恩和史密斯小姐的戏份，戏剧有点儿太简短。史密斯小姐的表现没有达到我的预期，她表演的部分有点儿像胡乱填充……我很愿意陪你再去看一次基恩的表演——在我看来，作为演员，他毫无瑕疵，他和图巴尔的那场戏简直精美绝伦。②

带卡桑德拉去看基恩的戏剧的计划最终没能实现，这很可能是因为她们买不到票。3 天之后，在卡桑德拉到达伦敦的第一个晚上，简·奥斯汀就通知

---

① 《简·奥斯汀书信集》，第 256 页。
② 同上，第 258 页。

她做好去看戏的准备。但她们是前往考文特花园剧院观看查尔斯·梅恩·扬的《理查三世》。过了一段时间,也就是当年的11月,简·奥斯汀又观看了一场查尔斯·梅恩·扬的戏剧。这部名为《伊莎贝拉》的戏剧改编自托马斯·萨瑟恩的《致命婚姻》,由扬和年轻的女演员伊丽莎·奥奈尔主演。这是我们所知道的简·奥斯汀最后一次去剧院看戏的记录。可能从此之后,她对观看戏剧失去了兴趣。伊丽莎·奥奈尔的表演没有达到她的预期,她似乎觉得不应该再对任何演员抱有期待了:

> 我想要的东西远甚于此。戏剧很少能满足我。我的两个口袋里装满了手帕,但几乎没有机会用到。奥奈尔小姐非常优雅迷人,但她拥抱扬先生的时候却满心欢喜,毫无悲剧的意味。①

远在她到剧院观看专业戏剧之前,简·奥斯汀就有了很丰富的戏剧表演经历:她童年时期曾多次定期地在斯蒂文顿参与表演戏剧。这项活动的倡议者是詹姆斯。在1782年至1789年,奥斯汀一家人排演了很多当下流行的戏剧,甚至包括那些当时在伦敦舞台上获得成功的作品。根据剧院的习惯,詹姆斯还为这些戏剧撰写了诙谐的诗歌开场白和收场白 —— 专业的或业余的。同时,詹姆斯也负责导演戏剧。与《曼斯菲尔德庄园》中的托马斯·贝特伦爵士不同,作为那个时期的典型绅士,奥斯汀先生非常愿意参与到孩子们的戏剧表演中来。在18世纪,业余戏剧表演在整个国家风靡一时,并且成本不菲。只有最富有的贵族才能够负担得起在自己的土地上修建剧院的费用。巴里摩尔勋爵在伯克郡附近的沃格雷夫根据考文特花园仿造了一座剧院,该剧

---

① 《简·奥斯汀书信集》,第283页。

院能容纳 700 多人,利比·波伊斯太太曾盛赞该剧院"极其高雅"。^①在更多的情况中,人们只是让木匠把家中的一个房间改造成一个临时的舞台,就像《曼斯菲尔德庄园》中所提及的那样。有时候,为了容纳更多的观众,谷仓被改造后就能派上用场。维利勋爵在亨利镇附近的谷仓和马车房被改造成临时剧院后,能容纳 300 多人。^②在贝辛斯托克附近的哈克伍德公园里,博尔顿公爵夫人经常组织自己的家人和邻居排演戏剧。1787 年,她邀请简·奥斯汀的朋友安妮·勒弗罗伊扮演罗维(Rowe)的悲剧《简·肖》(*Jane Shore*)中的艾丽西亚。虽然勒弗罗伊太太从未在斯蒂文顿地区表演过戏剧,很可能她也从未有过表演经历,但作为一个聪慧又饱读诗书的女性,她被邀请参与戏剧表演也是很好理解的事。但是,勒弗罗伊太太最终拒绝了公爵夫人的邀请,并赋诗一首向公爵夫人道歉:

> 若答应您的请求
> 罗维那些优美的诗句
> 将被我的笨嘴拙舌所玷污
> 作为妻子和母亲的我
> 如何能够踏上舞台
> 故作姿态地面色绯红或怒不可遏
> 置我那和睦安详的家庭生活于不顾?
> 疯狂的艾丽西亚让我为之心跳
> 我在心中为肖那悲惨的命运流血不止

---

① 菲利普·利比·波伊斯太太,《菲利普·利比·波伊斯太太日记选段》,第 249 页。
② 伊芙琳·M. 豪(Evelyn M. Howe)的《业余戏剧》(*Amateur Theatricals*),参见《简·奥斯汀 1970 年社会报告》,第 121 页。

而我鄙视那些灰心丧气的哀悼者。^①

　　虽然比起《简·肖》这样的严肃戏剧，奥斯汀一家人排演的戏剧几乎都是喜剧和滑稽剧，但他们在 1782 年圣诞节排演的第一部戏剧，确实是一部悲剧——托马斯·富兰克林的《玛蒂尔达》，这是一部关于诺曼征服的戏剧，典型的后詹姆斯一世时期的作品，这样风格的戏剧在 18 世纪十分盛行。后来，他们又在 1784 年排演了施莱登的作品《敌人们》；1787 年圣诞节排演了圣特里夫夫人的《奇迹》，随后又在新年表演加里克改编的弗莱彻的《机会》；1788 年 3 月，他们表演了菲尔丁的滑稽剧《汤姆·萨博的悲剧》，可能是同一年的圣诞，他们进行了一次"私人的戏剧表演"，具体的表演细节我们不得而知。他们最后一次排演戏剧是在 1788 年的圣诞至 1789 年的新年。他们表演了两部滑稽剧：艾萨克·比克斯塔夫的《苏丹》和汤利的《阶梯之下的高雅生活》。这些由詹姆斯·奥斯汀撰写的所有戏剧的开场白和收场白被简·奥斯汀的父亲收编成两册书，其中也有爱德华的作品。可能也有一些他们表演过的戏剧詹姆斯并没有为之撰写开场白和收场白，或者是已撰写但遗失了。另外，1786 年的圣诞节期间，詹姆斯和爱德华都在国外，所以那一年的圣诞节，奥斯汀家可能并没有排演戏剧——因为詹姆斯和爱德华不在家，大家便失去了努力排演戏剧的动力，无论如何，导演詹姆斯这次都无法对他们进行表演指导了。

　　奥斯汀一家并没有将排演戏剧这样的活动局限于直系亲属圈子，他们的堂（表）兄弟姐妹们和朋友们也出现在戏剧演员的名单上。他们第一次表演的戏剧的开场白就由 17 岁的汤姆·福尔和奥斯汀先生的一个学生朗诵，收场

---

　　① 勒弗罗伊档案馆。亦参见克里斯·维瓦斯（Chris Viveash）的《简·奥斯汀的戏剧导师》（*Jane Austen's Theatrical Mentor*），简·奥斯汀社会，《交易》（*Transactions*），1996 年。

白则由当时扮演女主人公的简·库伯（Jane Cooper）朗诵。而在参与奥斯汀家族的戏剧表演的亲朋好友当中，表姐伊丽莎·德·傅伊利德最热情洋溢。她光彩照人，生动活泼，嫁给了一个自称是"伯爵"的法国人，但他后来在法国大革命中被砍头，随后，伊丽莎嫁给了亨利·奥斯汀。1786 年 7 月，伊丽莎和她的母亲（奥斯汀先生的妹妹）前往英国，并在伦敦定居了两年，其间，伊丽莎还生下一个男孩。习惯于巴黎上流社会的生活，伊丽莎到伦敦后也流连于社交圈。她能够出席伦敦最高级的贵族聚会，能够进入宫廷的会客厅，并加入了阿尔玛女子会所——该会所在当时是不对外开放的。她将自己描述成"能想象到的最伟大的酒色之徒"，她曾担心自己是否能够应付得起"伦敦一年的花天酒地的生活"。[1]1787 年 9 月，他们前往藤布里奇温泉胜地，在那里，根据另一个表姐菲拉德尔菲亚·沃尔特（Philadelphia Walter）在信中的描述，她与伊丽莎待在一起的 10 天里，伊丽莎至少去了 4 次剧院，她对戏剧的热爱可见一斑。[2]

他们观看的戏剧中有一次连场剧：考利夫人关于上流社会的喜剧《谁是那个男人？》和一部名为《良好的教养》的戏剧，改编自《阶梯之下的高雅生活》。伊丽莎十分喜欢这两部戏剧，以至于她立即决定今年圣诞就在斯蒂文顿排演这两部戏剧，她甚至想好了自己要表演其中的哪个角色，而且她肯定也和奥斯汀一家讨论过此事，因为菲拉德尔菲亚知道她舅舅的谷仓"正在被改造成一个像样的剧院"。[3]伊丽莎非常热情地邀请菲拉德尔菲亚参与他们的戏剧表演活动，菲拉德尔菲亚虽然很愿意做个观众，却很确定自己"没有勇气参与表演"。随后，在伊丽莎写给她的一封信中，伊丽莎把即将到来的圣诞节描述成"一场最盛大的聚会，众多休闲娱乐活动，一屋子的亲朋好友和频

① R.A. 奥斯汀–利，《奥斯汀家族选集》，第 123 页。
② 同上，第 124—125 页。
③ 同上，第 126 页。

繁召开的舞会"。在伊丽莎对菲拉德尔菲亚的进一步诱惑中,还透露出她对詹姆斯·奥斯汀的喜爱:"你不可能拒绝这么多的诱惑,尤其是我要告诉你,你的老朋友詹姆斯从法国回来了,他也会参与戏剧表演。"①菲拉德尔菲亚确实努力抵抗住了这些诱惑,一方面是因为她不愿意参与表演,另一方面是因为她已经为圣诞季做了别的安排,最终决定不去斯蒂文顿。1周之后,伊丽莎又来信:"我不得不注意到,你将我们的戏剧表演描述成'在公开场合亮相',我能向你确保的是,我们的戏剧表演绝对不是一个公开的活动,只有一小部分筛选出的朋友会出现。"但是,如果菲拉德尔菲亚去了斯蒂文顿,意味着她必然要表演一个角色,因为伊丽莎写道:"奥斯汀舅母已经宣称'他们家的房子不给无所事事的年轻人住'。"②

　　伊丽莎在信中提及的内容奥斯汀太太肯定在家中以一种幽默、热情的方式说过。当时年仅12岁、耳朵却很尖的简·奥斯汀对即将到来的圣诞戏剧、哥哥的归来以及一屋子的亲朋好友团聚感到非常兴奋,不遗余力地为即将到来的节日做准备。多年之后,当她撰写《曼斯菲尔德庄园》中的戏剧排演情节的时候,她引用了很多那年在斯蒂文顿听到的对话。《曼斯菲尔德庄园》中的部分情节与伊丽莎和菲拉德尔菲亚的书信内容如出一辙:耶茨先生将戏剧《情人的誓言》从拉文肖勋爵的剧院带到了曼斯菲尔德庄园,克劳福德兄妹非常热切于扮演其中的角色,如同当年的伊丽莎,而范妮不愿意参与此事,如同当年的菲拉德尔菲亚。小说中对舞台上公开亮相的不安则体现了伊丽莎在信中所表达的内容。此外,小说中迷人又工于心计的玛丽·克劳福德利用排演戏剧的机会拉近自己和埃德蒙的关系,这在某种程度上也有伊丽莎的影子,因为圣诞节的时候,伊丽莎同时和简的两个哥哥詹姆斯和亨利调情。正如小

---

①R.A. 奥斯汀-利,《奥斯汀家族选集》,

②同上,第128页。第128页。

说中的玛丽，伊丽莎将上流社会花天酒地的生活习惯和态度带到了这个严肃、刻板、有声望的家庭中。菲拉德尔菲亚对此的评价是："她就是在花天酒地的环境中长大的，所以这也难怪。"① 这预示着小说中埃德蒙试图免除玛丽因为缺乏清晰的道德原则而要承担的责任这一行为。

最终，菲拉德尔菲亚没有去斯蒂文顿，而伊丽莎也没有演到她想演的角色。因为詹姆斯选择了圣特里夫夫人的《奇迹！有秘密的女人》，代替了伊丽莎中意的《谁是那个男人？》和《良好的教养》。伊丽莎扮演女主人公薇奥莱特，16 岁的亨利扮演男主人公唐·菲利克斯，两人的一场感情戏可能还引起了家中的一些善意的玩笑，这可能与简·奥斯汀笔下亨利·克劳福德和玛丽亚的一场排练戏有关。一年之后，伊丽莎回到巴黎自己丈夫的身边，可她已经不再爱他，觉得他不可避免地"发福"了，而他不再健康的身体也让她无法再继续享受"浪荡生活的乐趣"。伊丽莎在给菲拉德尔菲亚的信中，不无惆怅地提及斯蒂文顿当年的戏剧表演，那一年他们表演了艾萨克·比克斯塔夫的《苏丹》，随后还表演了《良好的教养》作为剧后加演的轻喜剧。"我相信你听到了很多关于斯蒂文顿的消息，他们肯定告知过你他们今年的表演剧目：《苏丹》和《阶梯之下的高雅生活》。库伯小姐扮演女主人公若泽拉娜，亨利扮演男主人公苏丹王，我听说如今亨利已经长得很高了。"②

1789 年的新年演出给了简·奥斯汀创作的灵感，这个已经 13 岁的少女自己创作了一部戏剧，命名为《拜访》(*The Visit*)。这是一部只有两幕戏的滑稽短剧，一共只有 5 页，但其中不乏精彩之处。③ 菲茨杰拉尔德一家在访客到来后，为自己的招待不周向客人们道歉，并将原因归结到他们家不爱交际的

---

① R.A. 奥斯汀-利，《奥斯汀家族选集》，第 125—126 页。
② 同上，第 138 页。
③《简·奥斯汀次要作品集》，第 49—54 页。

祖母身上：

    我恐怕您一定觉得这张床太小了吧？这是我祖母留下来的床。她是个小个子，她所有的床都是根据她的身高定制的。因为很不幸的，她有口吃的毛病，她对此很敏感，担心被身边的人讨厌，所以她从不希望家中出现其他的人。

这部作品中还有一段对汉普顿夫人尖锐的观察描写。当别人给汉普顿先生呈上食物的时候，汉普顿夫人从来都是快速地拒绝，不给汉普顿先生表达自己想法的机会：

    菲茨杰拉尔德勋爵："亚瑟大人，请尝尝那些牛肚，我相信您一定会觉得它们很鲜美。"

    汉普顿夫人："亚瑟从不吃牛肚，您知道的，牛肚对他来说太咸了。"

    菲茨杰拉尔德勋爵夫人："端走内脏和乌鸦，端上牛油布丁。"

    （片刻之后）

    菲茨杰拉尔德勋爵夫人："亚瑟大人，您想来一块布丁尝尝吗？"

    汉普顿夫人："夫人，亚瑟从不吃牛油布丁，它们对他来说太甜了。"

简·奥斯汀还在剧本中加入了一个热门的家庭话题，菲茨杰拉尔德勋爵为了表现自己的热情好客，引用了最近上演的戏剧《阶梯之下的高雅生活》中的一句台词"越自由自在，越受欢迎"。无论是《拜访》还是她在这一时期写的另一部滑稽剧《神秘事物》(*They Mystery*)，她都没有真正地打算拿到舞台上演出。简·奥斯汀将它们抄录在一本名为《简·奥斯汀作品卷一》（*Volume the First*）的册子里，并郑重其事地写上了献词，这更说明简·奥斯汀写这些剧本的目的是给人们阅读而非演绎。《神秘事物》的献词是："本书献给莱维德·乔治·奥斯汀（Revd George Austen）先生：感谢您赏脸阅读接下来的这部喜剧，虽然本书尚未完成，但我窃以为已经完成了《神秘事物》这一部分。"①

同一时期，简·奥斯汀还创作了《一部喜剧的第一幕戏》（*The First Act of a Comedy*），这篇作品被收录在《简·奥斯汀作品卷二》（*Volume the Second*）末尾的"片段"部分。②《一部喜剧的第一幕戏》一共只有 3 页，有 9 个主人公，甚至还包括一个牧童合唱团。故事发生在豪恩斯洛的一个小旅馆的 4 个不同的房间里，不同的人物不可思议地聚集于此 —— 查尔斯和玛丽亚、波普刚和皮斯托丽塔、斯特文和克洛伊 —— 他们都是前往伦敦结婚的情侣。除了豪恩斯洛，斯坦斯在这部作品中也有出现。这部小短剧实际上反映的是简·奥斯汀自己去年夏天第一次去伦敦的经历。

虽然 1789 年之后，斯蒂文顿不再有戏剧表演活动（伊丽莎·德·傅伊利德后来曾在 18 世纪 90 年代热心地组织过这一家庭传统活动，但没有证据表明他们参与了），但后来在爱德华·奥斯汀在古德汉姆的家中，这一家庭娱乐传统得以延续。1805 年的夏天，奥斯汀太太、简和卡桑德拉在拜访古德汉姆期间，表演了好几部戏剧。她们甚至还与范妮组建了一个临时的"戏剧学校"。当时，"卡桑德拉姑姑扮演女家庭教师蒂查姆夫人，简姑姑扮演教师波帕姆小姐……奶奶扮演卖馅饼的女人贝蒂·琼斯，妈妈扮演浴室里的女人。"③

---

① 《简·奥斯汀次要作品集》，第 55 页。

② 同上，第 172—174 页。

③ 范妮·奈特的日记，引自 W. 奥斯汀−利、R.A. 奥斯汀−利和迪尔德丽·勒·费伊，《简·奥斯汀：家族档案》，第 133 页。

装扮成文学作品或神话传说中的人物的样子也是主显节前夜的传统风俗。需要扮演的人物名称被写在小纸条上，撒在篮子里，然后大家抽取自己所要扮演的角色。奥斯汀一家在古德汉姆定期举办这种活动。而简·奥斯汀本人在1808 年汉普郡的主显节前夜，曾热情地扮演过《丑闻学校》（*The School for Scanda*）中的康达夫人（Mrs. Candour）。[①]

　　毫无疑问，简·奥斯汀个人的业余从演经历在《曼斯菲尔德庄园》中众人排演戏剧《情人们的誓言》这一情节得以体现。但实际上，简·奥斯汀确实创作过两部剧本。一部是她对《查理·葛兰狄生爵士》的改编[②]，另一部疑点重重并且看起来很怪异。在一个带着 1806 年水印的小册子里，开头便是两小段关于照顾婴儿的对话，并且以一种类似于工具书问答的方式表现。在 19世纪的早期，工具书都是以问答的方式呈现内容。两个母亲正在讨论照顾孩子：其中一位母亲，邓比夫人，坚持用传统的、草率的方式将自己的孩子紧紧地裹在厚厚的衣服里，丝毫不担心孩子会得湿疹和尿布疹，并把孩子扔给一个无知的爱尔兰护士（另一个角色）照顾；而她的朋友，埃菲尔德夫人，则试图向她介绍一些更先进、更科学的方法，这些方法在最新的儿科治疗中已经被使用。不过，埃菲尔德夫人的大部分建议其实来自她正确的常识：

　　　　护士："他今天什么也没吃，也不想喝奶粉。你想让他吃点什么？"

　　　　邓比夫人："你真是个烦人的护士，去喂他点儿蛋糕，给他穿好衣服。"

　　　　埃菲尔德夫人："我向您保证，我不认为给人建议是一项负担，我也不认为在我有空闲和机会的情况下亲自照顾自己的孩子是一件麻烦的

---

　　① 玛格丽特·威尔森，《阅读与欣赏简姑妈》（*Reading and Appreciating Aunt Jane*），引自《简·奥斯汀 1997 年社会报告》。

　　② 同上，第 179—181 页。

事。照顾孩子是我的天职和乐趣所在。我对每一个自己看到的孩子都很感兴趣。——但是，恕我冒昧，邓比夫人，我不建议您给孩子吃蛋糕，过于甜腻可口的蛋糕会让他不再想吃其他口味平淡但对他的身体有益的食物。"

邓比夫人："他吃一块，我当然会给他更多。我的宝贝想吃多少块蛋糕我就给他吃多少。甜甜的蛋糕会融化在他的嘴里。"

埃菲尔德夫人："您没有意识到吃这么多蛋糕他可能会生病。如果您只给他吃口味清淡的食物，他就只会在想要吃东西的时候才享用它们。"

这部作品并没有署名，看笔迹很像出自詹姆斯的妻子玛丽·劳埃德之手。但鉴于玛丽从来没有进行过写作，所以这部作品似乎又不太可能是她创作的。或者，还有一种可能，那就是简·奥斯汀和玛丽联手创作了这部作品：玛丽提供了很多来自个人经验的医学常识，而简将这些知识转化成有趣的小对话。1807 年的新年，玛丽和她那两岁的女儿卡洛琳随奥斯汀一家待在南安普敦，当时弗朗西斯和他那第一次怀孕的妻子玛丽·吉布森也与他们在一起。这部小小的作品很有可能是为玛丽·吉布森创作的，旨在以一种有趣的方式向孕妇传授医学常识，同时，这也是一项轻松愉悦的家庭文学活动。①

《情人的誓言》来自科策布在 1791 年首次发表的戏剧。1798 年，小说家和剧作家伊丽莎白·英奇博尔德将该作品改编成《恋爱中的孩子》(*The Love Child*)，发表后获得巨大成功，该作品在伦敦和全国其他地区的剧院上演，其中包括巴斯的剧院，因此，简·奥斯汀可能也看过这部戏剧。随后，剧本开始

---

① 关于戏剧的文字记录以及它们背景和作者的全面讨论，参见迪尔德丽·勒·费伊的《忙碌的母亲：两位奥斯汀的对话》(*The Business of Mothering: Two Austenian Dialogues*)，引自《书籍收藏者》(*Book Collector*)，第 296—314 页，第 32 期，1983 年秋。

大量地印刷发行。剧中的两位女主人公：阿加莎，被引诱后生下一个私生子；艾米莉亚，公然表达自己对一个男人的爱情。该剧以两对地位悬殊的恋人的结合告终，乡下姑娘阿加莎和引诱她的怀尔德海姆男爵结婚，同时男爵的女儿艾米莉亚与自己的神学教师安哈尔特结婚。本剧挑战了公众对得体的女性行为的定义，实际上也是在呼吁一个更为宽松的社会结构。原作者科策布的本意毫无疑问是呼吁人道主义，但他的方法夸张，风格过于多愁善感。而英奇博尔德夫人对原著进行了改编，减少了它的激进色彩。即便如此，这部作品还是被认为给社会批判和自我放纵的行为树立了不好的榜样：剧中的穷人总是比富人高尚，感情用事比按照社会规则行事更受推崇。正是因为这些原因，在曼斯菲尔德庄园排演《情人的誓言》并不合时宜——而这正说明了简·奥斯汀在《曼斯菲尔德庄园》中选择这部戏剧恰到好处。

　　决定了要排演戏剧之后，曼斯菲尔德庄园的这群年轻人开始选择剧本，他们重温了很多部"最好的戏剧"——《哈姆雷特》《麦克白》《奥赛罗》、约翰·霍姆的悲剧《道格拉斯》（托马斯爵士曾要求自己年幼的儿子们研读这部著作）[1]、圣特里夫夫人的《赌徒》《敌人们》和《丑闻学校》、理查德·坎伯兰的《命运的车轮》和科尔曼的《法定继承人》。约翰·贝特伦钟情于《法定继承人》，并好几次提议排演这部戏剧，唯一拿不定主意的是"他自己究竟是演杜伯利勋爵好，还是演潘格劳斯博士好"。[2]简·奥斯汀可以确信，她的读者们对这部著名的戏剧非常熟悉。1979年，《法定继承人》在秩市剧院首演后，开始在伦敦的各大舞台上上演。但上文的所有提议都被否决了，原因可能在于，这些戏剧都没有满足他们的要求——"剧中人物要少，但每个角色都要同样重要，并且有3名女主人公。"[3]《情人的誓言》确实在整体上满足

---

[1] 迪尔德丽·勒·费伊的《忙碌的母亲：两位奥斯汀的对话》，引自《书籍收藏者》，第233页。

[2]《曼斯菲尔德庄园》，第131页。

[3] 同上，第130页。

了他们的要求。但是，关于要演的戏剧的本质，大家意见不一。大部分人都希望演悲剧，只有汤姆和不那么坚定的玛丽·克劳福德想要演喜剧。而《情人的誓言》包含了很多多愁善感、催人泪下的夸张情节，也包含一些喜剧的部分，最终，汤姆扮演其中一个爱作打油诗的男管家，这个角色喜欢以押韵的方式与他的主人对话。

参与表演的每个人在选择角色上都有自己的目的：耶茨先生，最热情的男演员，扮演男爵，"拉文肖勋爵每次朗诵男爵的台词都让他感到忌妒，他不得不跑到自己的房间里，从头到尾朗诵一遍"[1]——同时，他也觊觎阿加莎私生子弗雷德里克这一角色，因为这一角色也有很精彩的台词。但是，玛丽亚说服他演男爵的角色，这样亨利·克劳福德就能扮演弗雷德里克。作为对玛丽亚的回报，亨利说服朱丽亚放弃阿加莎的角色，因为他们在一起一直"嘻嘻哈哈"，以至于朱丽亚站在他面前扮演一个悲剧人物的时候，他会忍不住笑场。这样，克劳福德和玛丽亚成功地得到他们自己想要的角色和戏份，在之后的多次排演中，他们都能够借机多次拥抱。在他们讨论自己应当扮演哪个角色的过程中，选角本身也是一出好戏。随着每个人潜在目的的深入，各种矛盾对立的策略开始出现。亨利·克劳福德成功地让玛丽亚扮演阿加莎，但他也无意孤立朱丽亚，所以他努力地说服朱丽亚去争取艾米莉亚的角色。然而，汤姆却坚持认为，艾米莉亚的角色应当由玛丽·克劳福德扮演，而朱丽亚应当扮演照顾阿加莎的村民婆子。提到艾米莉亚到监狱中看望她那同父异母的兄弟弗雷德里克（因为试图在男爵家行窃以接济他那可怜的母亲而被捕）的那场戏时，亨利·克劳福德恳求朱丽亚道：

你可能会选择演悲剧，但实际情况是：喜剧选择了你。你将拎着一

---

[1]《曼斯菲尔德庄园》，第132页。

篮子吃的到监狱来探望我，你不会拒绝到监狱里探望我吧？我觉得我看见你挎着篮子进来了。[①]

在亨利·克劳福德描绘的这幅栩栩如生的戏剧性的画面下，朱丽亚动摇了，但她依然想从姐姐玛丽亚的神情中找到答案：

> 她不相信他。他刚才对她的冷落是再明显不过了。也许他是不怀好意地拿她寻开心。她怀疑地看了看姐姐，如果玛丽亚感到气恼和吃惊的话，那她就能从她的神情中找到答案——然而，玛丽亚一副安详自得的样子，朱丽亚此时心里再清楚不过，除非自己受到捉弄，否则玛丽亚是不会高兴的。[②]

于是，朱丽亚拒绝出演这个角色并拒绝了其他的所有角色，从此之后，她成了曼斯菲尔德庄园戏剧排演活动的一个愠怒的反对者和批判者。

拉什沃斯先生回忆起在伦敦曾看过这部戏，他对这部戏的评价是"典型的愚蠢"。他记起家庭教师安哈尔特这一角色在很多方面都是这部戏的道德核心，但他是一个"非常愚蠢的家伙"。于是他选择扮演卡塞尔伯爵，他是男爵想让艾米莉亚嫁给的对象——一个不堪一击的纨绔子弟。听说这个角色将盛装打扮，拉什沃斯先生不由得想象自己盛装之下的样子，以至于他没有注意到玛丽亚和克劳福德耍的小手段。然而，玛丽亚对戏剧排演一事的操纵并未止于此。得知埃德蒙不赞同排演这部戏剧，尤其不赞同自己扮演阿加莎后，考虑到她和拉什沃斯先生的现状，她便告知埃德蒙，玛丽·克劳福德将出

---

① 《曼斯菲尔德庄园》，第135页。
② 同上，第135—136页。

演艾米莉亚。虽然埃德蒙一开始坚持反对整个戏剧排演事件，也坚定地不参与演出，但如果自己不参与的结果就是让一个外人来演安哈尔特，并且这个外人将和玛丽有很多亲密的戏份，考虑到玛丽和一个陌生人演亲密戏的心情，埃德蒙最终同意出演安哈尔特。

至此，所有角色的扮演者均已敲定。简·奥斯汀将她笔下的每一个角色完美地匹配到戏剧中的角色里。虽然在戏剧的幻觉之下，《情人的誓言》中的状况与曼斯菲尔德庄园中的年轻人之间的状况很相似，但实际上，主角们的命运明显不同。虽然在戏剧中艾米莉亚和她那正直的神学教师最终结婚，但在现实中，玛丽·克劳福德和埃德蒙却没有结婚，因为一直以来，埃德蒙其实是范妮深爱的教导者。在戏剧中，艾米莉亚教会自己的教师安哈尔特如何去爱，但在现实中，埃德蒙却是从范妮的身上明白了爱情的本质。在戏剧中，堕落的阿加莎最终因为和伯爵结婚而得到救赎，而在现实中，玛丽亚却没有从阿加莎的身上汲取教训——玛丽亚即将堕落，而等待她的也没有这样的救赎。亨利·克劳福德在戏剧中并没有扮演她的"引诱者"，而是扮演她的私生子，这预示着玛丽亚和克劳福德的关系在现实中也不可能合法化。怀尔德海姆男爵的角色由约翰·耶茨扮演，他本身也是一个贵族，他的身上"除了上流社会的习气和做派，没有什么可介绍的"[1]，他给保守的曼斯菲尔德庄园带来了一股对他们来说很陌生的摄政时期的风气。戏剧中刚刚失去自己的妻子的男爵，回到自己的城堡，结婚以后，他还不曾在这个城堡中住过。因此，耶茨先生在某种程度上可以说代表了曼斯菲尔德庄园中缺席的托马斯爵士，尽管可能只有剧院许可证这样的事才会让有着完全对立的习惯和性格的这两个人产生联系。而男爵与阿加莎的婚姻则预示着耶茨先生日后与朱丽亚的私奔。即便是不重要的角色，也和它的表演者有着微妙的联系。格兰特夫人扮演了

---

① 《曼斯菲尔德庄园》，第 121 页。

村民婆子的角色，她在剧中温和又聪明地管理她的丈夫，而现实中也是如此。汤姆·贝特伦扮演了村民和喜欢作打油诗的管家，不过他更重要的作用是组织和管理了这次戏剧表演活动——这一切都讽刺性地表明，作为兄长的他在父亲不在家时并没有履行好一家之主的职责。

至于范妮，作为帮手，她不遗余力地帮助大家学习自己的角色和排演，这表明她是全书中的道德核心。范妮没有参与表演，关于她的所有情节都发生在曼斯菲尔德庄园的现实生活中。大家对她的依赖预示着她将以一种渐进的、毫不起眼的方式成为曼斯菲尔德庄园不可分割的一部分。但简·奥斯汀的用意不止于此。一开始范妮被要求扮演村民婆子，在她的顽强抵抗下，格兰特夫人善意地提出由自己出演这个角色为她解围。但众人逼迫她接受角色的经历让她十分焦虑和不开心。她突然间成了所有不友好的注意力的焦点，每一个人，除了埃德蒙，都参与一脚。诺里斯太太的评价尤其刺耳，她说："我不会逼她，不过，她要是不肯做她姨妈、表哥、表姐希望她做的事，我就认为她是一个非常倔强、忘恩负义的姑娘——想一想她是什么样的人，就知道她真是忘恩负义到极点了。"[1]埃德蒙被这番话"气得说不出话来"，玛丽·克劳福德先是"以惊讶的目光看了看诺里斯太太，接着又看了看范妮"，故意"带刺地"说不喜欢她的座位，然后将椅子挪到范妮的身边安慰她。这一幕非常具有戏剧性，情感受到公开伤害的范妮变成了科策布笔下那饱受摧残、楚楚可怜的女主人公。

除了对《情人的誓言》的运用和小说中阅读莎士比亚作品的情节[2]，《曼斯菲尔德庄园》还弥漫着一股戏剧的味道。小说中的多幕场景传达出一种舞台上的视觉效果：范妮独自在索瑟顿的不毛之地苦苦等待，而其他人却在不

---

① 《曼斯菲尔德庄园》，第 147 页。
② 《书籍收藏者》，第 228—232 页，第 32 期，1983 年秋。

同的团体中进进出出；东屋里进行戏剧彩排，范妮不得不到此观看埃德蒙和
玛丽的感情戏；当朱丽亚突然向大家宣告父亲托马斯爵士的不期而归后（这
个情节非常讽刺，因为朱丽亚并没有参与他们的戏剧表演，但朱丽亚在此处
的戏剧效果比所有人都强），第一场戏以一种戏剧性的方式结束，好像戏剧的
第一幕戏落下了帷幕；此外，还有托马斯爵士和耶茨先生闹剧一般的相遇。
作者在他们见面之前设置了大量的悬念，加深了喜剧的效果。汤姆·贝特伦
作为他们这场相遇的观众，代表了现实和戏剧的融合。

> 他朝门口走去……他一开门，发现自己竟然站在了剧场的舞台上，
> 迎面站着一个年轻人，在扯着嗓子念台词，那架势好像要把他打翻在地
> 似的。就在耶茨看清了托马斯爵士，并表现出比任何一次排演都表演得
> 出色的猛的一惊时，汤姆·贝特伦从房间的另一头进来了。有生以来，
> 他从未觉得这样难以做到不动声色。他的父亲破例第一次走上舞台，愕
> 然板着一副面孔，慷慨激昂的怀尔德海姆男爵渐渐变成了彬彬有礼、笑
> 容可掬的耶茨先生，向托马斯·贝特伦爵士又是鞠躬，又是道歉，那样子
> 活像真的在演戏，他说什么也不愿意错过这样一场戏。这将是这个舞台
> 上的最后一场戏，不过他相信这是精彩无比的一场，全场会爆发出雷鸣
> 般的掌声。[①]

托马斯爵士并没有意识到这一幕的戏剧性，只是感到尴尬而已。但汤姆
却将这一幕津津有味地视作一场精彩的喜剧，将他的父亲和朋友直接贬为戏
剧演员，将他们的情感作为自己的娱乐对象。作为一个拒绝严肃对待生活的
年轻人，汤姆喜欢观察他人的生活，好像自己置身于戏外一样。现实和幻觉

---

① 《曼斯菲尔德庄园》，第 182—183 页。

被混为一体,而这幕"真实的戏剧"也暗示着汤姆不愿意,或是无法区分现实和幻觉。但即便是他,也意识到了他们的戏剧排演活动已经结束,曼斯菲尔德庄园不可能变成一个剧院。托马斯爵士将曼斯菲尔德庄园重新变成一个住宅之后,"剧院"就关门了。

一开始,简·奥斯汀对曼斯菲尔德庄园的年轻人排演戏剧这一行为隐晦的谴责可能还让人有些不理解,因为她自己在年幼时期也曾多次在斯蒂文顿排演戏剧。而简·奥斯汀在小说中对这种行为进行谴责的真正原因,可以从这戏剧性的一幕中看出。这一幕表明,福音运动的影响和简·奥斯汀的谴责毫无关系。简·奥斯汀喜爱戏剧,并且一有机会就去剧院观看戏剧,即便有时候演员的表现并不能让她满意。但《曼斯菲尔德庄园》涉及的是行为的规范和对产业的管理。在小说的表象之下,这些事务息息相关,不仅仅在于一个家族的层面,更是可以上升到国家层面去考虑:这是一本关于英格兰自我认知的书。如果国王的无能导致不负责任、骄奢淫逸的摄政者将英国变成一个巨大的游乐场,那么,英国基于正直和严肃建立起来的繁荣景象将会坍塌。就像汤姆·贝特伦一样,他的自私和放纵已经给曼斯菲尔德庄园的经济带来损害,他甚至闹剧般地将整个庄园变成了一处剧院。简·奥斯汀质疑的不是戏剧的价值(她本人将戏剧视为重要的休闲娱乐活动,并且她显然从中获得了很多乐趣),而是社会上那些试图将现实和幻觉混淆的人,他们将生活中需要严肃对待的事变成了无聊的表演。表演戏剧是一种极佳的消磨空闲时间的方式,但如果沉溺其中,以此逃避对自己的人生有道德、有成效的管理,那么结局只能是痛苦和灾难。

第九章

玩具与游戏

尽管投机游戏在古德汉姆短暂地消失了一阵子，但它成了《曼斯菲尔德庄园》中十分受欢迎的家庭游戏，简·奥斯汀非常善于利用这个游戏推动故事情节的发展。这个游戏之所以被称为投机游戏，是因为玩家需要花费筹码来获得王牌。简·奥斯汀有意用它来暗示，玛丽·克劳福德所玩的那一局游戏是以埃德蒙为筹码的。

18 世纪时，每个家庭都喜欢玩各种室内游戏，奥斯汀一家和他们的朋友们也不例外。在日常信件中，简·奥斯汀提及过桌球游戏、类似挑棒游戏的技巧类游戏以及很多种类的纸牌游戏；而在她的小说中，简·奥斯汀频繁地将不同的角色集中到一个房间内玩游戏，并把他们分成不同的小团体，通过人们参与或者旁观游戏的过程来揭示人物的性格特征。有时，这些游戏还展示出小说场景中暗藏的更为深层和微妙的"小游戏"，具有特殊的象征意义。显然，对于特定的人群和环境，作者需要小心地选择特定的游戏。因此，理解当时一些游戏的类型和规则，理解这些游戏的玩法以及应当在什么时间玩，理解哪些人适合玩哪种游戏都是非常重要的。并且，小说里的角色在很多场景中对待孩子、玩具的方式都展示了他们性格中的某一部分，这一点也非常值得我们注意。

　　在简·奥斯汀的早期作品中，有一部名叫《亨利与伊丽莎》（*Henry and Eliza*）的滑稽短剧，这是她 13 岁时写下的。穷困潦倒的女主人公在经历各种意外之后，不得不卖掉她时髦的衣服，那是"代表她从前荣耀的最后的物品"。她把卖得的钱用来购买"其他更有用的东西，为她的儿子买了一些消遣的玩具，还为她自己买了一块金表"。① 当然，这个故事是一个轻松的玩笑，值得注意的是，虽然她生活拮据，但她仍然会花钱为自己的孩子买玩具。玩具第一次开始大量生产的时间正是在 18 世纪。常见玩具的原料除了木头和陶瓷之外，还有纸和金属，比如《劝导》中哈维尔上校制作的玩具。于是我们看到，在《理智与情感》中，善于阿谀奉承的斯蒂尔小姐们拉了"一整车玩具"来到巴顿，送给米德尔顿夫人的孩子们。

　　盖子、圈子、木马（是后来各种摇摆木马的雏形）、挪亚方舟、动物拉车、洋娃娃这些玩具都能在像"挪亚方舟"这样一流的玩具商店里找到。威廉·哈姆利于 1760 年在高霍尔本建立了这家玩具店。在比较精致的玩具中，模型战士是最受欢迎的，拿破仑战争推动了这种玩具的生产。模型战士制作的先导者是纽伦堡的 G.J. 希尔伯特。他将模型战士的高度定为大概两英寸，身形扁平，一开始使用锡制作，后来开始使用铅合金。与模型战士不同，洋娃娃可以是木制的、瓷器制的，也可以是蜡制的（简·奥斯汀的侄女范妮就有一个她最喜欢的蜡制洋娃娃，取名为伊丽莎白·安妮）②，由布或者纸制作的洋娃娃比较便宜。1810 年，S. 富勒（S.Fuller）和 J. 富勒（J.Fuller）制造出一套名为《小亨利探险记》（*The History and Adventures of Little Henry*）的新奇的纸质玩具，尽管价格十分昂贵，在当时却非常流行。这套玩具包括一组手工染色的服饰，小亨利玩偶的头可以拆卸，同时还配有一则诗歌写成的故事，这些东西全都装在一个坚固的硬纸盒里。随后，《小范妮的历史》（*The History of Little Fanny*）作为小亨利的姐妹篇出版。每个玩具人偶只有一颗脑袋，当脑袋损坏或丢失时，可以在同一卷的彩色图卡上切下一个备用图案作为代替。洋娃娃的房子也被制作得越来越复杂。起源于德国和荷兰的洋娃娃房子最开

---

　　①《简·奥斯汀次要作品集》，第 37 页。
　　② 玛格丽特·威尔森，《情同姐妹：简·奥斯汀最爱的侄女 —— 范妮·奈特的家庭生活》，第 12 页。

始只是一个用于储存和展示这些昂贵小玩意儿的展示柜。18世纪时，拥有较高社会地位的木匠们开始为自己的孩子们建造"洋娃娃房子"，他们不仅希望这些小物品的建筑外观更加真实，而且还渴望房子内部的功能更加完善。他们认为，女孩子们玩这些游戏一定有助于她们将来管理家务。

　　当时还有很多其他具有明显教育性质的玩具。图绘字母的积木和卡片可以帮助孩子们学习拼写 —— 这也是《爱玛》中约翰·奈特利先生的孩子们玩这个游戏的主要目的。[①] 在1870年机械锯和机动锯发明之前，"拼图游戏"的概念还没有被使用，但19世纪时在地理教学中使用拼幅地图却很流行。1766年，一位叫约翰·史皮尔斯布里（John Spilsbury）的伦敦雕刻师和制图师制作的第一个拼幅地图是"被分成了几个王国的欧洲"。整张地图先被固定在一块红褐色的木板上，然后沿着各个王国的边界将木板切割成若干块。当范妮·普莱斯来到曼斯菲尔德庄园时，玛丽亚和朱丽亚都很吃惊，因为她居然不会玩这种拼图。[②] 后来，大英帝国各郡的地图以及世界其他国家的地图都被制作成了类似的拼图。这类玩具取得了极大的成功，一位叫威廉·库伯的诗人，描述了一个4岁的男孩由于玩这类拼图知晓了"每一个王国、乡村、城市、河流以及世界上著名的山脉的位置"。[③] 其他形式的知识也通过这种方式来传播，比如1787年威廉·达顿"在用拼幅地图进行地理教学之后，用雕刻作品进行英国历史和年表的基础教学"。

　　类似的知识也可以与桌面游戏相结合，比如路径游戏，这种玩法在18世纪后期也变得很流行。最古老的路径游戏名为"鹅的游戏"，可以追溯到1597年，所有类似的游戏全都起源于它。1750年，H.奥弗屯发行了全新的版本，叫作"最权威和最愉悦的鹅的游戏"，引领了18世纪下半叶的潮流，大量

---

① 《爱玛》，第295—297页。

② 《曼斯菲尔德庄园》，第18页。

③ 引自波林·弗里克（Pauline Flick），《旧玩具》（Old Toys），第8页，里斯伯勒王子城，1995年。

类似的游戏开始出现。有一些仅仅用于娱乐，比如"蛇的游戏"和"神奇的圆环"，还有一些用于教学之中。一开始有很多地理学和历史学的游戏，后来也许是为了响应新教会的复兴，出现了一些道德培养类的游戏。最早的一款是由约翰·沃利斯在 1790 年发明的"新人类生命游戏"。在这个手绘的图版上，每一格图版代表一年的生命，人类的生命被划分为 7 个阶段，每个阶段 12 年，从"婴儿"到"永生"。它包括了各种各样的人，比如"勇士""花花公子""贪吃者""守财奴""快乐的人"以及一些特殊的职业，如"浪漫主义作家""诗人""剧作家""悲剧作家"等。孩子们在玩这个游戏时不应该为了快速地将他们的棋子移至目的地而忽略了学习的过程。游戏说明书指导父母们要"让孩子们在每一个角色的位置上停顿，在前进的过程中对人物角色做出自己的解释和道德上的判断，并将品行高尚、充实的人生所拥有的幸福与邪恶和道德沦丧所引发的恶果进行对比"。① 棋盘上还特别标有注释，警告购买者"陀螺上必须标注数字 1、2、3、4、5、6，避免人们在家中使用骰子盒，并规定每个玩家必须掷两次陀螺"。在 18 世纪 90 年代，由于人们认为骰子引起了赌博之风，所以骰子游戏开始变得不受欢迎了（在简·奥斯汀的另一部早期小说中，尽管约翰逊一家有"很多良好的品质"，但他们还是"沉溺于酒精和骰子"）。② 因此，对于这些碰运气的游戏，在教养良好的家庭里，孩子们用手转陀螺代替骰子。

　　这些强烈的道德教育目的反映在了当时的书籍中③，也反映在了简·奥斯汀的小说里。如果想要更巧妙地进行品德教育，娱乐是一个非常好的时机。玩耍是培养孩子们社交能力的重要方法，正如在范妮第一次来到曼斯菲

---

　　① 关于"新人类生命游戏"的一个例子，可能见于百斯内尔·格林儿童博物馆（Bethnal Green Museum of Childhood），伦敦。

　　②《简·奥斯汀次要作品集》，第 13 页。

　　③ 同上，第 187 页。

尔德庄园时，埃德蒙·贝特伦便意识到了这一点，他"不厌其烦地劝她跟玛丽亚和朱丽亚一起玩，尽可能地快活起来"。[1] 当然，这样的游戏必须得体和有序，不能像范妮的兄弟们在朴次茅斯玩的那种"放纵的游戏"一样。毫无疑问，简·奥斯汀喜欢与孩子们一起做游戏，并且十分享受在游戏中帮助他们：她的侄女卡洛琳总是在和堂兄弟姐妹们玩游戏时向她寻求帮助，而她也会愿意把她的衣服借给孩子们进行角色扮演，或者在他们虚拟的房子中扮演一个愉快的访问者。[2] 在写于 1808 年的一封信中，她提到了她的侄子乔治。当时他的母亲刚刚去世，于是简·奥斯汀登门拜访。她发现乔治"热衷于制作纸船并为这些纸船命名，然后用马栗射中它们"，他还"不知疲倦地玩捕球游戏"。[3] 这就是"比尔博凯特"游戏，或者叫"杯和球的游戏"，在当时非常流行。这种游戏的玩法是用附有手柄的杯子接住球，或把锥子的头插进有孔的球里。詹姆斯·爱德华·奥斯汀-利在他小时候非常擅长玩这种游戏，他的祖母奥斯汀太太在写给她的儿媳妇的信中说："告诉我的小爱德华，他玩捕球游戏的技艺比我高，这让我很苦闷，我有时可以用杯子接住球，但从来不能用锥子插入球。"[4] 如今在乔顿仍然能看到属于简·奥斯汀的一个杯和球的玩具装置。根据爱德华的说法，那是"一个简单的玩具"，但他仍然记得简·奥斯汀的表演"很奇妙"。他在回忆录中写道："在她的手酸软无力之前，她可以成功地用锥子捕获球上百次。"她因此而出名。他猜测："当她在长时间的阅读和写作之后感到疲劳时，就会通过这个简单的游戏来放松一下。"[5] 更加激烈的游戏是板羽球和毽子。简·奥斯汀描绘了 1805 年她在古

---

① 《曼斯菲尔德庄园》，第 18 页。

② 卡洛琳·玛丽·克莱文·奥斯汀，《我的姑妈简·奥斯汀》，第 10 页。

③ 《简·奥斯汀书信集》，第 150—151 页。

④ 乔治·奥斯汀太太致玛丽·劳埃德（詹姆斯·奥斯汀太太）的一封信，参见汉普郡档案办公室，奥斯汀-利档案馆。

⑤ J.E. 奥斯汀-利，《简·奥斯汀回忆录》，第 5 章。

德汉姆与她 7 岁的侄子威廉玩这个游戏时的场景："我们一起练习了两个上午，只取得了一点进步。我们通常只能接到 3 个球，有那么几次可以接到 6 个球。"①

另外，安静而吸引人的挑棒游戏特别适合那些灵巧并且有耐心的孩子。它的道具是一些象牙质地或骨质的小棍，小棍的尾端有不同的形状。首先投掷一个骰子或手转陀螺来确定参与者的顺序。最后一个人把大概 30 根小棍从盒子里倒出来，堆成一堆。每个参与者依次用一个小象牙钩子移走一根棍子而不能弄乱其他的棍子。通常棍子的末端都被制作成不同的形状 —— 象矛、剑、匕首甚至微缩花木等。由于棍子的形状不同，成功移走一根棍子的难度越大，所获得的分数便越高。简·奥斯汀非常善于玩这个游戏。詹姆斯·爱德华回忆说："我们没有一个人能够像她那样完美地挑出棍子，或者只用一只手就能如此稳健地把它们挑出来。"② 一次，在一位朋友带着 10 岁的女儿拜访她之后，简·奥斯汀给卡桑德拉写信道：

> 我们的小客人刚刚带着满心的喜悦离开了 —— 她待人和善，姿态自然，心胸开阔，为人亲切，拥有今天的好孩子们应有的所有礼教 —— 我在她那个年龄就与她完全不一样，我真感到惊讶和惭愧。她在我这里一半的时间都在玩挑棍游戏，我认为这套玩具是我们家非常有价值的东西，其重要性至少不亚于奈特家族送给奥斯汀家族的礼物。③

简·奥斯汀的侄子、侄女们在古德汉姆玩的游戏有橙子和柠檬、找拖鞋、金鱼草（在一种容器里点燃白兰地酒，游戏者从里面拿出坚果而不能烫到手

---

① 《简·奥斯汀书信集》，第 107 页。
② J.E. 奥斯汀-利，《简·奥斯汀回忆录》，第 5 章。
③ 《简·奥斯汀书信集》，第 120 页。

指）等。① 他们也玩一种叫作子弹布丁的游戏，参与者必须用自己的鼻子和下巴在一个装满了面粉的盘子里去搜寻事先藏在里面的豆子，然后把豆子移到牙齿上。范妮说，这时你就变成了"覆盖着面粉的怪物，最糟糕的是你还不能笑，否则面粉会进到你的鼻子和嘴里，有可能会呛到你"。②

适合年龄较大的孩子的娱乐活动有国际象棋、西洋棋（国际跳棋）和西洋双陆棋。严格地说，只有最后一个游戏是棋盘游戏，但在当时这3个游戏都被认为是"棋盘游戏"。18世纪时制作的棋盘是可以折叠的，便于存放。简·奥斯汀曾记述过范妮在1813年还在玩西洋棋的事情，那时她已经20岁了。③ 几个月之后，她开始了《爱玛》的写作，这更像是一个游戏，那个女主角试图让伍德豪斯先生打消与"可怜的泰勒小姐"结婚的念头，这给她单调的生活带来了欢笑。

像古德汉姆庄园这样庞大的住宅里都有台球室，尽管主要是供男人们使用，但有时女士们也能从中获益。简·奥斯汀评论说，它吸引了"所有的绅士，尤其是晚饭后，一旦他们开始玩桌球就会完全沉浸在其中。那时范妮和我就可以自由地享受愉快、安静的时光了"。④ 在《理智与情感》中，帕尔默先生在早上"本应该从事商务活动"的时间里去玩台球，他还抱怨岳父约翰·米德尔顿先生在巴顿庄园没有台球室——约翰·米德尔顿先生在没有召集人组织舞会的时候，宁愿带着他的马和狗外出。⑤ 汤姆·贝特伦认为"形状和长度都正好适合演戏"的屋子就是曼斯菲尔德庄园的台球室。他的热情源自对这个游戏的不满意："像我们这样糟糕透顶的台球桌，我相信天底下

---

① 玛格丽特·威尔森，《情同姐妹：简·奥斯汀最爱的侄女——范妮·奈特的家庭生活》，第13页。

② 同上。

③《简·奥斯汀书信集》，第226页。

④ 同上，第239页。

⑤《理智与情感》，第111、305页。

再找不到第二个！我再也不能容忍它了。"① 汤姆推测他的父亲不会反对自己在他不在时所做的改变，甚至不会介意他们"使用台球室一周而不在里面打台球"。当然，在这个台球室里，托马斯爵士还有他意想不到的第一次登台。

公共集会的场所也会提供台球室：在巴斯集会厅里，约翰·索普与蒂尔尼将军可能一起打过台球。蒂尔尼将军傲慢地自诩"我们当中最好的球手"——他只是为了向凯瑟琳夸耀他的胜利：

> 我们在一起打了一会儿台球。起初，我有点怕他。我俩的机会是5∶4，对我不利。然而，我打出了也许是世界上最干脆利落的一击——我正中他的球——没有台子，我说不明白，但我的确击败了他。②

就像对待约翰·索普无休止地计算他的马匹和鱼叉一样，简·奥斯汀通过这段话显示出她对于男性的语言女性化的敏感，也显示出她对于有些男性喜欢炫耀自己的讽刺。

相较于其他娱乐方式，人们最喜欢玩牌。无论聚会是在家中还是在公共场所，牌桌总是必不可少的。有很多纸牌游戏都十分受欢迎。人们最常玩的是惠斯特牌，由于这个游戏明确需要4名玩家，因此常常需要另增加一张桌子，还要安排谁和谁一起玩（诺里斯太太对组织聚会的热情常常以这种方式得到展现）。在稍微不那么正式的聚会中还会出现圆桌游戏，不限制玩家的数量。有时，这两种游戏会在一个房间内同时进行。于是，当柯林斯先生被带去参加菲利普家的晚宴时，他坐下来与菲利普先生和官员们一起玩惠斯特纸牌（他全都输光了），同时在另一张桌子上，威克汉姆坐在伊丽莎白和莉迪娅中

---

① 《曼斯菲尔德庄园》，第125页。
② 《诺桑觉寺》，第96页。

间，他们玩那个被菲利普先生描述为"愉快的、舒适的、吵吵闹闹的抽彩票游戏"。莉迪娅在她喜爱聊天的天性和对玩游戏的热忱之间为难了一阵子。刚开始时，她只是一个劲儿地和威克汉姆讲话，但是很快她就"对游戏产生了更大的兴趣，急于下注，并在获奖后大叫，尤其引人注目"，① 她把威克汉姆留给伊丽莎白，让他继续向伊丽莎白诽谤达西先生。

"海伯里的女主人和小姐们"举办的纸牌游戏聚会是非常古板的，除了提供后来在贝茨小姐的起居室里愉快地讨论这个机会外，没有更多不合礼节的安排。埃尔顿夫人根据她自己住在巴斯时的习惯对比发现，这里的宴会达不到她以往的标准——他们甚至不提供冰块。于是她计划"教他们怎样来安排好一些"，她要"举行一次盛大的宴会——每张牌桌上都点上蜡烛，摆上没有拆封的新牌——除了原有的仆人之外，还要临时多雇几个人来伺候，在适当的时候按照恰当的顺序为大家上茶点"。② 埃莉诺与玛丽安·达什伍德在伦敦时就已经体验过埃尔顿夫人所追求的那种压抑的氛围，那时米德尔顿夫人带领她们来到了一场晚宴上：

> 她们走进一间灯火辉煌的客厅，里面宾客满堂，闷热难熬。她们彬彬有礼地向女主人行过屈膝礼，随后就来到众人之间。她们这一来，室内必然显得更热、更拥挤不堪，而她们也只好跟着一起活受罪。大家少言寡语、无所事事地待了一阵之后，米德尔顿夫人便坐下来玩卡西诺。③

奥斯汀家的一位老朋友利比·波伊斯太太记录了在巴斯与他们的会面。她发现，在巴斯和伦敦举办的纸牌聚会不仅都很无聊，而且不知为什么

---

① 《傲慢与偏见》，第76—77页。
② 《爱玛》，第290页。
③ 《理智与情感》，第175页。

还"无法离场"。^①1803 年的 3 月,她正住在巴斯。她听说了米斯郡的主教要在星期日晚上布道反对纸牌聚会,^② 很可能她也是这项抗议的支持者,因为她认为在巴斯集会厅"举办的大量纸牌聚会已经严重影响到了正常舞会的举办,人们在参加舞会前至少要玩五六场纸牌游戏才算得上是时尚的行为"。^③

　　除了在舞会和集会上设置专门玩纸牌的房间之外,一些惠斯特牌俱乐部也会定期地组织集会,就像海伯里的皇冠俱乐部一样。在这个俱乐部中,埃尔顿先生是一位刻苦的会员,也是最好的牌手。当佩里先生要去伦敦取哈莉埃特定制的爱玛肖像而不得不错过一次晚间聚会时,他就认为这是"卑劣的行为"。^④这些俱乐部通常在本地的旅馆内举办聚会,只面向男士们开放,在之后的几个小时中,他们谈论的话题几乎都是与妻子的争吵。在《沃森家族》中,爱德华先生对女主人公爱玛提到,他们"参加了一个小的惠斯特俱乐部,每周都要在白鹿酒店举办 3 次聚会",并且对爱玛的父亲因病不能参加表示遗憾。然而他的妻子却总是抱怨:"你那个俱乐部,最适合老幼病残……如果你们不是搞得那么晚……你们最好每个晚上都聚会,尽快在两个小时内结束。"^⑤同样的争论在詹姆斯·奥斯汀所作的一首有趣的诗中也有所体现:

　　　　"亲爱的,我走了。"

　　　　"我的爱人,你要去哪儿?"

　　　　"我只是出去散步,因为夜色如此美丽。"

　　　　"不,你要告诉我,我一定要知道。"

---

① 菲利普·利比·波伊斯太太,《菲利普·利比·波伊斯太太日记选段》,第 288 页。

② 同上,第 352 页。

③ 同上,第 357 页。

④《爱玛》,第 68 页。

⑤《简·奥斯汀次要作品集》,第 325 页。

"为什么？我要去俱乐部。"

"我告诉你，你不能去，在这样寒冷的天气里，你不能冷酷地抛下我；

我确信你这次还是不会赢；

上次你迟迟归来，

我煎熬地等待了四个小时 ——

男人们只在外边漫步，夜晚十点以后才归家，

对家人的痛苦漠不关心，

你不能走 ——"

"为什么，如果你拒绝，

我会给你一个同意的理由。"

"我同意？我想那是你的误解 ——

我拒绝！但那是出于我的爱 ——

一个妻子的厌恶、丈夫的取笑 ——

我乞求我的爱让他愉快。"

"不，亲爱的，如果那是真的 —— 我相信你是正确的，

就像你描述的那可怕的夜晚。"

"那么，你会留在家里，对吗？说'是的'。"

"是的。"

"我猜你就会留下来，亲爱的，给我一个吻，

你这个亲爱的好男人，我是多么爱你。"①

伍德豪斯先生当然不会加入充满埃尔顿先生、佩里先生、韦斯顿先生和海伯里其他的"绅士和半绅士"的惠斯特俱乐部之夜，但是，当他在哈特菲

---

① 詹姆斯·奥斯汀，《对苏丹的结语》(*Epilogue to the Sultan*)，引自《简·奥斯汀诗歌集》，第 40—41 页。

尔德时，爱玛几乎每一个晚上都会跟他玩上几把牌。如果爱玛外出了，戈达德太太便来陪他玩皮克牌，她希望"输赢在 6 个便士以内"。尽管约翰·奈特利家的人偶尔会前来拜访，让他"看在可以与他亲爱的伊莎贝拉愉快交谈的分上"完全放弃纸牌游戏①，但这也显示了他在一定程度上缺乏智慧和知识，因为能维持这样每天玩纸牌、一直有不同的牌友相伴的状态就已经使他感觉非常幸福了。而对他的朋友们来说，每晚去他家陪他打牌已经成为一项任务。比如，如果科尔家邀请埃尔顿先生去其他地方共进晚餐，埃尔顿先生就开始担心他的缺席会使哈特菲尔德家感觉受到了怠慢。于是还他专门去哈特菲尔德家拜访，说明要缺席他家的纸牌活动，因为如果不行的话，"其他的一切活动都必须取消。"

戈达德太太"从前受恩于伍德豪斯先生的好心"，所以认为他"完全有资格要求"她在空闲的时候到他家去玩上几把纸牌。但是有手段的爱玛已经决定接受邀请，参加科尔家的舞会，并不在乎伍德豪斯先生是否会在意她的缺席，她甚至还故意向埃尔顿先生强调，戈达德太太"喜欢玩皮克牌"。② 在《曼斯菲尔德庄园》中，亲切的格兰特夫人为了她自私的丈夫也设计了类似的骗局。茶点过后，客人们打起惠斯特牌来 ——"尽管没有明说，但实际上这是体贴入微的格兰特夫人为使丈夫开心而组织的。"③《理智与情感》中有这样一段描述，在玛丽安生病期间，詹宁斯夫人相信布兰登上校不想离开埃莉诺，于是告诉他晚上需要他一起玩皮克牌，借此来留住他。④

凯瑟琳·德·包尔夫人在罗新斯庄园举行的晚间聚会有着令人窒息的烦琐仪式。玩夸锥的时候，每一个人都要与"相应的第一个人配对"。柯林斯先

---

① 《爱玛》，第 100 页。

② 同上，第 81 页。

③ 《曼斯菲尔德庄园》，第 227 页。

④ 《理智与情感》，第 309 页。

生清楚他在傲慢的女主人眼里只是一个小角色，所以他常常被叫去洗牌。而对伊丽莎白来说，在她拜访汉斯福德前，她甚至就已经知道"他已经在她的几个姐妹中间看中了自己，认为她配做汉斯福德牧师家里的主妇，而且当罗新斯没有更适当的宾客时，打起牌来要是三缺一，她也可以凑凑数"。[1] "夸锥"是一个复杂的游戏，包括一副无序的纸牌、一位负责拍卖的主玩家以及一个复杂的规则系统。由于非常容易犯错，所以要求玩家必须高度集中注意力才能玩好。聚会上摆放了两张牌桌，德·包尔小姐在其中的一张牌桌上玩"枯燥无味"的卡西诺，"没有一句话不是关于打牌的"。凯瑟琳夫人在另一张桌子上玩夸锥，她"几乎一直在说话""讲了一些自己的趣闻逸事"，还指出另外 3 个人玩夸锥时的错处。他们不赌钱，但用一些扁平的象牙作为筹码。柯林斯先生"附和凯瑟琳夫人说的每一句话，并且他每赢一次就要感谢她一次，如果赢得太多，还得向她道歉"。[2]

总是被人们极度推崇的卡西诺纸牌游戏，也出现在了《沃森家族》中奥斯本夫人举办的舞会上。除了奥斯本夫人，另一位玩家是牧师霍华德先生。根据《简·奥斯汀回忆录》，这个人物在拒绝了奥斯本夫人的青睐之后，与女主角迈入了婚姻的殿堂。在舞会上，纸牌当然都是提供给那些不喜爱跳舞的人们。当年轻人忙于寻找自己的舞伴时，他们的母亲们却在寻找与自己孩子匹配的对象。年纪大一点的或已婚的男人以及没有女儿的夫人们则聚在一起，在牌桌上赌博寻找乐趣。爱玛·沃森是跟随爱德华兹一家来到舞会上的，所以她留在舞会上的时间完全取决于爱德华兹先生在牌桌上的运气。她的姐姐对她讲："如果爱德华兹先生在牌桌上没有输钱，那么，你在舞会上待到多晚都没关系；但如果他输了，大概很快就会催你回家。"[3] 结果，爱德华兹先生

[1]《傲慢与偏见》，第88页。
[2] 同上，第166页。
[3]《简·奥斯汀次要作品集》，第315页。

的运气很好，"他们是最后离开舞会的人"。

简·奥斯汀认为，即使赌钱，纸牌游戏本身也没有什么错处，它与真正的赌博是完全不同的。汤姆·贝特伦是一个专业的赌徒，他从来不与像诺里斯太太这样的业余玩家一起玩牌。他迅速增长的债务严重地消耗了他父亲的财产，使他无法为了埃德蒙继续住在曼斯菲尔德庄园里。然而，常常玩牌的人都是像赫斯特先生和贝特伦夫人这样没有头脑的人。当贝特伦夫人感到疲倦而不想做针线活时，她就开始玩克里比奇牌，一直玩到睡觉前，还让范妮在旁边记分和收钱、找钱。玩牌通常与世俗的、不光明正大的角色联系到一起，比如威克汉姆、克劳福德以及诡计多端的伊莎贝拉·索普。伊莎贝拉·索普放弃了布莱斯城堡的旅行后，"似乎发现了一个玩牌的地方，她私下与莫兰搭档，所得的乐趣完全可以和克里夫顿客店里静谧的乡间风味相媲美"。①

有一些让人非常钦佩的角色则根本不玩这种游戏。奈特利先生并不与伍德豪斯先生玩牌，他会直接与他交谈。埃莉诺·达什伍德在伦敦的晚间聚会中也根本无法享受真正的乐趣，因为聚会"只是为了玩牌而举行的"。② 同样地，安妮·艾略奥特告诉温特沃斯上校，巴斯的晚间聚会对她来说毫无意义，因为她"不是玩牌的人"——的确，这一点在她解除婚约之后的 8 年半中都没有改变，温特沃斯上校记得她从来不喜欢玩牌。③ 即便有一些杰出的角色也玩牌，但他们都保持着一定的理性，认为玩牌仅仅是在不需要处理重要事情时的一种消磨时间的生活方式。相较于玩牌，达西先生更喜欢读书；伊丽莎白·班纳特在与夏洛特争辩简和宾利先生还没有足够的时间来互相了解时轻蔑地说："这 4 个晚上让他们彼此摸透了一种性格，那就是他们俩都喜欢玩

---

① 《诺桑觉寺》，第 89 页。
② 《理智与情感》，第 168 页。
③ 《劝导》，第 225 页。

21 点，不喜欢玩投机游戏。除此之外，我看他们彼此之间了解得还很少。"①

尽管简·奥斯汀自己很享受玩牌，尤其是与她的侄子侄女们一起，但她也并不认为自己总是需要加入牌局。她曾这样描述在艾什度过的一个夜晚：

> 有一张玩惠斯特的牌桌和一张玩卡西诺的牌桌，还有 6 个不玩牌的人——莱斯和露西在那里卿卿我我，马特和罗宾逊已经睡着了，詹姆斯和奥古斯塔夫人轮流读詹纳博士关于种牛痘的小册子，我一直陪伴着他们。②

在简·奥斯汀描写的另一个场景中，她远离牌桌是因为赌注非常高：

> 在梅特兰太太家，我们发现自己被诱进了一个安排得十分周到的聚会，有一张夸锥牌桌和一张惠斯特牌桌。惠斯特牌桌已经有两个牌池了，但是通常牌池超过一个我就不玩，因为赌注是 13 先令，我输不起这个数，更何况是连续两次。③

但是，从另一方面来说，不参与游戏会被视为对社交活动的反对。玛丽安·达什伍德在整理牌桌时"帮不上什么忙"，因为她讨厌这个游戏并且永远都不去学习规则。当米德尔顿夫人提议玩一局卡西诺时，玛丽安率直地说自己讨厌纸牌游戏，然后走去了钢琴那边。埃莉诺极力"想替妹妹的冒昧无礼打打圆场"，于是开始夸赞米德尔顿夫人的钢琴。不过，她与玛丽安一样不爱玩牌，为了躲避牌局，她想方设法去给露西·斯蒂尔小姐帮忙，因为露

---

① 《傲慢与偏见》，第 22—23 页。
② 《简·奥斯汀书信集》，第 62 页。
③ 同上，第 143 页。

西·斯蒂尔正在给米德尔顿夫人的小女儿织小篮子。[①]性格活泼、总是喋喋不休的罗伯特·沃森太太则认为，纸牌游戏会妨碍人们之间的交谈：

> 你知道我不爱玩牌。我认为，一次舒服的谈话远比玩牌好得多。我总是说，一个人想要进入一个正式的圈子，也许玩牌很有用，但你永远都不会希望这个东西出现在朋友之间。[②]

但她随后的行为一点也不符合她说的话。她说克里比奇牌更好玩，因为她和表妹在"还没有订婚之前，大多数晚上都一起玩牌"。虽然"投机游戏是克罗伊登唯一的圆桌纸牌游戏"，但她说过自己什么牌都会玩。

这当然不是古德汉姆唯一的圆桌纸牌游戏。简·奥斯汀在 1809 年写给住在古德汉姆的卡桑德拉的信中，写下了想转发给侄子爱德华听的歌谣：

> 哎呀，吹牛，多么自负的游戏！如今是什么在继续支撑你那空洞的名字？——你那杰出的名声如今在哪儿？——我的时代结束了，你的也一样。——在古德汉姆，这个圣诞节里我们都一样被弃置一旁。现在，从桌子这头到那头，每个试图拯救吹牛或投机游戏的人都精疲力竭 —— 这是来自温柔善良的投机游戏的呐喊 ——[③]

卡桑德拉告诉简·奥斯汀，爱德华更喜欢玩吹牛游戏。于是，在之前的一封信中，简·奥斯汀写道："大家喜欢吹牛游戏胜过投机游戏，我一点也不觉得奇怪，因为我自己也是这样。但是这却让我深受屈辱，因为投机游戏是

---

① 《理智与情感》，第 144—145 页。
② 《简·奥斯汀次要作品集》，第 354 页。
③ 《简·奥斯汀书信集》，第 167 页。

我发明的。吹牛游戏有什么好玩的呢? 毕竟只有 3 个 9, 3 个 J, 或者是这些牌随意混合。如果有人仔细研究它, 就会发现它并没有投机游戏好玩 —— 我希望爱德华现在也是这样想的。如果是, 代我向他问好。"① 吹牛游戏是一个 3 张纸牌的游戏, 后来发展为一种扑克游戏。玩牌的技巧主要在于下赌注的顺序。根据 18 世纪时的游戏规则, 赢家的牌必须包含一对或者 3 张同花。此外, 有 3 张外卡牌或者称为 "勃莱格牌" 的分值最高, 它们是方块 A、梅花 J 和方块 9。但这个游戏似乎在 1809 年就已经不再流行了: 爱德华·特纳爵士于 1754 年撰写的诗歌中提到了吹牛游戏 "在当时非常流行", ② 然而在 1795 年, 简·奥斯汀的表姐玛丽·利 (Mary Leigh) 将此诗收录在了她所收藏的家族诗歌时, 这个游戏已经不再流行了。

尽管投机游戏在古德汉姆短暂地消失了一阵子, 但它成了《曼斯菲尔德庄园》中十分受欢迎的家庭游戏, 简·奥斯汀非常善于利用这个游戏推动故事情节的发展。这个游戏之所以被称为投机游戏, 是因为玩家需要花费筹码来获得王牌。简·奥斯汀有意用它来暗示, 玛丽·克劳福德所玩的那一局游戏是以埃德蒙为筹码的, 而亨利·克劳福德对玛丽亚做作地调情, 仿佛将牌桌当成了剧院。晚上, 当贝特伦家在曼斯菲尔德庄园宴请宾客时, 他们准备了两张牌桌。格兰特夫妇、托马斯爵士和诺里斯太太在一张牌桌上玩 "老练又尊贵" 的惠斯特牌; 在另一张牌桌上, 范妮、埃德蒙、威廉、贝特伦夫人和克劳福德小姐一起玩投机游戏 —— 在这个场景中, 他们一直在玩这个游戏, 为他们讨论桑顿莱西教区的房子提供了一个微妙而讽刺的对照。在这里, 简·奥斯汀第一次使我们意识到纸牌游戏所具有的功能作用, 因为它能引发一些人物对另一些人物的行为和话语做出反应。在安置牌桌之前, 贝特伦夫

---

① 《简·奥斯汀书信集》, 第 163—164 页。
② 英国图书馆, RP 3402。

人曾询问她应该玩哪个游戏,当然,没有问过她的丈夫,她是无法得出结论
的:

> "我玩什么呢,托马斯爵士?惠斯特和投机,哪一种更好玩?"
>
> 托马斯爵士想了想,建议她玩投机。他自己爱打惠斯特,也许怕跟
> 她做搭档没意思。①

纸牌游戏作为一个隐喻,在这里已经暗示了它的价值。因为托马斯爵
士此时已经开始沉迷于投机游戏了。即使贝特伦夫人并不知道如何玩,需要
范妮教她,但她还是满意地答应了。这个游戏对范妮来说也比较陌生,但她
"不到 3 分钟就掌握了玩法",而贝特伦夫人玩到最后也依旧没有什么进步。

读者可以从游戏中看出这些角色不同的玩牌方式。由于玩投机游戏就是
需要大喊大叫、情绪高涨,因此牌桌上相当嘈杂,"与另一张牌桌的秩序井然、
沉闷不语形成了鲜明的对照"。在 3 个被描述为打牌风格率直、不会隐瞒的角
色中(这其中不包括贝特伦夫人,因为她根本就不会玩),埃德蒙玩牌是最少
被提及的。当他正在专心玩牌时,他的父亲突然向他提出了一个问题,他不
得不回答。不过,在埃德蒙的谈话中,有一句对范妮的评价很重要。就像柯
林斯先生与凯瑟琳夫人玩夸锥时一样,范妮玩牌时一直努力不要赢。这并不
是出于她卑微的心态,而是为了她心爱的威廉(威廉可没有这样的想法,他
正在"一个劲儿地劝她达成交易")。亨利·克劳福德一直在教范妮玩牌的规
则,"鼓励她要有勇气,要贪得无厌,要心狠手辣,不过这有一定的难度 ——
特别是在与威廉竞争时"。当范妮要以一个低的价格出售 Q 牌时,他阻止了:

---

① 《曼斯菲尔德庄园》,第 239 页。

"不行，不行，先生，不许动——不许动。你妹妹不出 Q。她决不会出。这一盘是你的。"说着又转向范妮，"肯定是你赢。"[1]

埃德蒙一向都被范妮对她哥哥的爱感动，这时他便温柔地对范妮说："范妮情愿让威廉赢。可怜的范妮！想故意打输都不成啊！"

亨利·克劳福德坐在贝特伦夫人和范妮之间，在他妹妹的要求下，"忙得不可开交，既要照看自己的牌，又要关注另外两个人的牌。他兴致勃勃，牌翻得潇洒，出得敏捷，风趣赖皮，真是样样出色，给整个牌戏增添不少光彩"。他是一位天生的牌手，这个游戏所需要的机敏和自信都是他性格中最基本的部分，同时他的自私和唯利是图也使他在这个游戏中如鱼得水。他刚刚放弃了演戏的机会，全身心地投入这个 3 张纸牌的游戏中，努力使自己成为出色的牌手。他与贝特伦夫人一起，"整个晚上都得对她的胜负输赢负责。从发牌开始，不等她看就替她起到手上，然后从头到尾指导她出每一张牌"。与贝特伦夫人一起玩牌，亨利·克劳福德至少可以赢得非常聪明，他充分利用了贝特伦夫人的惰性来使自己享受游戏的乐趣。直至打完了第一局，格兰特夫人跑到贝特伦夫人跟前，询问她是否喜欢这个游戏，她回答：

噢！是的。确实很有意思。一种很奇怪的玩法。我不懂到底是怎么打的。我根本就看不到我的牌，都是克劳福德先生替我打的。[2]

之后，书中数次提到贝特伦夫人在亨利·克劳福德的指挥下出牌，一方面是提醒读者游戏还在进行中，另一方面更是为了打断亨利·克劳福德的长

① 《曼斯菲尔德庄园》，第 244 页。

② 同上，第 240 页。

篇大论——他正在建议埃德蒙改造他的农舍（在这里亨利・克劳福德的话还别有用意，他试图劝说埃德蒙按照玛丽期待的方式改造农舍）。简・奥斯汀在这章中将亨利・克劳福德指挥贝特伦夫人玩牌的话插入了他与其他人的交谈之中，这种做法是非常巧妙的：她娴熟地展示出了亨利・克劳福德的气质和品位，因为他在玩牌时能照顾到不会玩的贝特伦夫人，使她不会感到自己被排除在外。同时，他还能与埃德蒙展开详细的交谈。此外，通过打断亨利・克劳福德对埃德蒙详细的建议，插入他对贝特伦夫人玩牌所提出的即时玩牌策略，简・奥斯汀生动而清晰地展示了这戏剧性的一幕。

> 要使它看起来像是上等人的宅第……你还能改造得比上等人的住宅好得多。(让我想一想，贝特伦夫人出一打，要这张 Q。不行，不行，这张 Q 值不了一打。贝特伦夫人不出一打。她不会出的。过，过。)[1]

亨利・克劳福德大概玩了两局、3 把牌，但都觉得没什么意思。他只想"让范妮・普莱斯爱上他"。这完全出于他的自负，而非真心地想与她有进一步的关系。玛丽・克劳福德只玩了一局，但她有很强的求胜欲，玩得全神贯注。作为读者，我们当然更关注玛丽而非她的哥哥，因为我们都知道，范妮不可能嫁给他。但是，我们和范妮一样，都不可能预知对埃德蒙的一片痴心最终会取得什么结果。大家刚刚开始聊到桑顿莱西时，玛丽没什么反应。埃德蒙在持续反对克劳福德提议的改造计划时，玛丽的注意力都在如何买下对手的牌上。当人们第一次提到埃德蒙即将接任的教区时，她正在"对争夺威廉・普莱斯手里的牌感兴趣"。而当埃德蒙说到一处舒舒服服的普通住宅就能够使他满足，并且希望所有关心他的人也会感到满足时，玛丽"匆匆结束

---

[1]《曼斯菲尔德庄园》，第 243 页。

了和威廉·普莱斯的斗牌"。她"一把抓过他的 J",说道:"瞧吧,我要做个有勇气的人,把最后的老本都拼上。我不会谨小慎微的。我天生就不会坐在那里无所作为。即使会输,也要为之一搏"她说这些话不仅是指牌局,也是在暗指她对埃德蒙的感情。简·奥斯汀如此评价,"这一局她赢了,只不过赢来的还抵不上她付出的老本"。这句话结束了对这局游戏的描写(下一局是克劳福德的游戏),预示着她在之后的游戏中的想法和她为胜利而付出的代价。

当惠斯特牌桌解散了("只剩下格兰特博士和诺里斯太太在为上一盘争论")的时候,克劳福德想到了一个新的租房计划,这样他就可以"在附近有一个自己的家",也许这意味着他对范妮的感情在玩牌的过程中加深了。加入谈话的托马斯爵士也被询问了意见,虽然他亲切地对克劳福德在附近定居表示了欢迎,但他也重申了埃德蒙要住进桑顿莱西的那座房子,并且就教区牧师的职责对克劳福德进行了简短的训导。于是突然间,玛丽根据哥哥对桑顿莱西改造的描述所建立的"惬意幻想"破灭了,她无法继续沉浸在"对桑顿莱西的憧憬中 —— 教堂被排除在外,牧师也被抛诸脑后,桑顿莱西变成一位富贵人士的高雅、考究、现代化、偶尔来住几天的宅第"。她的梦想幻灭了,她也意识到,如果她与埃德蒙结婚,她必须舍弃很多东西。这些都在游戏结束后的一段话中有所体现。叙述者和这个角色本身都承认,这段话隐含了另一层意思。

眼下,她打的如意算盘全都完了。由于不断有人说话,牌也无法再打下去。她很高兴能结束这一局面,趁机换个地方,换个人坐在一起,振作一下精神。[1]

---

[1]《曼斯菲尔德庄园》,第 249 页。

"纸牌游戏"和"说教"代表了玛丽所处进退两难境地的两个极端。就算她的热情有些夸张，但她相对也有道德上的负担：至少根据我们对这部小说的判断，纸牌游戏象征了自负和自私，基督徒的道德感被抛诸脑后。游戏结束之后，人们"都围着火炉散乱地坐着，等待最后散场"，埃德蒙在此期间除了表达出一些永恒的价值观之外，也展现了转瞬即逝的世俗感。投机游戏同时具有娱乐和道德的性质，在这个游戏中，截然不同的兴趣点能够被清晰地展示出来。在这个场景中，简·奥斯汀将纸牌游戏以一种熟练而微妙的方式展示给读者，在她之前的作品中，她从没有如此具有艺术性地、详细地描述过一场游戏。在她的下一本书《爱玛》中，游戏更是成为整部小说结构的一部分，也是我们理解这部小说本身被描述为游戏的延伸的基础。

第十章

诗歌与谜语

可以说《爱玛》其实是《仲夏夜之梦》的另一种文学形式上的演绎，简·奥斯汀在自己的小说中引用这部戏剧中的语句从而产生了另一个谜题，只不过这个谜题不是在小说中直接呈现，而是需要通过整部小说来感知。

当哈莉埃特·史密斯的生活被爱玛·伍德豪斯支配的时候，为了充实哈莉埃特的大脑，本来计划要进行大量有意义的读书与对话，但是哈莉埃特读书时往往读了前几章后便读不下去了。她对文学的唯一追求，晚间生活中她唯一的精神食粮，是将她看到的所有谜语收集和抄写在一个薄薄的、由热压纸制成的四开本上，这个本子是她的朋友做给她的，上面装饰着奖章以及用花式字体写的索引。即便如此，她也不是第一个这样做的人，因为我们知道，戈达德太太学校的校长纳什小姐抄了 300 条以上。①受纳什小姐的启发，哈莉埃特希望在伍德豪斯小姐的帮助下，要比她抄得更多。而抄谜语这件严重缺乏想象力的行为，恰好抓住了哈莉埃特这个人物角色枯燥无趣的特点：她的灵感来自模仿，而动机就是攀比。爱玛一心想帮助哈莉埃特提升自己的创作能力、记忆力以及个人品位，而又因为她写得一手好字（唯一拿得出手的能力），所以只好先从形式和数量上入手，而内容和质量日后再说。对此，简·奥斯汀讽刺地评论道："在那个时代的文学行为中，大量抄书的现象并不少见。"

---

① 《爱玛》，第 69—70 页。

　　很多家庭确实非常流行创作谜语和字谜之类的书。例如韦恩公馆的伊丽莎·舒特夫人（Mrs. Eliza Chute），即詹姆斯·爱德华·奥斯汀的妻子爱玛·史密斯的姑妈[1]，便保存着一本这样的书，包含约 500 个谜语。这些谜语一般从朋友和亲戚那里收集而来，或者从《绅士杂志》、各种每年一版的口袋书——上面经常印有各种字谜和画谜——这些出版物中抄来。尽管最简单的谜语是简单直接的问答形式，但大多数都是以诗歌形式印刷的。答案会在下一期的刊物（当然，口袋书是在下一年的出版物）中揭晓，读者解出的答案通常也是以诗歌的形式呈现的。伊丽莎·舒特的收藏中包含从不同渠道收集而来的各类哑谜、字谜和画谜，其中有的从著名的作家如斯威夫特和加里克那里收集而来，有的是从家族朋友中收集到的，还有一些是舒特夫人自己创作的。

　　奥斯汀一家也热衷于创作诗歌，包括诗歌形式的字谜等谜语。虽然这些诗歌往往是某些特定情景下的产物，通常也是轻松愉悦的风格，但会被记下来并在家人和朋友间流传，有一些甚至就是为了保存下来而分门别类记载的。不仅如此，他们的下一代，简·奥斯汀的侄女安娜·勒弗罗伊将她姑妈和外祖母[2]创作的一些诗再次抄进家族的收藏中，她花费毕生的精力，不断丰富着家族的收藏。所以，很明显，尽管这些诗的创作多数是建立在游戏的基础上，但很多这些一家人在休闲时创作出来的诗都被认为是值得收藏的。

　　除了简·奥斯汀，她的母亲奥斯汀太太毫无疑问也拥有创作轻体诗的极高天赋。在她 6 岁的时候，她的叔叔西奥菲勒斯·利就以"家中诗人"的外号来形容她。[3]奥斯汀太太从小就养成了写诗的习惯，在他们家，女性通常和

---

[1] 汉普郡档案办公室，奥斯汀-利档案馆。

[2] 勒弗罗伊太太。

[3] 乔治·霍伯特·塔克（George Holbert Tucker），《优秀传统：简·奥斯汀家族史》（*A Goodly Heritage: A History of Jane Austen's Family*），第 67 页，曼彻斯特，1983 年。

男性一样，从小就被培养这个习惯。西奥菲勒斯的女儿玛丽于 1795 年在她的利氏诗歌集手稿的开头这样描述道："文学对于女性来说……几乎是不被鼓励的，也是不受推崇的，因而鲜见女性文学。"也正因为如此，她的亲戚爱德华爵士 ① 鼓励年轻女性接触文学便显得难能可贵，而且他非常乐于指引女性去阅读文学作品。② 利氏诗歌集中的很多诗是家族中的女性创作的，在音韵上很多比爱德华爵士自己写的那些机灵诙谐的诗显得更加感性，当然，爱德华爵士本身也极具天赋。玛丽和她的两个堂姐妹 —— 伊丽莎白以及另一个玛丽（两个都是爱德华爵士的小姨子），共同创作了英雄体的诗献给爱德华爵士。受蒲柏的《夺发记》启发，她们 3 个人创作了《大头针历险记》，手稿包含 3 个篇章，共 26 页，通过 3 个年轻女作者的目光，辛辣地讽刺了当时伦敦的花花公子和曼妙女郎的各种面貌，而在当时，这 3 位作者年龄最大的也还不到 20 岁。不过，更典型的是由玛丽·利（日后创作了诗体家谱）创作的《玫瑰歌》。她以歌颂鲜花的色彩与芳香的常见手法开篇：

> 芳玫远羞开
> 色香遇相快
> 若无此影色
> 香从何处来 ③

通过将鲜花的匆匆衰谢与人生的失意进行比较，她告诫我们修身养性的意义，"若无此影色，香从何处来"。

---

① 爱德华·特纳爵士娶了玛丽-利的表姐，埃德尔索普的卡桑德拉-利。
② 英国图书馆，RP 3402。
③ 同上。

来日纷飞展

呼啸天地间

苍穹芳满绽

后来，在奥斯汀太太只为自己和家人消遣创作的诗中，这种感性的风格便消失无踪了。大概 60 年后，在一首从某种意义上讲也是由玫瑰激发灵感的诗中，奥斯汀太太采取了一种更为幽默的手法：

今天早上我从睡梦（repose）中安静醒来

我抹了抹眼睛后又通了下鼻子（nose）

套上袜子和鞋子来把双脚（toes）裹住

然后继续穿上余下的那些衣服 [①]（Clothes）

这几句诗中藏着一个把戏，即创作者必须在每句诗中以特定的字来押韵。在这首关于玫瑰的诗中，奥斯汀太太继续写道：

做完这些我用了大概（suppose）一个小时

接着我开始修补我的长筒袜子（hose）

这不是我想做的（chose）而是必须做的

我差不多在袜子上缝了二十针（rows）[②]

缝好袜子之后我便向窗外（windows）望去

惊喜间看到雌雄成对的牛（cows）羊鹿（ewes）

[①]《简·奥斯汀诗歌集》，第 21 页。

[②] 同上，第 72 页。

家里所有人都嚷着要去（goes）图书馆

虽然很冷（froze）但是我跟着他们去了

当我在花园里挥着锄头（hoes）干活时

我的身体才变得温暖血液畅快（flows）

我觉得现在我必须写个结尾（close）了

因为我发现我越写 (compose) 越显得愚蠢

再写长一点我的诗就成散文 (prose) 了

　　当然，奥斯汀太太并不是所有的诗都写成这样，她的风格是诙谐的，富有独创性的，对事物寄以美好的期望，而且她总会毫无意外地在一首诗中以"prose"（散文）收尾，虽然她的诗根本不可能成为散文。将日常生活中司空见惯的事物写进打油诗中，她展现出的这种情趣是非常有特点的。她抓住一切能激发她灵感的东西，无论是丈夫的学生对于教区花园里锄头嘎嘎响打扰他们休息的抱怨，[①] 还是被她写成打油诗并收录到家庭食谱里的一种布丁。[②]

　　奥斯汀太太的长子詹姆斯继承父亲的衣钵，成为斯蒂文顿镇的一个校长。他是一个风格较为严肃的诗人，写了大约50首诗，其中一些诗的篇幅相当长。《田园生活经济》有800多行，但直到他死时都还没有完成。除了为斯蒂文顿剧院撰写一些戏剧的序幕与终章[③] 以及其他一小部分轻体诗外（有两首关于他女儿的猫的诙谐诗），[④] 詹姆斯·奥斯汀的创作风格是复古浪漫主义，让人联想起詹姆斯·汤姆森的《四季变幻》和格雷的《挽歌》。在《于伯克郡金特伯里镇所作挽歌》和《塞尔伯恩·汉格》这类诗中，他从大自然的美丽中

---

① 《简·奥斯汀诗歌集》，第 28 页。

② 同上，第 32—33 页。

③ 同上，第 248 页。

④ 同上，第 45—48 页。

提炼出基督教的原始哲学。也有一些关于其个人的诗,比如关于告别牛津的十四行诗,或者在15周年结婚纪念日上写给妻子的诗。在他最喜欢的诗中,有几首是写给儿子詹姆斯·爱德华的。他的儿子拙劣地模仿父亲的风格,写了一首叫《尘土与污泥》的诗来挖苦父亲①,不过几年后,他开始充满敬意地用手抄的方式大量收集父亲的诗。这便是这些诗能够流传至今的原因,因为,虽然詹姆斯·奥斯汀笔耕不辍,但是他的诗从未出版过。写作对于他,或者对于大多数牧师来说,只是闲暇时的自我陶冶,或者是社交时的即时娱乐。即使是他回忆简·奥斯汀的诗,虽然是以18世纪挽歌式的严肃语言写的,也不是为了纪念作为小说家的简·奥斯汀,而是作为自家人的简·奥斯汀,一个他不想让外界知晓的妹妹,一个家中的得力帮手,所以,这些诗是不打算公开出版的。②

　　在简·奥斯汀本人创作并留存下来的29首短诗中,只有一首在她生前出版过,那便是《爱玛》中埃尔顿先生的谜语5首"歌"和1篇墓志铭出现在她儿时创作的故事中,包括那首具有18世纪感性诗风的滑稽剧《失望颂》,一起被收录在《简·奥斯汀作品卷一》和《简·奥斯汀作品卷二》中。③剩下的诗创作于她人生的不同阶段,从中可以看到这些诗在创作时她处于怎么样的生活情境下。比如作为礼物的陪赠附在针线包或者手帕上④,或者以一个孩子的目光描绘一场婚礼的到来,或者谴责一位 Mr. Best(好好先生)因没有胆量而拒绝送她的朋友玛莎·劳埃德去哈罗盖特镇,有时也有家人对于公共事务的态度,比如爱德华·奥斯汀明确反对的"肯特运河法案",也有对某个新生儿表达的祝贺。⑤她只写过一首严肃、庄重的诗。1804年12月16日,

---

① 《简·奥斯汀诗歌集》,第59—60页。

② 同上,第48—50页。

③ 同上,第197—198页。

④ 同上,第66页。

⑤ 同上,第4—5、5—6、10—12页。

简·奥斯汀生日当天,与她亦师亦友的安妮·勒弗罗伊不幸坠马身亡,4年后,对这一天的悲痛回忆促使她写下了这首庄重的诗。如果说文字是冰冷严肃的,那这首诗的最后一节多少透露出作者意识到自己祈求和昔日好友相同命运的不现实意图,她放纵的笔调把她失去理性的微弱心理表现了出来,这种笔调在她的小说中很常见:

吾祈求与君命相连
吾祈求上天之预兆
愿此与君前缘再作
理度不与纵情无殇 ①

不过,简·奥斯汀的大部分诗都流露出一种自发而为的乐趣。就算她头痛卧病在床,也能激发出一首欢快灵动、表现与疾病斗争的诗,这恰好也提醒我们,本书探讨的这些休闲活动都建立在健康的身体基础之上。以下这首诗通过对社交逸事的敏锐观察以及巧妙地情景模拟一个似死之躯,成为简·奥斯汀完成度最高的诗篇之一:

当一个人
头痛欲裂地瘫在床上
思绪闭塞
辗转难眠
他才不会关心
世界发生着什么大事

---

① 《简·奥斯汀诗歌集》,第8—9页。

没了谁太阳照样升起

他才不会同情
热衷跳舞的朋友
在舞会上怎么摇摆着跳华尔兹
他丝毫不关心
谁又发飙了
谁又伤心了

他才不会关心
谁吃到了餐厅当季最好吃的菜
他才不会去想
那美味的酱汁和炖汤
来客是贵族还是乞丐

丧钟就算敲碎了
也引不起注意
新娘嫁人了
死人抬走了
希望和恐惧一如既往

身体沉痛
每个关节锁住了一样
没有任何可以依靠的东西
但是

为了亲爱的朋友

也为了他的灵魂

他体内的洪荒之力

定会取胜

健康和安逸终会再来 ①

这首诗一开始便展现了第三章中没有提到的公众聚会令人不敢恭维的一面,因此,第二节以这样的诗句结束:

他才不会去想

在这人群聚集的场合

散发出的酸臭味

很明显,对于这种直白的表述,她重新斟酌了一番,所以在手稿中(现今归英国巴斯市议会所有)将这种暴躁的心境以一种更温和的讽刺手法来表述。

简·奥斯汀的一些诗也暗藏着某种形式的双关语,关于赛尔先生和吉尔小姐婚礼的诗便是其中一个例子。② 另一个例子是关于朴次茅斯伯爵的侄女卡蜜拉·沃洛普和一位年长的牧师亨利·韦克订婚的短诗:

幽默、美丽、娇小(small)的卡蜜拉

为了嫁个好丈夫一次次冒险(stake)

①《简·奥斯汀诗歌集》,第 15—16 页。
② 同上,第 211—212 页。(该诗内容见本书第七章,第 294 页。——译者注)

经历无数次失望的舞会（Ball）后

如今终于幸福抱得韦克（Wake）归 ①

对于这类诗中蕴含的幽默，她的侄女卡洛琳解释道：

她偶尔闹的笑话是在邻居可能发生的事情中添加她的想象，在一些琐碎之事上添油加醋，或者编一些他们可能说过的话、做过的事，然后写进自己的诗或散文中。例如有一次，我只是向她描述了一下米尔斯小姐和耶茨小姐，两个只是在附近做客的年轻姑娘，基本上她是一点都不认识她们的，然而她们的名字就让她产生了写诗的欲望，于是她就去写了。勒弗罗伊太太应该知道这首诗是怎么写的，我相信她有这首诗的副本。②

不幸的是，如果安娜真的有这首诗的副本，那她也没有收录在她的诗集里，而直至今天我们也没看到这首诗。想必有很多这样即兴创作的诗都没能留存下来，不过值得高兴的是，简和她的母亲还是保存下来不少她们认为不错的诗。

奥斯汀一家都喜欢玩这种文字游戏。当弗朗西斯·奥斯汀的朋友爱德华·富特上校娶了巴顿将军的女儿时，奥斯汀太太的哥哥詹姆斯·利·佩罗特写了这样一首带有双关语的贺诗：

在充满荆棘的人生道路上

望你们的步伐得到守护（Guard）

---

① 《简·奥斯汀诗歌集》，第 16—17 页。

② 卡洛琳·玛丽·克莱文·奥斯汀，《我的姑妈简·奥斯汀》，第 8 页。

愿你们幸福快乐地走（jog）下去

戒指不朽，共结连理（Knot press hard）

祝富特与巴顿百年好合（Clog）①

利·佩罗特先生跟妹妹一样，也拥有创作轻体诗的才情，他创作了不少诗体谜语，比如这首关于"河"的谜语诗：

我有头也有嘴巴，

神奇的是我的头和嘴巴相距遥远。

每一天我嘴巴吃到的东西，

都会绵绵不断地吐出去。

我没有眼睛，

但从来不会迷路。

我没有腿脚，

但跑得飞快。

有一点可以肯定的是，

漫漫旅途中，

我一直带着我的床。

奥斯汀太太对于创作谜语的精通，可以通过下面这个谜语展现出来：

有时候我洁净明亮，

---

① 《简·奥斯汀诗歌集》，第 52 页。

　　　　有时候我布满烟灰。

　　　　在宴会上我作用良多，

　　　　我常用右脚或者左脚，

　　　　我是一条鱼、一个男孩、一头野兽。[①]

　　很多谜语经常也与字母表有关，比如那首著名的由凯瑟琳·玛丽亚·范肖创作的关于字母"H"的诗："在天堂里布告，在地狱中呢喃（Twas in Heaven prounced, and twas muttered in Hell…）。"[②] 奥斯汀太太创作了一首非常相似的关于字母"O"的诗，只是没有公开发表过，不过这表明她读过范肖的诗。这一点通过另一首由她创作、保存在简·奥斯汀手里的谜语诗可以得到佐证。众所周知，凯瑟琳·玛丽亚·范肖来过汉普郡旅行，所以他们很可能是在韦恩公馆遇见她的，因为这两首诗都收藏在舒特夫人的诗集里。另外一种可能是，他们是通过住在大布克姆的表亲库克家认识她的，毕竟她也住在萨利郡。不管奥斯汀一家认不认识她，但他们是知道她的诗的，这也强调了他们确实非常喜欢收集带有文字游戏的诗。除了奥斯汀太太，这家的其他所有人似乎也都尝试过创作这类诗，虽然并不是所有都非常出色（保存下来的有两首是卡桑德拉创作的，就出乎意料地糟糕）。诗人詹姆斯对于这种诗倒是信手拈来。在一首关于"滑铁卢"的谜语诗中，他就展现出和他舅舅利·佩罗特一样的机灵和才情：

　　　　首先我的第一部分（first），

　　　　假如老谚语说的是真理，

---

　　①《简·奥斯汀诗歌集》，第 38 页。

　　② 凯瑟琳·玛丽亚·范肖（Catherine Maria Fanshawe），《文学遗迹》（ *Literary Remains* ），威廉·哈尼斯（William Harness）编，伦敦，1876 年。

最好之仆人即最坏之主人（worst），

那我的第二部分便是，

无尽的废墟之上（brings），

是流氓站在国王头上狰狞地狂笑（kings）。

然而合起来后，

我迥然之所见却是（gave），

凯旋的国王，

和一败涂地的流氓（Knave）。

　　这首诗字面之下蕴含着更深的东西。卢牌^①的规则是只要有一个玩家输了，奖池的数额就会翻倍。牌堆中的杰克牌（纸牌中的 J），也称为"帕姆"，是最大的牌。因此，把拿破仑比作"一败涂地的流氓"恰好对应了整首诗中这个词的定义，而"国王"与"流氓"的反转也刚好类比了开头所说的"主人"和"仆人"的对立。对于这种形式的诗，简·奥斯汀处理起来得心应手。比如在一首关于"钞票"的谜语诗中，不但每个部分的字义能对应上，而且还以一种典型的视角讽刺了唯利是图的商业行为：

溪水边（stream），

你可躺在我的第一部分

我的第二部分会向你心目中的女神吟唱（adore）。

然而，

一旦你没有我的全部

她便对你了无兴趣（esteem），

---

① 卢牌（unlimited loo），18 世纪和 19 世纪时期的一种纸牌赌博游戏。——译者注

她便移情别恋，

你也不必再挂念（no more）。[①]

　　其他形式的文字游戏也非常流行。互文诗是简·奥斯汀在古德汉姆时写过的诗，是一种活泼而个人的创作形式，尽管可能没有巴顿庄园的米德尔顿家和斯蒂尔家写得那么张扬。[②] 在一封写给卡桑德拉的信中，她写了一首关于她的肯特郡朋友爱玛·普鲁穆特和她的未婚夫的互文诗：

求爱玛（Emma）而不得，

我辗转难眠（dilemma），

此思此恋谁道出（lips），

亨利·吉普斯（Henry Gipps）。[③]

　　限韵诗是根据一系列限定的押韵词来创作的诗，在这里我们可以猜猜这些诗的作者是谁。每句诗的最后一个字可以产生非常有趣的效果，比如这首由詹姆斯·爱德华·奥斯汀-利写的诗：

　　限定词：睡觉（sleep）、蠕动（creep）、唠叨（chatter）、蛋糕（batter）、转身（turn）、燃烧（burn）

听，朦胧树丛已睡着，

汩汩的溪水在蠕动，

野餐的人在一旁唠叨，

---

① 《简·奥斯汀诗歌集》，第 18 页。

② 《理智与情感》，第 143 页。

③ 《简·奥斯汀书信集》，第 186 页。

我愤然地转身一看，

噢，上帝啊，看那篝火燃烧，

他们在煎鸡蛋搅蛋糊！①

奥斯汀太太于 1820 年创作了一首限韵诗，完全符合她那人间烟火的风格：

限定词：诗（verse）、钱包（purse）、灵车（hearse）、悲伤（sorrow）、明天（tomorrow）

我已经在一篇散文中说过了，

我现在还要写一首诗，

富裕带来安逸，贫穷带来悲伤，

最好躺在沙发上，而不是灵车里，

钱包最好满满的，不能空空如也，

今天就要吃饱饱，别斋食到明天。②

还有一种文字游戏叫"作词诗"，每个参与者会有两张纸，一张写上一个问题，另一张写上一个词语，然后分别折起来传开，任何人抽到其中一张都要以写诗的方式回答那个问题，并且诗中必须带有抽到的那个词语。詹姆斯·爱德华在以"狐狸"这个词回答"你是否抽鼻烟"这个问题时，作了这样一首诗：

---

① R.A. 奥斯汀-利，《波茨-莱姆斯和名词诗句》（*Bouts-Rimes and Noun Verses*），第 7 页，伊顿，1905 年。

②《简·奥斯汀诗歌集》，第 24 页。

啊哈，我几乎不抽鼻烟（alack），

就像罗伯特从来不猎狐（fox），

不过，为了展示他去捕了一群（pack），

那么，我也展示一个烟盒吧（box）。①

　　限韵诗和作词诗的一个有趣变化，是奥斯汀家的后辈们喜欢以著名书籍中的人物的口吻来写诗，当然，通常都是简·奥斯汀的书。因此，她的侄女卡洛琳在以"脾气"这个词回答"家里谁的胸针最好看"这个问题时，用的是诺里斯太太的口吻：

虽然实在难以启齿，但如果必须要说（say it），

反正也见不到她，那我还是说出来吧（display it）。

她那些慈祥大方的堂兄妹、父母、叔伯、姨婶（aunt）

都比我的长得好看，也比格兰特夫人（Mrs. Grant）的长得好看！

在这样一个夜晚，不好意思我要大声（aloud）说出来了，

她那亲爱的、可怜的母亲的脾气总是值得骄傲（proud）的！②

　　不过，令人惊奇的是，在简·奥斯汀的小说中，大多数情况下里面的人物并不作诗或者相互提问谜语。当然，诸如简·奥斯汀创作的那些诗，不但需要天赋和智慧，还需要长时间的静心才能写出来（通常需要半小时左右）。③就像我们在这最后一章里看到的，玩文字游戏是聊天的一个契机，通常披着玩乐的外衣。而让人物静静地坐在那儿思考和创作一些机灵的诗，并不能为

---

① R.A. 奥斯汀-利,《波茨-莱姆斯和名词诗句》，第35页。

②《简·奥斯汀诗歌集》，第62页。

③ R.A. 奥斯汀-利,《波茨-莱姆斯和名词诗句》，第3页。

简·奥斯汀推动情节发展提供可能的戏剧性场景。不过，《爱玛》是一个例外，里面不仅有诸如此类的文字游戏场景，小说本身的叙述性文字也蕴含着文字游戏，单就这些文字就提供了另外的情节。也正因为如此，读者并不是小说里人物情节被动的旁观者，而是最大限度地主动参与到这种文字游戏当中。在这个游戏里，无论我们是否喜欢爱玛（如简·奥斯汀所言，我们不会喜欢），是否宽恕弗兰克·丘吉尔，是否认为奈特利先生是一个智慧和仁慈的人（如同爱玛想象的那样），或者认为他是保守的男权主义体制下一个傲慢的教条主义者，在作者为刺激我们的智力设计的大量而详细的文字游戏前，我们对人物的这些反应，统统退居次位。

《爱玛》这部小说里在 4 处设置了玩文字游戏的情节，每一处都代表着爱玛由自欺欺人到自知之明的成长转变。但是这种成长是一种犯错的过程，具体以解答谜语的过程来体现，从更深的程度上讲，这些设置的难题，正如那些谜语一样，之前的爱玛无法解决，而是让一个全新成长后的爱玛来解决，这样一来，小说设置的那些令她成长的力量才有机会通过情节呈现出来。这 4 处文字游戏分别是埃尔顿先生的字谜、哈特菲尔德市孩子们玩的字母游戏、在博克斯山探险时弗兰克·丘吉尔的口头挑战以及韦斯顿先生的谜语。后 3 个处在主要情节线上，属于爱玛—弗兰克·丘吉尔—奈特利先生这条人物线。而第一个来自开始阶段，属于爱玛—哈莉埃特—埃尔顿先生这条线，作为小说主要情节发展前的预备存在，用爱玛对哈莉埃特描述这个谜语的话说，就是"故事的序幕，章节的主题"。①

伍德豪斯先生每次努力回忆年轻时候读过的谜语，最后往往总是只能想到"凯蒂，美丽而冻僵的女仆"（Kitty, a fair and frozen maid）这个谜语。为此，他常常去他在海伯里村的药剂师朋友佩里那儿寻求帮助，希望在那个地

————————

①《爱玛》，第 74 页。

方能想出点什么，毕竟他以往没少去那儿。[①] 另外，爱玛想得到埃尔顿先生的帮助，由于她已经决定让他做哈莉埃特的丈夫，所以便委托他为哈莉埃特的肖像做了相框。爱玛还请他收集所有他能找到的字谜、画谜等谜语献给哈莉埃特作为收藏，以此作为他们更近一步亲密行为的第一步。有着典型绅士风度的埃尔顿先生，认真诚挚而又小心谨慎，关于性的任何溢美之词只字不提。这里所说的性，是指所有埃尔顿先生感到困惑而注意极力回避的东西。在为她们贡献了两三个极其纯洁的谜语后，埃尔顿先生终于想起了这个著名的关于女人的字谜：

> 第一部分是我的苦难（denote），
> 第二部分是我的命运（destined to feel），
> 合起来便是我的灵药（antidote），
> 苦难消失，创伤愈合（heal）。

当他一脸愉悦和得意、富有感情地读出这个字谜时，爱玛便不幸地意识到，他们俩早已经交流过了。这个字谜的模式符合一本 1823 年出版的谜语集所主张的模式，其在前言里称，一个合乎规范的字谜必须有两个音节组成的复合词，并且每个音节都指向一个带有实质意义的词。[②] 这样的谜语集在当时非常普遍，带有寓教于乐的目的。1823 年那本谜语集的前言（其实叫"告读者言"）中就指出，谜语对于青少年的心智是一种非常合适的训练。作者还指出，"我说的青少年，是指结束了早期教育的青少年适龄男女"。这正好符合哈莉埃特的情况。简·奥斯汀的讽刺并不针对谜语本身，而是哈莉埃特

---

①《爱玛》，第 70 页。
②《从未出版过的字谜游戏》（*Enigmas and Charades Never Before Printed*）的"序言"，伦敦和巴斯，1823 年。

接触的文学范畴如此局限，而爱玛却也满足于此的事实。奈特利先生告诉过韦斯顿先生，他对爱玛所谓的读书计划不再抱有任何期望，她从来不会提出任何需要耐心和下功夫读的书，无法体会到看懂一本书的乐趣，当泰勒夫人都不能刺激哈莉埃特的时候，她自己也就什么都做不了了。① 具有讽刺意味的另一方面是，哈莉埃特收集这么多智力谜语，而她却没有能力解开答案。1823年那本谜语集的作者称，谜语是一种可以有效地教会人们如何耐心发问并提高思维灵敏度的方式，但是对哈莉埃特来说却起不到任何作用。埃尔顿先生的一个朋友，曾经通过他小心谨慎地向哈莉埃特提供了一个字谜，一个关于"求爱"的字谜。当哈莉埃特试图解这个字谜时，毫不着调地在"女人（一个很笨的答案，因为他之前已经出过这个词了）""海神""三叉戟""美人鱼""鲨鱼"等这些词中乱猜一通，满是困窘，无法集中思路解出答案，显示出她离1823年那本谜语集的作者的这个建议有多遥远："在读者对谜底有了想法之前，他应该记住，永远不要根据其中的一句话赌运气胡乱猜测，而是应该检验自己的想法是否接近所有的描述。"②

如果说这样系统化的规则对哈莉埃特来说要求太过分，那对于爱玛来说明显则不然，她对这个字谜的评论先是预示了小说接下来奈特利先生对弗兰克·丘吉尔的自辩性的分析，同时也充分展示了属于她的那种敏锐的智慧。出乎意料地，她打算指点一下哈莉埃特：

> 致某小姐
> 首先，我的第一部分，
> 是那充满财富与浮华的君王（kings），

---

① 《爱玛》，第 37 页。
② 《从未出版过的字谜游戏》的"序言"。

人间的主宰，他们的奢华与安逸（ease）。

然后，我的第二部分（my second brings），

是我们要用另一种眼光来看，

看哪，看那大海（seas）之王。

呜！我们看到（have）什么相反的东西？

男人浮夸的力量与自由，

都消失无踪（flown），

人间和大海的君王，

现已卑膝成奴（slave）。

掌管一切的（reigns alone），

是女人，可爱的女人。

她们敏锐的智慧会告诉（supply）你这个字，

用你那温柔的眼眸（eye）迎接这智慧之光吧。[①]

　　"我见过更糟糕的字谜。"爱玛评论道。她的解决办法分为两个阶段。先是对于她，小说描述了她在短暂的时间里想明白谜语的过程，用了 5 个简洁的短语："她盯着字谜，思考着，弄懂其中的意思，再通看一遍以确认无误，最后对谜底了然于胸。"事实上，她遵从的是谜语书上那些关于解谜的指导。当然，我们无须怀疑聪明的伍德豪斯小组，毕竟她是奈特利先生口中那个"10 岁的时候就拥有解答她姐姐 17 岁都解答不了的问题的过人天赋的女孩"。但是，我们在这里第一次看到了简·奥斯汀所要表达的——纯粹解出谜底和正确理解谜底的意义是有区别的。爱玛能够将这个字谜的两个音节成分结合起

—————————

① 《爱玛》，第 71 页。

来，然而却不能结合这个字谜创作的意义，她完全误解了它的目的。"这是个非常好的暗示，我向你保证，听从内心的感觉，意思很直白——'史密斯小姐，祈祷吧，让我离开，然后把地址告诉你，你要用一样的眼光看待我的字谜和我的意愿。'"爱玛解出了谜底，但理解错了其中隐藏的意义：她的想象和她的理性是对立的。这也许是读者跟进小说情节发展之前最重要的发现：爱玛承认自己是一个想象家，当然，就算她不承认，我们可以看到她想象的东西和理性让她做出的判断恰恰是相反的。通过这个例子，读者若想弄明白小说发展过程中其他暗含玄机的东西，需要铭记于心的是，寻找谜语的答案和理解小说的玄机是不一样的。简·奥斯汀把这个游戏的规则告诉了我们：如何看待它们，取决于我们自己。

由于误解了埃尔顿先生字谜的真实目的，爱玛继续在哈莉埃特的爱情之路上精心导演一系列虚构的情节。之所以说是虚构的，是因为尽管是无意识的，但她出乎意料地认为哈莉埃特对埃尔顿先生的内心感受具有敏锐察觉的能力，并紧紧抓住那个字谜，以此证明奈特利先生说埃尔顿先生不会娶哈莉埃特是错的。事实上，读者尤为觉得讽刺的是，爱玛还引用了《仲夏夜之梦》里的一句话"真爱之路永不会平坦"，并且对此她还评论道："一个哈特菲尔德版本的莎士比亚对这句话会有更深刻的见解。"爱玛惊叹，如此般配的一对应该立马呈现出他们应有的模样，并将如此可喜的安排归功于"哈特菲尔德独特的人文气质为真爱指明了方向"。但是莎士比亚比她更有智慧，在小说的末尾，雅典恋人面对的困惑一样会在海伯里出现。哈莉埃特会回到最初的爱人罗伯特·马丁身边，就像德米特里厄斯和海伦娜那样。而爱玛最终也会发现奈特利先生"如珍宝，属于我一个人的珍宝"。[1] 可以说《爱玛》其实是《仲夏夜之梦》的另一种文学形式上的演绎，简·奥斯汀在自己的小说中引用这

---

[1] 《仲夏夜之梦》，第 4 幕，第 1 场。

部戏剧中的语句从而产生了另一个谜题，只不过这个谜题不是在小说中直接呈现，而是需要通过整部小说来感知。

　　当然，埃尔顿先生并非存心要欺骗，是一个朋友通过他提供了这个字谜，而在哈莉埃特的收藏集中加入这个字谜所产生的微妙结果，是他表明自己真实态度的一个显而易见的策略。事实上，他非但没有隐瞒自己的感受，在一次与哈莉埃特的谈话中，他表达了想把这个字谜从她的收藏集中移除的想法，而且这话更多是对爱玛说的，好让她明白这个字谜的潜在意义，只不过她自己的想象让她相信这个字谜是他专门为哈莉埃特而作的。埃尔顿先生在玩一个把戏，可能有些不切实际，但也是值得尊敬的。他的规则和这个字谜一样直接和传统，营造男性的力量在至高无上的女性面前卑躬屈膝的形象，在哈特菲尔德女继承人面前表现出他谦恭的假象。用奈特利先生的话说，埃尔顿先生是"一个人格高尚的人，受人尊敬的海伯里牧师""从在只有男性的场合上他的谈吐方式来看"，奈特利先生坚信"他不会自毁形象"。简·奥斯汀在这里指出，男人，至少是想娶老婆的男人，在有女性的场合上会采取特别的讲话方式。埃尔顿先生献字谜，其实是以一种文学表达形式来献殷勤。

　　别人无意欺骗爱玛，她却偏偏受骗，这让她面对任何真的欺骗她的人时显得脆弱不堪。在弗兰克·丘吉尔最终来到海伯里之前（这是简·奥斯汀设计的一个更大的把戏，他和简·费尔法克斯的出场都经过了漫长的准备），爱玛就已经开始在脑海里想象他和她在一起的情节：尽管她宁愿永远不结婚，"弗兰克·丘吉尔的名字也有一种魔力，一直吸引着她。她常常有一种念想，尤其自从她的父亲和泰勒小姐结婚后，如果她要结婚，那无论从年龄、性格还是地位来看，他和她都非常般配，以两个家庭的关系，他似乎就是属于她的"。爱玛的脾性是喜欢支配别人的生活，把别人的生活变成她自己的，而弗兰克·丘吉尔这个名字加上她的想象，令她这种脾性一发不可收拾。自从他第一次来到海伯里后，她就开始在脑海里虚构一个完完整整的爱情故事。在这个故事里，弗兰克·丘吉尔不可救药地爱上了她，而她刚开始时也爱他爱得不可收拾，但之后便爱意全无。当她画画或者做针线活的时候，她想象了至少 1 000 种和他发展感情并让关系进一步亲密的有趣计谋，而每一种到最后都是她拒绝了他。最终，她预见他转而爱上了哈莉埃特，以此确保他和她之间的关系是纯洁无私的朋友关系，而且对此她是喜闻乐见的。①

在玩这个游戏的过程中，爱玛并没有意识到，她并不是一个小说家，可以为自己创造的人物安排情节，而是在用真实存在的人编故事。当她在为想象中的爱情编造情节，并因纯洁无私的友情而终结编造情节的时候，她自己也成了弗兰克·丘吉尔精心编造的故事中的一个角色。当然，弗兰克·丘吉尔不是一个坏人，甚至海伯里唯一没有上过他的当的奈特利先生，最后也认同，在简·费尔法克斯的影响下，他的秉性会好转，学会像她那样坚守原则。在利用海伯里掩盖他的行迹时，弗兰克·丘吉尔乐于歪曲事实、混淆视听，然而，在他越来越精于此道时，他的这种行为却更欲盖弥彰。

刚开始的时候他显得还有些笨拙。他以理发为借口突然骑马到伦敦去买简的钢琴，虽然在他的父亲面前是个非常好的借口，并且韦斯顿夫人对此也没有多提，只当是年轻人一时的心血来潮，但是却让奈特利先生加深了对他不好的印象，甚至连爱玛之前觉得他人还不错的想法也动摇了。不过当他回来后，他发现他可以将爱玛富有创造性的想象力很好地加以利用，通过怂恿她投入到她自己想象的故事中，从而更加长久地掩饰他自己，同时，他也将自己虚构的情节添加到她的故事里。在科尔家的那场戏就说明了这一点。当钢琴送来刚被大家所知的时候，如她所想那样，爱玛说服他，让他相信这件乐器是迪克逊先生送给简的礼物，进而暗示他们两个是相爱的。②在爱玛滔滔不

---

① 《爱玛》，第 264 页。
② 同上，第 216—218 页。

绝地表达这些观点的时候，弗兰克相对地不怎么说话，任由自己让爱玛牵着鼻子走。在所有人都相信钢琴是坎贝尔上校送的礼物时，弗兰克很满意，他最初还担心爱玛会有别的怀疑，但通过让她相信他的微笑表明了他也有所怀疑，并且告诉她，任何她怀疑的，他很可能也会怀疑，他开始了一个游戏。爱玛一直以为这个游戏由她主导，然而真正的王牌在他手中。在她怀疑简·弗尔法克斯与迪克逊先生之间的恋情的时候，他有足够的时间来决定是否陪她一起玩。不过对于划船事件，他事后的回想似乎也显现出他内心的不安。[①] 他的原话"但是，我只看到了费尔法克斯小姐几乎从船上被冲走的事实"，清楚无误地揭示了事件的可怕性：事后，大家都受到了非常大的惊吓，半小时之后才有人回过神来。这里面没有任何的夸张成分，事实上也许正因为这个差点出现的悲剧，才让弗兰克意识到自己对她的爱。不久之后，他似乎打算结束这个游戏：如果迪克逊先生一点都不承认的话，那我们只能认为钢琴是坎贝尔一家送的。或许现在他在引导爱玛继续坚持她的猜测，当然在谈话的最后，他让她相信，是她的理智一直引导着他的判断。不过他很清楚，那些并不是理智，只是想象而已。他的判断告诉他的是，这件礼物"除了表达爱意，别无其他（事实正是如此）"，毫不知情的爱玛只是为他提供了一个很好的掩饰途径。从现在开始，他们共同的故事为他的秘密提供了最安全的掩饰。这正好也产生了一个更大的他们都乐在其中的游戏，当然，他的游戏比她的更大。谣言让简的真实恋情状态得以掩盖，他对这个充满讽刺的事实乐观其成，就算代价是让她感到痛苦。

　　弗兰克·丘吉尔玩的这个游戏（勉强地说，简·费尔法克斯也在其中），处在无时无刻不危险的状态中，在处理这些事情的时候，弗兰克的自信心日益增长。对此，简只能保持高冷的外表，以沉默来回避（爱玛不能原谅她在

---

① 《爱玛》，第55页。

弗兰克来之前没有跟她八卦关于他的事），这让他在面对任何尴尬场面时都能从容应对。在这之前有一场戏，其中的意味只能在后面体会。贝茨小姐和韦斯顿夫人去福特商店接爱玛和哈莉埃特，留下弗兰克·丘吉尔在家帮贝茨夫人给眼镜固定铆钉。"她们回来的时候，客厅一片安静。"贝茨夫人平日的工作有人在帮她做，此时她在壁炉边睡觉。弗兰克·丘吉尔坐在旁边的桌子边，正忙着帮她修眼镜。而简·费尔法克斯则背对着他们，注意力全在钢琴上。虽然忙于手上的事，但是这个年轻人在再次看到爱玛时露出了高兴的神情。[1]这场戏提示弗兰克露出了开心的神情，而我们，像爱玛以及其他人一样，以为他只是在忙着修眼镜。我们意识不到他和简趁着近视的贝茨夫人在睡觉的时候拥抱过，并且刚刚才分开。而在他露出开心的神情时，她正背对着他们专注于弹钢琴。这是个有意思的讽刺，正是弗兰克修眼镜的事，令大家看不到刚刚发生了什么。

然而，几分钟后，他开始大胆地演了一出更细心的戏。他有意提到坎贝尔上校，由于与她们都是针对另一方的同盟，所以他在爱玛和简面前展示着相同的表情。简只好陪着他们演戏：

"无论坎贝尔上校雇的人是谁，"弗兰克·丘吉尔说，微笑地看着爱玛，"这个人都不会选错的，我在威茅斯的时候，久闻坎贝尔上校的品位，我保证他以及他们所有人都会好好重视上面的说明，我敢说，费尔法克斯小姐，他要么会给他的朋友非常细致的指示，要么会亲自给布洛德伍德写信，你不觉得吗？"

简没有抬头，她被迫听到这些话，韦斯顿夫人同时也在跟她说话。

"这不公平。"爱玛小声说，"我只是随意猜测，不要让她难过。"

[1]《爱玛》，第240页。

　　他笑着摇了摇头，看上去毫无怀疑，也毫无怜悯，接着他又马上开始说："费尔法克斯小姐，你在爱尔兰的朋友听到你这件事得有多高兴啊，我敢说他们经常想你，想着哪一天这件乐器才能送到他们手中。你觉得坎贝尔上校知不知道这件事情正在进行？你觉得这是他临时委任的结果吗？或者他只给了一个笼统的指示，一个无法确定时间的命令，只图什么时候方便吗？"

　　他暂停说话，而她不得不听并回答。

　　"在我收到坎贝尔上校的信之前，"她以一种强作镇静的嗓音说，"我什么也不知道，一切只是猜测。"

　　"对，猜测，有时候会猜对，有时候会猜错。我希望我能猜出还要多久才能修好这副眼镜。伍德豪斯小姐，一个人努力干活的时候不停地说话，真是什么胡话都说得出来。我想你们真正干活的人，都是闭嘴不言的。像我们这些男人，要是抓住个话头，比如费尔法克斯小姐说了些关于猜测的话，我们就会不停地唠叨。好了，修好了，夫人（对贝茨夫人说），很高兴可以帮您修眼镜，现在修好啦。"①

　　这个时候，简的焦虑还没有消退，不过很快会好的。弗兰克还在为此时此刻这颇具讽刺意味的情形感到得意，他的兴致还远没有消退。简还待在钢琴边，而他让她弹奏那首前一天晚上在科尔家的派对上他和爱玛跳舞时的华尔兹。"我愿意付出一切，一个人能给的一切，"他说，"来交换那半个钟头。"在这番托词之下，对简的演奏却没有评述。他突然说："如果一个人能再听到让他开心的音乐，这将会是一件多么让人幸福的事呀！如果我没记错的话，那次是在威茅斯跳舞。"简抬起头看了他一眼，脸色红晕，然后弹了首别的曲子。

---

　　①《爱玛》，第241—242页。

于是他的胆子就更大了,明显比她更能掌控这个游戏。他的下一个行动非常微妙,伴着音乐,他对爱玛说,"这些音乐都是随着钢琴一起送来的,坎贝尔上校真是太细心了,不是吗?他知道费尔法克斯小姐在这里听不到音乐,我不得不钦佩这里面的良苦用心,它体现了这里面全部的心意,一点也不鲁莽,一切都刚刚好,只有真正的爱意才能驱使一个人做出这些。"爱玛觉察到简脸上留下的微笑,这自然是她在表达对弗兰克的谢意。但是出于内心不安的感受,爱玛将其解读为"迷之开心的微笑"。她有点不安地低声跟弗兰克说,简一定会理解他的,他回答:"我知道她理解我,我会让她理解我的。"对于弗兰克,简和爱玛对于彼此的看法都自信满满,弗兰克·丘吉尔分别满足着她们的虚荣心。他做到了掩饰自己,并且极大地享受其中。他的确非常聪明地在玩这个游戏。

后来发生了一件差点暴露他行为的事,不过,他机智地让大家相信了他的解释。在皇冠旅馆的舞会结束后的第二天早上,他在回里士满的途中从吉卜赛人的手中救下了哈莉埃特。将她送回哈特菲尔德后,他不得不解释是如何发现她的。关于他的解释没有直接说明,而是引述的:

> 不幸中的万幸是,他离开海伯里的时辰被耽搁了,这才让他在这紧要关头救了她。那天早晨的惬意让他打算步行一段路,他的马车在另一条路等着他,离海伯里大概一二里路。恰好前一天晚上他借了贝茨夫人的剪刀忘了还,于是他不得不先上她的家去,在里面待了几分钟。因此,他比预想的时间晚了一些。

在这段颇为顺畅、看似合理的描述背后,我们知道事情的真相其实是什么,当然也是后知之明:突然拜访简·费尔法克斯、支走马匹以便不在贝茨家外面被看到、前一天晚上的计划以及借走剪刀,现如今突然必须要解释这件事情，随着在贝茨家的短暂逗留，事实的真相和背后的动机谨慎地被视为"不幸中的万幸"而无人怀疑。可以看出这个叙述者和弗兰克·丘吉尔其实是串通一气的，与他在小说中出现过的很多粉饰过的说辞如出一辙。事实上，这一切也是简·奥斯汀给读者出的一个更大的谜题。

对于发现弗兰克·丘吉尔乐于混淆真相这件事，我们也许并不感到奇怪，因为类似的行为在简·奥斯汀的小说里经常出现。当弗兰克离开后，简·费尔法克斯在早晨冒着雨去邮局，随后我们知道，她的目的是在仆人将弗兰克的信取回家之前找到他的信。当好心的约翰·奈特利先生跟她说，现在她不得不通过写信联系的至爱之人，10 年后会最终和她在一起时，她甚至差点哭了出来。随后，埃尔顿夫人说她的仆人会去取信，从而威胁着一切她与弗兰克联系的方式。面对她的咄咄逼人，简以一种不会屈服的表情回应，并转移话题谈论约翰·奈特利先生以及邮局的效率和速度，"几乎没出现过疏忽，也没出过差错！成千上万的信此时此刻在王国的土地上传递，几乎没有一封信送错，我想一百万封信当中也没有一封弄丢过。"① 虽然这是转移多管闲事的埃尔顿夫人注意力的策略，但也是对她内心的写照：多少次，她担心他们的信不能安全到达对方手中；而当信送到时，她又是多么的感激。然而，不止于此，之后的一场戏也许是整部小说的掩饰戏中最精彩的一场。

弗兰克·丘吉尔向韦斯顿夫人询问关于佩里先生计划准备马车的事，但是她和埃尔顿先生却从来没听说过此事。弗兰克蹩脚地解释，他一定是做梦梦见的，这一说辞被贝茨夫人捅破了——或许细心的读者会发现这一点，她是一个经常在不知情的情况下说出重要信息的人：

怎么啦，没有说弗兰克·丘吉尔说的不是实话，我不是说他没有可

---

① 《爱玛》，第 296 页。

能梦到这事，我有时也会梦到现实世界中的一些奇怪的事。不过，如果问到了我，我得承认，去年春天确实有这么一回事，因为佩里夫人跟我妈妈提过这件事，科尔家也知道的。不过这是秘密，其他人都不知道，而且只是想了 3 天。佩里夫人非常渴望拥有一辆马车，所以那天早上兴高采烈地来找我妈妈，她感觉梦想成真了。简，你不记得我们回家的时候奶奶跟我们说过这件事吗？我忘了我们要走去哪儿来着，好像是去兰德尔家，对，我想就是兰德尔家。佩里夫人一直很喜欢我妈妈，事实上谁会不喜欢呢？她很肯定地提了这件事。她没有任何顾虑地告诉了我们，不过也是仅此而已。从那天起到现在，我印象中没有跟任何人提起过这件事。不过，我也不敢肯定地说有没有说漏过嘴，因为我知道有时候我确实在意识到之前说出一些事。我是一个多嘴的人，你们知道，很多嘴的一个人，时不时会说出一些不应该说的话。我不像简，我倒希望我是，我敢负责任地说，她绝不会做出任何泄露秘密的事。她在哪儿呢？噢，在后面呢。我现在还记得，佩里夫人来的时候，真像做梦一样啊。[①]

简躲在后面掩饰着自己的尴尬，她当然泄露了这个秘密，弗兰克是从她的一封信中得知佩里先生的计划的。不过有心的读者这时候可以从奈特利先生这里得到相应的提示，他有时会对弗兰克·丘吉尔与简·费尔法克斯之间的默契产生怀疑。

奈特利先生的目光从贝茨夫人身上移开，看了一眼简。从弗兰克的表情来看，他似乎觉得当时的窘境已经消除了，于是不由自主地把目光投向简。不过，她确实待在后面，而且忙于织她的围巾。奈特利先生对弗兰克一心想与简对视感到怀疑——他似乎在神情专注地看着她。

---

① 《爱玛》，第 345—346 页。

　　由于刚才自己的粗心大意让他们的隐秘关系处于危险之中，弗兰克在大家安定下来后让大家玩一个字母游戏，以此让简从刚才的侥幸中开心起来。他编了一个变位词字谜，摆在简面前。简解出了谜题，然后带着红晕的微笑一手将字谜推开。

　　　　如果答案必须要和大家的混在一起，并且不能被大家看到，她就应该看着桌面，而不是看着对面，因为她的答案没有与大家的混在一起。哈莉埃特一直渴求一个新的字谜，只是苦于找不到，于是马上拿起字谜开始解答。她坐在奈特利先生旁边，于是向他求助。字谜是关于"犯错"的，当哈莉埃特兴高采烈地宣读答案的时候，简的脸上泛起一阵红晕，给人一种字面之下有深意的感觉。奈特利先生将它和弗兰克说的梦联系起来，但一切怎么可能只是一个梦，他无论如何也想不明白。他的敏感，他引以为傲的判断力，怎么就在这个时候掉链子了？他觉得这其中一定有什么约定的暧昧关系。弗兰克次次表现出口是心非和两面做派。这个字谜只是调情和掩饰的工具，是孩子才玩的把戏，但弗兰克·丘吉尔用它来掩盖一个更深层次的游戏。①

　　奈特利先生将"犯错"这个词与简的脸红以及弗兰克口中的梦联系起来，但是他想不透个中关系。因为这是简在评论邮局时用过的词，所以我们才明白信对她的重要性，并意识到弗兰克是怎样知道佩里先生马车的事的。

　　奈特利先生的一番审视没有被其他人觉察到，"观人于微，察其所能察"是他的本领。当然，弗兰克和爱玛玩的这种颇具排他性的游戏，让他们意识不到奈特利先生在特意观察他们。他确实在观察，而以一种少有的视角的转

---

① 《爱玛》，第348页。

变，简·奥斯汀通过他的眼睛来传达这个情景，毕竟一旦有这种游戏，我们都需要一个转述者。弗兰克拿简开玩笑，给她编了一个关于"迪克逊"的字谜，并以此为笑话和爱玛分享，当奈特利先生观察爱玛和弗兰克·丘吉尔时，他的愤慨转移了我们对此事的注意力。这是贝茨夫人客厅那场戏的翻版，只是现在将对话改成了游戏。然而，这一次，弗兰克有点玩世不恭地玩弄两个年轻女子的结果并不那么成功。夏天过去了这么久，弗兰克却一直不跟她表明心意，简开始心烦意乱，非常不开心。而且，她开始将爱玛视为严峻的竞争者，而他们此时此刻的行为更是加深了她的这一想法。因此，弗兰克在奈特利先生的审视下，如此冒昧地玩的这个文字游戏，简完全没有心情玩，这是一个会给她的名声带来巨大威胁的游戏。

　　她明显不高兴了，抬起头，看到大家在看着自己，脸比之前任何时候都红，只说了一句，"我不知道还允许用具体的名字"。接着，她生气地将字谜推开，一副不要再提任何字谜的坚决表情。

　　弗兰克又提了一个字谜，或者说奈特利先生是这么认为的，但简看都没看就推开了。我们不知道这个字谜是什么，因而这个字谜仍是未解的，不过奥斯汀家族一贯认为这个字应该是"pardon"（原谅）。[①]

这场戏的重要性在于它指出了这些游戏所代表的封闭世界。这类字母游戏，让成年人像孩子一般玩的安全无害的游戏，成年人无须考虑他们的行为是否得体——所谓"隐藏着更深的意义的游戏"。小说中的文字，更是另一种隐藏着字谜规则的延展：简的脸红让"犯错"这个词有着字面之下的深意；字谜只是调情和掩饰的工具；弗兰克一脸狡黠地递给爱玛关于迪克逊的

---

① J.E. 奥斯汀-利，《简·奥斯汀回忆录》，第 10 章。

字谜，虽然她觉得相当有趣，但是她认为给予指责不为过；而对简·费尔法克斯来说，这个字有着隐含的意义；奈特利先生，一个愈加愤慨的观察者，对这种隐藏在文字之下的把戏也并非不感冒：目睹了"次次表现出口是心非和两面做派"，他也不得不隐藏自己的审视。一个旨在社交凝聚的游戏在这里变得支离破碎：与其说这是弗兰克·丘吉尔与爱玛和大家一起玩的游戏，倒不如说是他们对抗大家的游戏。在其破碎的时候，整个房间里的人都是疑惑的，爱玛一样感到疑惑、尴尬和羞耻，而奈特利先生各种各样的心魔也已形成。

虽然《爱玛》中提到的游戏反映的是一个私下的、封闭的、反交际的世界，但它们越来越在更公共的场合中出现。埃尔顿先生的字谜都是私下里真诚而直接地提供给爱玛和哈莉埃特的，之后让她们自己去思考。弗兰克·丘吉尔与爱玛和简·费尔法克斯之间的"游戏"起初是在会客室和客厅进行的，甚至在更大的聚会上，如在科尔家的时候，他都将这种游戏限制在两个人面对面之间。但是字母游戏不同，它需要在众人面前进行，因而暴露的东西相应地也更多。最后的博克斯山之旅，地点无论在字面上还是在象征上都是完全意义上的户外：两类游戏都是在众人之间进行，因而表面的开放和现实的隐藏之间的张力程度也被放到了最大。

博克斯山的气氛从一开始就不太好。海伯里的社交世界在离开它的家园暴露在山间丛林时，已经变得支离破碎：人物分成了几拨，"分开看似是无心之举"，实际上"从来就没有大的不同"。"整整两个小时的时间里"，似乎"存在一种规则驱使着这种分开，而这种规则强到任何形式的好转，或者冷酷的整合，或者韦斯顿先生的暖场行为，都不能将其打破"。当弗兰克·丘吉尔为了缓和气氛自以为是地提议玩个游戏时，他才发现这是一个多么愚蠢的提议。他上来声称是受伍德豪斯小姐的指示（无论在哪儿她都会向埃尔顿先生发起挑战），"她说特别想知道大家都在想什么"。爱玛自然地一直认为自己能读懂别人的心思，并且想方设法掌控他们。但想到她和弗兰克一直公开地调情以及他们造成的现在的气氛,奈特利先生的回答"非常直白",明确而中肯地问伍德豪斯小姐"是否真的想听他们在想什么"。弗兰克转换方针,改变游戏的规则,因而伍德豪斯小姐现在"炫耀着她有知道他们在想什么的权利,要求他们每个人说一些有趣的东西……要么说一件非常聪明的事……要么说 3 件非常笨的事"。简·奥斯汀慢慢地、悄悄地引出了这本小说,或者说她所有的小说中,最精彩的情节之一。友好相待让位于聪明对决,真实的个性淹没在巧言善辩中。"3 件非常笨的事。"参与到游戏中的贝茨小姐坦率地说。

"我没有问题啊,你们懂的,我当然可以一张嘴就能说出 3 件非常笨的事,不是吗?(一脸幽默地看着大家,等着大家的认同)你们不相信吗?"

爱玛禁不住说:"哈,小姐,可能会有点困难,请原谅,但您是有限制次数的哦,一次最多只能说 3 个。"

贝茨小姐被她带有嘲弄的恭维蒙蔽,没有一下子明白她的意思。当她想通的时候,虽然没有生气,但是轻微的脸红说明已经伤到她了。

"哎,肯定的,我明白了她的意思(转眼看着奈特利先生),我会尽量不多说的。我一定非常讨厌,不然我的老朋友不会说出那样的话"①

这里稍微提到奈特利先生在场是非常重要的。在这场字母游戏里,他一直在观察,但这一次我们不是通过他的视角来看这场戏。他的评论留在了后面,当他们回到家的时候,他让爱玛明白她的鲁莽举动的危害性。而在目前这个时候,似乎还没有人意识到爱玛的这个行为。韦斯顿先生也幽默地回答了这个问题,他的题目是关于"完美"(perfection)的两个字母,M 和 A

---

① 《爱玛》,第 371 页。

（Em-ma），但是却引起了争议，因为当爱玛、弗兰克和哈莉埃特觉得这特别有趣时，其他人却觉得很愚蠢。奈特利先生冷淡地评论说："完美不会来得那么快。"

不过，这里有一个意味非凡的地方。在这种我们觉得爱玛的要求有点吹毛求疵的时刻，游戏用她的名字设置了一个谜题。这不是一个笑话，虽然韦斯顿先生可能原本是这样认为的。简·奥斯汀在这里引出了一位 18 世纪的哲学家弗朗西斯·哈奇森。在《原始美德论》的第二部论述中，他用一个公式表达了美德和行为之间的关系：

> 善行，或者美德的衡量，可以用公式 M/A 或者 M+A/A 来表达，没有人可以做出高于他本性能力的行为，当 M=A 时，或者当一个人尽其所能为公众利益服务时，我们可以说这是完美的美德；因而在这种情况下，或者 M/A，美德与完美是统一的。[①]

这里的 M 代表 "Moment of Good"（善行），或者 "the good to be produced in the whole"（尽其所为的善行），而 A 代表 Ability（能力），或者 Agent（变量）。这本论著在 18 世纪有好几个版本。哈奇森的观点和他的导师沙夫茨伯里伯爵三世一样，是那个时期的重要思想之一。而奈特利先生很可能跟他们相识，所以他说得很对：爱玛的行为并没有为公众考虑，因此 M 和 A 不能代表 perfection（完美）。因此，我们不得不自己解开这个谜题，答案并不是韦斯顿先生说的那样。但是，我们的思路可以更远一点：爱玛不仅是人物的名字，

---

① 弗朗西斯·哈奇森（Francis Hutcheson），《原始美德论》（*An Inquiry into the Original of our Ideas of Beauty and Virtue*），第 187 页，第 2 版，伦敦，1726 年。关于简·奥斯汀对哈奇森原则的使用的全面讨论，参见马克·洛夫里奇（Mark Loveridge）的《弗朗西斯·哈奇森与韦斯顿先生的谜语》（*Francis Hutcheson and Mr. Weston's Conundrum*），引自《注释与问题》（*Notes and Queries*），第 214—216 页，1982 年 6 月。

还是小说的名字，这也是包含在谜题之中的。因此，在所有谜题和秘密得到揭晓的结局到来之前，我们知道了小说本身也是一个谜题，解决之道就是按照之前提到的那本 1823 年的谜语集序言中所说的规则那样：永远不要根据其中的一句话赌运气胡乱猜测，而是应该检验自己的想法是否接近所有的描述。

如果说《爱玛》作为一个整体是一个文字游戏，那里面的所有人物，其中一个除外，除了他们确实在玩的游戏外，都分别处于某个游戏当中：埃尔顿先生沉浸于两情相悦的爱情中，伍德豪斯先生患上了抑郁症，韦斯顿先生总是谈论他的儿子，贝茨小姐永远谈论的是她的侄女，伊莎贝拉忙于孩子之事，而她的丈夫不喜欢出门。爱玛的游戏是支配别人，在自己的父亲、韦斯顿夫人和哈莉埃特的身上她成功了，但是她无法将简拉进她的游戏中：对于她来说，简就像一个谜题，非常难的一个谜题，只有当她真正学会如何尊重简的时候，她才能够跟她说，她是多么喜欢"一切已是注定和一切皆有可能之事"。弗兰克·丘吉尔同样在玩一个游戏，当然，他非常聪明地玩着这个游戏并得到了期待的结果，他是出于情不自禁，因为他的生活本身就是一个游戏。当他提议玩字母游戏的时候，他说："那天早上我们玩字谜玩得很开心，我要再考考你。"当然，他一直都在考他们，只是他们不知道而已，不过，这句话对应着另一个谜题。

一首由奥斯汀太太写的关于字母 D 的谜语是这样结尾的：

你所说的是一个笑话吗？
不，我说的每个字都是真的，
我只是想考考你。[1]

---

[1]《简·奥斯汀诗歌集》，第 37 页。

没有写日期，不过奥斯汀太太在 1804 年或者之后抄的副本里，有一页连同其他几首诗包含这个谜语，那时奥斯汀一家住在巴斯郡。《爱玛》直到 1814 年至 1815 年才写成，不过有证据表明，简·奥斯汀早在 1803 年就开始计划写作该书，那时她看了科策布的戏剧《生日》，里面的女主角也叫爱玛，这或许是小说情节的来源之一。[①] 在巴斯郡的那 5 年，她唯一被人所知创作的东西是大量关于《沃森家族》的素材片段，里面也有一个叫爱玛的女主角，她有一个残疾的父亲。不过极其有可能的是，当她在查顿镇住的时候，就已经在为后面的小说创作积累素材了。

一个有趣的事实是，在奥斯汀一家来巴斯郡的第一个冬天，《巴斯日报》上的"新居民"一栏记录了 1801 年至 1802 年冬天到来的人，其中出现了以下名字：约翰爵士和奈特利女士、坎贝尔博士、坎贝尔上校及其夫人、科尔先生、佩里夫妇、达林普尔夫妇及其女儿、费勒斯先生、约翰爵士和帕尔默女士、格兰特博士及其夫人以及卡特里特小姐。在 12 月 3 日的一版上有一份关于女演员克劳福德夫人的讣告。如今这些名字当中，有两个——帕尔默和费勒斯，出现在《理智与情感》中；有两个——克劳福德和格兰特，出现在《曼斯菲尔德庄园》中；有两个——达林普尔和卡特里特，出现在《劝导》中。而在《爱玛》中，出现的不止 4 个——奈特利、坎贝尔、科尔和佩里。《爱玛》里面出现的基督教名字也很有趣，因为其中一些是奥斯汀家族中的人名，其中有简·奥斯汀的兄弟——乔治和亨利（伍德豪斯先生的名字）；安娜（韦斯顿夫人）是简·奥斯汀侄女的名字。当然，把"简"用作隐藏女主角的名字是最明显的。家族中唯一的"爱玛"是奥斯汀太太这边一个很久之前的亲戚。而爱玛·普鲁穆特，一个肯特郡朋友的女儿，是一首简·奥斯汀于 1811

① 玛格丽特·柯卡姆，《简·奥斯汀、女性主义与小说》；《简·奥斯汀诗歌集》，第 237 页。

年引用（很可能是她写的）的诗的主题，^① 当然，对此我们不必想太多，毕竟也没有多少个名字可以拿来用。

《爱玛》包含其他和奥斯汀一家相似的地方：贝茨小姐，像简·奥斯汀一样，是一个牧师的女儿，而她拮据的经济状况常常能引起寡妇奥斯汀太太和她的女儿们对她的同情，因为她们的生活也是依靠家族中其他人的经济支持的。埃尔顿先生，像詹姆斯·奥斯汀（也是一个牧师）一样，过着艰苦的生活。弗兰克被富有的丘吉尔一家当作继承人收养，对应着爱德华·奥斯汀继承了古德汉姆和查顿郡的房产（有意思的是，他在 1812 年改名为奈特利）。最重要的是，简·奥斯汀在 1814 年创作一本小说时，她在写给侄女安娜的信中提到的"某乡村里的三四个家庭"，也许正是她为《爱玛》所设置的。里面主要几个家庭的交集——伍德豪斯家、奈特利家和韦斯顿家（虽然韦斯顿家在这里不是血缘关系）与住在查顿郡、斯蒂文顿镇和古德汉姆的奥斯汀家和奈特利家之间的日常交流正好契合。《爱玛》中的社交世界，相比其他所有小说都更接近奥斯汀一家本身。那么，这些会给爱玛——这个简·奥斯汀口中除了她没有人会喜欢的角色带来什么呢？她的想象，她的误解，她在那些反转的游戏中表现出的更为狡黠的个性，是否跟简·奥斯汀本人的真实经历有原型上的关联呢？诚然，爱玛与其他所有的角色一样，都是虚构出来的，但是，我想说的是，他们确实有关联。往深一步想，我想是因为爱玛成长的过程，映射出作者本人的一些东西，所以在小说中才如此关注谜语和游戏。

1802 年 12 月 2 日早晨，当简和卡桑德拉去拜访她们在汉普郡马尼唐恩庄园的朋友凯瑟琳和阿勒西娅·比格时，她们的哥哥哈利斯·比格-威瑟向简求婚。她接受了他，但在第二天早上她改变了主意，又拒绝了他，并立刻前往斯蒂文顿镇。多年以后，她的侄女凯瑟琳·哈巴克（Catherine Hubback）

---

① 《简·奥斯汀诗歌集》，第 284 页。

提起这件伤心之事，她从简写给卡桑德拉的信中看到了后来被毁掉的关于此事的情节。她写道："我从这些信中得知，简姑姑是在一时的自欺欺人之中接受了威瑟先生的求婚，随着她坚决地拒绝，当一切最终安定下来后，她便释然了很多，我想她也是极度为难的，但她对他真的没有感情。"[1] 和一个富有的年轻男子结婚，对她来说本是一件好事，但是她却发现自己无法爱上他。因此，虽然她开始时接受了他，但最后却以一种不可原谅的方式玩弄了他的希望，对此，她感到十分愧疚。

《爱玛》这部小说运用了奥斯汀一家最喜爱的文字游戏，并将其通过一种微妙与复杂的方式转变为对人类行为价值的测试。如果说小说的核心是，女主角既是这些游戏的参与者也是受害者，而小说的名字正是这些游戏的主题，那么，也许这部本身就是一个大谜题的小说，可能不仅仅是在讲一个故事，或者以当时非常流行的行为指导书的姿态提供一种社会行为的模型，其最专注的地方在于通过文字的想象，以及通过塑造其实就是作者本人的"想象家"爱玛，这个生活在海伯里众人之中，却慢慢发现唐威尔庄园的美景才是她真正归属的角色，来说明韦斯顿先生谜题中的完美既不在于谜底所谓的 M.A.，也不在于爱玛·伍德豪斯这个角色，而在于《爱玛》这部小说本身。这部小说做到了，它赢得了这个游戏。

---

① R.W. 查普曼，《简·奥斯汀：事实与问题》，第 62 页。

致　谢

　　我最想感谢的人首先是玛吉·莱恩，我是在她的建议下才写的本书；其次是马丁·谢泼德（Martin Sheppard），他帮我出版了此书；且二人在修改、修订过程中也都给予我很大帮助。迪尔德丽·勒·费伊给我的初稿提出了很多具体的修改意见；艾琳·柯林斯给我提供了很多当时社会背景方面的建议；二人的专业知识对本书来说都十分宝贵。我还要衷心地感谢以下的人、机构、图书馆：巴特·阿诺德（Pat Arnold）、弗朗西斯·奥斯汀上将的曾孙们、琼·奥斯汀·利（Joan Austen Leigh）、大英图书馆（British Library）、剑桥大学图书馆（Cambridge University Library）、简·奥斯汀纪念馆基金会（Jane Austen Memorial Trust）、肯特研究中心（Center for Kentish Studies）、巴斯市议会的史蒂芬·克里维斯（Stephen Clewes）、乡村生活图片库（Country Life Picture Library）、纽约公立图书馆管理员史蒂芬·克鲁克（Stephen Crook）、布里斯托市议会的大卫·伊夫利（David Eveleigh）、大卫·吉尔森、汉普郡档案局、约翰·迪克逊狩猎俱乐部、海伦·勒弗罗伊（Helen Lefroy）、德里克·卢卡斯（Derek Lucas）、莱姆莱特出版集团（Lymelight Books and Prints）、莱姆·瑞吉思（Lyme Regis）、凯特·马多克（Kate Maddock）、查尔斯·马丁（Charles Martin）、乔伊斯·莫里斯（Joyce Morris）、瑞秋·莫斯（Rachel Moss）、波洛克玩具博物馆（Pollock's Toy Museum）、布莱恩·索瑟姆（Brian Southam）、布里斯托大学图书馆特色展馆（University of Bristol Library Special Collections）、V&A图片库（V & A Picture Library）、克里斯·魏伟什（Chris Vivesh）。

参考文献

Unpublished Sources

Austen-Leigh archive; Hampshire Record Office, Winchester.

Bodmer MS; Fondation Martin Bodmer, Cologny-Genève (facsimile in British Library).

Chawton MS: quarto volume in hand of James Edward Austen-Leigh, *c.* 1834; Jane Austen Memorial Trust, Chawton.

Gilson MS: album in unidentified hand, *c.* 1830; David Gilson Esq.

Knatchbull family papers; Kent Archives Office, Maidstone.

Knight family papers; Hampshire Record Office.

Lefroy archive: letters of Madam Lefroy; private collection.

Lefroy MS: quarto volume in hand of Anna Lefroy, *c.* 1855–72; descendants of Admiral Sir Francis Austen.

Leigh family verses: MS in hand of Mary Leigh, 1795; facsimile in British Library (RP 3402).

Published Sources

Anstey, Christopher, *The New Bath Guide*, ed. Gavin Turner (Bristol, 1994).

Austen, Caroline Mary Craven, *My Aunt Jane Austen* (Jane Austen Society, 1952).

—, *Reminiscences of Caroline Austen*, ed. Deirdre Le Faye (Jane Austen Society, 1986).

Austen, Jane, *Jane Austen's Letters*, ed. Deirdre Le Faye (Oxford, 1995).

—, *The History of England*, ed. Jan Fergus (Edmonton, 1995).

—, *The History of England: A Facsimile*, ed. Deirdre Le Faye (London, 1993).

—, *The Novels of Jane Austen*, ed. R. W. Chapman (5 vols, 3rd edn, Oxford, 1932–34).

—, *The Works of Jane Austen*, vi, *Minor Works*, ed. R. W. Chapman, rev. B. C. Southam (Oxford, 1969).

Austen-Leigh, Emma, *Jane Austen and Bath* (London, 1939).

—, *Jane Austen and Steventon* (London, 1937).

Austen-Leigh, J. E., *A Memoir of Jane Austen*, ed. R. W. Chapman (2nd edn, Oxford, 1926).

—, *Recollections of the Early Days of the Vine Hunt* (London, 1865).

Austen-Leigh, Mary Augusta [?], *Charades &c. Written a Hundred Years Ago by Jane Austen and her Family* (London, 1895).

—, *Personal Aspects of Jane Austen* (London, 1920).

Austen-Leigh, R. A., *Austen Papers* (London, 1942).

[—,] *Bouts-Rimés and Noun Verses* (Eton, n.d. [*c.* 1905]).

—, *Jane Austen and Lyme Regis* (London, 1946).

—, *Jane Austen and Southampton* (London, 1949).

Austen-Leigh, W., Austen-Leigh, R. A., and Le Faye, Deirdre, *Jane Austen: A Family Record* (London, 1989).

Bartley, L. J., *The Story of Bexhill* (Bexhill, 1971).

Beckford, Peter, *Essays on Hunting* (Southampton, 1781).

—, *Thoughts upon Hare and Fox Hunting* (new edn, London, 1796).

Black, Jeremy, and Porter, Roy, *A Dictionary of Eighteenth-Century World History* (Oxford, 1994).

Black, Maggie, and Le Faye, Deirdre, *The Jane Austen Cookbook* (London, 1995).

Blackburne, Neville, *The Restless Ocean: The Story of George Crabbe* (Lavenham, 1972).

Bowden, Jean K., *Jane Austen's House* (Jane Austen Memorial Trust, 1994).

Bowles's Drawing Book for Ladies: or Complete Florist (London, n.d., [1780?]).

Brabourne, Edward, 1st Lord, ed., *Letters of Jane Austen* (London, 1884).

Brewer, John, *The Pleasures of the Imagination: English Culture in the Eighteenth Century* (London, 1997).

Brydges, Egerton, *The Autobiography, Times, Opinions and Contemporaries of Sir Egerton Brydges* (London, 1834).

Budgen, Richard, *The Passage of the Hurricane from the Sea-Side at Bexhill in Sussex, to Newingden-Level, the Twentieth Day of May 1729, between Nine and Ten in the Evening* (London, 1730).

Bullar, John, *A Companion in a Tour round Southampton* (Southampton, 1799).

Burney, Charles, *A General History of Music* (4 vols, London, 1776–89).

Burney, Fanny (Mme d'Arblay), *Diary and Letters of Madame D'Arblay*, ed. Charlotte Barrett, with preface and notes by Austin Dobson (London, 1904–5).

—, *The Early Journals and Letters of Fanny Burney*, ed. Lars E. Troide (Oxford, 1988–).

—, *Evelina*, ed. Edward A. Bloom (Oxford, 1970).

—, *The Journals and Letters of Fanny Burney (Madame D'Arblay)*, ed. Joyce Hemlow and others (Oxford, 12 vols, 1972–84).

Burton, Anthony, *Bethnal Green Museum of Childhood* (London, 1986).

Bussby, Frederick, *Jane Austen in Winchester* (The Friends of Winchester Cathedral, 1979).

—, *Saint Swithun: Patron Saint of Winchester* (The Friends of Winchester Cathedral, 1971).

Butler, Marilyn, *Jane Austen and the War of Ideas* (Oxford, 1975).

Byrde, Penelope, *A Frivolous Distinction: Fashion and Needlework in the Works of Jane Austen* (Bath, 1979).

Byron, George Gordon, Lord, *Poetical Works*, ed. Frederick Page (3rd edn, Oxford, 1990).

Chalklin, C. W., *The Provincial Towns of Georgian England: A Study of the Building Process, 1740–1820* (London, 1974).

Chancellor, E. Beresford, *Life in Regency and Early Victorian Times* (London, 1926).

Chapman, R. W., *Jane Austen: A Critical Bibliography* (Oxford, 1953).

—, *Jane Austen: Facts and Problems* (Oxford, 1948).

—, *Jane Austen's Letters to her Sister Cassandra and Others* (2 vols, Oxford, 1932).

Christie, James, *Instructions for Hunting, Breaking Pointers and Finding Out Game, Intended for Young Sportsmen: To Which is Subjoined Humerous Poems and Songs, Chiefly in the Buchan Dialect* (Banff, 1817).

Collins, Irene, *Jane Austen and the Clergy* (London, 1994).

—, *Jane Austen: The Parson's Daughter* (London, 1998).

The Complete Young Man's Companion or Self Instructor: To Which is Added, The Artist's Assistant (Manchester, 1810).

Conrad, Peter, *The Everyman History of English Literature* (London, 1985).

Copeland, Edward, and McMaster, Juliet, eds, *The Cambridge Companion to Jane Austen* (Cambridge, 1997).

Corbin, Alain, trans. Jocelyn Phelps, *The Lure of the Sea: The Discovery of the Seaside in the Western World, 1750–1840* (Cambridge, 1994).

Country-Dancing Made Plain and Easy to Every Capacity: By A. D. Dancing-Master (London, 1764).

Cowie, L. W., *Dictionary of British Social History* (London, 1973).

Cowper, William, *Poetical Works*, ed. H. S. Milford (4th edn. rev., Oxford, 1967).

Cunningham, Hugh, *Leisure in the Industrial Revolution, c. 1780 – c. 1880* (London, 1980).

Dobson, William, *Kunopædia: A Practical Essay on Breaking or Training the English Spaniel or Pointer* (London, 1814).

Dodsley, Robert, *A Collection of Poems in Six Volumes by Several Hands* (London, 1758).

Duckworth, Alistair M., *The Improvement of the Estate* (Baltimore, 1971).

—, '"Spillikins, Paper Ships, Riddles, Conundrums, and Cards": Games in Jane Austen's Life and Fiction', in *Jane Austen: Bicentenary Essays*, ed. John Halperin (Cambridge, 1975).

Dukes, Nicholas, *A Concise and Easy Method of Learning the Figuring Part of Country Dances, by Way of Characters: To Which is Prefaced the Figure of the Minuet* (London, 1752).

Enigmas and Charades, Never Before Printed: With a Preface by the Author, Illustrative of the Advantages Desirable, by the Mind of Youth, from Composition of Such Like Characters, Under Proper Regulation and Observance (London and Bath, 1823).

Exhibition of Miss Linwood's Pictures in Needle-Work, at the Hanover-Square Concert Rooms (London, n.d., [1798?]).

Fanshawe, Catherine Maria, *Literary Remains*, ed. William Harness (London, 1876).

Fawcett, Trevor, *Bath Entertain'd: Amusements, Recreations and Gambling at the Eighteenthth-Century Spa* (Bath, 1998).

—, ed., *Voices of Eighteenth-Century Bath: An Anthology* (Bath, 1995).

Ferguson, Adam, *An Essay on the History of Civil Society* (Edinburgh, 1767).

Flick, Pauline, *Old Toys* (Princes Risborough, 1995).

Fordyce, James, *Sermons to Young Women* (London, 1765).

Foster, R. F., *Foster's Complete Hoyle: An Encyclopedia of Games* (London, n.d.).

Franks, A. H., *Social Dance: A Short History* (London, 1963).

Freedley, George, and Reeves, John A., *A History of the Theatre* (New York, 1941).

Freeman, Jean, *Jane Austen in Bath* (The Jane Austen Society, 1969).

Fritzer, Penelope Joan, *Jane Austen and Eighteenth-Century Courtesy Books* (Westport, Connecticut, and London, 1997).

Gallini, Giovanni-Andrea, *Critical Observations on the Art of Dancing* (London, n.d., [1770?]).

—, *A Treatise on the Art of Dancing* (London, 1772).

Gammie, Ian, and McCulloch, Derek, *Jane Austen's Music* (St Albans, 1996).

Gentleman's Magazine (London, 1731–1914).

Gilson, David, *A Bibliography of Jane Austen* (2nd edn, Winchester, 1997).

—, *Jane Austen: Collected Articles and Introductions* (privately printed, 1998).

Girouard, Mark, *Life in the English Country House* (New Haven and London, 1978).

Green, William, *An Essay on Gaming* (London, 1788).

Grey, J. David, ed., *The Jane Austen Handbook* (London, 1986).

Griffiths, Ian, *The Story of Old Lyme* (Lyme Regis, 1960).

Grove's Dictionary of Music and Musicians (5th edn, London, 1954).

Guest, T. R., *A New Pocket Sketch Book* (Salisbury, 1807).

A Guide to All the Watering and Sea-Bathing Places (London, n.d. [1803]; new edn, 1810).

Guilmant, Aylwin, *Bexhill-on-Sea: A Pictorial History* (Chichester, 1982).

Hartnoll, *A Concise History of the Theatre* (London, 1968).

Harris, R. W., *Romanticism and the Social Order, 1780–1830* (London, 1969).

Hawkridge, Audrey, *Jane Austen and Hampshire* (Hampshire County Council, 1995).

Hembry, Phyllis, *The English Spa, 1560–1815: A Social History* (London, 1990).

The Historic and Local New Bath Guide (Bath, n.d., [1801]).

The Historic and Local Cheltenham Guide (Cheltenham, n.d., [1803]).

Honan, Park, *Jane Austen: Her Life* (New York, 1987).

Hubback, J. H. and Edith C., *Jane Austen's Sailor Brothers* (London, 1906).

Hughes, Therle, *English Domestic Needlework, 1660–1860* (London, 1961).

Hutcheson, Francis, *An Inquiry into the Original of our Ideas of Beauty and Virtue* (2nd edn, London, 1726).

Ibbetson, Julius Caesar, *A Picturesque Guide to Bath, Bristol Hot-Wells, the River Avon, and the Adjacent Country; Illustrated with a Set of Views, Taken in the Summer of 1792; By Mess. Ibbetson, Laporte, and J. Hassell; and Engraved in Aquatinta* (London, 1793).

Jane Austen Society, *Collected Reports* (4 vols, 1949–95).

—, *Report for 1996.*

—, *Report for 1997.*

Jane Austen Society (Midlands), *Transactions* (1990-).

Jane Austen Society of North America (JASNA), *Persuasions* (1979-).

Jarvis, William, *Jane Austen and Religion* (Witney, 1996).

Jenkins, [?], *The Art of Dancing, a Poem: Preceded by a Historical and Descriptive*

Account of National Dances, and Followed by Directions for the Acquisition of a Graceful Air and Deportment; and for the Remedy of Natural and Acquired Defects (London, 1822).

Jenkins, Elizabeth, *Jane Austen: A Biography* (London, 1938).

Johnson, Nichola, *Eighteenth-Century London* (London, 1991).

Johnson, Samuel, *Lives of the English Poets* (2 vols, Oxford, 1906).

—, *The Rambler* (Cooke's edn, 3 vols, n.d., [1800]).

Johnson, Thomas B., *The Shooter's Guide* (London, 1809).

Kennedy, Margaret, *Jane Austen* (London, 1950).

Kirkham, Margaret, *Jane Austen, Feminism and Fiction* (2nd edn, London, 1997).

Kuhlicke, F. W., and Emmison, F. G., eds, *English Local History Handlist* (Historical Association, 1969).

Lane, Maggie, *A Charming Place: Bath in the Life and Novels of Jane Austen* (Bath, 1988).

—, *Jane Austen and Food* (London, 1995).

—, *Jane Austen's England* (London, 1986).

—, *Jane Austen's Family: Through Five Generations* (London, 1984).

—, *Jane Austen's World* (Carlton, 1996).

Lascelles, Mary, *Jane Austen and her Art* (pbk edn, Oxford, 1963).

Laski, Marghanita, *Jane Austen and her World* (London, 1969).

Le Faye, Deirdre, 'The Business of Mothering: Two Austenian Dialogues', *Book Collector* (Autumn 1983), pp. 296–314.

—, *Jane Austen* (London, 1998).

—, 'Jane Austen Verses', in *TLS*, 20 February 1987, p. 185.

—, 'Jane Austen's Verses and Lord Stanhope's Disappointment', *Book Collector* (Spring 1988), pp. 86–91.

Lefroy, Helen, *Jane Austen* (Stroud, 1997).

The Life of John Metcalf, Commonly Called Blind Jack of Knaresborough (York, 1795).

Linsley, Lesley, *Découpage* (London, 1975).

Loewenberg, Alfred, *Annals of Opera, 1597–1940* (Cambridge, 1943).

Lybbe Powys, Mrs Philip, *Passages from the Diaries of Mrs Philip Lybbe Powys*, ed. Emily J. Climenson (London, 1899).

Lucas, John, ed., *A Selection from George Crabbe* (London, 1967).

Lucas, Victor, *Jane Austen* (Andover, 1996).

MacDonagh, Oliver, *Jane Austen: Real and Imagined Worlds* (New Haven and London, 1991).

Mackintosh, Alexander, *The Driffield Angler* (Gainsborough, n.d., [1810]).

Malcolmson, Robert W., *Popular Recreations in English Society 1700–1850* (Cambridge, 1973).

McMaster, Juliet, ed., *Jane Austen's Achievement* (London, 1976).

Mitton, G. E., *Jane Austen and her Times* (London, 1905).

Moritz, K. P., *Journey of a German in England in 1782*, trans. and ed. R. Nettle (London, 1965).

Mowl, Timothy, *William Beckford: Composing for Mozart* (London, 1998).

Mowl, Timothy, and Earnshaw, Brian, *John Wood: Architect of Obsession* (Bath, 1998).

Murray, Venetia, *High Society: A Social History of the Regency Period, 1788–1830* (London, 1998).

Needham, T. H., *The Complete Sportsman* (London, 1817).

The New and Improved Cheltenham Guide (Bath, n.d., [1812]).

New History, Survey and Description of the City and Suburbs of Bristol (Bristol, 1794).

New, Peter, *George Crabbe's Poetry* (London, 1976).

Nokes, David, *Jane Austen* (London, 1997).

Nicoll, Allardyce, *British Drama* (London, 1925).

Nicolson, Nigel, *Godmersham Park, Kent* (The Jane Austen Society, 1996).

—, *The World of Jane Austen* (London, 1991).

Odam, John, *Bygone Seaford* (Chichester, 1990).

Ousby, Ian, ed., *Companion to Literature in English* (rev. edn, Cambridge, 1992).

Parlett, David. *A Dictionary of Card Games* (Oxford, 1992).

Piggott, Patrick, *The Innocent Diversion: A Study of Music in the Life and Writings of Jane Austen* (London, 1979).

Plumb, J. H., *Georgian Delights* (London, 1980).

—, *The Commercialisation of Leisure in Eighteenth-Century England* (Reading, 1973).

The Poetical Epitome: or Elegant Extracts Abridged (London, 1807).

Pool, Daniel, *What Jane Austen Ate and Charles Dickens Knew: Fascinating Facts of Daily Life in the Nineteenth Century* (London, 1998).

Porter, Roy, *English Society in the Eighteenth Century* (rev. edn, London, 1990).

—, and Roberts, Mary Mulvey, eds, *Pleasure in the Eighteenth Century* (London, 1996).

Powell, Violet, *A Jane Austen Compendium* (London, 1993).

Pyne, W. H., and Gray, C., *Microcosm* (London, 1808).

Regency Etiquette: The Mirror of Graces (1811) by a Lady of Distinction (Mendocino, California, 1997).

Robbins Landon, H. C., *Haydn: Chronicle and Works* (5 vols, London, 1976–80).

Roberts, G., *The History of Lyme-Regis* (Sherborne and London, 1823).

Rutherford, Jessica M. E., *The Royal Pavilion* (Brighton, 1995).

Sales, Roger, *Jane Austen and Representations of Regency England* (London, 1994).

Samuel, Richard, *Remarks on the Utility of Drawing and Painting* (London, 1786).

Scruton, Roger, *On Hunting* (London, 1998).

Selwyn, David, ed., *Jane Austen: Collected Poems and Verse of the Austen Family* (Manchester, 1996).

Sha, Richard C., *The Visual and the Verbal Sketch in British Romanticism* (Philadelphia, 1998).

Simond, Louis, *An American in Regency England: The Journal of a Tour in 1810–1811*, ed. Christopher Hibbert (London, 1968).

Smith, Robert A., *Late Georgian and Regency England, 1760–1837*, Conference on British Studies Bibliographical Handbooks (Cambridge, 1984).

Smithers, Sir David Waldron, *Jane Austen in Kent* (Westerham, 1981).

Somerville, William, *The Chase*, ed. Edward Topsham (London, 1804).

Southam, B. C., ed., *Critical Essays on Jane Austen* (London, 1968).

—, ed., *Jane Austen: The Critical Heritage*, i, *1811–70* (London, 1968).

—, ed., *Jane Austen: The Critical Heritage*, ii, *1870–1940* (London, 1987).

—, *Jane Austen's Literary Manuscripts* (Oxford, 1964).

—, ed., *Jane Austen's 'Sir Charles Grandison'* (Oxford, 1980).

Stokes, Myra, *The Language of Jane Austen* (London, 1991).

Synge, Lanto, *Antique Needlework* (Poole, 1982).

Thicknesse, Philip, *The Valetudinarian's Bath Guide: or The Means of Obtaining Long Life and Health* (London, 1780).

Thornhill, R. B., *The Shooting Directory* (London, 1804).

Tomalin, Claire, *Jane Austen: A Life* (London, 1997).

Tucker, George Holbert, *A Goodly Heritage: A History of Jane Austen's Family* (Manchester, 1983).

—, *Jane Austen the Woman: Some Biographical Insights* (London, 1994).

Vincent, John, *Fowling: A Poem* (London, 1808).

Walton, John K., *The English Seaside Resort, 1750–1914* (London, 1983).

Watkins, Susan, *Jane Austen's Town and Country Style* (London, 1990).

Weinreb, Ben, and Hibbert, Christopher, eds, *The London Encyclopædia* (London, 1983).

Welton, John K., *The English Seaside Resort: A Social History, 1750–1914* (Leicester, 1983).

Wilson, Margaret, *Almost Another Sister: The Family Life of Fanny Knight, Jane Austen's Favourite Niece* (Kent Arts and Libraries, 1990).

Wilson, Thomas, *Analysis of the London Ball-Room* (London, 1825).

—, *A New Circular System of English Country Dancing* (London, 1818).

—, *An Analysis of Country Dancing* (London, 1808).

—, *A Description of the Correct Method of Waltzing* (London, 1816).

—, *The Treasures of Terpsichore: or A Companion for the Ball-Room* (London, 1809).

Wollstonecraft, Mary, *The Vindications: The Rights of Men; The Rights of Woman*, ed. D. L. Macdonald and Kathleen Scherf (Peterborough, Ontario, 1997).

Wood, Melusine, *Historical Dances (12th to 19th Century)* (London, 1964).

The Young Woman's Companion: or Frugal Housewife (Manchester, 1813).

作者简介

大卫·赛尔温，简·奥斯汀研究协会会长，著有《简·奥斯汀与孩子们》(*Jane Austen and Children*)，编有《简·奥斯汀及其家族诗集》(*Jane Austen: Collected Poems and Verse of the Austen Family*)、《简·奥斯汀诗歌全集》(*The Complete Poems of James Austen*) 等作品。在编辑出版简·奥斯汀研究协会的报告集的同时，他还致力于新版《剑桥简·奥斯汀作品集》(*Cambridge Edition of the Works of Jane Austen*) 和第二版《简·奥斯汀剑桥手册》(*Cambridge Companion to Jane Austen*) 的编写。

内容简介

作者通过引用一段段小说中的对话、一封封生活中的信件以及一个个专家学者的观点，论述了"音乐、舞蹈、书籍、戏剧、户外活动、玩具和游戏、诗歌和谜语"等休闲活动在简·奥斯汀的日常生活、多部著作以及18世纪的英国社会中是如何体现的，从这三个重要的角度再现了简·奥斯汀的休闲人生。本书是一部充满趣味性的研究性著作。